"十四五"国家重点图书出版规划项目

新版《列国志》与《国际组织志》联合编辑委员会

主　　任	谢伏瞻						
副 主 任	李培林	蔡　昉					
秘 书 长	马　援	谢寿光					

委　　员（按姓氏音序排列）

陈东晓	陈　甦	陈志敏	陈众议	冯仲平	郝　平	黄　平
贾烈英	姜　锋	李安山	李晨阳	李东燕	李国强	李剑鸣
李绍先	李向阳	李永全	刘北成	刘德斌	刘新成	罗　林
彭　龙	钱乘旦	秦亚青	饶戈平	孙壮志	汪朝光	王　镭
王灵桂	王延中	王　正	吴白乙	邢广程	杨伯江	杨　光
于洪君	袁东振	张倩红	张宇燕	张蕴岭	赵忠秀	郑秉文
郑春荣	周　弘	庄国土	卓新平	邹治波		

国际组织志

INTERNATIONAL ORGANIZATIONS SURVEYS

联合国粮食及农业组织

FOOD AND AGRICULTURE ORGANIZATION OF
THE UNITED NATIONS

张 帅 著

社会科学文献出版社
SOCIAL SCIENCES ACADEMIC PRESS (CHINA)

出版说明

自20世纪90年代以来，世界格局和形势发生重大变化，国际秩序进入深刻调整期。世界多极化、经济全球化、文化多样化、社会信息化加速发展，而与此同时，地缘冲突、经济危机、恐怖威胁、粮食安全、网络安全、环境和气候变化、跨国有组织犯罪等全球性问题变得更加突出，在应对这些问题时以联合国为中心的国际组织起到引领作用。特别是近年来，逆全球化思潮暗流涌动，单边主义泛起，贸易保护升级，以维护多边主义为旗帜的国际组织的地位和作用更加凸显。

作为发展中大国，中国是维护世界和平与发展的重要力量。对于世界而言，应对人类共同挑战，建设和改革全球治理体系，需要中国的参与；对于中国而言，国际组织不仅是中国实现、维护国家利益的重要途径，也是中国承担国际责任的重要平台。考虑到国际组织作为维护多边主义和世界和平与发展平台的重大作用，我们决定在以介绍世界各国及国际组织为要旨的《列国志》项目之下设立《国际组织志》子项目，将"国际组织"各卷次单独作为一个系列编撰出版。

从概念上讲，国际组织是具有国际性行为特征的组织，有广义、狭义之分。狭义上的国际组织仅指由两个或两个以上国家（或其他国际法主体）为实现特定目的和任务，依据其缔结的条约或其他正式法律文件建立的有一定规章制度的常设性机构，即通常所说的政府间国际组织（IGO）。这样的定义虽然明确，但在实际操作中对政府间国际组织的界定却不总是完全清晰的，因此我们在项目运作过程中参考了国际协会联盟（Union of International Associations，UIA）对国际组织的归类。除了会籍普遍性组织（Universal Membership Organizations）、洲际性组织（Intercontinental Membership Organizations）和区域性组织（Regionally Defined Membership Organizations）等常见的协定性国际组织形式外，UIA把具有特殊架构的组织也纳入政府间国际组织的范围，比如论坛性组织、国际集团等。考虑到这些新型国际组织数量增长较快，而且具有灵活、高效、低成本等优势，它们在全球事务中的协调作用及影响力不容忽视，所以我们将这些新型的国际组织也囊括其中。

广义上的国际组织除了政府间国际组织之外，还包括非政府间的国际组织（INGO），指的是由不同国家的社会团体或个人组成，为促进在政治、经济、科学技术、文化、宗教、人道主义及其他人类活动领域的国际合作而建立的一种非官方的国际联合体。非政府间国际组织的活动重点是社会发展领域，如扶贫、环保、教育、卫生等，因其独立性和专业性而在全球治理领域发挥着独特作用。鉴于此，我们将非政府间的国际组织也纳入《国际组织志》系列。

构建人类命运共同体，建设持久和平、普遍安全、共同繁荣、开放包容、清洁美丽的世界，是习近平总书记着眼人类发展和世界前途提出的中国理念，受到了国际社会的高度评价和热烈响应。中国作为负责任大国，正以更加积极的姿态参与推动人类命运共同体的建设，国际组织无疑是中国发挥作用的重要平台。这也是近年来我国从顶层设计的高度将国际组织人才

出版说明

培养提升到国家战略层面,加大国际组织人才培养力度的原因所在。

《国际组织志》丛书属于基础性研究,强调学术性、权威性、应用性,作者队伍由中国社会科学院国际研究学部及国内各高校、科研机构的专家学者组成。尽管目前国内有关国际组织的研究已经取得了较大进步,但仍存在许多亟待加强的地方,比如对有关国际组织制度、规范、法律、伦理等方面的研究还不充分,可供国际事务参与者借鉴参考的资料还很缺乏。

正因为如此,我们希望通过《国际组织志》这个项目,搭建起一个全国性的国际组织研究与出版平台。研究人员可以通过这个平台,充分利用已有的资料和成果,深入挖掘新的研究课题,推进我国国际组织领域的相关研究;从业人员可以通过这个平台,掌握国际组织的全面资料与最新资讯,提高参与国际事务的实践能力,更好地在国际舞台上施展才能,服务于国家发展战略;更重要的是,正在成长的新一代学子可以通过这个平台,汲取知识,快速成长为国家需要的全球治理人才。相信在各方的努力与支持下,《国际组织志》项目必将在新的国际国内环境中体现其独有的价值与意义!

新版《列国志》与《国际组织志》联合编辑委员会
2018年10月

前　言

自1840年前后中国被迫开关、步入世界以来，对外国舆地政情的了解即应时而起。还在第一次鸦片战争期间，受林则徐之托，1842年魏源编辑刊刻了近代中国首部介绍当时世界主要国家舆地政情的大型志书《海国图志》。林、魏之目的是为长期生活在闭关锁国之中、对外部世界知之甚少的国人"睁眼看世界"，提供一部基本的参考资料，尤其是让当时中国的各级统治者知道"天朝上国"之外的天地，学习西方的科学技术，"师夷之长技以制夷"。这部著作，在当时乃至其后相当长一段时间内，产生过巨大影响，对国人了解外部世界起到了积极的作用。

自那时起中国认识世界、融入世界的步伐就再也没有停止过。中华人民共和国成立以后，尤其是1978年改革开放以来，中国更以主动的自信自强的积极姿态，加速融入世界的步伐。与之相适应，不同时期先后出版过相当数量的不同层次的有关国际问题、列国政情、异域风俗等方面的著作，数量之多，可谓汗牛充栋。它们对时人了解外部世界起到了积极的作用。

当今世界，资本与现代科技正以前所未有的速度与广度在国际流动和传播，"全球化"浪潮席卷世界各地，极大地影响着世界历史进程，对中国的发展也产生极其深刻的影响。面临不同以往的"大变局"，中国已经并将继续以更开放的姿态、更快的步伐全面步入世界，迎接时代的挑战。不同的是，我们所面临的已不是林则徐、魏源时代要不要"睁眼看世界"、要不要"开放"的问题，而是在新的历史条件下，在新的世界发展大势下，如何更好地步入世界，如何在融入世界的进程中更好地维护民族国家的主权与独立，积极参与国际事务，为维护世界和平，促进世界与人类共同发展做出贡献。这就要求我们对外部世界有比以往更深切、全面的了解，我们只有更全面、更深入地了解世界，才能在更高的层次上融入世界，也才能在融入世界的进程中不迷失方向，保持自我。

与此时代要求相比，已有的种种有关介绍、论述各国史地政情的著述，无论就规模还是内容来看，已远远不能适应我们了解外部世界的要求。人们期盼有更新、更系统、更权威的著作问世。

中国社会科学院作为国家哲学社会科学的最高研究机构和国际问题综合研究中心，有11个专门研究国际问题和外国问题的研究所，学科门类齐全，研究力量雄厚，有能力也有责任担当这一重任。早在20世纪90年代初，中国社会科学院的领导和中国社会科学出版社就提出编撰"简明国际百科全书"的设想。1993年3月11日，时任中国社会科学院院长的胡绳先生在科研局的一份报告上批示："我想，国际片各所可考虑出一套列国志，体例类似几年前出的《简明中国百科全书》，以一国（美、日、英、法等）或几个国家（北欧各国、印支各国）为一册，请考虑可行否。"

中国社会科学院科研局根据胡绳院长的批示，在调查研究的基础上，于1994年2月28日发出《关于编纂〈简明国际百科全书〉和〈列国志〉立项的通报》。《列国志》和《简明国际百科全书》一起被列为中国社会科学院重点项目。按照当时的

前言

计划，首先编写《简明国际百科全书》，待这一项目完成后，再着手编写《列国志》。

1998年，率先完成《简明国际百科全书》有关卷编写任务的研究所开始了《列国志》的编写工作。随后，其他研究所也陆续启动这一项目。为了保证《列国志》这套大型丛书的高质量，科研局和社会科学文献出版社于1999年1月27日召开国际学科片各研究所及世界历史研究所负责人会议，讨论了这套大型丛书的编写大纲及基本要求。根据会议精神，科研局随后印发了《关于〈列国志〉编写工作有关事项的通知》，陆续为启动项目拨付研究经费。

为了加强对《列国志》项目编撰出版工作的组织协调，根据时任中国社会科学院院长的李铁映同志的提议，2002年8月，成立了由分管国际学科片的陈佳贵副院长为主任的《列国志》编辑委员会。编委会成员包括国际片各研究所、科研局、研究生院及社会科学文献出版社等部门的主要领导及有关同志。科研局和社会科学文献出版社组成《列国志》项目工作组，社会科学文献出版社成立了《列国志》工作室。同年，《列国志》项目被批准为中国社会科学院重大课题，新闻出版总署将《列国志》项目列入国家重点图书出版计划。

在《列国志》编辑委员会的领导下，《列国志》各承担单位尤其是各位学者加快了编撰进度。作为一项大型研究项目和大型丛书，编委会对《列国志》提出的基本要求是：资料翔实、准确、最新，文笔流畅，学术性和可读性兼备。《列国志》之所以强调学术性，是因为这套丛书不是一般的"手册""概览"，而是在尽可能吸收前人成果的基础上，体现专家学者们的研究所得和个人见解。正因为如此，《列国志》在强调基本要求的同

联合国粮食及农业组织

时,本着文责自负的原则,没有对各卷的具体内容及学术观点强行统一。应当指出,参加这一浩繁工程的,除了中国社会科学院的专业科研人员以外,还有院外的一些在该领域颇有研究的专家学者。

现在凝聚着数百位专家学者心血,共计141卷,涵盖了当今世界151个国家和地区以及数十个主要国际组织的《列国志》丛书,将陆续出版与广大读者见面。我们希望这样一套大型丛书,能为各级干部了解、认识当代世界各国及主要国际组织的情况,了解世界发展趋势,把握时代发展脉络,提供有益的帮助;希望它能成为我国外交外事工作者、国际经贸企业及日渐增多的广大出国公民和旅游者走向世界的忠实"向导",引领其步入更广阔的世界;希望它在帮助中国人民认识世界的同时,也能够架起世界各国人民认识中国的一座"桥梁",一座中国走向世界、世界走向中国的"桥梁"。

《列国志》编辑委员会

2003年6月

CONTENTS
目 录

第一章　联合国粮农组织的创建和章程规定 / 1

　　第一节　联合国粮农组织成立 / 1

　　第二节　宗旨和职能范围 / 6

　　第三节　委员会、会议、工作组和磋商会 / 7

　　第四节　总干事 / 9

　　第五节　工作人员 / 17

　　第六节　成员国和准成员 / 17

　　第七节　与联合国、其他组织和人员的关系 / 20

　　第八节　公约和协定 / 21

　　第九节　法律地位、对章程的解释和法律问题的解决 / 23

　　第十节　预算和会费 / 24

　　第十一节　章程的修正和生效 / 24

　　小　结 / 26

第二章　联合国粮农组织的机构设置和相关规定 / 27

　　第一节　粮农组织大会 / 29

　　第二节　粮农组织理事会 / 38

　　第三节　世界粮食安全委员会 / 41

　　第四节　区域会议 / 44

　　第五节　计划委员会 / 45

　　第六节　财政委员会 / 47

　　第七节　章程及法律事务委员会 / 51

目录

第八节　农业委员会 / 54

第九节　商品问题委员会 / 56

第十节　渔业委员会 / 57

第十一节　林业委员会 / 59

小　结 / 61

第三章　联合国粮农组织的发展历程及阶段性贡献 / 63

第一节　恢复战后世界农业生产（1945～1973年）/ 63

第二节　减轻世界经济危机对农业的冲击（1974～1999年）/ 70

第三节　积极落实千年发展目标（2000～2014年）/ 80

第四节　推动实现全球粮农可持续发展（2015年至今）/ 95

小　结 / 109

第四章　联合国粮农组织与主要国家和地区的农业合作 / 111

第一节　粮农组织与美国的农业合作 / 111

第二节　粮农组织与英国的农业合作 / 120

第三节　粮农组织与法国的农业合作 / 124

第四节　粮农组织与德国的农业合作 / 127

第五节　粮农组织与日本的农业合作 / 131

第六节　粮农组织与俄罗斯的农业合作 / 136

第七节　粮农组织与印度的农业合作 / 139

第八节　粮农组织与加拿大的农业合作 / 141

CONTENTS 目录

第九节　粮农组织与澳大利亚的农业合作 / 143
第十节　粮农组织与亚非拉地区的农业合作 / 145
小　结 / 150

第五章　联合国粮农组织与非国家行为体的农业合作 / 153

第一节　粮农组织与政府间国际组织的合作 / 153
第二节　粮农组织与政府间区域组织的合作 / 184
第三节　粮农组织与基金/基金会的合作 / 199
第四节　粮农组织与私营部门的合作 / 204
小　结 / 207

第六章　联合国粮农组织与中国的农业合作 / 209

第一节　粮农组织对中国的农业援助 / 211
第二节　粮农组织与中国的双边合作 / 223
第三节　粮农组织与中国的南南多边合作 / 230
小　结 / 253

附录一　联合国粮农组织成员及其加入时间 / 255

附录二　联合国粮农组织法定机构 / 259

附录三　《世界粮食首脑会议行动计划》/ 261

附录四　《世界粮食安全罗马宣言》/ 293

CONTENTS
目 录

附录五　　联合国粮农组织《2022～2031年战略框架》/ 297

大事记 / 333

参考文献 / 339

索　　引 / 345

第一章

联合国粮农组织的创建和章程规定*

第一节 联合国粮农组织成立

一 大卫·卢宾的角色和国际农业研究所成立

任何一个组织的成立都需要发起人,对联合国粮食及农业组织(Food and Agriculture Organization of the United Nations, FAO,简称"联合国粮农组织"或"粮农组织")而言,大卫·卢宾(David Lubin)发挥了重要作用。卢宾曾是美国加利福尼亚州一位杰出的企业家,他在19世纪80年代转型从事农业生产。在经历了大萧条时期农业发展所面临的各种困难之后,卢宾深刻认识到农业不同于工业、商业和金融业,从事后者的工作人员比农民享有更高的社会地位,因而受到更多的尊重。由于受教育程度低,组织性弱,农民难以创新农业生产模式和提高农业生产率。卢宾虽多次尝试向社会寻求帮助,支持农业生产,但相比国家对工业的支持,他的努力收效甚微。这使卢宾意识到,唯有成立一个国际农业组织,才能更好地维护农民的利益,并促使农业与工业、金融等行业享有同等的社会地位。他认为,各国农民之间无须相互提防,真正需要警惕的是国内的剥削与投机。[①]

---

* 本章主要依据联合国粮农组织《联合国粮食及农业组织基本文件第Ⅰ编和第Ⅱ编》(中文版)和 FAO, *Basic Texts of Food and Agriculture Organization of the United Nations*(英文版)撰写,为方便读者更好地了解相关规定,注释以英文版为主。同时,笔者在具体内容上做了相应的调整和整合。需指出的是,为了集中介绍,章程中有关粮农组织大会和理事会的规定,放在了本书第二章"联合国粮农组织的机构设置和相关规定"。

① 联合国粮农组织:《粮农组织四十年1945~85》,罗马:粮农组织,1985,第3页。

联合国粮食及农业组织

尽管卢宾的想法在美国并未获得积极响应,政界也未给予重视,但这并不影响卢宾积极筹建国际农业组织的决心。他转而游说欧洲各国政府,遗憾的是,英国、法国与美国的态度一致。但经多次努力,卢宾最终获得了意大利国王维克多·埃曼努埃尔三世(Victor Emmanuel Ⅲ)的支持。1905年6月7日,意大利政府主持召开了筹建国际农业研究所第一次会议,并通过建立国际农业研究所的公约,这是国际社会第一次计划通过政府间国际合作改善农民命运,也为粮农组织成立埋下了伏笔。尽管国际农业研究所的诸多方面与卢宾的初衷不符,但该机构仍是卢宾积极努力下的产物。

国际农业研究所是一个政府间国际组织,下设大会和常务委员会,其任务包括两方面:其一,收集和出版涉农数据资料,包括植物病害蔓延情况的报告;其二,及时向各国政府提出有关"保护农民的共同利益和改善农民生产生活条件"的建议。自1908年开始农业活动到1940年最后一届大会召开,国际农业研究所虽职能有限,但在一定程度上促进了国际农业交流与合作。在各国合作下,该研究所建立了世界上第一个全球性的农业资料收集系统,并在年鉴中刊发当年的数据资料。如研究所在1920年召开了首次国际蝗虫防治会议;1927年主办首次国际小麦会议;1929年主办首次国际植物保护会议;1929~1930年,研究所进行了首次农业普查。[①] 此外,研究所还出版了《作物月报》、《世界农业形势年度回顾》、《农业立法年鉴》和《热带农业文献目录》(自1931年起,每年出版一本)。自成立以来,研究所成员人数持续增加,从1905年的46人增至1934年的74人。[②] 但由于20世纪30年代农业发展局限性的根源并不在农业本身,主要是资本家、政治家对农业的控制与剥削,受此影响,研究所的领导权和主动权逐渐丧失,开始受制于美、英、法等资本主义大国。

[①] 联合国粮农组织:《粮农组织四十年 1945~85》,第5页。
[②] 联合国粮农组织:《粮农组织70年(1945~2015)》,李巧巧、康菲译,罗马:粮农组织,2015,第15页。

二 经济萧条时期的农业生产和斯坦利·布鲁斯倡议

20世纪30年代，受经济危机的波及，农业生产也受到巨大影响。受国家收入持续下降的影响，粮食进口导向型国家不得不减少粮食进口，并加速提高本国农业产量。同时，财政困难也导致农产品贸易额下降，1929~1933年，欧洲工业国的小麦进口额下降60%[1]，多数农民的粮食无法出售，既影响农民收入的提高，又造成粮食浪费。为解决经济困难，国际联盟于1933年6月在伦敦召开世界货币和经济会议，但由于各国始终以本国利益为主，缺少全局意识，难以在经济政策上寻求合作，会议以失败告终。

尽管农业生产受到冲击，但这一时期国际社会对营养学的研究有两个重要发现。第一，重新界定了健康饮食要求；第二，在当时最发达的国家也发现了营养不良的人，如英国有三分之一的人口因牛奶、蔬菜、水果等食物摄入不足而营养不良。于是在当时国际社会出现了一个争论，即营养学家要求增加农业产量，以减少营养不良的人数，而经济学家则认为受经济危机的影响，市场消费能力薄弱，国家应减少农业生产，以减少不必要的经济损失。

1935年9月，澳大利亚驻伦敦的高级专员斯坦利·布鲁斯（Stanley Bruce）根据他的经济顾问——澳大利亚著名经济学家弗兰克·麦克杜格尔（Frank McDougall）起草的"麦克杜格尔备忘录"[2]，在国际联盟就这一争论做了重要演讲。他认为健康应和农业相结合，既可以解决营养不良问题，又可以减缓经济危机对农业的影响。布鲁斯演讲的意义不仅在于提供了一个解决问题的思路，更在于他在一个讨论政治议题的机制——国联大会上，论述了较少人关注的农业和健康问题。这使得国联成员普遍意识到，国联不仅可以在政治、军事等领域发挥作用，也可以在农业领域扮演

---

[1] 联合国粮农组织：《粮农组织四十年 1945~85》，第6页。
[2] 1934年，弗兰克·麦克杜格尔起草的"麦克杜格尔备忘录"，该文件在提高人们对饥饿人口获取粮食问题的认识上发挥了重要作用。

重要的角色。于是建立了一个由各成员国的农业、卫生、经济领域的专家组成的混合委员会，1937年，委员会发布了一份名为"营养与卫生、农业及经济政策关系"的报告，在各国产生了广泛影响。在布鲁斯提议将"营养与农业结合"的影响下，许多国家纷纷设立了国家营养委员会，集中了农学、营养学、经济学等各领域的专家，但1939年第二次世界大战爆发后，各国工作纷纷搁置。

三 麦克杜格尔的贡献

受第二次世界大战的影响，全球农业生产遭到破坏，多国人民面临饥饿。1941年，美国总统罗斯福提出"世界上任何地方的任何人在我们这一代都要免于粮食匮乏"的倡议。在这一倡议的推动下，世界各国开始努力，旨在建立一个既负有政治责任，又负有经济和社会责任的国际组织。

1942年，澳大利亚著名经济学家麦克杜格尔在华盛顿参加一场关于新的小麦协定的研讨会时发现，与会代表对如何解决战后粮食问题给予高度关注。于是他便起草了名为"联合国家免于粮食匮乏计划"的第二份备忘录，相较1934年于日内瓦起草的"麦克杜格尔备忘录"，第二份备忘录涵盖内容更加广泛，关注点不再局限于发达的资本主义国家，而是放眼世界，提出"为世界任何地方的任何人提供确保健康所需的充足营养"的倡议。在他看来，若要实现这一目标，世界粮食供应量需增加一倍。

麦克杜格尔提议，若战后世界粮食需求增加，联合国家（这个名称在当时仅指积极参加反法西斯战争的盟国）中经济较繁荣的国家应完成两项任务：其一，这些国家不仅要在五年内保证本国人民有足够的粮食，还要向落后的国家提供资金和技术援助，帮助它们改善农业生产环境，提高农业产量和人民的饮食质量；其二，联合国家应设立一个粮食及农业技术委员会，并在6个月内制定出建立一个国际权威性农业机构的实施方案。①

---

① 朱丕荣：《环球农业与中国农业对外合作》，中国农业出版社，2009，第275页。

第一章　联合国粮农组织的创建和章程规定

麦克杜格尔的建议引起了罗斯福总统的夫人埃莉诺·罗斯福（Eleanor Roosevelt）的注意，在她的引荐下，罗斯福接见了麦克杜格尔。在白宫晚宴上，麦克杜格尔极力主张联合国家应将粮食问题作为战后首先要解决的经济问题，尽管罗斯福当时并未做出任何回应，但却铭记于心。1943年，罗斯福主持召开了联合国家粮食及农业会议。

四　召开温泉城会议

1943年，在华盛顿的召集下，44国政府代表在美国弗吉尼亚州温泉城召开会议，经讨论，与会代表一致同意建立一个粮食及农业方面的永久性国际组织，并决定成立联合国家粮食及农业临时委员会。此次会议除决定建立粮食及农业国际组织外，还制定了一份重要文件——《最终方案》。文件中除林业未提及、渔业较少提及外，几乎涵盖了农业各方面的实质性问题。会议的宗旨在有关多种经济成就的24号决议中表现得尤为显著（见表1-1）。

表1-1　24号决议内容分析

既定事实	对策建议
1. 饥饿和营养不良的首要原因是贫穷 2. 确保农业生产力和粮食购买力的首要条件是在正确的社会经济政策基础上充分利用人力和物质资源 3. 欠发达国家和地区的农业生产力和粮食购买力还受制于工业发展水平以及平等获得原料和市场的能力 4. 关税和其他国际贸易壁垒以及汇率的异常波动，限制了粮食和其他农业产品的生产、供应和消费 5. 各国在提高生产力方面的有效合作有助于问题的解决	1. 提高就业率和人民生活水平，为提高农业生产力和粮食购买力创造条件 2. 促进可持续开发和对土地等其他农业资源的合理利用 3. 通过合理发展工业创造更多财富，为提高粮食购买力提供物质保障 4. 为农业发展提供资本、技术、设备支持 5. 共同确保国际收支平衡，实现对货币和外汇的系统管理 6. 改进国际贸易中的供销方法 7. 减少国际贸易壁垒，废除一切形式的带有歧视性的国际贸易政策，包括废除不公平的国际运输政策 8. 各国应协力通过会议等其他外交形式，在本国和国际采取一切必要措施，确保上述政策的落实

资料来源：联合国粮农组织：《粮农组织四十年 1945~85》，第10页。

联合国粮食及农业组织

联合国家粮食及农业临时委员会由时任加拿大驻美国大使莱斯特·皮尔逊（Lester Pearson）主持，并在华盛顿召开第一次会议，制定了粮农组织章程，拟定了《关于国际农业研究所与粮农组织合并的建议》《关于林业特别报告》《关于为新组织设想的非技术性文件》等三份重要文件。会议决定于1945年10月16日在加拿大魁北克签署粮农组织章程，召开粮农组织大会第一届会议。

五　联合国粮农组织成立

1945年10月16日，34国政府代表在加拿大魁北克的弗隆特纳克城堡召开粮农组织大会第一届会议，签署了《粮食及农业领域常设组织章程》，粮农组织由此诞生。① 会议首先选举莱斯特·皮尔逊为主席，并授权他主持此次会议。会议明确了粮农组织的工作目标，提出了解决农业领域诸多问题的对策建议。在会议举办期间，又有一些国家陆续加入，到此次会议结束，共有42个国家成为粮农组织成员国。大会选举了约翰·博伊德·奥尔（John Boyd Orr）爵士为第一任粮农组织总干事，他不仅是世界著名的人类营养学和动物营养学专家，还是自国联时期就主张国家和国际共同采取措施解决营养问题的活动家。1946年12月，联合国粮农组织正式成为联合国的一个专门机构，总部设于罗马，这也是联合国机构中成立最早、历史最悠久的国际机构之一。

第二节　宗旨和职能范围

一　宗　旨

粮农组织的宗旨包括四点：提高人民的营养水平和生活标准；确保提

---

① 值得注意的是苏联并未在《粮食及农业领域常设组织章程》上签字。由于苏联参加了温泉城会议，并参与了临时委员会的工作，所以享有"创始成员"的资格。苏联、白俄罗斯、乌克兰苏维埃社会主义共和国都派代表出席了第一届粮农组织大会，但只是以观察员的身份。大会主席在一份声明中代表所有成员国表示，希望苏联能够尽快地签署粮农组织章程。直到2006年4月13日，俄罗斯联邦外交部部长才致电粮农组织总干事，表示接受粮农组织章程，愿履行成员国义务。

高所有粮农产品的生产和分配效率;改善农村人口状况;促进世界经济发展并积极努力以确保世界人民免于饥饿。在这四点的指导下,粮农组织积极开展各项工作,推动世界农业可持续发展。①

二 职能范围

总体来看,粮农组织的工作包括农、林、牧、副、渔等大农业范畴以及科技、性别、生物、卫生等与农业相关的诸多议题。② 具体而言,主要包括:收集、分析、阐明和传播关于营养、粮食和农业的情况;开展与营养、粮食和农业有关的科学、技术、社会和经济方面的研究;改进与营养、粮食和农业有关的教育和行政工作,在公众中传播营养和农业方面的科学和实践知识;保护土地、水、森林等自然资源,采用农业生产的改良方法;改善粮农产品的加工、销售和分配状况;实施由国家和国际提供农业信贷的政策;实施关于农业商品安排的国际政策;提供各国政府可能需要的粮农援助,如技术、人力、粮食等;与有关政府合作,组织考察团,帮助它们履行因接受粮农组织章程和粮农组织会议建议而产生的义务。概而言之,粮农组织的工作就是采取一切必要、适当和有效的举措,践行本组织所确立的四项宗旨。

第三节 委员会、会议、工作组和磋商会

粮农组织章程关于委员会(committee)、会议(conference)、工作组(working party)和磋商会(consultation)的规定主要包括以下7条内容③。

---

① 联合国粮农组织:《联合国粮食及农业组织基本文件第Ⅰ编和第Ⅱ编》,联合国粮农组织,2017,第3页。
② 李东燕编著《联合国》,社会科学文献出版社,2018,第102页。
③ 七项规定参见 FAO, *Basic Texts of Food and Agriculture Organization of the United Nations*, Rome: FAO, 2017, pp.7-8;联合国粮农组织《联合国粮食及农业组织基本文件第Ⅰ编和第Ⅱ编》,第7~8页。

第一，粮农组织大会或粮农组织理事会可设立委员会，所有成员国和准成员均可参加；也可设立区域委员会，全部或部分领土归属一个或多个地区的成员国和准成员均可参加。这些委员会既可对政策的制定和实施提出建议，也可协调政策实施。粮农组织大会或粮农组织理事会可以和其他政府间组织建立联合委员会，粮农组织的所有成员国和准成员或相关组织的成员国均可参加；粮农组织大会或粮农组织理事会也可以和其他政府间组织建立联合区域委员会，凡全部或部分领土归属该区域的粮农组织成员国和准成员以及相关组织的成员国均可参加。

第二，粮农组织大会、粮农组织委员会或总干事经粮农组织大会或粮农组织理事会授权，可建立委员会和工作组，研究和报告与粮农组织宗旨有关的事项。这些委员会和工作组由选出的成员国和准成员组成，或由因在技术方面有专长而以个人身份被委任的人员组成。粮农组织大会、粮农组织委员会或总干事经粮农组织大会或粮农组织理事会授权，可与其他政府间组织建立联合委员会和工作组，这些委员会和工作组由选出的粮农组织成员国和准成员以及有关组织的成员国，或由以个人身份被委任的成员组成。从粮农组织选出的成员国和准成员，应由粮农组织大会或粮农组织理事会，或粮农组织大会或理事会授权总干事指派。对粮农组织而言，以个人名义被委派的人员，可由粮农组织大会、理事会、被选出的成员国和准成员指派，也可由经粮农组织大会或理事会授权的总干事指派。

第三，粮农组织大会、理事会、总干事经大会或理事会的授权，可为大会、理事会或总干事建立的委员会和工作组确立职权范围和报告程序。这些委员会可使用自己的议事规则和修正案，但需经总干事批准才能生效。和其他政府间组织建立的联合委员会和工作组的职权范围和报告程序，应和这些组织商议后确定。

第四，为更好地和粮农组织各领域的主要技术人员沟通协调，总干事在与成员国、准成员和粮农组织国家委员会协商后，可建立专家小组。总干事可召集部分或全部专家开会，以商议特定事项。

第五，粮农组织大会、理事会、总干事经大会或理事会的授权，可召开一般性会议、区域会议、技术会议、工作组会议、成员国和准成员的磋商会或其他性质的会议，并确定其职权范围和报告程序。粮农组织大会、理事会、总干事经大会或理事会的授权，还能以它们自己确立的方式参加与营养、粮食和农业有关的国家和国际机构的会议、工作组会议和磋商会。

第六，当总干事认为需采取紧急行动时，可根据本节第二条和第五条的规定，设立委员会和工作组，并召集各方举行会议。此决议应由总干事通知成员国和准成员，并向理事会下届会议报告。

第七，本节第一条、第二条和第五条规定中提及的委员会和工作组的准成员，或参加本节第一条、第二条和第五条规定中提及的会议、工作组会议或磋商会的准成员，有权参加这些会议的讨论，但不能在这些会议中任职，也没有投票权。

第四节　总干事

粮农组织章程有关总干事的规定主要包括六项内容：第一，粮农组织设总干事一名，由粮农组织大会按规定的程序和条件任命，通常为每四年一个任期，可连任一次，但也有例外（见下文总干事简介）。第二，如果总干事一职在任期结束前出现空缺，粮农组织大会应在下一届例会上或根据粮农组织大会的规定而召开的特别会议上，按照上述第一条的规定，任命一名总干事。特别会议上任命的总干事的任期，应按照大会确定的总干事的任期次序，从任命之日开始到之后召开的大会第二次例会结束。第三，在大会和理事会的监督之下，总干事可全权指导粮农组织的工作。第四，总干事或经总干事委派的代表应参加大会和理事会的所有会议，但不具有投票权。同时，总干事或经总干事委派的代表应根据大会和理事会审议的问题，拟定采取适当举措的提案，以供大会和理事会参考。第五，经粮农组织大会批准，总干事可决定设立区域办公室和次区域办公室。第六，经有关政府同意，总干事可委派与特定国家或

地区联络的官员。①

除上述规定外,粮农组织总规则对总干事的任命和职能等相关事项做了更具体的规定。②

第一,根据章程规定设立的总干事,应按下述条件予以任命:①在总干事任期即将结束时,"任命新的总干事"应被列入总干事任期结束前召开的大会例会的议程。若出于某些原因,总干事一职出现空缺或接到该职位将要空缺的通知,"任命新的总干事"应成为大会下届会议(会议召开的时间应在总干事一职出现空缺或接到该职位将要空缺的通知后的至少120天)的议程。②考虑到总干事的任期结束问题,理事会应确定一个提名时间,以便成员国提出总干事的竞选者。提名时间为三个月,在理事会会议开始前的至少30天截止。提名时间应由大会和理事会秘书长通知成员国和准成员。有效提名应在理事会规定的时间内告知大会和理事会秘书长,再由理事会秘书长在规定的时间内将提名名单告知成员国和准成员。如果选举是在粮农组织大会的例会上进行,理事会规定的日期不应晚于本段第三款规定召开的理事会会议之前的30天。③根据粮农组织理事会依照粮农组织总规则做出的旨在保证候选人平等参选的安排,候选人应在粮农组织大会会议前至少60天召开的理事会会议上做陈述,并回答粮农组织成员国和准成员提出的问题。会上不做辩论,理事会不会下任何结论,也不会对候选人的陈述提任何建议。④在粮农组织大会会议召开后,总务委员会应尽快确定并宣布总干事选举日期,有关在例会上任命总干事的事宜应在会议开始后的三天内进行并完成。根据粮农组织大会依照粮农组织总规则做出的旨在保证候选人平等参选的安排,候选人应在大会会议上做陈述并回答成员国和准成员提出的问题。⑤候选人在工作地点和本段第三款和第四款规定的理事会和大会会议地点之间的直接往返费用以及五天会议的生活津贴,应由粮农组

---

① FAO, *Basic Texts of Food and Agriculture Organization of the United Nations*, pp. 9 – 10.
② 由于总规则中也有涉及总干事的规定,为集中介绍,将二者放在一起。

织根据差旅规定予以报销。①

第二，总干事由投票的过半数选举产生。当一个候选人获得了所要求的票数时，选举结束。其选举流程如下：①在所有候选人中进行两次投票；②在第二轮投票中，得票最少的候选人被淘汰；③进行连续投票，每次投票中得票最少的候选人淘汰，直到只剩下三个候选人；④在剩下的三个候选人中进行两次投票；⑤在第二次投票中，得票最少的候选人被淘汰；⑥在剩下的两个候选人中继续投票，若有必要可连续投票，直到一个候选人获得半数以上的票数；⑦当两个或两个以上候选人在本段第二款和第三款规定的投票中均得到相同的较少票数时，可单独对这些候选人投票，若有必要可单独对这些候选人进行多次投票，得票最少的候选人被淘汰；⑧在本段第四款规定的两次投票中的第二次，若两个候选人得到相同的较少票数或三个候选人得到相同的票数，则应在三个候选人中再次进行投票，直到一个候选人得到最少票数，而后再按本段第六款规定的流程进行。②

第三，若总干事一职在其任期结束前出现空缺，理事会应根据总规则中对总干事的规定（上述第一条的规定），迅速做出安排，以选出新一任总干事。

第四，根据上文论述的粮农组织章程关于总干事的规定（第一到第三条），总干事的任命条件、工资和其他相关薪酬，应由大会在考虑总务委员会的建议后确定，这些条款应写入由总干事和代表粮农组织的大会主席共同签订的合同中。③

第五，当总干事无法履职或总干事一职出现空缺时，应先由在职的且资历高的副总干事代理；如果有两名同时在职的副总干事，应由在粮农组织中资历较高的副总干事代理；如果两人资历相同，则由年纪更长的代理。④

---

① FAO, *Basic Texts of Food and Agriculture Organization of the United Nations*, p. 64.
② FAO, *Basic Texts of Food and Agriculture Organization of the United Nations*, p. 65.
③ FAO, *Basic Texts of Food and Agriculture Organization of the United Nations*, p. 65.
④ FAO, *Basic Texts of Food and Agriculture Organization of the United Nations*, p. 65.

联合国粮食及农业组织

第六，现任总干事应在新任总干事就任之前，采取相应举措，以确保新任总干事充分了解粮农组织的政策、计划、人员配置和活动。现任总干事还应做出相应的安排，以确保新任总干事在任期间获得技术和行政支持。①

有关总干事的具体职能，主要有以下五个方面。②

第一，总干事应在粮农组织大会和理事会的监督下，根据粮农组织的总规则和财务条例，全权指导粮农组织的工作。总干事是粮农组织的执行官，应服务于粮农组织大会和理事会，执行它们的决议，并代表粮农组织处理其所有事务。

第二，根据粮农组织的总规则和财务条例，在总干事酌情向粮农组织大会和理事会报告涉及政策问题的事项的前提下，总干事还应负责粮农组织内部的行政事务和工作人员的任命和纪律；召开粮农组织大会和理事会会议；负责每年出版一份有关世界粮食和农业的详细调查报告并分发给各成员国和准成员；向粮农组织大会每届例会提交一份粮农组织工作报告；履行粮农组织总规则规定的有关公约和协定的职责；接收加入粮农组织的申请；根据粮农组织大会和理事会以往会议的指示以及区域会议、技术会议和其他各委员会的指示，起草一份工作计划和预算方案，供计划委员会、财政委员会、粮农组织其他机构和理事会审议；根据上述委员会、粮农组织其他机构和理事会审议后的意见，起草一份工作计划和预算方案提交粮农组织大会；准备并提交粮农组织账目；根据下文所述的粮农组织大会例会的第三条暂定议程，准备一份有关粮食和农业现状的报告并提交给粮农组织大会例会；要求成员国和准成员交纳会费并接收，再据此提交报告；管理粮农组织和其他国际组织之间的关系，并与政府间商业机构和联合国其他机构进行联络；履行总规则和财务条例规定的职责，遵守在任何时候都有效的其他规定

---

① FAO, *Basic Texts of Food and Agriculture Organization of the United Nations*, p. 65.
② 五项规定参见 FAO, *Basic Texts of Food and Agriculture Organization of the United Nations*, pp. 66 – 67.

和规则。

第三,根据上文有关委员会、会议、工作组和磋商会的规定,总干事可以设立专家小组,若他认为有必要采取紧急行动,可设立委员会或工作组;总干事可召集委员会、工作组或专家小组的成员开会;经粮农组织大会或理事会授权,或总干事认为有必要采取紧急行动时,可主动召集成员国和准成员召开一般会议、区域会议、技术会议、工作组会议、磋商会或其他会议。

第四,总干事在决定粮农组织召开的各项会议的地点时,应确保东道国政府愿意向参加会议的所有代表、专家、观察员和粮农组织秘书处的成员提供他们为独立履行与会议有关的职能所必需的豁免权。

第五,总干事可根据"权力下放到最低的适当级别"的既定原则,将粮农组织总规则授予他的权力和职责,授权给粮农组织的其他官员。总干事应根据上述粮农组织章程有关总干事的第三条规定,就其指导的粮农组织工作向粮农组织大会和理事会负责。

从1945年粮农组织成立到2020年,粮农组织共选出九位总干事[①]。

第一任:约翰·博伊德·奥尔(John Boyd Orr, 1880-1971),英国人,从1945年到1948年任粮农组织总干事。他关于"世界粮食局"的提议受到粮农组织的高度重视,并推动粮农组织理事会于1946年成立该机构。1949年因营养研究获诺贝尔和平奖。

第二任:诺里斯·E. 多德(Norris E. Dodd, 1897-1968),美国人,从1948年到1953年任粮农组织总干事。他在担任总干事之前曾在美国国内多家农业机构或农业协会担任职务。在他的领导下,粮农组织从华盛顿特区迁往罗马。

第三任:菲利普·V. 卡敦(Philip V. Cardon, 1899-1965),美国人,加利福尼亚大学农业经济学硕士,从1954年到1956年任粮农组织总干事。他在加入粮农组织前,曾在美国农业部任局长一职。

[①] "The Directors-General,"粮农组织网站,https://www.fao.org/3/cb1182en/online/directors.html,最后访问日期:2020年8月31日。

第四任：比奈·兰詹·森（Binay Ranjan Sen，1898－1993），印度人，从1956年到1967年任粮农组织总干事。他曾担任印度农业部部长、印度驻外大使，是来自发展中国家的第一位总干事。他在1960年发起"免于饥饿"运动。

第五任：阿德克·亨德里克·布尔马（Addeke Hendrik Boerma，1912－1992），荷兰人，从1967年到1975年任粮农组织总干事。他在1945年任荷兰粮食局局长，1962年任世界粮食计划署（WFP）第一任执行干事。

第六任：爱德华·萨乌马（Edouard Saouma，1926－2012），黎巴嫩人，从1975年到1993年任粮农组织总干事。在担任总干事之前，曾担任粮农组织水土发展司司长。他在担任总干事期间，推动制订"技术合作计划"（Technical Cooperation Program），提供紧急援助。

第七任：雅克·迪乌夫（Jacques Diouf，1938－2019），塞内加尔人，从1994年到2011年任粮农组织总干事。他在巴黎大学获得了农村社会科学（农业经济学）博士学位。在担任总干事之前，曾担任西非国家中央银行秘书长、塞内加尔驻联合国大使、非洲花生协会（African Groundnut Council）和西非水稻开发协会（West Africa Rice Development Association）执行秘书等职务。迪乌夫是历任总干事中任期最长的一位。在1999年总干事选举中，迪乌夫以137票当选（共163票），战胜了阿根廷驻瑞典大使维格诺德，获得连任。[①] 在2005年总干事选举中，迪乌夫以137票（共165票）再次当选，是当时粮农组织所有成员国中被提名的唯一候选人。[②]

第八任：若泽·格拉齐亚诺·达席尔瓦（José Graziano Da Silvan，1949－ ），巴西人，从2012年至2019年担任粮农组织总干事。若泽·格拉齐亚诺·达席尔瓦毕业于圣保罗大学农艺学专业，他在担任粮农

---

① "Dr. Jacques Diouf of Senegal Wins Second Six-year Term as Director-general of the UN Food and Agriculture Organization," http://www.fao.org/WAICENT/OIS/PRESS_NE/PRESSENG/1999/pren9969.htm, access time: 2020－08－31.

② "Dr. Jacques Diouf Wins Third Six-year Term as FAO Director-General," http://www.fao.org/news room/en/news/2005/1000155/index.html, access time: 2020－08－31.

组织总干事之前，曾于2001年在巴西协调制订了"零饥饿"计划，并于2013年1月被时任总统路易斯·伊纳西奥·卢拉·达席尔瓦任命为"粮食安全和战胜饥饿"特别部长。"零饥饿"计划提出了一种新的发展模式，其重点是消除饥饿和提高社会包容度，把宏观经济、社会和工业政策相互联系起来。该计划大大加快了巴西减少饥饿人数工作的进展。在2000年至2002年和2005年至2007年，巴西的慢性营养不良人数占比从10%以上下降到不足5%，下降速度是前十年的2.5倍。因此，该国实现了"世界粮食首脑会议"目标和第一个"千年发展"目标。巴西也因此在2014年，被公认为第一个消除饥饿的发展中国家。若泽·格拉齐亚诺·达席尔瓦在第一任期内（2012~2015），将粮农组织的工作重点放在五个战略目标上：确保粮食安全；提高生产力和促进自然资源的可持续利用；减少农村贫困；改善粮食系统；增强复原力。同时，他还积极增进与非洲联盟之间的合作，为非洲各国领导人做出在2025年之前消除饥饿的政治承诺奠定了坚实的基础。在第二任期内（2015~2019），若泽·格拉齐亚诺·达席尔瓦带领粮农组织为全球粮农发展做出了重要贡献，主要包括支持减少农村贫困现象（被迫迁徙的根本原因）；响应2018年联合国安理会通过的决议，着力消除饥饿，预防冲突；推广可提高农业适应力和复原力的新办法，以帮助减轻气候变化所带来的影响；强调生物多样性丧失的影响；将2014年关于家庭农业（国际年）和营养（粮农组织与世界卫生组织第二次国际会议）的倡议——营养十年（2016~2025）和家庭农业十年（2019~2028）列于联合国议程首位；强调食品安全作为粮食安全和贸易的重要关切点可发挥的作用；提高各界对肥胖症在全球普遍存在的认识并提倡发展有利于促进健康饮食的可持续粮食系统，强调对粮食生产和消费进行全球监管的必要性。[1]

---

[1] 《前任总干事：若泽·格拉齐亚诺·达席尔瓦》，粮农组织网站，http://www.fao.org/director-general/former-dg/director-general/about-me/zh/，最后访问日期：2020年8月31日。

联合国粮食及农业组织

第九任：屈冬玉（1963～），中国湖南人，于 2019 年 6 月 23 日以 108 票（共 191 票）当选粮农组织总干事，并于 2019 年 8 月 1 日就任。屈冬玉曾先后在湖南农业大学、中国农业科学院和荷兰瓦赫宁根大学就读，分别获得园艺学士学位、植物遗传育种硕士学位及农业与环境科学博士学位。他在学成之后，积极投身中国的改革开放事业，身兼科研和管理两项工作，在国内外取得了一系列成就，是国际知名的农业专家。屈冬玉长期致力于探寻如何保障全世界的粮食安全的办法。他坚信，免于饥饿是一项基本人权，而世界有能力在 21 世纪解决粮食不安全问题。在面临挑战时，他始终秉持"通过问题找出路"的原则。无论是在中央和地方政府任职期间，还是在科研机构从事研究和担任院长/所长期间，或是在中国长江三峡工程开发总公司担任人力资源部领导期间，这一原则贯穿了他的整个职业生涯。在担任粮农组织总干事前，屈冬玉曾任中国农业农村部副部长。他积极促进包容性创新发展，确保在农村地区广泛应用信息技术，培训 4 亿多农民将智能手机作为新农具来对待。他推行的全国性举措包括完善中国农产品批发价格报告制度，促进建立 100 多个特色农产品产区，利用各地的比较优势，造福当地农民。在宁夏回族自治区担任自治区政府副主席期间，屈冬玉制定了旨在减少贫困、防灾减灾、赋权妇女、推广乡村旅游和通过互学互助平台增进各民族团结的行动计划。屈冬玉通过身体力行，展现了"亚洲精神"与"全球思维"的结合。他的科研创新成就获得广泛认可，同时，在过去 30 年间，他还积极参与国际交流合作，精心策划一系列重大活动，包括世界马铃薯大会、国际水稻大会和国际植保大会等；参与世界贸易组织和二十国集团等多边倡议的重要工作，以及面向亚洲、非洲和拉丁美洲等地区的多项双边倡议行动。他还直接协助粮农组织和世界银行设计了南南合作（South-South Cooperation，SSC）旗舰项目。[1] 2020 年新冠肺炎疫情突袭而至，屈冬玉还积极协调多边行动，召集并参与多项会议，以期减缓新冠肺炎疫情对农业生产和粮食安全的冲击。

---

[1] 《总干事：屈冬玉》，粮农组织网站，http://www.fao.org/director-general/biography/zh/，最后访问日期：2020 年 8 月 31 日。

第五节 工作人员

粮农组织章程关于其工作人员的规定主要包括四项内容[①]。

第一,粮农组织的工作人员应由总干事根据粮农组织大会制定的规则和程序任命。

第二,粮农组织的工作人员应对总干事负责,其职责均具有国际属性。他们不应寻求或接受来自粮农组织之外的任何其他机构关于其如何履职的指示。成员国和准成员应完全尊重工作人员职责的国际特性,不应影响其国民在工作中履行职责。

第三,总干事在任命工作人员时,在确保工作人员的高效率和高技能的前提下,也应适当考虑人员选拔在地域上的广泛性。

第四,成员国和准成员应在其宪法程序许可的范围内,给予总干事和高级官员外交特权和豁免权,使其他工作人员享有属于外交使团的非外交人员的一切便利和豁免权,或给予同其他国际组织中同级别工作人员一样的豁免权和便利。

第六节 成员国和准成员

粮农组织章程有关成员国和准成员的规定主要包括以下内容,涉及成员国和准成员的资格规定和退出条件、成员组织和其成员以及粮农组织关系的规定、成员国和准成员报告等。[②]

一 成员国和准成员的资格和权利

第一,享有粮农组织创始成员国资格的国家(本章第十一节中"章

[①] 四项内容参见 FAO, *Basic Texts of Food and Agriculture Organization of the United Nations*, p.9.
[②] 所有规定参见联合国粮农组织《联合国粮食及农业组织基本文件第Ⅰ编和第Ⅱ编》,第 4~5 页。

程的生效"一段所列的国家)。只要接受了粮农组织章程的国家,均可成为粮农组织创始成员国。

第二,若一国已向粮农组织提出加入申请并在正式文件中宣布接受在其被接纳时章程所规定的义务,粮农组织大会在过半数成员国出席的情况下,以投票的方式决定该国的申请是否通过。若所投票数的三分之二表示赞成,则同意该国成为粮农组织新成员。

第三,若符合下述第四条规定的任一区域一体化组织已向粮农组织提出加入申请并在正式文件中宣布接受在其被接纳时章程所规定的义务,粮农组织大会在过半数成员国出席的情况下,以投票的方式决定该组织的申请是否通过。若所投票数的三分之二表示赞成,则同意该组织成为粮农组织新成员。需指出的是,除另有规定外,本章程所指的成员均包括成员组织。

第四,区域经济一体化组织必须是由主权国组成的组织,其中多数主权国是粮农组织成员国。同时,该区域经济一体化组织的成员国已经向其移交了属于粮农组织权限的一系列事项的权力,包括对成员国做出具有约束力决定的权力。只有满足上述两个条件,该区域一体化组织才有资格根据本节第三条的规定申请加入粮农组织。

第五,每个申请加入粮农组织的区域经济一体化组织,在提交申请时,均应提交一份关于管辖权的声明,详细说明其成员国已向其移交了有关管辖权的事项。

第六,成员组织①的成员国对所有未向粮农组织明确声明或未明确通知粮农组织其管辖权已移交的事项仍享有管辖权。

第七,成员组织与其成员国有关管辖权分配事宜的任何变化,应由成员组织或其成员国通知粮农组织总干事,总干事应将该通知告知粮农组织其他成员国。

第八,成员组织应依照粮农组织大会制定的规则,与兼具粮农组织和成员组织成员国双重身份的国家,在它们各自管辖的领域内交替行使成员

---

① 成员组织是指以区域经济一体化组织的身份加入粮农组织的成员。

权利。

第九，除另有规定外，成员组织有权就其权限范围内的事项参加粮农组织的任何会议，包括该组织的成员国有权参加的粮农组织理事会或其他机构的任何会议，但成员数目受到限制的机构除外。同时，成员组织没有资格当选或被指定为任何这类机构或同其他组织共同建立的任何机构的成员。此外，成员组织也无权加入粮农组织大会规定的成员数目有限制的机构。

第十，除另有规定外，成员组织可在其有权参加的粮农组织任何会议上对其权限范围内的任何事项行使投票权，成员组织的票数与其有权在会议上投票的成员国数目相等。[①] 需指出的是，每当成员组织行使其投票权时，其成员国就不应再行使它们的投票权，若成员组织不行使投票权，其成员国则可以行使投票权。

第十一，粮农组织大会在符合本节第二条规定的所需多数票和开会所需人数的条件下，可以决定接纳对国际关系行为不负责的团体或集团为粮农组织的准成员，但需由为其国际关系负责的成员国或主权国代表该团体或集团提出申请，并在文件中申明它代表提出申请的准成员接受在其被接纳时粮农组织章程所规定的义务，并有责任保证准成员遵守有关预算、会费、在国家宪法准许范围内给予总干事和高级别工作人员外交特权等规定。

第十二，准成员应按粮农组织的章程行使权利和履行义务。

第十三，成员国和准成员的资格应在粮农组织大会通过申请之日起生效。

二 成员国和准成员退出

成员国可自接受粮农组织章程之日起，在四年期满后的任何时间，向粮农组织递交退出申请。准成员的退出申请，应由为其国际关系负责的成员国或主权国递交。该申请自总干事接收之日起的一年后生效。需明确的是，成员国和准成员所承担的财务责任期限，应包括退出申请生效的一整年。

---

① 每个成员国只有一票的规定不适用于此类情况。

三 成员国和准成员的报告

关于成员国和准成员需向粮农组织递交的报告，主要有以下三个方面的规定：第一，所有成员国和准成员应定期向总干事递送有益于践行粮农组织宗旨且与粮农组织职能范围内的事宜有关的出版物、法律和法规文本等。第二，在有益于践行粮农组织宗旨且在粮农组织职能范围内的相关事宜方面，成员国和准成员应定期将政府出版、发行或已有的相关统计信息或技术资料递送给总干事。总干事应负责说明哪些信息对粮农组织的发展有帮助以及信息提交应以何种形式。第三，成员国和准成员可能会被要求按粮农组织大会、理事会和总干事规定的时间和信息递交形式，提供与粮农组织职能范围内的事宜有关的资料、报告和文献，包括根据粮农组织大会的决议或建议对具体议题采取措施的行动报告。[①]

第七节 与联合国、其他组织和人员的关系

一 粮农组织与联合国的关系

粮农组织应按照联合国宪章第五十七条的规定，作为一个专门的机构与联合国保持关系。需指出的是，规定粮农组织和联合国关系的协定需经粮农组织大会批准。

二 粮农组织与其他组织和人员的关系

第一，为加强粮农组织和其他国际组织的密切合作，粮农组织大会可与这些组织的主管部门签订协议，以确定责任分配和合作方式；第二，总干事可按照粮农组织大会的决议，与其他政府间组织签订协议，以管理共同事务，就招聘、培训和服务等相关事项做出共同安排以及进行员工互换；第三，经其他国际组织主管机构的同意，粮农组织大会可批准将负责

---

① FAO, *Basic Texts of Food and Agriculture Organization of the United Nations*, p. 10.

解决粮食和农业相关问题的其他国际组织置于粮农组织的总体领导之下；第四，粮农组织大会应制定规则，确立各国政府就粮农组织与国家机构和个人的关系等相关事宜进行协商的程序。[1]

第八节 公约和协定

一 粮农组织的公约和协定

有关粮农组织的公约和协定，主要有以下七项规定[2]。

第一，在有关粮农议题的公约和协定获三分之二多数通过且符合粮农组织大会规则的情况下，粮农组织大会可批准该公约和协定，并将其提交给成员国。

第二，根据粮农组织大会的规则，经至少三分之二成员国投票通过，粮农组织理事会可以批准如下公约和协定，并将其提交给成员国：①特定地区的成员国所关注的有关粮农议题的协议；②为执行与上述规定有关的公约或协定而拟定的补充公约或补充协定。

第三，公约、协定、补充公约和补充协定：①应由粮农组织总干事代表由成员国组成的粮农专项会议将该会议起草的公约或协定提交给粮农组织大会或粮农组织理事会。此外，该会议还提议将起草的文件分发给有关成员国。②应包含关于成员国、非成员国（联合国、联合国的专门机构或国际原子能机构的成员国）、包括成员组织在内的区域经济一体化组织（成员国已经向其移交了公约、协定、补充公约和补充协定等规定的相关事项的权利，如加入相关条约的权利，这些成员国可能成为公约、协定、补充公约或补充协定的缔约方）的条款，明确公约、协定、补充公约或补充协定生效的条件，即有多少个成员国接受上述协定，从而通过协定的实施推动粮农组织宗旨的实现；根据公约、协定、补充公约或补充协定成

---

[1] FAO, *Basic Texts of Food and Agriculture Organization of the United Nations*, p. 11.
[2] 七项规定参见 FAO, *Basic Texts of Food and Agriculture Organization of the United Nations*, pp. 11 – 12。

立的委员会，非成员国和区域经济一体化组织（成员组织除外）若要参加，需经过该委员会至少三分之二的成员同意；凡任何公约、协定、补充公约或补充协定规定成员组织或区域经济一体化组织（成员组织除外）成为协议缔约方，其行使的投票权和相关参与条款应在上述协议中明确规定，而在该组织的成员国不参加公约、协定、补充公约或补充协定且其他协议缔约方只行使一次投票权的情况下，任何此类公约、协定、补充公约或补充协定应规定该组织在根据公约、协定、补充公约或补充协定建立的任何机构中仅行使一次投票权，但和公约、协定、补充公约或补充协定的缔约成员国享有同等的参与权。③不能使未参加公约、协定、补充公约或补充协定的成员国承担财政义务，成员国承诺按粮农组织大会的分配比例向粮农组织缴纳的会费除外。

第四，经粮农组织大会或理事会批准提交给成员国的任何公约、协定、补充公约或补充协定，应按规定适用于所有缔约方。

第五，对准成员而言，公约、协定、补充公约和补充协定应递交给负责其国际关系的主权国。

第六，在粮农组织大会或理事会审议拟议的公约、协定、补充公约和补充协定之前，粮农组织大会应制定相关规则，确保和各国政府的有效沟通，并做好充足的技术准备。

第七，经粮农组织大会或理事会批准的以一种或多种语言书写的公约、协定、补充公约或补充协定的两份文本，分别由大会或理事会主席和总干事核查。其中一份应保存在粮农组织档案室，另一份应在公约、协定、补充公约或补充协定付诸实施时，递交给联合国秘书长登记。此外，总干事应核查公约、协定、补充公约或补充协定的副本，并将其中一份交给粮农组织成员国和参与该公约、协定、补充公约或补充协定的非成员国和区域经济一体化组织。

二　粮农组织和其成员国之间的协定

粮农组织和其成员国之间也可签署相关协定，具体规定主要包括以下三个方面：首先，粮农组织大会可授权总干事就建立应对粮农问题的国际机制与成员国签订协议；其次，根据粮农组织大会三分之二多数投票通过的决议，粮农组织总干事可以和成员国协商并签署协议，但要按照最后一项条款的规定行事；最后，总干事签署协议需获得粮农组织大会三分之二多数的投票。但在一些特殊情况下，大会可将批准权授予粮农组织理事会，同时要求理事会至少三分之二成员投票赞成。①

第九节　法律地位、对章程的解释和法律问题的解决

一　法律地位

第一，粮农组织享有法人的职能，可以实施任何符合其宗旨的法律行为，但不能逾越章程赋予它的权力。第二，每个成员国和准成员应在其宪法规定的范围内，保证粮农组织所有机构和人员享有与其给予外交使团同等的权利，包括用房不受侵犯、档案保密、免于诉讼和免税。第三，粮农组织大会规定，由行政法庭对有关工作人员任命的条款和条件的争议做出裁定。②

二　对章程的解释和法律问题的解决

第一，如果粮农组织大会未能解决有关章程解释的任何疑问或争议，应按照法院条例将其递交给国际法院或大会确定的其他机构来解决。第二，粮农组织就其工作范畴内产生的法律问题咨询国际法院时，应遵守其与联合国之间的协定。第三，上述两项规定的实施都应按照粮农组织大会所规定的程序。③

---

① FAO, *Basic Texts of Food and Agriculture Organization of the United Nations*, p. 13.
② 联合国粮农组织：《联合国粮食及农业组织基本文件第Ⅰ编和第Ⅱ编》，第12页。
③ 联合国粮农组织：《联合国粮食及农业组织基本文件第Ⅰ编和第Ⅱ编》，第12页。

第十节 预算和会费

有关粮农组织的预算和会费，主要有以下六项规定[①]。

第一，总干事应向粮农组织大会的每届例会递交预算，经大会批准后生效。

第二，每个成员国和准成员应承诺按大会确定的分摊比例，每年向粮农组织缴纳会费。在确定成员国和准成员应缴金额时，应考虑成员国和准成员的不同地位。

第三，当请求加入粮农组织的申请获得通过时，成员国或准成员应根据粮农组织大会确定的当时财政周期的预算额度，缴纳相应的金额，这将作为其向粮农组织缴纳的第一笔会费。

第四，除另有规定外，粮农组织的财政周期应为粮农组织大会召开之后的两个历年（calender year）。

第五，只有三分之二多数通过，预算才能获得批准。

第六，成员组织无须按照上述第二条的规定缴纳会费，但应向粮农组织缴纳由大会确定的一笔费用，以支付其因参加本组织而产生的行政和其他费用。需强调的是，成员组织对预算没有投票权。

第十一节 章程的修正和生效

一 章程的修正

联合国粮农组织章程的修正包括以下四个方面的内容：第一，经粮农组织大会投票，三分之二多数通过，便可修改章程，但需要强调的是，此

[①] 六项规定参见联合国粮农组织《联合国粮食及农业组织基本文件第Ⅰ编和第Ⅱ编》，第12页。

处的"多数"是指超过粮农组织成员国①的半数。第二，未使成员国和准成员增添新义务的修正案应立即生效，除非通过修正案的决议另有规定。若修正案涉及新义务，应自粮农组织三分之二的成员国接受之时起，对接受修正案的每个成员国和准成员生效，而对其余成员国和准成员，则在其接受修正案时生效。需要指出的是，对于准成员，涉及新义务的修正案应由负责其国际关系的成员国或行政管理机构代表它接受。第三，修正章程的提案可以由理事会或一个成员国在递交总干事的通知中提出，总干事需立即将全部修正案通知全体成员国和准成员。第四，总干事需要在粮农组织大会召开前的至少120天向成员国和准成员发出通知，否则，修正章程的提案无法列入大会的讨论议程。②

二 章程的生效

在粮农组织章程修正之后，需满足以下四项条件方可生效：第一，享有粮农组织创始成员国资格的国家均接受修正后的章程，这些国家包括澳大利亚、比利时、玻利维亚、巴西、加拿大、智利、中国、哥伦比亚、哥斯达黎加、古巴、捷克斯洛伐克、丹麦、多米尼加、厄瓜多尔、埃及、萨尔瓦多、埃塞俄比亚、法国、希腊、危地马拉、海地、洪都拉斯、冰岛、印度、伊朗、伊拉克、利比里亚、卢森堡、墨西哥、荷兰、新西兰、尼加拉瓜、挪威、巴拿马、巴拉圭、秘鲁、菲律宾、波兰、南非、苏联、英国、美国、乌拉圭、委内瑞拉、南斯拉夫。③ 第二，每个国家应向粮食及农业临时委员会递交章程接受书，粮食及农业临时委员会应据此通知上述各国政府。除上述方法外，每个国家也可以派一个外交代表通知粮食及农业临时委员会其接受章程的决定，随后需尽快将接受书递交给粮食及农业临时委员会。第三，粮食及农业临时委员会在收到20份接受章程的通知

---

① 粮农组织现有194个成员国，1个成员组织（欧盟），2个准成员（法罗群岛、托克劳群岛）。
② 联合国粮农组织：《联合国粮食及农业组织基本文件第Ⅰ编和第Ⅱ编》，第13页。
③ 排名不分先后，参见联合国粮农组织《联合国粮食及农业组织基本文件第Ⅰ编和第Ⅱ编》，第14页。

时，应安排已经接受章程的国家所正式授权的外交代表在一份文本上签字。在上述所列国家中至少 20 个国家的代表签字后，章程立即生效。第四，在章程生效后收到接受章程的通知时，该项接受则在粮食及农业临时委员会或联合国粮农组织收到通知时生效。[①]

小　结

从前文有关粮农组织章程的具体规定中可以看出，章程的内容涉及粮农组织发展的诸多方面，既包括总干事选举和任命、粮农组织的预算和会费、章程的修正和生效等对内政策，也包括粮农组织与成员国、准成员以及其他国际组织关系的对外政策，这些共同构成了粮农组织的根本遵循，推动并加强了粮农组织的对内发展和对外合作。

---

① 联合国粮农组织：《联合国粮食及农业组织基本文件第Ⅰ编和第Ⅱ编》，第14页。

第二章

联合国粮农组织的机构设置和相关规定

联合国粮农组织机构包括治理机构，总干事，核心领导层，助理总干事，区域办事处、联络处以及驻国家代表处，十三个办公室，三大中心，四个专项部门及其分属的二十个司（见图 2-1）[1]，以及 100 多个法定机构（见附录二）。各部门各司其职、相互合作，确保粮农组织各项活动正常运转。因篇幅有限，本章将重点对领导机构做详细论述。

在粮农组织机构中，领导机构发挥着关键作用。领导机构是指直接地或通过其上级机构间接地在各自授权范围内制定粮农组织总体政策和管理框架，编制《2022~2031 年战略框架》、《2022~2025 年中期计划》及《2022~2023 年工作计划和预算》，实行或促进对粮农组织工作的监督的机构。[2] 主要包括粮农组织大会、粮农组织理事会、计划委员会、财政委员会、章程及法律事务委员会（Committee on Constitutional and Legal Matters）、农业委员会（Committee on Agriculture）、商品问题委员会（Committee on Commodity Problems）、渔业委员会（Committee on Fisheries）、林业委员会（Committee on Forestry）、世界粮食安全委员会（Committee on World Food Security, CFS）和区域会议（Regional Conferences），其相互之间的关系如图 2-2 所示。

---

[1] 参见"粮农组织机构图"，粮农组织网站，http://www.fao.org/about/org-chart/zh/，最后访问日期：2021 年 6 月 1 日。

[2] 联合国粮农组织：《联合国粮食及农业组织基本文件第Ⅰ编和第Ⅱ编》，第 121 页。

联合国粮食及农业组织

```
                          治理机构
                           总干事

   评价办公室          核心领导层              法律办公室
                （三名副总干事、一名首席经济学家、一
   监察长办公室      名首席科学家、一名总干事办公厅主任）    战略、计划及
                                                     预算办公室
   调解专员办公室
                                                     可持续发展
   道德操守办公室                                      目标办公室

   区域办事处、联络处以及驻国家代表处                  助理总干事

   创新        小岛屿国家、内    应急行动及    气候变化、生    首席        新闻
   办公室      陆国家和最不发   抵御能力      物多样性及    统计师      传播
               达国家办公室    办公室        环境办公室    办公室      办公室

   粮农组织投资中心（可持续   粮农组织/世卫组织联合中心  粮农组织/原子能机构联合
   粮食及农业投资解决方案）   （食品法典食品标准及人畜    中心（粮食及农业核技术）
                              共患病）

   伙伴关系        自然资源及      经济及社会      组织后勤及业务
   及外联部门      可持续生产部门  发展部门        支持部门

   伙伴关系及联合   渔业及          包容性农村转型及  人力资源司
   国系统协作司     水产养殖业司    性别平等司

   资源筹措及私营   林业司          粮食及营养司    后勤服务司
   部门伙伴关系司

   南南合作         畜牧生产及动物  粮食体系及      领导机构服务司
   及三方合作司     卫生司          食品安全司

   项目支持司       水土发展司      统计司          财务司

                    植物生产及保护司  农业食品经济司  数字化及信息技术司

                                     市场及贸易司
```

图 2-1　粮农组织机构

资料来源：粮农组织网站，http://www.fao.org/about/org-chart/zh/。

第二章 联合国粮农组织的机构设置和相关规定

```
                    粮农组织大会
                        ↑
                    粮农组织理事会
                        ↑
        区域会议              世界粮食安全委员会
           ↓
理事会下属委员会：            技术委员会：
·计划委员会                 ·农业委员会
·财政委员会                 ·商品问题委员会
·章程及法律事务委员会         ·渔业委员会
                          ·林业委员会
```

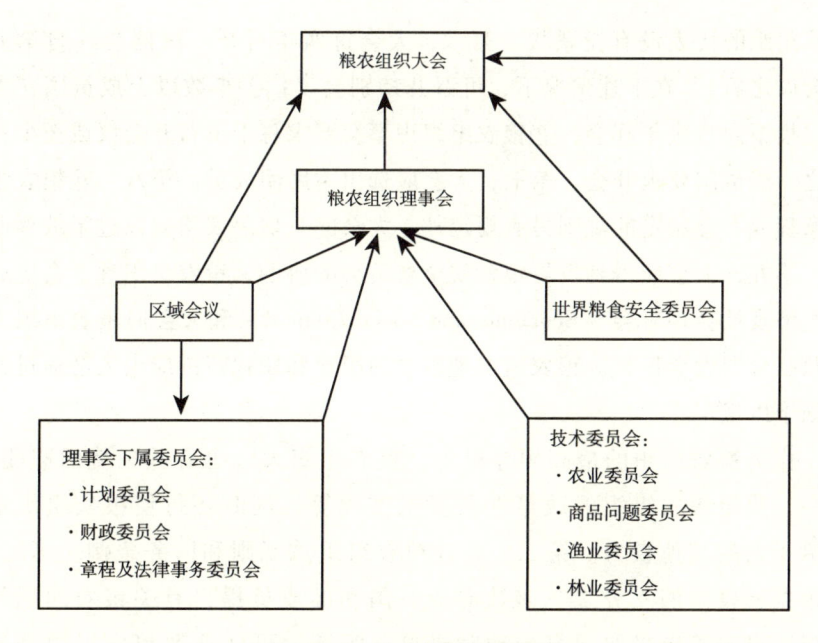

图 2-2 粮农组织领导机构

资料来源：粮农组织网站，http：//www.fao.org/unfao/govbodies/gsbhome/zh/。

第一节 粮农组织大会

粮农组织大会是粮农组织的最高领导机构，大会的相关规定主要包括以下九项。第一，粮农组织大会由成员国和准成员各派一名代表参加，但准成员代表只能参加大会讨论，不得担任职务，也没有投票权。第二，成员国和准成员可为其代表指派副代表、准代表和顾问，大会应规定副代表、准代表和顾问参加其议事活动的要求，但副代表、准代表和顾问只有一人可代替代表出席大会并享有投票权，其他参加者均无投票权。第三，每个代表只能代表一个成员国或准成员。第四，每个成员国只有一票。如果成员国拖欠的会费等于或超过之前两年应缴的金额，则没有投票权。但如果大会认为这种拖欠是由于不可抗力所致，则成员国可享有投票权。第五，大会可根据其规定，邀请与粮农组织职能有关的其他国际组织参会，

29

但该组织的代表没有投票权。第六，大会每两年召开一次例会（自第五届会议之后），在下述情况下，可召开特别会议：①半数以上成员国在大会上投票同意次年开会；②粮农组织理事会要求总干事召开会议或至少三分之一成员国要求开会。第七，大会应选出主席团成员。第八，除粮农组织章程或大会制定的规则另有规定外，大会的一切决议均应以过半数票通过。第九，大会应得到世界粮食安全委员会的协助，粮农组织理事会应通过经济及社会理事会（Economic and Social Council）和大会向粮农组织大会和联合国大会汇报。粮农组织理事会的组成和职权范围应由大会通过的规则予以规定。①

作为粮农组织的最高领导机构，粮农组织大会也有其独特的职能：第一，决定粮农组织的政策并负责批准预算，同时还行使粮农组织章程赋予它的其他权力。第二，通过粮农组织总规则和财务条例。第三，可根据所投票的三分之二多数向成员国和准成员提出有关粮农问题的建议，供决策者采取国家行动时借鉴。第四，可就涉及粮农组织宗旨的任何事项向任何国际组织提建议。第五，审议理事会、大会或理事会的任何委员会、委员会下属的任何机构的决议。第六，按大会规定设立区域会议，区域会议的地位、职能和报告程序均根据大会规则予以规定。②

如上文所述，粮农组织大会包括例会和特别会议。有关大会会议的具体规定，主要包括以下三点：第一，例会于6月在粮农组织所在地召开，若上届例会另有规定或有特殊情况或理事会做出决议，则例会可在其他地点和时间召开。在章程、总规则和财务条例中，"例会"（regular session）是指上文所述的每两年一次的会议，"两年期"（biennium）和财政周期（financial period）是指在大会例会召开后自1月1日起的两年。根据大会决定或下述第二条规定而召开的会议，都是特别会议。第二，若理事会提议或三分之一成员国提出要求，总干

---

① 联合国粮农组织：《联合国粮食及农业组织基本文件第Ⅰ编和第Ⅱ编》，第5页。
② 联合国粮农组织：《联合国粮食及农业组织基本文件第Ⅰ编和第Ⅱ编》，第6页。

第二章 联合国粮农组织的机构设置和相关规定

事在收到请示和要求的六个月内，按照理事会指定的时间和地点，召开特别会议。第三，总干事应在会议预定日期的至少 90 天前，向成员国、准成员以及根据规定可以派代表参加会议的国际组织发出召开大会的通知，应在会议预定日期的至少 30 天前，发出召开特别会议的通知。[①]

同时，对于例会和特别会议的议程也有不同的规定。例会的暂定议程由总干事拟定，并在大会召开的 90 天以前将暂定议程发送给各成员国、准成员和参会的国际组织。暂定议程主要包括：上届大会已经决定列入议程的事项；理事会和总干事磋商后列入议程的事项；根据理事会和总干事的报告，审议粮食及农业现状和成员国及准成员的粮农计划，以及报告中强调的政策问题或需要大会审议的问题或根据大会职能第三条可能成为大会正式建议的内容；总干事关于粮农组织工作的报告；酌情审议中期计划和战略框架；总干事起草的关于下一财政周期的工作计划和预算草案，以及理事会关于上一财政周期的最终审计账目报告；回顾在联合国开发计划署框架下开展的活动，并就这些活动开展思路提出意见，以便总干事指导后期工作；理事会的工作报告；如有国家或区域经济一体化组织提出加入申请，则在大会上投票表决；根据相关规定，选举理事会成员和理事会主席；若要修正章程，则按照相关规定提出章程修正案；应联合国或联合国专门机构的请求，在和总干事协商之后，理事会已同意的事项；根据理事会的建议，或根据成员国在大会开幕的 120 天以前向总干事提出的要求，重新审查成员国会费的分摊比例；根据章程规定，审议商品问题委员会、渔业委员会、林业委员会、农业委员会和世界粮食安全委员会有关政策和管理事项的报告；根据章程和总规则的规定，审议各区域关于政策和管理事项的报告。[②]

特别会议的暂定议程由总干事拟定，并在开会前至少 30 天将暂定议程发送给成员国、准成员和参会的国际组织。其暂定议程主要包括：上届

---

① 联合国粮农组织：《联合国粮食及农业组织基本文件第Ⅰ编和第Ⅱ编》，第 15 页。
② FAO, *Basic Texts of Food and Agriculture Organization of the United Nations*, pp. 17 – 18.

联合国粮食及农业组织

大会已经决定列入特别会议的议程；理事会和总干事磋商后被批准的议程；应三分之一成员国提出召开会议的要求，总干事在收到请求的六个月内，根据理事会规定的时间和地点，召开特别会议，审议所提议的事项；根据相关规定，填补自上届理事会以来的空缺席位；如有国家或区域经济一体化组织提出加入申请，则在大会上投票表决（此项与例会的议程相同）。[①]

除上述所列议程之外，仍有一些议程可同时列入例会和特别会议：第一，成员国和准成员均可在其权限范围内，至少在预定会议日期的30天以前，向总干事提出将特定事项纳入议程的请求。这些事项应列入补充清单，至少在预定会议日期的20天以前，发送给成员国和准成员，并提交总务委员会以便向粮农组织大会提出建议。第二，在任何一届会议上，经三分之二多数投票通过，成员国和准成员提出的任何议题均可增加到议程中。除大会有紧急情况另有规定外，若这些事项涉及技术、行政和财务等方面的问题，必须由总干事就这些事项做出报告，才能予以考虑。第三，成员国和准成员就会议议程准备的提案，若没有在会上提出，则应递交给总干事，由总干事将其提交总务委员会，若这些提案涉及技术、行政和财务等方面的问题，则应连同相关报告一并提交。成员国或准成员的所有提案，应附有解释备忘录，若可以，还应附基本文件和决议草案。第四，若被建议列入大会议程的事项包括粮农组织开展的新活动的提案，且又直接关系到联合国或联合国一个或多个专门机构或与粮农组织签署关系协定的其他政府间组织，总干事应和有关组织磋商并就如何协调利用各组织资源向大会报告。如果在会议过程中提出的有关粮农组织开展新活动的提案直接与联合国或一个或多个上述其他组织有关，总干事在和出席会议的其他组织的代表商议后，应提请大会关注其他组织对该提案的关切。在对这类提案做出决定前，大会应和相关组织进行充分商议或安排与相关组织的磋商。第五，除另有规定外，向大会每届会议提交的、与议程

---

① FAO, *Basic Texts of Food and Agriculture Organization of the United Nations*, pp. 18–19.

第二章 联合国粮农组织的机构设置和相关规定

上任何事项有关的所有报告和文件的副本，总干事应在副本提交之时或提交后尽快提供给成员国、准成员和与会国际组织。根据计划委员会和财政委员会的相关规定①，总干事关于下一财政周期的工作计划和预算草案，应附上计划委员会和财政委员会的联合报告。第六，大会在将第二条和第四条规定中所提到的文件分发给各代表团至少72小时以后，才能对议程上的事项进行讨论。第七，每届会议上的暂定议程以及在补充清单中经总务委员会批准的议程，应在会议开幕后尽快提交给大会批准，一经大会批准，不管修正与否，均应成为大会议程。②

截至2021年，粮农组织大会共召开了42届例会和3届特别会议（见表2-1），并根据世界粮食安全形势、农业生产状况以及成员国和准成员的变动等相关事项，制定了不同的会议议程。③ 粮农组织大会的主席团成员包括主席、副主席、总务委员会、证书委员会和决议委员会（自第39届大会起不再设立），其中主席一名、副主席三名（第23届会议除外）。总务委员会是由大会主席、副主席和根据规定经大会选出的七个成员国组成，大会主席也即总务委员会主席。证书委员会由9个成员国组成，负责审查代表、副代表、准代表、顾问以及与会国际组织代表的证书，并及时向大会报告，由大会负责对其中出现的任何问题做出决定。证书委员会主席由证书委员会选举产生，对证书委员会的会议拥有的权力和责任与大会主席对大会会议的权力和责任相同。④

---

① 计划委员会和财政委员会应就战略框架、中期计划及工作计划和预算中它们共同关心的问题，向理事会提交一份统一的报告，说明其主要特点，并强调需要理事会或大会研究的政策性问题。联合国粮农组织：《联合国粮食及农业组织基本文件第Ⅰ编和第Ⅱ编》，第44页。
② 联合国粮农组织：《联合国粮食及农业组织基本文件第Ⅰ编和第Ⅱ编》，第17~18页。
③ 参见粮农组织网站，http://www.fao.org/bodies/conf/sessions/zh/。
④ 参见联合国粮农组织《联合国粮食及农业组织基本文件第Ⅰ编和第Ⅱ编》，第18~21页。

表 2-1 粮农组织大会（1945~2021年）

时间	届别	总务委员会	证书委员会	决议委员会
2021	第42届	南非、中国、圣马力诺、危地马拉、伊朗、美国、澳大利亚	刚果（金）、孟加拉国、马来西亚、圣马力诺、尼加拉瓜、委内瑞拉、科威特、加拿大、新西兰	—
2019	第41届	尼日尔、中国、圣马力诺、秘鲁、伊朗、加拿大、澳大利亚	科特迪瓦、马来西亚、圣马力诺、古巴、危地马拉、科威特、阿曼、美国、新西兰	—
2017	第40届	乌干达、马来西亚、圣马力诺、秘鲁、埃及、美国、澳大利亚	几内亚、印度尼西亚、圣马力诺、奥地利、阿曼、尼加拉瓜、约旦、加拿大、新西兰	—
2015	第39届	喀麦隆、中国、斯洛伐克、尼加拉瓜、伊拉克、加拿大、澳大利亚	厄立特里亚、印度尼西亚、韩国、泰国、圣马力诺、古巴、阿曼、美国、新西兰	—
2013	第38届	津巴布韦、斯里兰卡、斯洛伐克、佛得角、苏丹、美国、新西兰	阿尔及利亚、中国、捷克、匈牙利、洪都拉斯、哥伦比亚、阿曼、加拿大、新西兰	赤道几内亚、孟加拉国、爱沙尼亚、乌拉圭、伊拉克、加拿大、澳大利亚
2011	第37届	特立尼达和多巴哥、巴基斯坦、匈牙利、巴西、伊拉克、加拿大、新西兰	赤道几内亚、孟加拉国、捷克、圣马力诺、尼加拉瓜、阿曼、美国、澳大利亚	毛里塔尼亚、中国、希腊、巴西、叙利亚、美国、澳大利亚
2009	第36届	尼日利亚、中国、瑞典、危地马拉、约旦、美国、新西兰	尼日尔、斯里兰卡、奥地利、塞浦路斯、爱沙尼亚、圣马力诺、萨尔瓦多、尼加拉瓜、阿曼	莱索托、印度尼西亚、俄罗斯、巴拉圭、伊拉克、加拿大、澳大利亚
2008	第35届（特别）会议	埃塞俄比亚、中国、法国、巴西、约旦、加拿大、新西兰	安哥拉、马来西亚、爱沙尼亚、匈牙利、圣马力诺、墨西哥、阿曼、卡塔尔、美国	—
2007	第34届	加蓬、中国、丹麦、危地马拉、科威特、美国、新西兰	加蓬、赞比亚、马来西亚、奥地利、圣马力诺、乌克兰、萨尔瓦多、阿曼、加拿大	马达加斯加、菲律宾、意大利、巴拉圭、埃及、加拿大、澳大利亚
2005	第33届	马里、中国、英国、佛得角、科威特、加拿大、新西兰	摩洛哥、坦桑尼亚、印度尼西亚、保加利亚、克罗地亚、圣马力诺、萨尔瓦多、也门、美国	喀麦隆、菲律宾、罗马尼亚、厄瓜多尔、埃及、美国、澳大利亚

续表

时间	届别	总务委员会	证书委员会	决议委员会
2003	第32届	厄立特里亚、中国、希腊、佛得角、苏丹、美国、澳大利亚	乌干达、孟加拉国、亚美尼亚、希腊、斯洛文尼亚、萨尔瓦多、苏丹、加拿大、新西兰	阿尔及利亚、菲律宾、德国、哥伦比亚、埃及、美国、新西兰
2001	第31届	刚果（金）、中国、保加利亚、瑞典、古巴、伊朗、美国	津巴布韦、朝鲜、塞浦路斯、芬兰、佛得角、萨尔瓦多、埃及、美国、澳大利亚	佛得角、菲律宾、芬兰、秘鲁、约旦、加拿大、澳大利亚
1999	第30届	布基纳法索、中国、爱沙尼亚、瑞典、墨西哥、埃及、美国	特立尼达和多巴哥、印度尼西亚、日本、比利时、德国、海地、伊拉克、加拿大、澳大利亚	安哥拉、菲律宾、芬兰、尼加拉瓜、苏丹、加拿大、澳大利亚
1997	第29届	莱索托、韩国、德国、瑞典、古巴、利比亚、美国	尼日尔、尼日利亚、马来西亚、匈牙利、马耳他、西班牙、海地、苏丹、美国	乌干达、印度尼西亚、荷兰、巴拉圭、科威特、美国、澳大利亚
1995	第28届	安哥拉、中国、比利时、西班牙、尼加拉瓜、埃及、美国	刚果（金）、中国、泰国、塞浦路斯、德国、匈牙利、巴拉圭、利比亚、加拿大	摩洛哥、马来西亚、马耳他、智利、科威特、美国、新西兰
1993	第27届	加纳、马来西亚、荷兰、古巴、黎巴嫩、美国、斐济	安哥拉、尼日利亚、中国、菲律宾、塞浦路斯、德国、罗马尼亚、洪都拉斯、澳大利亚	乌干达、泰国、马耳他、萨尔瓦多、伊拉克、美国、新西兰
1991	第26届	摩洛哥、中国、法国、德国、巴拿马、黎巴嫩、美国	阿尔及利亚、埃塞俄比亚、泰国、奥地利、塞浦路斯、希腊、匈牙利、洪都拉斯、加拿大	加纳、伊朗、瑞士、乌拉圭、埃及、美国、新西兰
1989	第25届	莱索托、中国、印度、芬兰、巴拿马、美国、斐济	毛里塔尼亚、乌干达、塞浦路斯、希腊、荷兰、萨尔瓦多、也门、加拿大、澳大利亚	阿尔及利亚、印度、德国、尼加拉瓜、黎巴嫩、美国、澳大利亚
1987	第24届	肯尼亚、中国、比利时、巴西、尼加拉瓜、美国、新西兰	刚果（金）、巴基斯坦、塞浦路斯、西班牙、英国、萨尔瓦多、黎巴嫩、加拿大、萨摩亚	安哥拉、泰国、瑞典、委内瑞拉、黎巴嫩、美国、澳大利亚
1985	第23届	摩洛哥、中国、塞浦路斯、法国、挪威、委内瑞拉、美国	布基纳法索、赞比亚、泰国、奥地利、捷克斯洛伐克、佛得角、阿联酋、美国、汤加	利比里亚、印度尼西亚、土耳其、古巴、伊朗、加拿大、新西兰

35

续表

时间	届别	总务委员会	证书委员会	决议委员会
1983	第22届	塞内加尔、印度、巴基斯坦、德国、巴西、美国、新西兰	贝宁、特立尼达和多巴哥、坦桑尼亚、泰国、奥地利、匈牙利、多米尼加、美国、汤加	喀麦隆、孟加拉国、英国、古巴、伊拉克、加拿大、澳大利亚
1981	第21届	尼日利亚、特立尼达和多巴哥、中国、罗马尼亚、哥伦比亚、科威特、美国	安哥拉、加纳、孟加拉国、马来西亚、捷克斯洛伐克、瑞士、多米尼加、叙利亚、美国	贝宁、印度、挪威、墨西哥、利比亚、加拿大、新西兰
1979	第20届	塞内加尔、中国、英国、巴拿马、黎巴嫩、沙特、美国	喀麦隆、几内亚、泰国、保加利亚、爱尔兰、前南*、佛得角、阿富汗、苏丹	特立尼达和多巴哥、菲律宾、法国、墨西哥、约旦、加拿大、澳大利亚
1977	第19届	冈比亚、中国、罗马尼亚、尼加拉瓜、巴拿马、埃及、美国	莱索托、塞拉利昂、印度、缅甸、匈牙利、瑞士、危地马拉、科威特、新西兰	几内亚、孟加拉国、法国、墨西哥、沙特、美国、澳大利亚
1975	第18届	几内亚、中国、印度尼西亚、捷克斯洛伐克、佛得角、埃及、美国	马达加斯加、坦桑尼亚、缅甸、菲律宾、匈牙利、意大利、海地、沙特、斐济	塞内加尔、马来西亚、西班牙、哥伦比亚、约旦、美国
1973	第17届	马达加斯加、日本、德国、英国、墨西哥、沙特、美国	冈比亚、尼日尔、马来西亚、缅甸、奥地利、挪威、秘鲁、阿富汗、特立尼达和多巴哥	日本、罗马尼亚、沙特、美国
1971	第16届	尼日利亚、日本、法国、匈牙利、哥伦比亚、委内瑞拉、埃及	埃塞俄比亚、特立尼达和多巴哥、马来西亚、越南、保加利亚、马耳他、厄瓜多尔、尼加拉瓜、约旦	埃塞俄比亚、特立尼达和多巴哥、马来西亚、越南、保加利亚、马耳他、厄瓜多尔、尼加拉瓜、约旦
1969	第15届	肯尼亚、尼泊尔、德国、哥伦比亚、苏丹、美国、新西兰	加纳、马里、菲律宾、斯里兰卡、罗马尼亚、瑞士、墨西哥、秘鲁、沙特	塞拉利昂、巴基斯坦、哥伦比亚、新西兰
1967	第14届	乍得、法国、英国、哥伦比亚、黎巴嫩、美国、澳大利亚	贝宁、索马里、坦桑尼亚、尼泊尔、泰国、意大利、罗马尼亚、多米尼加、萨尔多瓦	乍得、英国、哥伦比亚、黎巴嫩
1965	第13届	马里、印度、法国、英国、智利、埃及、美国	马达加斯加、尼日利亚、缅甸、泰国、芬兰、卢森堡、秘鲁、委内瑞拉、叙利亚	—

续表

时间	届别	总务委员会	证书委员会	决议委员会
1963	第12届	塞内加尔、法国、英国、秘鲁、埃及、美国、澳大利亚	乍得、摩洛哥、尼日利亚、印度、越南、西班牙、佛得角、墨西哥、约旦	—
1961	第11届	印度、法国、英国、巴西、阿拉伯联合共和国、美国、澳大利亚	加纳、摩洛哥、斯里兰卡、奥地利、芬兰、阿根廷、委内瑞拉、伊朗、加拿大	—
1959	第10届	摩洛哥、印度、法国、葡萄牙、古巴、委内瑞拉、美国	南非、巴基斯坦、菲律宾、比利时、爱尔兰、巴西、墨西哥、黎巴嫩、澳大利亚	—
1957	第9届	菲律宾、泰国、西班牙、英国、巴西、伊拉克、美国	利比里亚、南非、德国、冰岛、挪威、萨尔瓦多、海地、洪都拉斯、苏丹	—
1956	第三届特别会议	印度、菲律宾、比利时、法国、英国、智利、美国	利比里亚、泰国、越南、意大利、卢森堡、玻利维亚、阿富汗、利比亚	—
1955	第8届	菲律宾、法国、德国、英国、佛得角、埃及、美国	日本、斯里兰卡、希腊、冰岛、瑞典、古巴、委内瑞拉、伊朗、沙特	—
1953	第7届	巴基斯坦、法国、西班牙、瑞典、英国、智利、美国	南非、老挝、韩国、比利时、土耳其、前南、玻利维亚、伊拉克、新西兰	—
1951	第6届	印度、法国、葡萄牙、英国、海地、黎巴嫩、美国	埃塞俄比亚、南非、巴基斯坦、韩国、冰岛、以色列、土耳其、前南、洪都拉斯	—
1950	第二届特别会议	印度尼西亚、英国、前南、佛得角、埃及、加拿大、美国	南非、缅甸、奥地利、希腊、卢森堡、挪威、多米尼加、委内瑞拉、阿富汗、伊拉克	—
1949	第5届	中国、巴基斯坦、捷克斯洛伐克、法国、英国、厄瓜多尔、美国	利比里亚、印度、葡萄牙、英国、巴西、墨西哥、委内瑞拉、埃及、加拿大	—
1948	第4届	印度、法国、波兰、英国、巴西、埃及、新西兰	冰岛、卢森堡、佛得角、墨西哥、叙利亚、加拿大	

37

续表

时间	届别	总务委员会	证书委员会	决议委员会
1948	第一届特别会议	中国、印度、法国、波兰、英国、墨西哥、美国	菲律宾、泰国、英国、前南	—
1947	第3届	捷克斯洛伐克、法国、英国、智利、墨西哥、加拿大、美国	印度、比利时、意大利、挪威、哥伦比亚、厄瓜多尔、澳大利亚	—
1946	第2届	南非、中国、捷克斯洛伐克、法国、英国、巴西、美国	利比里亚、希腊、多米尼加、海地、埃及	—
1945	第1届	印度、法国、荷兰、波兰、英国、美国、澳大利亚	利比里亚、菲律宾、比利时、挪威、秘鲁、伊拉克	—

* 一般指南斯拉夫社会主义联邦共和国。
资料来源：粮农组织网站，http://www.fao.org/unfao/govbodies/gsbhome/conference/chairpersons/zh/。

第二节 粮农组织理事会

粮农组织理事会于1947年由粮农组织大会设立，以取代原先的"执行委员会"，共包括49个成员国（见附录一），截止到2020年底，粮农组织理事会共召开了165届会议。具体而言，粮农组织章程关于理事会的规定主要包括以下七点。

第一，每个理事国只能有一名代表，并只有一票。各理事国可以为其代表指派副代表、准代表和顾问。理事会可规定副代表、准代表和顾问的参会条件，但除了代表或代替代表出席会议的副代表、准代表或顾问享有投票权外，其他参会者均没有投票权。每个代表只能代表一个理事国，理事国的任期和其他任职条件均应遵循大会制定的规则。第二，粮农组织大会应指派一名独立的理事会主席。第三，理事会享有大会赋予它的权力，但关于粮农组织成员国和准成员的加入、大会本身所具有的职能、总干事的任命、粮农组织与联合国关系协定的批准、与其他解决粮农问题的国际组织的关系、粮农问题的公约和协定的批准，以及与各国政府就公约、协定、补充公约和补充协定的商议，章程的修正等相关权力，粮农组织大会不能委托给理事会。第四，在大会的决议框架下，根据理事会自身的议事规则，除主席之外，理事会还应委派主席团成员。第五，除粮农组织章程或大会和理事会制定的规则另有规定外，理事会的一切决议均需经投票并获得过半票数通过。第六，为更好地履行理事会职能，计划委员会、财政委员会、章程及法律事务委员会、商品问题委员会、林业委员会及渔业委员会等需协助理事会的工作。第七，上述委员会的组成和职能应由粮农组织大会的规则予以规定。①

除上述规定外，粮农组织总规则对理事会的具体职能也做了相关规定，综合来看，主要包括以下五个主要方面。

第一，在世界粮食和农业形势等相关事项方面：①为大会制定一个审议国家粮食和农业状况的暂定议程，提请大会关注需要其审议的一些特定问题，或根据上文所述的大会职能的第三条规定可作为大会的一项正式提议的一些特定问题。同时，还应协助总干事为大会审议成员国和准成员提交的计划准备报告和设定议程。②审议与世界粮食和农业形势等有关的或由此引发的事项，尤其是需要大会、各区域会议、计划委员会、财政委员会、章程及法律事务委员会、商品问题委员会、渔业委员会、林业委员会、农业委员会或总干事采取行动的紧急事项，并就这些事项的解决提出建议。③审议与世界粮食和农业形势有关的或由此引发的任何事项以及根据大会决定或一些适宜的安排已经提交理事会的任何事项，并就这些事项的解决提出建议。②

第二，在粮农组织当前和未来的活动等相关事项方面：①审议战略框架、中期计划、工作计划和预算，并就相关问题提出建议；②根据预算标准向大会提出建议；③在已经批准的工作计划和预算框架下，积极开展粮农组织的技术活动，并就其中需要大会做出决定的政策问题向大会报告；

---

① 联合国粮农组织：《联合国粮食及农业组织基本文件第Ⅰ编和第Ⅱ编》，第6页。
② FAO, *Basic Texts of Food and Agriculture Organization of the United Nations*, p. 38.

④根据大会有关预算的决定，调整工作计划和预算；⑤根据章程规定，审议商品问题委员会、渔业委员会、林业委员会、农业委员会和世界粮食安全委员会的报告；⑥根据章程和总规则，审议各区域会议有关计划和预算的报告。①

第三，在粮农组织行政事务和财务管理等相关事项方面：①对粮农组织的财务管理实施监督；②向大会报告粮农组织的财政状况和最终审计决算；③就行政管理的相关政策问题，向粮农组织提出建议；④除财政委员会授权的转账外，可批准委员会之间的转账；⑤根据总干事的提议，批准取出用作可补偿贷款和紧急支出的周转基金；⑥审议周转资金的相关事宜并就此向大会提出建议；⑦审议设立的储备资金并就此向大会提出建议；⑧审议总干事有关接受自愿捐款和建立由成员国和准成员承担额外财政义务的特别信托基金（Trust and Special Fund）的提议，并就此向大会提出建议；⑨审议会费分摊比例并可建议大会做出相应调整；⑩审议并批准财政委员会或国际公务员制度委员会（International Civil Service Commission）关于职员薪金和职员招聘条件的建议，以及财政委员会关于粮农组织行政和技术部门的总体结构的建议；⑪审议财政委员会就国际公务员制度委员会根据其条例做出决定的任何建议；⑫对总干事在之前没有授权的职位中增设新的职务进行审查；⑬指派外聘审计员；⑭除总规则规定的其特有职能外，赋予财政委员会有关粮农组织财务或行政事务的特定职能。②

第四，在粮农组织章程的相关事项方面：①根据章程有关委员会、会议、工作组和磋商会的规定③，设立委员会、下属委员会和工作组，召开一般性会议、区域性会议、技术性会议、工作组会议、磋商会议或其他会议，或授权总干事设立委员会和工作组，并召开一般性会议、区域性会议、技术性会议、工作组会议、磋商会议或其他会议；②根据下文有关公

---

① FAO, Basic Texts of Food and Agriculture Organization of the United Nations, p.38.
② 联合国粮农组织：《联合国粮食及农业组织基本文件第Ⅰ编和第Ⅱ编》，第35~36页。
③ 参见联合国粮农组织《联合国粮食及农业组织基本文件第Ⅰ编和第Ⅱ编》，第7~8页。

约和协定的规定，审议并批准相关公约、协定、补充公约或补充协定，并将其提交给各成员国；③根据下文有关粮农组织和其他国际组织的规定，经大会许可，与其他国际组织签订协定；④根据大会制定的规则，就粮农组织与国际非政府组织之间的关系提出建议；⑤审议有关粮农组织总规则和财务条例的修正案，并向大会提出建议。①

第五，在一般事项方面：①选举计划委员会、财政委员会和章程及法律事务委员会的主席和成员；②提名大会主席、大会各委员会主席、大会的三名副主席、证书委员会成员和总务委员会选举成员的候选人；③与总干事磋商后，就需要大会审议而列入大会任何一届会议议程的事项提出建议，监督并协调大会会议的一切准备事项，应尽可能地将这些会议的暂定议程限定在主要的政策性问题上；④就政策性问题向总干事提出建议，并根据粮农组织总规则的规定实施监督；⑤履行协助粮农组织有效运作的相关职能；⑥向大会汇报其工作，重点强调需大会审议的政策性问题。②

第三节　世界粮食安全委员会

世界粮食安全委员会是粮农组织的一个政府间委员会，其职能包括提供一个各国政府、非政府组织、各区域组织等各利益攸关方就粮农问题进行探讨的平台，以促进全球统一协调；促进国家和地区间政策的趋同，如制定有关粮食安全和营养的国家战略自愿准则；为国家和地区实现零饥饿和保障粮食安全提供支持。③ 世界粮食安全委员会需根据议事规则选出一个主席团，主席团设一名主席。主席团需履行粮农组织总规则或议事规则规定的职能，其工作应得到主席团咨询小组和粮食安全和营养问题高级别专家小组（High Level Panel of Experts，HLPE）的协助。其中粮食安全和

---

① 联合国粮农组织：《联合国粮食及农业组织基本文件第Ⅰ编和第Ⅱ编》，第36页。
② 联合国粮农组织：《联合国粮食及农业组织基本文件第Ⅰ编和第Ⅱ编》，第37页。
③ 联合国粮农组织：《联合国粮食及农业组织基本文件第Ⅰ编和第Ⅱ编》，第52页。

联合国粮食及农业组织

营养问题高级别专家小组的工作包括评估和分析粮食安全和营养现状以及粮食不安全和营养不良的原因；针对具体问题，提供科学的分析和对策建议，并利用现存的高质量研究数据从事技术研究；发现新问题，帮助委员会和成员国确立开展行动的重点领域和优先次序。① 同时，应按照委员会的要求设立秘书处，为委员会，包括主席团和高级别专家小组服务，并发挥联络功能，与委员会各项活动保持联系。秘书处还应包括世界粮食计划署和国际农业发展基金（IFAD）可能向其委派的工作人员。

此外，粮农组织总规则对世界粮食安全委员会的相关事宜做了具体规定。②

第一，根据粮农组织章程，世界粮食安全委员会允许粮农组织、世界粮食计划署和国际农业发展基金的所有成员国和虽不是粮农组织的成员国但却是联合国或联合国专门机构的成员国的国家加入。世界粮食安全委员会应由那些以书面的形式向总干事传达想要成为委员会成员和愿意参与委员会工作的国家或粮农组织成员组织构成。

第二，国家或粮农组织成员组织可随时提出想要成为委员会成员的请求，一旦请求得到通过，其作为委员会成员的身份将始终有效，除非该成员连续两次未参加委员会会议或主动向委员会提出退出申请。在委员会每届会议开始时，总干事应向参会者发放列有委员会成员国名单的文件。

第三，联合国内部的各个组织、政府间组织、国际金融机构、国际非政府组织、民间的社会团体和非政府组织、民间社会的相关行为体和私营部门的代表均可以参与委员会的相关事项。委员会应根据各组织提出的申请和相关事项，在委员会例会上不断复查允许参加委员会会议的组织名单，包括经协商后被提议列入名单的由最少人数构成的非政府民间组织，并在复查后通过该名单。委员会可以从该名单中删除连续两次未出席委员会会议的组织或已告知总干事不再参与委员会工作的组织。

第四，根据第三条规定，允许参与委员会相关事项的组织的代表参加

---

① 联合国粮农组织：《联合国粮食及农业组织基本文件第Ⅰ编和第Ⅱ编》，第53页。
② 参见 FAO, *Basic Texts of Food and Agriculture Organization of the United Nations*, pp. 55–59。

委员会内部的任何讨论，无须等成员国先发言。同时，这些代表可依照粮农组织总规则、议事规则和委员会确立的其他相关程序，向委员会递交文件和就相关议题提出建议。但投票权和决定权只能由第一条规定的成员来实施。

第五，未加入委员会的粮农组织成员国、联合国或联合国专门机构的成员国，均可以观察员身份列席委员会会议。此外，委员会可根据主席团的建议和其他相关组织的请求，邀请这些组织作为观察员参与委员会会议或特定议题的讨论。观察员可应主席的邀请参与相关议题的讨论。

第六，委员会通常是每两年召开两次会议。总干事和主席会根据委员会的决议决定会议的召开。

第七，若出现以下情况，委员会可召开特别会：委员会在例会上做出决定；主席团提出要求；至少半数委员会的成员国提出要求。

第八，有关委员会的报告：①委员会应向粮农组织大会提交报告，并通过粮农组织大会及联合国经济及社会理事会向联合国大会提交报告。②委员会应就工作计划和预算向理事会报告。在不影响该原则普适性的前提下，委员会采纳的任何影响粮农组织计划或财政事项或涉及法律或章程的事项的建议，均应按照规定，附以理事会有关下属委员会意见一并提交给理事会。此外，委员会的报告或相关摘录还应提交给大会。③委员会采纳的任何影响联合国计划，涉及联合国财务、法律或章程等事项的建议以及影响联合国专门机构的计划和资金的建议，均应报请相关机构进行审议。

第九，其他相关规定：①委员会应酌情采纳商品问题委员会及其附属机构、农业委员会和理事会其他技术委员会、世界粮食计划署执行局以及国际农业发展基金管理大会的意见。委员会尤其要考虑负责粮食安全问题的其他政府间机构的职责和活动，以避免工作上的重叠。②为保证职能的有效履行，委员会可要求成员提供与其工作相关的一切资料，若有关政府提出要求，将对其所提供的资料保密。③粮农组织总干事、世界粮食计划署的执行干事、国际农业发展基金总裁或它们的代表应参加委员会的所有会议，并可指定在职官员陪同出席。④委员会可以采纳和修正其议事规则，但要和粮农组织章程和总规则保持一致。⑤委员会可成立附属机构或特设机构,只要它认为这一举措有助于其工作的开展且所设机构与现有机构的工作不相同。但这一决策的实施需满足两个条件,一是委员会已对秘书处的报告进行审查,二是委员会已就所涉及的行政和财政问题与粮农组织、世界粮食计划署和国际农业发展基金等组织进行了磋商。⑥在成立附属机构或特设机构时,委员会应明确它们的职责和构成,并尽可能地规定其工作期限。附属机构可实施自己的议事规则,但要和委员会的议事规则相一致。

第四节 区域会议

区域会议重在讨论每个地区的粮食安全、农业发展和营养等方面的问题和政策,为制定后期的工作计划提供指导方针。区域内的所有成员国和准成员均可以自愿参加。粮农组织总规则有关区域会议的具体规定主要包括以下五个方面。

第一,应召开非洲、亚洲及太平洋、欧洲、拉丁美洲及加勒比以及近东区域会议,通常在非会议年,每两年召开一次会议。

第二,有关区域会议的职能:①为协商区域内与粮农组织事务有关的议题提供平台,包括区域内成员国感兴趣的诸多议题;②为在粮农组织职权范围内或对粮农组织的职权和活动产生影响的全球政策和监管问题形成区域共识提供平台,包括就全球政策和监管问题达成区域一致;③明确各区域粮农问题的特殊性并据此提出建议,同时,在准备粮农组织的发展规划、发展项目和发展预算等相关文件时,应明确各区域工作的优先事项,并据此对上述文件进行调整修正;④对粮农组织开展的对上述区域产生影响的规划或项目进行审议并提出建议;⑤根据相关的绩效指标,包括有关评价,对粮农组织在各区域为实现发展目标而取得的成效进行评估并提出建议。①

第三,根据计划委员会和财政委员会的职权,区域会议应就各地区的

---

① FAO, *Basic Texts of Food and Agriculture Organization of the United Nations*, p. 62.

计划和预算等相关问题，通过计划委员会和财政委员会向理事会报告，并应就政策和监管问题向大会报告。区域会议的报告应由主席介绍。

第四，在区域会议拟定日期前的至少六个月，粮农组织驻各地区的代表处应和主席协商后，向区域会议的成员发出通知函。通知函应简要说明粮农组织在各区域的计划和上届区域会议达成的共识或取得的成果等。同时，还应请成员对下届会议的相关事项提出建议，尤其是会议议程。总干事应和区域会议主席协商，在考虑本段已提及的规定的前提下，拟定一项暂定议程并在会议前至少60天发送给成员国。在区域会议召开前的至少30天，区域会议的任何成员均可要求总干事将一个议题列入暂定议题，总干事应将修改后的议程和相关文件发送给成员。[①]

第五，区域会议应根据粮农组织章程和有关规则，对其工作做出相应的调整和安排，包括任命一名会务报告员。区域会议也可修改并通过新的议事规则，但必须要和粮农组织章程和总规则保持一致。

第五节 计划委员会

粮农组织总规则关于计划委员会的规定包括委员会的构成、选举、职能以及会议的召开等相关事宜，综合来看，主要包括以下十项[②]。

第一，根据粮农组织章程规定设立计划委员会，计划委员会由粮农组织的12个成员国代表组成，这些成员国应在大会例会后的理事会会议上经选举产生，任期两年，至理事会选出新一届成员后期满，委员会成员可连任。而成员国代表的选取需满足三个条件：一是了解粮农组织的目标并长期关注粮农组织的各项活动；二是参加过粮农组织大会和理事会会议；三是在与粮农组织各项活动有关的经济、社会和技术等方面有一定的专业技能和工作经验。

[①] FAO, *Basic Texts of Food and Agriculture Organization of the United Nations*, p. 62.
[②] 十项规定参见 FAO, *Basic Texts of Food and Agriculture Organization of the United Nations*, pp. 42 – 44。

第二，寻求当选计划委员会成员的粮农组织成员国，应在不迟于理事会会议召开的20天以前[1]，将其拟任命（如果当选）的代表的姓名以及履历告知大会和理事会秘书长，大会和理事会秘书长应在举行选举的理事会会议召开前，将上述内容以书面形式告知理事会成员国。委员会主席的提名同样适用于上述程序。

第三，选举计划委员会主席和成员国：①理事会应首先从粮农组织成员国提名的代表中选出一名主席。主席的选举应基于其个人的能力和条件，主席并不代表某一国家或地区。②成员国应就大会为理事会选举而确定的特定地区提出其作为委员会成员的候选人资格。③理事会应从非洲、亚洲及太平洋、欧洲、拉丁美洲及加勒比和近东等地区各选两个成员，从北美洲和西南太平洋各选一名成员。④除选举委员会主席外，若上述各区域的职位有空缺，还应根据规定[2]，通过选举填补空缺席位。⑤对粮农组织总规则有关表决的规定[3]做相应变通，使其适用于计划委员会成员国的选举。

第四，如果委员会某一成员国的代表不能参加委员会会议，或由于其丧失工作能力、死亡或其他原因不能在任期内代表其成员国履行职责，该成员国应尽早告知总干事和计划委员会主席，并委派一名符合第一条规定的代表代替上任行使职能。该代表的履历应告知理事会。如果理事会选出的主席不能参加委员会会议，其职能应由委员会按照议事规则选出的副主席履行。如果理事会选出的主席因丧失工作能力、死亡或其他原因不能在其任期内履行其职能，其职能应由委员会按照议事规则选出的副主席履行，直到理事会在出现该空缺后的下一届会议上选出一位新的主席为止。新主席的任期仅为上任主席任期内的剩余时间。

第五，当大会或理事会审议计划委员会的报告时，计划委员会主席应参加大会会议或理事会会议。

第六，理事会主席可以参加计划委员会召开的所有会议。

---

① 以选举委员会成员的时间为结点。
② 总规则第9条（b）项和第12条，参见 FAO, *Basic Texts of Food and Agriculture Organization of the United Nations*, pp. 26 – 27。
③ 参见联合国粮农组织《联合国粮食及农业组织基本文件第I编和第II编》，第21~27页。

第七，计划委员会的职能包括：审议粮农组织开展的活动。审议粮农组织的战略框架、长期的计划目标、中期计划以及调整相关政策计划。审议粮农组织今后两年的工作计划和预算，尤其是有关计划的内容和预算金额，应考虑现有活动的外延、规模的缩小或活动中止。协调粮农组织各技术部门之间和粮农组织与其他国际组织之间的工作。审议现有活动的优先议题、现有活动的外延以及新的活动。审议根据需要调整的工作计划和预算，或根据大会有关预算水平的决议调整下一个两年的工作计划和预算。研究关于计划委员会和财政委员会召开联席会议的相关事项。通过和修正委员会的议事规则，该议事规则需和粮农组织章程和总规则一致。审议理事会或总干事提交给它的任何事项。根据委员会关心的议题或事项，向理事会提交报告或向总干事提建议。

第八，计划委员会应尽可能多地召开会议，可以由委员会主席提议召开，或根据委员会的决定召开，或由委员会的七个成员以书面形式向主席提议召开，或由粮农组织总干事提议召开，或由十五个或十五个以上成员国以书面形式向总干事提议召开。但不管是何种情况，计划委员会每年都应召开两次会议。

第九，在委员会没有特殊规定时，计划委员会会议应允许没有发言权的观察员参加。有关实施这一决议的缘由应在会议报告中声明。无发言权的观察员不能参加议题的讨论。

第十，计划委员会主席和委员会的成员国代表应根据从工作地点到开会地点之间的实际往返交通费进行报销。同时，根据粮农组织的差旅条例，在委员会主席和委员会的成员国代表出席会议期间，应给予他们生活津贴。

第六节　财政委员会

联合国粮农组织总规则关于财政委员会的相关规定共包括如下十项[①]。

---

① 十项规定参见 FAO, *Basic Texts of Food and Agriculture Organization of the United Nations*, pp. 45–48。

第一,根据粮农组织章程规定设立财政委员会,财政委员会应由粮农组织的 12 个成员国代表组成,这些成员国应在大会例会后的理事会会议上经选举产生,任期两年,至理事会选出新一届成员后期满,委员会成员可连任。而成员国代表的选取需满足三个条件:一是了解粮农组织的目标并长期关注粮农组织的各项活动;二是参加过粮农组织大会和理事会会议;三是有行政和财务方面的工作经验。

第二,寻求当选财政委员会成员的粮农组织成员国,应在不迟于理事会会议召开的 20 天以前,将其拟任命(如果当选)的代表的姓名以及履历告知大会和理事会秘书长,大会和理事会秘书长应在举行选举的理事会会议召开前,将上述内容以书面的形式告知理事会成员国。委员会主席的提名同样适用于上述程序。

第三,选举财政委员会主席和成员国:①理事会应首先从粮农组织成员国提名的代表中选出一名主席。主席的选举应基于其个人的能力和条件,主席并不代表某一国家或地区。②成员国应就大会为理事会选举而确定的特定地区提出其作为委员会成员的候选人资格。③理事会应从非洲、亚洲及太平洋、欧洲、拉丁美洲及加勒比和近东等地区各选两名成员,从北美洲和西南太平洋各选一名成员。④除选举委员会主席外,若上述各区域的职位有空缺,还应根据规定①,通过选举填补空缺席位。⑤对粮农组织总规则有关表决的规定做相应变通,使其适用于财政委员会成员国的选举。

第四,如果委员会某一成员国的代表不能参加委员会会议,或由于其丧失工作能力、死亡或其他原因不能在任期内代表其成员国履行职责,该成员国应尽早告知总干事和财政委员会主席,并委派一名符合第一条规定的代表代替上任行使职能。该代表的履历应告知理事会。如果理事会选出的主席不能参加委员会会议,其职能应由委员会按照议事规则选出的副主席履行。如果理事会选出的主席因丧失工作能力、死亡或其他原因不能在

---

① 总规则第 9 条(b)项和第 12 条,参见 FAO, *Basic Texts of Food and Agriculture Organization of the United Nations*, pp. 26 – 27。

其任期内履行其职能,其职能应由委员会按照议事规则选出的副主席履行,直到理事会在出现该空缺后的下一届会议上选出一位新的主席为止。新主席的任期仅为上任主席任期内的剩余时间。

第五,当大会或理事会审议财政委员会的报告时,财政委员会主席应参加大会会议或理事会会议。

第六,理事会主席可以参加财政委员会的一切会议。

第七,财政委员会应协助理事会对粮农组织的财务管理进行监督。此外,还包括以下22项职能:①审议战略框架、中期计划、下一个两年的工作计划和预算以及其他提案〔包括补充概算(supplementary estimates)〕对财务的影响,并就相关重要事项向理事会提出建议;②审查总干事关于接受自愿捐款的提案(该项捐款增加了成员国和准成员的财政义务),并就此向理事会提出建议;③审议总干事根据财务条例的相关规定[1]提交的报告;④批准总干事根据财务条例相关规定[2]提出的有关预算转移的提案,审议总干事根据财务条例的相关规定[3]提出的有关预算转移的提案,并就此向理事会提出建议;⑤若预算转移对发展计划产生较大影响,应告知计划委员会;⑥审议总干事关于从周转资金中提款用于紧急支出或可偿还贷款的提议,并就此向理事会提出建议;⑦研究设立储备资金并向理事会提出建议;⑧审议总干事关于设立信托资金和特别资金的报告,并就涉及增加成员国和准成员财政义务的资金向理事会提出建议;⑨研究总干事根据财务条例相关规定[4]提出的有关投资的报告,并审议粮农组织的投资政策;⑩审议会费的分摊比例,并就这些比例的相关调整向理事会提出建议;⑪研究总干事关于特惠津贴(exgratia payments)的报告;⑫代表理

---

[1] 参见财务条例第4.5条(a)项规定,FAO, *Basic Texts of Food and Agriculture Organization of the United Nations*, p. 72。

[2] 参见财务条例第4.5条(b)项第(i)点规定,FAO, *Basic Texts of Food and Agriculture Organization of the United Nations*, p. 72。

[3] 参见财务条例第4.5条(b)项第(ii)点规定,FAO, *Basic Texts of Food and Agriculture Organization of the United Nations*, p. 73。

[4] 参见财务条例第9.2条,FAO, *Basic Texts of Food and Agriculture Organization of the United Nations*, p. 80。

联合国粮食及农业组织

事会审查粮农组织的已审核账目，与总干事在磋商的情况下，审议由总干事提交的关于粮农组织财务状况的报告，并就这些事项向理事会提交报告；⑬向理事会建议指派外聘审计员；⑭与外聘审计员商议后确定审计事项和范围；⑮审查外聘审计员的报告，并就涉及政策问题的事项向理事会报告；⑯研究粮农组织根据财务规则修正的提案或根据提案提出建议，并经由理事会将意见转给粮农组织大会；⑰审议财务条例相关规定[①]中详细的财务规则和流程，并就相关修正案进行研究；⑱研究总干事和国际公务员制度委员会关于工作人员的薪金和任职条件的提议，以及总干事关于粮农组织行政和技术服务部门的总体结构的提议；⑲研究总干事关于国际公务员制度委员会根据其规则做出的决议的报告，包括将工作地点差价调整数（post adjustments）的资金用于薪金率（salary rates），并就此向理事会提出建议；⑳通过和修改财政委员会的议事规则，此规则应和粮农组织章程和总规则相一致；㉑履行总规则和财务条例规定的有关粮农组织财务或行政事务的其他职能，并执行理事会交付的任务；㉒研究关于计划委员会和财政委员会召开联席会议的事项。

　　第八，财政委员会应尽可能多地召开会议，可以由委员会主席提议召开，或根据委员会的决定召开，或由委员会的七个成员以书面形式向主席提议召开，或由粮农组织总干事提议召开，或由十五个或十五个以上成员国以书面形式向总干事提议召开。但不管是何种情况，财政委员会每年都应召开两次会议。

　　第九，在委员会没有特殊规定时，财政委员会会议应允许没有发言权的观察员参加。有关实施这一决议的缘由应在会议报告中声明。无发言权的观察员不能参加议题的讨论。

　　第十，财政委员会主席和委员会的成员国代表应根据从工作地点到开会地点之间的实际往返交通费进行报销。同时，根据粮农组织的差旅条例，在委员会主席和委员会的成员国代表出席会议期间，给予他们生活

[①] 参见财务条例第 10.1 条（a）项规定，FAO, *Basic Texts of Food and Agriculture Organization of the United Nations*, p. 80。

津贴。

如上文所述,计划委员会和财政委员会是理事会的两个重要下属委员会,二者在主席或成员国的选举、会议的召开、差旅费报销、经费补贴等方面存在相同的规定和流程。同时,二者在日常工作中也存在联系。

第一,计划委员会和财政委员会应根据工作需要同时召开会议。在会议上,两个委员会应分别审议战略框架、中期计划和总干事提交的下一个两年期的工作计划和预算。计划委员会应研究工作计划中的发展方案和相关的财务问题。财政委员会应研究管理和行政服务中的实质性问题以及工作计划和预算方面的总的财务问题,而不过问计划本身的绩效。

第二,在计划委员会和财政委员会同时召开会议期间,两个委员会可举行联席会议,共同研究下列问题:①工作计划在技术、管理和行政方面的财政问题;②在预算范围内,工作计划的绩效;③中期计划、工作计划和预算所规定的未来几年的活动所涉及的财务问题;④为方便审议,战略框架、中期计划、工作计划和预算应以何种方式呈现;⑤两个委员会在其职权范围内共同关心的议题。

第三,计划委员会和财政委员会应就战略框架、中期计划、工作计划和预算中它们所共同关心的议题统一向理事会提交一份报告,对这些议题进行阐述并突出需要理事会或大会重视的政策性议题。

第四,在两年期的第二年,计划委员会和财政委员会应根据大会有关预算的决议,审议下一个两年期的工作计划和预算并提出相应的调整对策。①

第七节 章程及法律事务委员会

联合国粮农组织总规则关于章程及法律事务委员会的规定共包括如下

---

① 有关计划委员会和财政委员会工作联系的四项规定参见 FAO, *Basic Texts of Food and Agriculture Organization of the United Nations*, p. 48。

十三项①。

第一，根据粮农组织章程规定设立章程及法律事务委员会，该委员会应由粮农组织的七个成员国代表组成。这些成员国应在大会例会后的理事会会议上经选举产生，任期两年，至理事会选出新一届成员后期满，委员会成员可连任。而成员国代表的选取需满足三个条件：一是了解粮农组织的目标并长期关注粮农组织的各项活动；二是参加过粮农组织大会和理事会会议；三是有法律事务方面的工作经验。

第二，寻求当选章程及法律事务委员会成员的粮农组织成员国，应在不迟于理事会会议召开的20天以前，将其拟任命（如果当选）的代表的姓名以及履历告知大会和理事会秘书长，大会和理事会秘书长应在举行选举的理事会会议召开前，将上述内容以书面的形式告知理事会成员国。委员会主席的提名同样适用于上述程序。

第三，选举章程及法律事务委员会主席和成员国：①理事会应首先从粮农组织成员国提名的代表中选出一名主席，主席的选举应基于其个人的能力和条件，主席并不代表某一国家或地区；②成员国应就大会为理事会选举而确定的特定地区提出其作为委员会成员的候选人资格；③理事会应从非洲、亚洲及太平洋、欧洲、拉丁美洲及加勒比、近东、北美洲和西南太平洋各选一名成员；④除选举委员会主席外，若上述各区域的职位有空缺，还应根据规定②，通过选举填补空缺席位；⑤对粮农组织总规则有关表决的规定做相应变通，使其适用于章程及法律事务委员会成员国的选举。

第四，如果委员会某一成员国的代表不能参加委员会会议，或由于其丧失工作能力、死亡或其他情况不能在任期内代表其成员国履行职责，该成员国应尽早告知总干事和章程及法律事务委员会主席，并委派一名符合第一条规定的代表代替上任行使职能。该代表的履历应告知理事会。如果理事会选出的主席不能参加委员会会议，其职能应由委员会按照议事规则

---

① 十三项规定参见 FAO, *Basic Texts of Food and Agriculture Organization of the United Nations*, pp. 59 – 61。
② 总规则第 9 条（b）项和第 11 条，参见 FAO, *Basic Texts of Food and Agriculture Organization of the United Nations*, pp. 26 – 27。

选出的副主席履行。如果理事会选出的主席因丧失工作能力、死亡或其他情况不能在其任期内履行其职能，其职能应由委员会按照议事规则选出的副主席履行，直到理事会在出现该空缺后的下一届会议上选出一位新的主席为止。新主席的任期仅为上任主席任期内的剩余时间。

第五，当大会或理事会审议章程及法律事务委员会的报告时，章程及法律事务委员会主席应参加大会会议或理事会会议。

第六，理事会主席可以参加章程及法律事务委员会的一切会议。

第七，章程及法律事务委员会应召开会议研讨由理事会或总干事提交的特定事项：①对粮农组织章程、总规则、财务条例或其修正案的实施和解释；②上文所述的多边公约和协定的制定、通过、生效和解释；③粮农组织与其他组织或成员国的协定的制定、通过、生效和解释；④在粮农组织的支持下或粮农组织作为参与方签订的公约和协定的相关问题；⑤根据粮农组织章程设立的各委员会的相关事宜，包括各委员会的成员国、职权范围、报告程序和议事规则；⑥粮农组织的成员资格和粮农组织与各国关系的相关事宜；⑦是否根据关于章程问题的解释和法律问题的解决的规定或国际劳工组织行政法庭规章的规定，向国际法院征询意见；⑧关于为粮农组织总部、各区域办事处、驻各国代表处以及各种会议向东道国寻求特权和豁免权的政策；⑨在保证粮农组织及其工作人员和资产的豁免权方面遇到的问题；⑩关于选举和提名程序的问题；⑪代表证书和全权证书的获取标准；⑫有关总干事在公约、协定、补充公约或补充协定的条款开始生效、停止生效、已被修正且修正案开始生效时，向大会提交的报告；⑬涉及和政府间国际组织、非政府间国际组织、国家机构或私人之间关系的政策。

第八，章程及法律事务委员会还可就理事会或总干事提交的任何其他法律和章程方面的问题进行研讨。

第九，章程及法律事务委员会在研讨上述第七和第八条规定的事项时，可适当地提出建议和咨询意见。

第十，章程及法律事务委员会应从其成员中选出一名副主席。

第十一，在委员会没有特殊规定时，章程及法律事务委员会会议应允许没有发言权的观察员参加。无发言权的观察员不能参加议题的讨论。

第十二，章程及法律事务委员会可采纳和修正其议事规则，但不能有悖粮农组织章程和总规则。

第十三，章程及法律事务委员会主席和委员会的成员国代表应根据从工作地点到开会地点之间的实际往返交通费进行报销。同时，根据粮农组织的差旅条例，在委员会主席和委员会的成员国代表出席会议期间，给予他们生活津贴。

第八节　农业委员会

农业委员会是粮农组织中主要负责种植业、畜牧业等领域的部门，属于技术委员会的范畴。需强调的是，此处的"农业"并不包含渔业和林业，二者的工作分属渔业委员会和林业委员会。粮农组织总规则对农业委员会的规定主要包括十二项[①]。

第一，农业委员会是由那些以书面形式告知总干事其愿意成为委员会成员并有意参与委员会工作的粮农组织成员组成，粮农组织成员国均可加入该委员会。

第二，第一条规定中的书面通知应在不晚于会议召开前的10天提交。该委员会的成员身份始终有效，除非成员连续两次未参加委员会会议或主动告知退出委员会。总干事应在委员会每次会议召开时，发放列有委员会成员名单的文件。

第三，农业委员会每两年召开一次会议，召开时间最好在粮农组织大会召开当年的年初。会议在总干事和委员会主席商议（应考虑委员会的提议）后召开。

第四，如有特殊需要，经总干事和委员会主席商议或由委员会半数成员国向总干事提交书面申请，委员会可额外召开一次会议。

第五，农业委员会的成员应尽可能地以本国高素质的高级官员组成的

---

① 十二项规定参见 FAO, *Basic Texts of Food and Agriculture Organization of the United Nations*, pp. 53 – 55。

代表团作为代表，他们应能够对委员会设置的议程从多学科角度进行研究和审议。

第六，农业委员会应有选择性地对农业和营养问题进行定期审议和评估，以便成员国和粮农组织采取一致行动；就粮农组织中涉及农业、畜牧业、粮食和营养等议题的中长期全面工作计划向理事会提出建议，其重点要整合与农业和农村发展相关的所有社会、技术、经济、制度和结构等方面的问题；根据上述重点，审议粮农组织两年度的工作计划和该计划在农业委员会相关领域的实施情况；审议由粮农组织大会、粮农组织理事会或总干事向委员会提交的或委员会根据其议事规则应成员国请求而列入委员会议程的与农业、畜牧业、粮食和营养有关的特定事项，并就此提出建议；就委员会研究的其他议题，酌情向理事会报告并向总干事提出建议。

第七，农业委员会应为会议议程的设置确立规章，既要确保几个重大议题的跨学科研究，又要考虑商品问题委员会审议具有国际性的商品和有关贸易问题的基本责任。

第八，农业委员会所采纳的任何提议，若影响到粮农组织的计划、财政、法律、章程等相关事项，应向理事会递交包括理事会各下属委员会意见的报告。农业委员会的各项报告还应提交给粮农组织大会。

第九，总干事或其代表应参加农业委员会的所有会议，并可指派粮农组织的官员陪同参加。

第十，农业委员会应从其成员中选出主席和主席团成员，它可以通过和修改其议事规则，但不能违背粮农组织章程和总规则。

第十一，农业委员会在特殊情况下，可以设立附属机构或特设机构，只要委员会认为此举有助于其开展工作且不会对提交委员会审议的问题进行多学科研究产生不利影响。委员会在决定设立附属机构或特设机构之前，应根据总干事提交的报告，审查这一决定对行政和财务产生的影响。委员会应规定附属机构或特设机构的职权范围和构成单元，并尽可能明确该机构的工作期限。

第十二，其他有关上述附属机构和特设机构的规定：农业委员会可将未加入委员会的成员国和准成员列入附属机构或特设机构之中；理事会可允许那些不是粮农组织的成员国或准成员但却是联合国及其专门机构或国际原子能机构的成员国的国家，加入由委员会设立的附属机构或特设机构；除非理事会另作规定，否则那些已经退出粮农组织且尚有欠款的国家，在没有上交欠款或粮农组织大会未对清偿欠款做出决定之前，不能成为附属机构或特设机构的成员；特设机构可通过或修改它们的议事规则，但需经委员会批准且不能与其议事规则相违背。

第九节　商品问题委员会

粮农组织总规则对商品问题委员会的规定主要包括十一项[①]。

第一，商品问题委员会是由那些以书面形式告知总干事其愿意成为委员会成员并有意参与委员会工作的粮农组织成员组成，粮农组织成员国均可加入该委员会。

第二，第一条规定中的书面通知应在不晚于会议召开前的10天提交。该委员会的成员身份始终有效，除非成员连续两次未参加委员会会议或主动告知退出委员会。总干事应在委员会每次会议召开时，发放列有委员会成员名单的文件。

第三，商品问题委员会从其成员中选出主席。

第四，商品问题委员会每两年召开两次会议，会议在总干事和委员会主席商议（应考虑委员会的提议）后召开。其中一次会议应在粮农组织大会的两次例会之间召开的理事会会议之前召开，以便根据理事会会议的规定[②]，把委员会报告分发给理事会成员国。

第五，如有特殊需要，应委员会主席或总干事的要求或由委员会半数成员国向总干事提交书面申请，委员会可额外召开一次会议。

第六，商品问题委员会应经常审议影响生产、贸易、分配、消费以及

[①] 十一项规定参见 FAO, *Basic Texts of Food and Agriculture Organization of the United Nations*, pp. 49 – 50。

[②] 参见理事会会议第6条（a）项，FAO, *Basic Texts of Food and Agriculture Organization of the United Nations*, p. 41。

有关经济事务的具有国际性的商品问题；准备一份包括事实和阐述等相关内容的世界商品形势报告，可直接分发给各成员国；根据审议中出现的政策性问题，向理事会报告并提出建议。委员会及其附属机构的报告应提交给成员国供其参考。

第七，商品问题委员会应充分考虑世界粮食安全委员会和世界粮食计划署执行局的职能和开展的活动，以避免工作上的重叠。委员会在履行职能时，应根据实际情况，尽可能地加强与联合国贸易和发展会议、世界贸易组织和商品共同基金的互动。

第八，总干事或其代表应参加商品问题委员会的所有会议，并可指派粮农组织的官员陪同参加。

第九，商品问题委员会可以通过和修改其议事规则，但不能违背粮农组织章程和总规则。

第十，在获得粮农组织核定预算中的经费的情况下，商品问题委员会可在有需要时设立小组委员会、政府间商品小组和特设附属机构。委员会可将未加入委员会的成员国和准成员列入小组委员会和特设附属机构。委员会建立的政府间商品小组应允许粮农组织的所有成员国和准成员加入，同时，理事会可允许那些不是粮农组织的成员国或准成员但却是联合国及其专门机构或国际原子能机构的成员国的国家，加入由委员会设立的政府间商品小组。除非理事会另作规定，否则那些已经退出粮农组织且尚有欠款的国家，在没有上交欠款或粮农组织大会未对清偿欠款做出决定之前，不能成为政府间商品小组的成员。

第十一，商品问题委员会设立的附属机构可以通过和修改其议事规则，但需经商品问题委员会批准且不能和委员会的规则相违背。

第十节 渔业委员会

粮农组织总规则对渔业委员会的规定主要包括十一项[①]。

---

① 十一项规定参见 FAO, *Basic Texts of Food and Agriculture Organization of the United Nations*, pp. 50 – 51。

第一，渔业委员会是由那些以书面形式告知总干事其愿意成为委员会成员并有意参与委员会工作的粮农组织成员组成，粮农组织成员国均可加入该委员会。

第二，第一条规定中的书面通知应在不晚于会议召开前的10天提交。该委员会的成员身份始终有效，除非成员连续两次未参加委员会会议或主动告知退出委员会。总干事应在委员会每次会议召开时，发放列有委员会成员名单的文件。

第三，渔业委员会从其成员中选出主席。

第四，渔业委员会每两年召开两次会议，会议在总干事和委员会主席商议（应考虑委员会的提议）后召开。其中一次会议应在粮农组织大会的两次例会之间召开的理事会会议之前召开，以便根据理事会会议的规定①，把委员会报告分发给理事会成员国。

第五，如有特殊需要，应委员会主席或总干事的要求或由委员会半数成员国向总干事提交书面申请，委员会可额外召开一次会议。

第六，渔业委员会应审议粮农组织在渔业方面的工作计划及其实施情况；定期审查具有国际性的渔业问题，并对这些问题及其解决措施做出分析和评估，以便国家、粮农组织和其他政府间机构采取一致行动；审议由理事会或总干事提交委员会的或委员会根据其议事规则应成员国请求而列入委员会议程的有关渔业的特定事项，并就此提出建议；研究是否根据粮农组织章程中有关公约和协定的规定，起草并向成员国提交一项国际公约，以确保在国家范围内就渔业问题进行有效的合作与磋商；根据委员会研究的问题，酌情向理事会报告或向总干事提出建议。

第七，渔业委员会所采纳的任何提议，若影响到粮农组织的计划或财政，应向理事会递交包括理事会各下属委员会意见的报告。渔业委员会的各项报告还应提交给粮农组织大会。

第八，总干事或其代表应参加渔业委员会的所有会议，并可指派粮农

---

① 参见理事会会议第 6 条（a）项，FAO, *Basic Texts of Food and Agriculture Organization of the United Nations*, p. 41。

组织的官员陪同参加。

第九，渔业委员会可以通过和修改其议事规则，但不能违背粮农组织章程和总规则。

第十，在获得粮农组织核定预算中的经费的情况下，渔业委员会可在有需要时设立小组委员会、附属工作组或研究组。委员会可将未加入委员会的成员国和准成员列入小组委员会、附属工作组或研究组。理事会可允许那些不是粮农组织的成员国或准成员但却是联合国及其专门机构或国际原子能机构的成员国的国家，加入由委员会设立的小组委员会、附属工作组或研究组。除非理事会另作规定，否则那些已经退出粮农组织且尚有欠款的国家，在没有缴清欠款或粮农组织大会未对清偿欠款做出决定之前，不能成为小组委员会、附属工作组或研究组的成员。

第十一，渔业委员会设立的附属机构可以通过和修改其议事规则，但需经渔业委员会批准且不能和委员会的规则相违背。

第十一节 林业委员会

粮农组织总规则对林业委员会的规定主要包括十一项[①]。

第一，林业委员会是由那些以书面形式告知总干事其愿意成为委员会成员并有意参与委员会工作的粮农组织成员组成，粮农组织成员国均可加入该委员会。

第二，第一条规定中的书面通知应在不晚于会议召开前的 10 天提交。该委员会的成员身份始终有效，除非成员连续两次未参加委员会会议或主动告知退出委员会。总干事应在委员会每次会议召开时，发放列有委员会成员名单的文件。

第三，林业委员会通常每两年召开一次会议。会议应在总干事和委员会主席商议并考虑委员会提议后召开，其召开时间最好在非大会年的

---

① 十一项规定参见 FAO, *Basic Texts of Food and Agriculture Organization of the United Nations*, pp. 52 – 53。

年初。

第四，如有特殊需要，应委员会主席或总干事的要求或由委员会半数成员国向总干事提交书面申请，委员会可额外召开一次会议。

第五，林业委员会的成员国代表应尽可能地由其负责林业的最高级官员担任。

第六，林业委员会应定期审查具有国际性的林业问题，并对这些问题及其解决措施做出分析和评估，以便成员国和粮农组织采取一致行动，共同解决问题；审议粮农组织在林业方面的工作计划及其实施情况；就未来粮农组织在林业领域的工作计划及计划的实施向总干事提出建议；审议由理事会或总干事提交委员会的或委员会根据其议事规则应成员国请求而列入委员会议程的有关林业的特定事项，并就此提出建议；根据委员会研究的问题，酌情向理事会报告并向总干事提出建议。

第七，林业委员会所采纳的任何提议，若影响到粮农组织的计划或财政，应向理事会递交包括理事会各下属委员会意见的报告。林业委员会的各项报告还应提交给粮农组织大会。

第八，总干事或其代表应参加林业委员会的所有会议，并可指派粮农组织的官员陪同参加。

第九，林业委员会应从自己的成员中选出主席。同时，委员会可以通过和修改其议事规则，但不能违背粮农组织章程和总规则。

第十，在获得粮农组织核定预算中的经费的情况下，林业委员会可在有需要时设立小组委员会、附属工作组或研究组。委员会可将未加入委员会的成员国和准成员列入小组委员会、附属工作组或研究组。理事会可允许那些不是粮农组织的成员国或准成员但却是联合国及其专门机构或国际原子能机构的成员国的国家，加入由委员会设立的小组委员会、附属工作组或研究组。除非理事会另作规定，否则那些已经退出粮农组织且尚有欠款的国家，在没有缴清欠款或粮农组织大会未对清偿欠款做出决定之前，不能成为小组委员会、附属工作组或研究组的成员。

第十一，林业委员会设立的附属机构可以通过和修改其议事规则，但需经林业委员会批准且不能和委员会的规则相违背。

小　结

粮农组织内部机构涵盖农业各个领域以及和农业相关的环境、卫生等领域，旨在协调合作，推动粮食安全可持续发展。从粮农组织领导机构来看，既包括粮农组织大会等起主导作用的宏观部门，也包括粮农组织理事会等中观部门，还涵盖农业委员会、商品问题委员会、渔业委员会、林业委员会等负责"大农业"各个领域的微观部门，以及计划委员会、财政委员会、章程及法律事务委员会等负责粮农组织具体工作事项的微观部门。各部门各司其职、相互合作，既共同服务于粮农组织的发展与改革，也能形成合力，助力粮农组织积极参与全球粮农治理。

第三章

联合国粮农组织的发展历程及阶段性贡献

粮农组织自1945年成立以来,始终致力于推动世界农业发展和保障粮食安全,其发展历程大致可分为四个阶段:恢复战后世界农业生产(1945~1973年);减轻世界经济危机对农业的冲击(1974~1999年);积极落实千年发展目标(2000~2014年);推动实现全球粮农可持续发展(2015年至今)。

第一节 恢复战后世界农业生产(1945~1973年)

第二次世界大战给全球农业生产带来了毁灭性破坏,世界各国尤其是发展中国家,面临极为严峻的粮食危机,全球饥饿和营养不良人数持续攀升。为恢复农业生产,减少粮食不安全人数,粮农组织在多个领域展开了积极的活动。

一 召开全球粮农会议

第一,组织召开第一次粮食紧急问题特别会议。1946年,粮农组织开展第一次世界粮食调查,调查结果表明饥饿和营养不良是当前迫切需要解决的问题。据此,粮农组织预测,1946~1947年世界农作物供给和需求之间将产生巨大的缺口,为提前预防可能到来的危机,总干事约翰·博伊德·奥尔建议各国提前做好防范措施,加强合作以减少危机带来的损失。在此背景下,粮农组织召开了第一次粮食紧急问题特别会议,共有70国政府派代表参加。

联合国粮食及农业组织

会议不仅关注如何预防粮食危机,还提出了诸多建议,以处理与粮食生产有关的历史遗留问题。定期开展世界普查、开展植物病虫害防治工作和提供粮食救济以应对突发灾难,是会议的重要议题。同时,大会将"饥饿率"纳入统计数据范畴,旨在估量各国的饥饿人数,反映各国营养状况。① 此外,在总干事约翰·博伊德·奥尔看来,粮食不仅是贸易市场的交换品,更是人类维持生活的必需品,他主张制定一项"以人类生存"为主要依据的粮食政策,希望既可以提高粮食产量,又可以确保人民的粮食购买力。因此,他在此次会上提议建立世界粮食委员会,并将议案提交1946年9月在哥本哈根举办的粮农组织第二届会议。

第二,召开世界土地改革大会,关注农业耕地问题。1966年,由联合国粮农组织和国际劳工组织联合主办的世界土地改革大会在梵蒂冈召开,来自近80个国家的300多名代表参加此次大会,共同商议并解决有关世界土地改革的问题。此次会议发布的《世界土地改革大会报告》对土地改革做出了官方界定:土地改革是指消除土地因结构性缺陷而给经济和社会发展带来的阻碍的综合举措。

二 推动新机构设置,设立粮农基金

第一,有关"建立世界粮食委员会"的提议。约翰·博伊德·奥尔所提交的关于"建立世界粮食委员会"的议案十分简洁。该委员会将重点关注贸易领域,并采取措施确保商品价格稳定。② 委员会将建立世界粮食储备机制,以便给粮食歉收的国家或地区提供帮助,确保各国人民的粮食占有量都能在一个维持营养健康的水平。但该委员会是作为一个独立的机构,还是作为粮农组织内部的一个机构,这一问题尚未解决。

针对约翰·博伊德·奥尔的提议,粮农组织大会专门成立了筹备委员会,就相关问题和建议进行讨论。在经过近三个月的调查和研究后,筹备委员会建议所有缺粮的国家若尚未制定农业和营养计划,需尽早制定。为

---

① 联合国粮农组织:《粮农组织70年(1945~2015)》,第17页。
② 联合国粮农组织:《粮农组织四十年1945~85》,第15页。

确保世界农业市场的稳定，委员会认为应签订单个商品协定，并建立一个应对基础粮短缺的饥荒储备机制。此外，委员会还建议建立一个按特定的粮食价格将余粮卖给受饥饿困扰的国家的体系。但委员会并不主张建立一个独立于粮农组织的新机构，而是希望在粮农组织内部建立一个机构以强化粮农组织的作用和国际影响力，即后来成立的"世界粮食理事会"。

筹备委员会所提出的建议，除在粮农组织内部建立一个新机构外，其余内容均未得到粮农组织的支持。而关于建立世界粮食委员会的提议最终也化为泡影，正如粮农组织第三次会议报告所言："各国有权保留采取行动的自由，而非共同制定各成员国有义务执行的世界粮食政策。"尽管该提议落空，但却是解决世界粮农问题的一次积极尝试。

第二，成立食品法典委员会。在粮农组织和世卫组织营养专家联合委员会第一届会议上，国际贸易和营养专家指出："不同国家的食品法规通常存在冲突和矛盾。关于保存、命名和可接受的食品标准法规在各国有很大差异。制定新法规时经常不以科学为基础，而且很少考虑营养原则。"委员会注意到食品法规的不一致不仅阻碍贸易发展，还影响高营养食品的流通，因此，建议粮农组织和世界卫生组织（World Health Organization，WHO）对这些问题进行深入研究。1961年，粮农组织和世界卫生组织经研究和磋商，成立了食品法典委员会，主要负责国际食品标准的制定，这也是两个联合国机构之间最知名也最成功的合作项目，食品法典委员会所制定的《食品法典》在保护消费者健康和食品市场的良好运转方面发挥了重要作用。

第三，世界粮食计划署诞生。如上文所述，粮农组织成立的初衷是将发达国家的剩余粮食以可接受的价格销售到发展中国家，从而抑制全球粮价上涨，保护农民的个人利益。20世纪50年代，粮农组织的《剩余产品处理指导方针及原则》（1952年）被许多粮农组织专家在世界各地进行的饥荒研究中引为范本。这表明20世纪50年代后半期，粮食过剩仍在持续，使得粮食援助成为当时解决粮食供不应求问题的主要方式。美国总统艾森豪威尔在1960年联合国大会上指出，"在当前阶段，制定一项系统有关粮食援助的可行性计划显得尤为必要"。为此，联合国大会请粮农组织进行一项有关"筹集世界剩余粮食,提供给有需要地区"的研究,以便制定合理的多边行动计划。在粮农组织总干事比奈·兰詹·森的领导下,专家小组在研究的基础上制定了多边行动计划,这一计划最终发展成了联合国和粮农组织的一个联合行动,即成立世界粮食计划署为灾区提供紧急的粮食援助,试验期为三年,直到1963年1月才能正式运行。但由于伊朗遭受地震灾害,泰国飓风肆虐,以及新独立的阿尔及利亚因500万难民回国而不堪重负,粮食供应问题日益严峻。因此,世界粮食计划署决定提前几个月投入工作。自此,世界粮食计划署担负起了提供粮援的使命。但需要指出的是,世界粮食计划署所得到的支持并非都来自农产品过剩的国家,没有余粮的国家也对世界粮食计划署的工作给予了帮助。

除上述机构外,粮农组织还于1969年成立林业部,专门负责林业管理等相关工作。

第四,设立粮农组织特别基金。粮食援助只是解决短期饥饿问题的手段,从长远来看,改善农业生产环境、加大对农业的资金和技术投资力度、加强对农民的专业技能培训将是战胜饥饿的根本途径。为此,粮农组织于1958年10月14日设立特别基金,旨在扩大农业技术援助范围,促使粮农组织逐渐发展成为世界重要的技术援助机构。

三 制定方针,签署公约

第一,制定《剩余产品处理指导方针及原则》。为缓解高粮价的压力和确保营养不良人口的食物供应,粮农组织商品问题委员会制定了《剩余产品处理指导方针及原则》,1954年由粮农组织理事会批准生效。这些指导方针是以粮食救济的国际行为和准则为标准制定的,可以避免受援国的正常贸易和粮食生产受到影响,其基本理念是剩余产品可用以推动经济增长,发放特别福利,进行紧急援助。这些指导方针和原则指出,处理剩余产品的最佳方式是提高弱势和边缘群体的营养水平,以防止饥荒的发生。《剩余产品处理指导方针及原则》也是维护农业出口商和地方生产者的国际行为准则。

第二,签订新的《国际植物保护公约》。早在1929年国际农业协会就起草并签订了《国际植物保护公约》,旨在保护农作物免受病虫害、杂草等侵袭。但在第二次世界大战之后，随着国际秩序的转变和国际格局的调整，该公约已不再适用于战后农业经济的发展。联合国粮农组织的建立使其承担了国际农业协会在促进农业发展等领域的责任。1949年，联合国粮农组织决定对《国际植物保护公约》进行修订，新版的《国际植物保护公约》于1951年由联合国粮农组织大会批准并正式生效。根据新公约的规定，各成员国同意建立一个世界性的植物保护机构，以解决影响农作物耕种的病虫害问题。随后，在联合国粮农组织的帮助下，中美洲（1955年）、东南亚和太平洋（1956年）、近东（1963年）、美洲（1965年）、加勒比（1967年）等地区的植保机构也相继成立，以共同应对病虫害问题。[①] 1979年，粮农组织再次对公约进行修订，修正文本于1991年生效。1997年，粮农组织又一次对公约进行修订，修订后的公约更加明确了植物卫生标准。[②]

四 制定并实施专项计划

第一，实施沙漠蝗虫防治计划。早在1950年，印度就主持召开了国际会议，希望借助国际力量解决蝗虫问题。1952年，由联合国粮农组织负责制定的沙漠蝗虫防治计划正式实施。1960年，随着国际社会治蝗能力的提升和治蝗经验的积累，其治理对象已涵盖包括赤蝗和非洲迁徙型蝗虫在内的所有种类的蝗虫。同时，为有效防止蝗虫蔓延，粮农组织还在近东、西南亚、西北非等三个区域建立了委员会，以积极协调地区蝗虫治理。此外，根据粮农组织大会的决议，从1969年起，粮农组织总干事有权从组织资金中抽调50万美元用于蝗虫防治活动。[③]

第二，1959年，粮农组织开始实施农药计划。该计划与上文论述的新《国际植物保护公约》相对应，目的也是保护农作物免受病虫害的侵袭。为合理使用和管理农药，粮农组织于1961年成立了农药专家委员会，

---

① 联合国粮农组织：《粮农组织四十年 1945~85》，第41页。
② 联合国粮农组织：《粮农组织70年（1945~2015）》，第35页。
③ 联合国粮农组织：《粮农组织四十年 1945~85》，第43页。

后更名为虫害防治专家委员会,并下设专家小组。自成立之后,该委员会及专家小组在世界卫生组织的配合下,一直致力于农药注册、使用,农作物中的农药残留量检验等相关事宜,以减轻病虫害对农作物产量产生的影响。①

第三,1961年,在"免于饥饿运动"的背景下,粮农组织制定了"肥料计划",旨在通过提高肥料的利用率带动粮食产量的提升和农民收入的增加。随着该计划的实施,其范围也逐渐扩大到品种改良、杂草防治和改善土壤等领域。在该计划的推动下,20世纪60年代,全球肥料的使用率每年增加14%。②

第四,1973年,联合国粮农组织制定了种子改良和发展计划,该计划是继1957年粮农组织发起"世界种子运动"之后,又一关于种子改良和培育的积极尝试。为推动该计划的顺利实施,联合国开发计划署、信托基金等机构也都提供了资金支持。截止到1984年底,种子改良和发展计划已开展了400多个项目,总费用超过1.6亿美元,共计培训2500多人,向140个国家派发了65万个种子样品。③ 此外,在该计划的框架下,粮农组织还倡导建立网络化种子信息体系,包括世界上与种子品种、供应、设备等相关的所有信息。

五 开展世界农业普查,推动全球粮农运动

第一,世界粮食调查。1946年,粮农组织对全球70多个国家的粮食生产进行了调查,调查显示,饥饿和营养不良仍在各地蔓延,全球粮食安全形势不容乐观。尽管此次调查的准确度有待提升,但却是分析世界粮食状况的一次开创性努力。④ 1952年,粮农组织又开展了第二次粮食调查,

---

① 联合国粮农组织:《粮农组织四十年 1945~85》,第42页。
② 联合国粮农组织:《粮农组织成立75周年:齐成长、同繁荣、共持续》,罗马:联合国粮农组织,2020,第21页。
③ 联合国粮农组织:《粮农组织四十年 1945~85》,第39页。
④ 联合国粮农组织:《粮农组织成立75周年:齐成长、同繁荣、共持续》,第15页。

调查发现，相较二战之前，人均热量供应下降，国家间饥饿状况差距较大。①

第二，世界农业普查。第二次世界大战之后，各国都致力于发展本国农业，提高粮食产量。但农业发展的前提是要明确农业现状，并有针对性地制定发展政策。因此，粮农组织于1950年组织开展了第一次世界农业普查，调查内容涉及81个国家的农业生产现状。尽管在20世纪40年代后期，由世界经济危机造成的粮食短缺问题得到缓解，但并不意味着世界性的农业生产问题及相关的农业突发事件的减少。自第一次世界农业普查后，粮农组织一直保持着对各国农业状况的监察，尤其是加强对有可能爆发饥荒的国家或地区的监察，以防患于未然。1952年，粮农组织开展第二次世界粮食调查，调查结果显示，相较第二次世界大战之前，人均卡路里供应量下降，国家间降低饥饿水平的进程差距加大，饥饿仍然是粮农组织所要解决的重要问题。不论是农业普查，还是粮食调查，都给各国提供了详细的分析数据，方便各国在了解本国农业现状的同时，也关注别国的农业生产。

第三，免于饥饿运动。饥饿是世界性问题，需要国际社会各行为体共同努力，积极应对。为此，1955年3月16日，罗斯福总统的夫人埃莉诺·罗斯福和麦克杜格尔到访粮农组织，号召各国发起"免于饥饿运动"。在经过五年磋商后，时任粮农组织总干事比奈·兰詹·森于1960年正式启动"免于饥饿运动"，旨在让所有人都免于饥饿困扰。1961年11月，104个国家的政府代表在粮农组织大会上一致认为，此次运动是应对饥饿问题的一大创举。他们普遍认为，"饥饿是国际社会面临的共同问题，其长期存在是对国际道义和社会责任的挑战，既有损人类尊严，又加深社会不公平差距，亦威胁世界和平与安全"②。鉴于国际社会的饥饿现状，"免于饥饿运动"设定了两个具体目标，即提高人们对饥饿和营养不良问题的重视和国际社会各行为体共同制定解决问题的措施。

---

① 联合国粮农组织：《粮农组织70年（1945~2015）》，第17页。
② 联合国粮农组织：《粮农组织70年（1945~2015）》，第24页。

联合国粮食及农业组织

在"免于饥饿运动"的框架下,粮农组织还于1961年制定了"肥料计划",以期通过肥料的高效使用,增加农业产量和农民收入。"免于饥饿运动"表明国际社会积极参与全球饥饿治理的决心,也是粮农组织从技术型组织向开发型组织转变的重要标志。该运动原预定期限为五年,但由于饥饿问题的严重性和难以应对性,后延期七次,直到20世纪80年代初。

第四,"世界种子运动"。在粮农组织看来,鼓励农民使用良种和肥料、绘制世界土壤分布图,将有利于解决饥饿问题。为此,粮农组织于1957年发起"世界种子运动",作为"免于饥饿运动"的一部分,并于1961年"世界种子年"达到高潮。"世界种子运动"主要以育种和种子改良以及知识培训、种子和种薯认证发放等形式进行,后者对实现此运动的目标发挥了建设性作用。"世界种子运动"获得了全球关注。1959~1961年,75国政府和多个国际组织通过提供育种与种子改良设施和知识培训以及建立国际、区域和国家培训中心等形式,表示对"世界种子运动"的支持。选用良种既降低了农业生产成本,又提高了农产品质量,是提高农业产量最有效、最经济实用的方法之一。

第二节 减轻世界经济危机对农业的冲击 (1974~1999年)

1973年爆发的世界经济危机冲击了全球粮农体系,粮食价格持续攀升,加大了全球粮食供应压力。为遏制经济危机对粮食生产的持续性破坏,粮农组织综合施策,不仅设立新的发展机构,制定多项发展规划,还启用了新的系统,帮助提升全球粮食体系的韧性。

一 召开全球粮农会议

第一,世界土地改革和农村发展会议。为提高农民的土地获取能力,1979年,世界土地改革和农村发展会议在粮农组织总部罗马召开,会议通过《农民宪章》，以解决困扰粮食安全问题的结构性问题。①

第二，世界粮食首脑会议。联合国粮农组织于 1996 年 11 月 13 日至 17 日召开世界粮食首脑会议，此次会议的主要目的是共同审视全球粮食安全形势，从家庭、国家、地区和全球等不同层面提高对粮食安全问题的认知和重视，积极推动国际合作，采取协调一致的实际行动，从而确保全球粮食安全的可持续发展，进而使所有人都能享有一个持久、稳定、和平、丰衣足食的社会环境。② 此次会议有来自 186 个国家的元首、政府首脑和高级官员参加，表明世界各国对解决粮食安全问题的高度关切。会议通过了《世界粮食安全罗马宣言》（简称《罗马宣言》）和《世界粮食首脑会议行动计划》③ 两个重要文件，这奠定了国际社会共同解决粮食安全问题的政策基础。

《罗马宣言》承诺，在 2015 年前将世界营养不良的人数减少到当前水平的一半。《罗马宣言》指出，贫穷、冲突、恐怖主义、腐败、环境退化等因素的叠加导致粮食安全问题持续恶化，这在发展中国家表现得尤为明显。因此，构建一个和平稳定、有利的政治、社会、经济环境是解决粮食安全问题的基础，国际社会的通力合作而非单边行动才是解决粮食安全问题的有效路径。④

同时，《世界粮食首脑会议行动计划》也在七个方面做出了承诺：其一，我们将确保一个有利的政治、社会、经济环境，以便在男女平等参与的基础上，为消除饥饿和实现持久和平创造最佳的外部条件，这将有助于所有人实现可持续的粮食安全；其二，我们将制定政策消除贫困和不平等，拓展所有人在任何时刻都能获得充足、营养、安全的粮食的物质和经济途径并提高粮食使用率；其三，鉴于农业是多领域共同发展的产业，我们将在农业发展的高潜力区和低潜力区奉行集体参与的和可持续的粮食、

---

① 联合国粮农组织：《粮农组织成立 75 周年：齐成长、同繁荣、共持续》，第 31 页。
② 《1996 年 11 月 13 日 世界粮食首脑会议开幕》，人民网，http：//www.people.com.cn/GB/historic/1113/38 57.html，最后访问日期：2020 年 5 月 22 日。
③ 《世界粮食安全罗马宣言》和《世界粮食首脑会议行动计划》是世界粮食首脑会议的重要成果，故将两份文件放在会议内容中论述，在下文论述的发展规划中不再赘述。
④ "Rome Declaration on World Food Security," http：//www.fao.org/3/w3613e/w3613e00.htm, access time：2020 – 03 – 20.

种植业、渔业、林业和农村发展的政策，这对于确保家庭、国家、地区和全球享有充足和稳定的粮食供给尤为重要，我们也将与病虫害、干旱和荒漠化做斗争；其四，我们将建立一个公平的、以市场为导向的世界贸易体系，努力确保粮食、农业贸易和全部贸易政策有助于维护所有人的粮食安全；其五，我们将努力预防天灾人祸的发生并做好灾害发生后的应对工作，通过促进经济恢复和发展的方式，努力满足紧急时期暂时性的粮食需求并培养满足未来粮食需求的能力；其六，我们将促进资源的最佳分配，通过公共和私人投资构建人力资源和可持续的粮食、种植业、渔业和林业体系，并在农业发展的高潜力区和低潜力区促进农村发展；其七，我们和国际社会一起在家庭、国家、地区和全球等多个维度实施、监督和追踪该行动计划。[①]

二 设立新机构

1974年，根据世界粮食会议的提议，粮农组织设立了世界粮食安全委员会。该委员会的宗旨是协调国际社会为消除饥饿和改善营养状况所做的各项工作，其前期的工作重点是提高粮食生产水平和维持粮价稳定，后经改组，也开始参与应对各项危机和结构性挑战。[②]

三 发布新条约，制定或实施新计划

第一，通过《世界粮食安全国际约定》。1974年11月，联合国召开世界粮食会议并通过了粮农组织于1973年提出的《世界粮食安全国际约定》。该约定高度重视发展中国家的粮食安全问题，倡导在这些国家建立有效的粮食舆情体系，并给予相应的粮食援助。粮农组织成员国和欧洲经济共同体均签署了该约定，并保证实施国家粮食库存政策，以应对由自然灾害等不可抗力造成的粮食歉收问题。此外，根据约定，粮农组织于

[①] "World Food Summit Plan of Action," http://www.fao.org/3/w3613e/w3613e00.htm, access time: 2020-03-20.

[②] 联合国粮农组织：《粮农组织成立75周年：齐成长、同繁荣、共持续》，第29页。

1977 年建立全球粮食和农业信息及预警系统，其目的是通过分析世界粮食供需情况，提前预报国际粮食市场的变化，既有助于国家制定应急预案，也便于国家行为体和国际组织等非国家行为体通力合作，有效解决紧急粮食短缺问题。① 但需要指出的是，有关各国粮食生产、供需等信息的收集仍然有限，这在粮食不安全的国家表现得更为明显，阻碍了该体系综合能力的提升。

第二，制定粮食安全援助计划。为帮助发展中国家建立粮食仓储以解决危机时期的粮食供应问题，粮农组织于 1976 年制定了粮食安全援助计划。该计划得到了成员国和世界粮食计划署、联合国开发计划署、区域开发银行、欧洲经济共同体等国际组织的资金支持。根据计划，粮农组织将重点开展如下三个方面的工作：其一，根据《世界粮食安全国际约定》制定国家粮食安全政策和行动计划；其二，提出并实施涉及国家粮食安全政策的行动项目；其三，积极动员外部资金资助已经提出的粮食安全项目。②

第三，启动技术合作计划。1976 年，粮农组织启动技术合作计划。该计划主要通过发展援助和紧急援助两种方式开展，其中发展援助重点针对粮农组织《2022～2031 年战略框架》（简称《战略框架》）和国别计划框架所涵盖的与粮农组织职责和能力相关的领域，紧急援助重在支持受灾害影响的国家和地区早日恢复农业生产。通过该计划，粮农组织不仅向国家和地区提供农业、粮食安全、营养等方面的技术支持，还推动国际社会共享粮农知识，开展治理经验交流。③

第四，实施《防止粮食损失行动计划》。粮食损失发生在粮食生产、运输、储藏等诸多环节，是影响粮食生产量和供应量的主要因素之一。1977 年，粮农组织批准实施《防止粮食损失行动计划》。该计划主要针对的是贫穷的粮食不安全国家。计划实施初期的重点是减少粮食作物尤其是

---

① 联合国粮农组织：《粮农组织情况简介》，罗马：粮农组织，1979，第 51 页。
② 联合国粮农组织：《粮农组织情况简介》，第 52 页。
③ 《技术合作计划》，粮农组织网站，http://www.fao.org/technical-cooperation-programme/background/zh/，最后访问日期：2020 年 3 月 20 日。

谷物在收获后的损失。随着该计划的持续推进，实施项目日渐多元化，包括改善农场和村庄的仓储设施，建造新的储粮仓库，提供粮食干燥机等机械化装备，以及就粮食收获后如何减少损失等问题对农民进行培训等。[①] 计划在贫困国家的农村取得了显著成效，对保障这些国家的粮食安全起到了积极作用。

第五，实施《世界粮食安全行动计划》。1979年6月，粮农组织理事会审议通过了《世界粮食安全行动计划》，同年11月，粮农组织大会第20届会议又批准了该计划，1980年，世界粮食安全委员会第五届会议回顾总结了该计划的实施情况，并对实现世界粮食安全所需进一步采取的措施进行审议。计划主要包括五项重点内容：制定粮食库存政策；制定如何管理各国根据《世界粮食安全国际约定》确定粮食库存的政策；根据粮食不安全国家的具体情况，实施积极措施，满足这些国家的粮食进口需求和应急需求；采取特别行动，增加粮食安全援助；努力帮助发展中国家实现粮食供给自力更生。[②]

根据粮农组织的要求，各成员国应积极采取措施助力计划的实施，呼吁捐赠国应加大对计划的援助力度，以保证发展中国家在粮食短缺时的供应。同时，粮农组织也建议那些尚未加入《粮食援助公约》的成员国，积极加入其中，共同确保世界粮食援助的可持续性。此外，世界银行和世界粮食计划署也积极支持计划的实施。例如，世界银行增加了帮助发展中国家改善谷物仓储设施的投资项目，投资总额从1974年的200万美元增加到1978年的3.84亿美元，为计划的实施提供了物质保障。[③]

第六，实施《林业发展特别行动计划》。林业资源能否得到有效利用关系到粮食、能源、收入等相关问题的解决。但环境污染、火灾、病虫害、乱砍滥伐等因素的叠加，导致林业资源逐渐减少，进而造成贫困地区

---

① 联合国粮农组织：《粮农组织情况简介》，第53页。
② 联合国粮农组织：《粮农组织情况简介》，第53页。
③ 联合国粮农组织：《粮农组织情况简介》，第54页。

的人民因得不到薪柴而不得不减少对食材的烹调，营养水平下降，发病率上升。为解决此问题，粮农组织于 1979 年开始实施《林业发展特别行动计划》，旨在增加乡村的薪柴供应，保障乡村人民享有健康营养的饮食，并实施和强化农林兼作制度。该计划在实施的头三年里，在 36 个国家开展了 38 个项目。① 1981 年，在内罗毕召开的联合国新能源和可再生能源会议上，粮农组织再次强调了增加薪柴供应量和合理有效利用现有薪柴的重要性。尽管粮农组织已在各地区开展了相关项目，但项目实施绩效仍未达到预期目标。

第七，实施"粮食安全特别计划"。为帮助低收入国家解决"粮食赤字"问题，粮农组织于 1994 年宣布实施"粮食安全特别计划"（Special Programme for Food Security, SPFS），其目标主要在于三个方面：其一，在确保经济和环境可持续发展的基础上，通过提高粮食产量和粮食生产率确保粮食安全；其二，减小每年农业生产的变化幅度；其三，提高低收入国家人民的粮食获取能力。②"粮食安全特别计划"是一项综合性的发展项目，积极致力于提高农民收入、增加农村就业岗位、促进社会公平、重视女性在农业生产中的作用等。此外，该计划也提倡各国采取有效的发展战略改善农村居民的生活条件，如通过低成本、小规模的集水灌溉技术和改良的农业技术提高农作物生产率并确保畜产品的多样化，以丰富小农场的农产品种类。需要强调的是，南南合作是"粮食安全特别计划"框架下的重要发展计划，是发展中国家间的合作项目，它倡导落后国应学习先进的发展中国家的经验和专业技能，即后者在 SPFS 框架下向前者派驻农技专家，期限通常为两到三年，农技专家直接和受援国农民接触，以提升粮食生产水平，改善农民生活条件。

四 发挥粮农各项系统的功能优势

为增强粮农体系的韧性，粮农组织启动多个专项系统，保障全球粮食

---

① 联合国粮农组织：《粮农组织四十年 1945~85》，第 61 页。
② "FAO's Special Programme for Food Security," http://www.fao.org/english/newsroom/action/facts_spfs_water.htm, access time: 2020-03-20.

安全：1977年，全球粮食和农业信息及预警系统加强对撒哈拉以南非洲的监测，帮助应对地区粮食危机；1982年，国际种子信息系统在微型计算机中运行；1983年，森林资源信息系统作为热带森林电子数据库，正式投入使用；1986年，粮农组织统计数据库启用，该数据库是粮农组织年鉴的电子版，也是最全面的农业信息和统计资料来源，免费提供自1961年起收集的超过200个国家和地区的统计数据；1988年，非洲实时环境监测信息系统在粮农组织总部安装，用于收集有关降雨量和植被的卫星图片数据；1994年，粮农组织建立了跨界动植物病虫害紧急预防系统，用以应对跨界的且具有高传染性的动物疫病。①

五 开展多元化的农业发展项目

第一，积极推动渔业发展。鱼是具有高营养值的食物，也是人体所需蛋白质的主要来源之一。对于国家而言，渔业既是提高财政收入的主要路径，也是创造就业岗位、减轻就业压力的重要行业，对一国经济发展具有重要意义。但粮农组织在成立初期，并没有就世界渔业发展制定明确的规章制度，渔业资源属于国际共有，各个国家都可以随意捕捞，这导致发达国家和发展中国家渔业发展不平衡。因此，建立世界海洋资源管理体制显得尤为重要。1979年，粮农组织发起了一项旨在发展和管理专属经济区渔业资源的专项计划，根据该计划，粮农组织向发展中国家派遣专家组，帮助其制定渔业发展规划等。在该计划的驱动下，多数发展中国家开始发展和管理本国的渔业资源，积极推动渔业快速发展。自1985年起，专属经济区渔业资源专项计划成为粮农组织世界渔业管理和发展会议中有关渔业发展后续计划的重要组成部分。

第二，增加城市粮食供给和分配。全球正处于快速发展的城市化阶段，据估计，到2025年，全球人口的61%将居住在城市。在非洲，城市人口占总人口的60%，而这一比例在20世纪60年代仅为20%；预计到2025年，拉丁美洲城市人口将占总人口的80%；中东欧城市人口将占总

---

① 联合国粮农组织：《粮农组织成立75周年：齐成长、同繁荣、共持续》，第29~37页。

人口的 75%~80%。① 城市人口膨胀造成粮食需求量持续增加。为减轻城市供粮负担，1997 年 11 月 13 日，粮农组织宣布扩大"增加发展中地区城市粮食供应和分配"项目的实施范围。该项目的第一阶段是由粮农组织、法国和意大利共同资助，在西非的法语国家开展。此次项目的实施范围将扩大到撒哈拉以南的其他非洲国家、北非和近东、亚洲和太平洋、拉丁美洲和加勒比地区以及中东欧。该项目聚焦信息、研究、计划、培训、协调、政策和战略，它也将建立一个供各利益攸关方分享信息和经验的网络平台。该项目的长期目标是让城市消费者尤其是穷人，能够购买更多高质量的粮食。② 粮食交易商和粮食生产者也将通过城市粮食市场体系的改变而受益。为更好地落实该项目，粮农组织还呼吁国际社会积极捐款，为项目实施提供资金保障。

第三，提高水资源利用率。农业是耗水量最大的产业之一，农业生产水平与水源灌溉能力密切相关。据粮农组织估计，世界粮食产量的 40% 得益于灌溉农业，联合国也表示，到 2025 年，供养 80 亿人口所需的 60% 的额外粮食也都来源于灌溉农业。③ 为改善国家农业灌溉和排水系统，特别是发展中国家的灌溉体系，1998 年 7 月 16 日，粮农组织宣布实施一项金额为 600 万美元的国际项目，促使农民用最少的水种更多的粮食。该倡议的实施周期为三年，600 万美元预算来自世界银行、联合国开发计划署和其他捐助国的支持。该项目的负责人阿鲁姆甘·坎迪耶（Arumugam Kandiah）表示，"灌溉能够使土地生产率提高一倍。但在一些国家，由于官僚体制的存在、人员管理不善、设施老旧等原因，其灌溉体系并不发达，甚至有 60% 的灌溉用水没有渗入农作物。此外，水源短

---

① "FAO Announces Extension of Food Supply and Distribution to Cities Programme Appeals for Donor Support," http：//www.fao.org/WAICENT/OIS/PRESS_NE/PRESSENG/1997/Pren9766.htm, access time：2020 – 03 – 20.

② "FAO Announces Extension of Food Supply and Distribution to Cities Programme Appeals for Donor Support," http：//www.fao.org/WAICENT/OIS/PRESS_NE/PRESSENG/1997/Pren9766.htm, access time：2020 – 03 – 20.

③ "World Water Day：Irrigation Could Help Fight Hunger and Poverty," http：//www.fao.org/WAICENT/OIS/PRESS_NE/PRESSENG/1999/pren9914.htm, access time：2020 – 05 – 20.

缺已经成为一些地区发展的重要问题,制约农业产量的提高,增加了农民的生产压力"。粮农组织调查显示,全球农业支出达 80 亿美元,但用于灌溉研究上的支出不超过 3 亿美元。[1]该项目将采取小规模集中化的管理模式,设在罗马的 5 人秘书处将通过国家委员会和研究机构开展工作,将发挥各国水源和农业部、非政府组织、科研院校和私人机构等主体的作用,促进国家灌溉研究的发展并帮助制定科学合理的发展战略。

第四,推动小岛屿发展中国家农业、渔业和林业可持续发展。小岛屿发展中国家由于占地面积小、国家综合实力有限,在面临自然灾害、经济和财政危机、全球变暖等问题时,易遭受更大的损害。对于小岛屿发展中国家而言,农业是其出口创汇的重要部门,但农业出口市场狭小且出口产品有限,尽管一些农产品具有比较优势,但在整个农业生产体系中并不具有竞争优势。据粮农组织反映,在乌拉圭回合农业协议达成之后,贸易自由化给小岛屿发展中国家带来了机遇和挑战。一方面,贸易自由化为包括小岛屿发展中国家在内的低成本竞争生产者提供了获取初级产品和高附加值加工产品的机会;[2] 另一方面,减少了这些国家农产品出口所享受的关税优惠,使其面临更严峻的竞争环境。

为帮助小岛屿发展中国家应对农业、渔业和林业发展中的现实挑战,粮农组织于 1999 年 3 月 12 日召开了小岛屿发展中国家农业特别部长级会议。会议宣言表示,与会国家重视粮农组织在帮助小岛屿发展中国家农业发展中的作用,各国将通过不懈努力帮助小岛屿发展中国家实现粮食安全和开展发展项目。会议认为,粮农组织起草的小岛屿发展中国家农业行动计划将帮助 30 个小岛屿发展中国家和 4 个地势低洼的沿海国家的农渔林等多领域发展。该行动计划所要实施的农业项目重点包括农业贸易,农业

---

[1] "Six-Million-Dollar-Programme Launched to Help Farmers to Grow 'More Crop Per Drop'," http://www.fao.org/WAICENT/OIS/PRESS_NE/PRESSENG/1998/pren9846.htm, access time:2020-05-20.

[2] "UN Food and Agriculture Organization Convenes Ministerial Conference to Help Small Island Developing States Meet the Challenges of Economic Change, Environmental Degradation and Natural Disasters; FAO Proposes Plan of Action," http://www.fao.org/WAICENT/OIS/PRESS_NE/PRESSENG/1999/pren9910.htm, access time:2020-05-20.

集约化和多样化，满足渔业需求，土地、水和森林资源可持续管理和环境保护，以及加强国家机构作用五个方面。① 特别部长级会议建议，粮农组织应就起草的行动计划与成员国进行商议并将其正式确定下来，而后提交给粮农组织委员会，使其成为粮农组织对联合国大会特别会议关于小岛屿发展中国家农业发展的遵循。

六 努力实现性别平等，赋权女性

女性在保障粮食安全和推动农业发展中扮演了重要角色，时任粮农组织总干事迪乌夫表示，在发展中国家和农耕社会，主粮和经济作物的耕种以及畜牧业发展都主要依赖女性劳动力，但她们的多数工作都是没有报酬的或报酬很低。据粮农组织调查，农村妇女享有有限的权利，缺少受教育的机会和属于自己的土地，甚至在一些地区，当粮食被提供时，女性往往在男性的食物需求得到满足之后，才能分得剩余的食物，这导致多数新生儿营养不良。而在发展中国家，粮农组织发现，尽管几代人都在为性别平等而不懈努力，但女性仍是决策制定的边缘群体，其在家庭发展中仍只享有较少的话语权。迪乌夫表示，如果要实现所有人的粮食安全，决策的制定要以女性的需求和优先权为基础，同时，他还提议要为从事农业生产的女性制定"权利法案"（Bill for Rights），以确保女性获得资源、资金、土地和水源的公平权利。② 此外，为凸显女性在全球农业生产中的作用，粮农组织将1998年的世界粮食日和电视粮食集资（TeleFood）活动的主题确定为"女性喂养世界"③（Women Feed the World），并且在1999年10

---

① "Ministerial Conference on Small Island Developing States Pledges to Help Foster Development Policies and Programs to Secure Sustainable Agriculture, Fisheries and Forestry in the Island States," http://www.fao.org/WAICENT/OIS/PRESS_NE/PRESSENG/1999/pren9912.htm, access time: 2020-05-20.

② "FAO Director-general Calls for Implementation of 'Bill of Rights' for Women Working in Agriculture, Fisheries and Forestry," http://www.fao.org/WAICENT/OIS/PRESS_NE/PRESSENG/1998/pren9858.htm, access time: 2020-03-20.

③ "World Food Day Events Staged in Some 150 Countries on the Theme 'Women Feed the World' and Underscoring Women's Role and Problems in Food Production," http://www.fao.org/WAICENT/OIS/PRESS_NE/PRESSENG/1998/pren9860.htm, access time: 2020-03-20.

月召开了为期三天的"有关农村妇女和信息"的高级别讨论会，以唤起国际社会对女性的关注。①

第三节　积极落实千年发展目标
（2000～2014② 年）

2000 年，联合国全体成员国一致通过了千年发展目标，"消灭极端贫穷和饥饿"位列八大发展目标之首。根据目标，国际社会将通力合作，力争到 2015 年将全球饥饿人数减半（参照 1990 年的标准）。③ 粮农组织作为全球粮农治理的重要非国家行为体，其各项工作也以"将饥饿人数减半"为核心目标来开展。

一　召开全球粮农会议

第一，世界粮食首脑会议五年回顾会议。2002 年 6 月 10 日至 13 日，由联合国粮农组织主办的世界粮食首脑会议五年回顾会议在罗马举行，此次会议的主要目的是回顾并总结自 1996 年会议召开以来世界各国在应对粮食安全问题和解决饥饿等方面取得的成绩和面临的主要障碍，并提出进一步解决粮食安全问题和减少饥饿人数的措施。会议再次强调世界粮食安全形势不容乐观，各国仍需高度重视粮食安全问题。会议重申了 1996 年世界粮食首脑会议确立的在 2015 年将世界 8 亿饥饿人口减半的目标，并提出构筑世界反饥饿大联盟以确保世界粮食安全，消除饥饿与贫困。④

---

① "Women Key to Increasing Global Demand for Food, Says FAO as 3 – Day High-Level Consultation on Rural Women and Information Opens in Rome," http：//www. fao. org/WAICENT/OIS/ PRESS_ NE/PRESSENG /1999/pren99 56. htm, access time：2020 – 03 – 20.

② 由于 2015 年既是实现"千年发展目标"之年，也是提出"2030 年可持续发展目标"之年，为避免时间重叠，将 2015 年放在了第四节，本节则重点论述为力争到 2015 年实现饥饿人数减半的目标，粮农组织在 2000 年到 2014 年所做的贡献。

③ 粮农组织网站，http：//www. fao. org/sustainable-development-goals/mdg/goal-1/zh/，最后访问日期：2020 年 4 月 1 日。

④ 袁锦林、吴黎明、王波：《罗马世界粮食首脑会议敦请各国将承诺付诸行动——让 8 亿饥民不再挨饿》，《瞭望》2002 年第 25 期，第 58 页。

第三章 联合国粮农组织的发展历程及阶段性贡献

在此次会议上,妇女在农业生产中的作用、水资源利用、农村发展等诸多议题受到与会各国的高度关注。例如,在农业生产中,女性逐渐成为世界粮食生产的主力,但女性作用的日益提升与其缺少生产粮食的土地、工具以及受教育途径等形成了鲜明对比,使得如何保障农村女性的粮食安全和提高其在农业生产中的权利成为国际社会亟待解决的问题。又如,水资源作为农作物生长的关键,如何高效使用水资源始终是国际社会在保障粮食安全过程中的重点关注。因此,此次会议强调了小规模集水技术以及如何发挥每滴水在粮食生产和农业创收等方面的作用的重要性。[1]

在会议举办期间,联合国人权事务高级专员鲁滨逊夫人表示,解决粮食安全问题要靠实际行动而非空洞的口号,国家和非国家行为体通力合作才是保障全球粮食安全的最佳路径。她的这一提议得到了与会多国的认可和支持。此外,多数发展中国家也借助此次会议表达了对发达国家提高市场准入、加剧粮食市场非公平竞争等问题的看法,并得到了加拿大、意大利等国愿消除世界粮食市场弊端的承诺。[2]

第二,世界粮食安全高级别会议。由联合国粮农组织主办,世界粮食计划署、国际农业发展基金、国际农业研究磋商小组协办的世界粮食安全高级别会议于2008年世界粮食危机期间召开,来自181个国家的4500多名代表参加,其中包括43位国家元首或政府首脑和180位部长。此次会议主要聚焦粮食安全与气候变化及生物能源的挑战。

在与会各方的共同商议下,会议共达成四项共识:其一,继续为实现在2015年将饥饿人数减少一半的目标而努力;其二,采取积极措施遏制粮价上涨,保障世界粮食安全;其三,关注气候变化给农业发展和粮食产量带来的影响;其四,生物能源的开发与使用已成为影响粮食安全的主要因素之一,强调各国要重视生物能源的开发与使用给保障粮食安全带来的

---

[1] "World Food Summit: Five Years Later Reaffirms Pledge to Reduce Huger," http://www.fao.org/world foodsummit/english/newsroom/news/8580 - en.html, access time: 2020 - 05 - 22.

[2] 袁锦林、吴黎明、王波:《罗马世界粮食首脑会议敦请各国将承诺付诸行动——让8亿饥民不再挨饿》,《瞭望》2020年第25期,第58页。

挑战，要秉承可持续发展观念，在确保生物能源可持续生产与使用的同时，积极保障世界粮食安全。①但就具体议题而言，与会国家也存在不同的看法。首先，有关高粮价的诱因，与会国家认为这是多重因素叠加的结果，是一个复杂的议题，认为高粮价与本国实施的发展政策并无关联；其次，各国虽表示愿关注气候变化对农业发展和粮食生产的影响，但少数发达国家认为，气候变化在多大程度上影响农业和粮食安全尚不可知，不应过分夸大其作用；再次，有关生物能源的研发与生产，美国、欧盟、巴西等更关注对生物能源的研究，但对生物能源与粮食安全的关系却避而不谈，而亚非等地区的发展中国家却认为生物能源与粮食安全存在因果关系；最后，关于取消农产品出口限制的问题，为应对2008年世界粮食危机，部分国家实施了降低或取消进口税、消费税，提高出口税以及禁止出口等应急措施，一些国家认为这些措施会加剧世界粮食市场的不稳定，而阿根廷等发展中国家认为这是稳定国内粮价、应对发达国家高额补贴的有效路径。②

通过此次会议，粮农组织再次向国际社会表达了其主要观点，即在粮食价格居高不下、农业自然资源短缺、全球气候变化加剧、能源需求上升和人口持续膨胀的国际环境下，全球若要保障当前和未来的粮食供应，需提高粮食产量，尤其是发展中国家小农的粮食产量。③同时，粮农组织总干事迪乌夫也在会上表示，粮食安全是国际社会面临的政治性问题，他希望各方每年投资300亿美元推动农业发展，避免未来因粮食问题引发社会冲突。④

第三，世界粮食安全峰会。2009年11月16日，世界粮食安全峰会

---

① 聂闯：《世界粮食安全与气候变化和生物能源高级别大会在罗马召开》，《世界农业》2008年第7期，第79~80页。
② 聂闯：《世界粮食安全与气候变化和生物能源高级别大会在罗马召开》，《世界农业》2008年第7期，第80页。
③ FAO, *FAO in the 21st Century: Ensuring Food Security in a Changing World*, Rome: FAO, 2011, p. 217.
④ 《世界粮食安全高级别会议开幕》，中国经济网，http://www.ce.cn/xwzx/gjss/gdxw/200806/03/t200806 03_ 15720657. shtml，最后访问日期：2020年5月23日。

在罗马召开，会议表示，数以亿计的人口正在遭受饥饿和营养不良，农业和粮食安全始终是国际社会优先解决的问题。粮农组织总干事迪乌夫在会上表示，要满足2050年91亿人口的粮食需求，世界粮食产量必须增加70%，其中发展中国家的粮食产量必须增加一倍。但当前发达国家和发展中国家农业发展差距较大。前者2%~4%的农业人口就可喂养整个国家，并且还能通过农产品出口创汇，而后者尽管60%~80%的人口都在从事农业，但依然无法满足自身粮食需求。这种现象产生的根本原因在于发达国家农业生产力水平高，对农业投入大，因此，要彻底消除饥饿，国家农业发展援助每年须达到440亿美元。[1]

为保障全球粮食安全，与会各国在峰会期间共达成五项共识：其一，制订投资各国农业计划，促进资源有效利用；其二，从国家、地区和全球三个维度加强协调合作，提高全球粮食安全治理的综合绩效；其三，实施双轨并行的政策实现粮食安全，既要对最贫困的人口直接帮扶，又要实现农业可持续发展以期消除饥饿和贫困的根源；其四，确保多边行动体系有效运作；其五，各国对推动农业生产和实现粮食安全做出实质性的承诺。[2]

为更好地落实峰会达成的各项共识，粮农组织总干事迪乌夫在峰会闭幕式上代表与会各国做出如下承诺：国际社会将继续努力实现"到2015年将饥饿人数减半和尽快消除饥饿"的千年发展目标；通过世界粮食安全委员会的彻底改革提高国际合作水平和粮食安全治理能力，这将成为全球农业、粮食安全和营养伙伴关系的主要议题；扭转发展中国家和国际社会对农业、粮食安全和农村发展资助减少的趋势，并增加对它们的公共发展援助金额；推动对发展中国家农业生产的投资，提高农业生产率，以减少贫困和实现所有人的粮食安全。[3] 此外，与会各国在峰会召开期间再次声明不会将粮食作为一种施加政治和经济压力的工具。

---

[1] 《世界粮食安全峰会在罗马召开》，联合国网站，https://news.un.org/zh/story/2009/11/122152，最后访问日期：2020年5月23日。

[2] 《世界粮食安全峰会16日在意大利召开》，原载于国际在线，转引自环球网，https://world.huanqiu.com/article/9CaKrnJmEyR，最后访问日期：2020年5月21日。

[3] FAO, *FAO in the 21st Century: Ensuring Food Security in a Changing World*, p. 218.

二 设置新机构、新系统

第一,成立动物卫生危机管理中心。2006年10月12日,粮农组织总干事迪乌夫博士宣布,为有效应对禽流感和其他与动物健康及食品卫生相关的重大紧急事件,成立一个新的危机管理中心,即动物卫生危机管理中心。该中心由畜牧生产及动物卫生司等相关部门组建,中心内部建有全球兽医和救援行动专家网,由粮农组织和伙伴组织共同派遣专家。该中心采用先进的通信技术,对全球有关疾病的信息进行持续监测和更新。该中心的一大亮点在于应急速度快,在接到可疑疫病暴发的报告时,动物卫生危机管理中心能够在48小时之内向世界任何一个热点地区派遣专家,协助评估疫情和疾病的情况,并根据诊断结果采取紧急措施防止或阻断疫情和疾病的传播。[1] 迪乌夫表示,应对疫病,速度是关键,快速预警和采取有效措施对防止疫病的蔓延和传播大有裨益。动物卫生危机管理中心的建立表明,粮农组织在帮助成员国预防和应对疾病暴发等方面的能力得到了显著提升。[2]

第二,国际植物基因库投入使用。2007年10月19日,粮农组织正式宣布,一个以公平合理的途径分享粮食和农业植物遗传资源的新的多边系统开始运作。这一多边系统是《粮食和农业植物遗传资源国际条约》(简称《条约》)的重要组成部分,该条约在2004年正式生效并已获得115个国家的批准。根据《条约》,各国愿意向所有遵守标准化利益分享协议的国家提供其基因库中保存的相关作物的信息。《条约》管理机构秘书巴提表示:"世界农业正面着巨大的压力,必须发展能够适应气候变化、荒漠化、病虫害等自然威胁的农作物来提高粮食产量,以满足持续增加的人口需求。"[3]

---

[1] 联合国粮农组织:《粮农组织70年(1945~2015)》,第42页。
[2] 《粮农组织启动新的危机管理中心将加快对禽流感和其他威胁的反应速度》,粮农组织网站,http://www.fao.org/newsroom/zh/news/2006/1000421/index.html,最后访问日期:2020年5月23日。
[3] 《国际植物基因库已开始运作》,粮农组织网站,http://www.fao.org/newsroom/zh/news/2006/1000421/index.html,最后访问日期:2020年5月23日。

受现代化发展、膳食营养结构改变和人口密度增加的叠加影响，农业生物多样性正在逐渐减少，据估计，有约四分之三的农业遗传作物已在20世纪消失，而这一趋势仍在持续。①

国际植物基因库的建立将有效改善农业遗传作物减少的现象，能够给农民、植物育种者和科学家免费提供64种作物的遗传材料。同时，国际植物基因库的使用也有助于公平分享遗传材料商业化利用所带来的利益。巴提在提及该多边系统的作用时说："任何国家都无法拥有所有作物，只有分享来自世界各个地区和国家的植物遗传材料，才有助于国际社会去探索植物遗传资源的未知特性和未来的发展潜力，多边系统的构建则为实现上述目标创造了平台。"②

三　完善内部机构和系统

第一，联合国粮农组织的首次独立外部评定。2005年11月，联合国粮农组织大会委任由来自世界各地的顾问组成的团队在2006~2007年对其进行成立60年来的首次独立外部评定（Independent External Evaluation, IEE）。此次评定主要是为了回答如下问题：其一，在当前的国际体系中，粮农组织的角色定位是什么？其二，粮农组织成员国的需求是什么以及粮农组织的比较优势有哪些？如何确保当前粮农组织的规范性技术合作项目实现价值最大化？其三，粮农组织的管理、行政方式、机构文化、组织结构是否能灵活地适应现实社会？其四，粮农组织治理是否能发挥促进全球治理和保障所有成员国权益的双重功效？此次评定得出的最重要的一个结论是：世界发展需要粮农组织，但改革后的粮农组织必须有能力解决全球面临的新挑战。③

第二，世界粮食安全委员会的改革。为实现2009年世界粮食安全峰

---

① 《国际植物基因库已开始运作》，粮农组织网站，http://www.fao.org/newsroom/zh/news/2006/1000421/index.html，最后访问日期：2020年5月23日。
② 《国际植物基因库已开始运作》，粮农组织网站，http://www.fao.org/newsroom/zh/news/2006/1000421/index.html，最后访问日期：2020年5月23日。
③ FAO, *FAO in the 21st Century: Ensuring Food Security in a Changing World*, p.147.

联合国粮食及农业组织

会制定的目标,世界粮食安全委员会进行了相应的改革,其目标是将世界粮食安全委员会塑造成一个重要的且具有包容性的国家和非国家行为体共同合作的国际和政府间平台,以便支持由国家引导的旨在消除饥饿和保障所有人粮食安全和营养的工作。通过改革,一个更具包容性的世界粮食安全委员会可以根据实践、地方粮农治理的经验及教训、国家和地区的农业投入、不同机构或组织的专家意见,制定关于粮食安全和营养的国际战略和自愿准则,从而促进政策趋同和协调。此外,世界粮食安全委员会也会应国家或地区组织的请求,为国家或地区粮食安全行动计划的发展、实施、监测和评估,国家或地区粮食安全的保障以及应用自愿准则支持在国家粮食安全范畴内实现获取充足粮食的权利等提供指导和帮助。①

同时,世界粮食安全委员会也努力在以下三个方面发挥积极作用。其一,将世界粮食安全委员会塑造成一个加强协调和集体行动的粮食安全专项平台,并通过与联合国全球粮食危机高级别工作组(The UN High-Level Task Force on Global Food Security Crisis, HLTF)、粮食安全和营养网络、粮食安全专题小组、地区政府间机构、民间社会网络、私营部门协会等机构的合作提高资源利用率。其二,帮助国家和地区减少粮食不安全和营养不足人数,总结粮食安全治理的成功经验和失败教训,积极监督1996年世界粮食安全行动计划②的实施。其三,为协调各利益相关方合作和采取一致行动,构建全球粮食安全和农业战略框架。

世界粮食安全委员会旨在通过新的结构、新的工作方式和多样化的倡议,使其变得更加包容、开放和高效,其中包括机构人员的增加,改革后共包括12个成员和1个独立主席以及一个由联合国、非政府组织、国际农业研究机构、国际金融贸易机构、私人部门、慈善基金会等机构代表组成的咨询小组。世界粮食安全委员会获得粮食安全和营养问题高级别专家小组的支持,该专家组有一个由15个世界级粮食和营养方面的专家组成的指导委员会,粮食安全和营养问题高级别专家小组会基于科学合理的建

---

① FAO, *FAO in the 21st Century: Ensuring Food Security in a Changing World*, p. 225.
② 主要指《世界粮食安全罗马宣言》和《世界粮食首脑会议行动计划》。

议帮助世界粮食安全委员会在争论中做出正确的决策。此外,世界粮食安全委员会设在粮农组织罗马总部的秘书处也帮助增加了包括建议小组、粮食安全和营养问题高级别专家小组在内的全体会议的成员,其中就包括世界粮食计划署和国际农业发展基金的成员。①

除每年的集体会议外,世界粮食安全委员会闭会期间还解决一些特定议题,以推动集体会议议程的进展和实施集体会议的决议。为实现新的愿景和目标并更好地协调工作,世界粮食安全委员会成员就改革提出了三个指导性原则:包容性;将粮食安全和营养领域密切结合以确保政策的实施是以现实情况为基础的;政策实施的灵活性,以便世界粮食安全委员会可以对外部环境的变化和成员需求做出及时回应。② 世界粮食安全委员会改革能否成功填补全球粮食安全和营养治理的空白,取决于所有的利益攸关方能够或愿意做出多少贡献,这种贡献不仅表现在政策讨论和知识、经验的共享上,也在于遵守商议的优先议题并投入必要的资源来开展行动。

第三,强化市场信息体系。2007~2008年世界粮食危机的爆发凸显了农业市场信息服务对解决粮食安全问题的重要性。准确和及时的关于粮食和农业市场现状的信息是帮助国家做出正确决策的关键,信息越精准,国家面临的不确定性就越少,越有助于保障农民、农企、政策制定者、政府等多主体的经济利益。例如,对农民而言,实时更新的信息可促使其就农作物种植结构、何时收获、市场需求、是否储存粮食等相关内容做知情决策(informed decision);又如,实时更新的信息也可帮助政府官员和贸易商监测市场粮食供应量,以便及时应对粮食供不应求的情况。可见,信息既在确定市场行为方面发挥着重要作用,也在完善市场功能过程中扮演了重要角色。因此,对全球、地区、国内粮食市场信息的准确分析和信息透明度的提高,将会避免错误决策导致的粮价上涨问题和减少对粮食安全的消极影响。

事实上,粮农组织对信息系统的构建已做了积极的尝试。早在2007~

---

① FAO, *FAO in the 21st Century: Ensuring Food Security in a Changing World*, p. 226.
② FAO, *FAO in the 21st Century: Ensuring Food Security in a Changing World*, pp. 226-227.

联合国粮食及农业组织

2008年世界粮食危机爆发前，粮农组织就已经构建了全球信息和早期预警体系（Global Information and Early Warning System，GIEWS），有100多个国家、60多个非政府组织以及大量经贸机构、研究机构和媒体加入。2007年9月，粮农组织通过GIEWS向国际社会发出警告，谨防由粮价上涨引发的粮食危机。2009年3月，粮食价格数据和分析工具（Food Price Data and Analysis Tool）的建立对GIEWS进行了补充，它提供了一个研究不同数据和对比国内、国际价格趋势的平台。2011年4月，粮食价格数据和分析工具经完善后再次投入使用，覆盖78个国家，包括1000多个国内月度价格序列和11个国际谷物出口价格序列，共计20个粮食商品组。① 2010年9月，粮农组织谷物和稻米政府小组闭会期间特别会议（Extraordinary Intersessional Meeting of FAO's Intergovernmental Groups on Grains and on Rice）强调有关农作物供需、出口的可靠、最新的消息的缺失是粮价易变的根本原因。因此，该小组提议提高市场信息的透明度，增强粮农组织信息的积聚性，加快信息在全球、地区、国家等多维度的传播。② 此外，粮农组织和世界粮食计划署也联合执行了农作物和粮食安全评估任务（Crop and Food Security Assessment Missions，CFSAMs），向国际社会提供及时准确的粮食信息，以便国家和非国家行为体能采取合理的措施加以预防和应对。

随着农产品市场全球化程度的提高、贸易自由化的快速发展以及由此产生的国家间和行业间市场的高度整合，国家对信息的需求也不断增加。尽管除粮农组织之外，其他机构、组织和私人公司也在收集、分析和传播农业市场信息，但尚未达到国际社会的现实期望，在诸多方面仍存在不足。其一，国际信息的提供者难以获取各国官方有关农作物生产和消费的预测值，即便能够获取，获取的数据既不具有时效性也不准确；其二，多数主要的粮食生产国和消费国都无法获取有关粮食存储的官方可靠消息；其三，各国的市场前景分析机构与国际信息提供者之间缺少正式的联系机

---

① FAO, *FAO in the 21st Century: Ensuring Food Security in a Changing World*, p. 220.
② FAO, *FAO in the 21st Century: Ensuring Food Security in a Changing World*, p. 219.

制；其四，市场和粮食安全指标的综合性有待提高；其五，市场前景分析的范围仍未扩大，如应包括能源和农产品期货市场价格等；其六，对私营部门的信息统计常被忽略，如私营部门的粮食储存量等；其七，主要的粮食市场参与者通常缺乏对粮食预期产量、库存量、贸易量和使用量等信息的收集和分析能力。①

推动市场信息共享和完善早期预警体系是解决上述问题的有效举措，有助于政府和私营部门提前规划，做好预防。例如，政府可根据预警信息更加准确地评估一国的粮食供需情况，以便制定预算，为生产者和消费者提供安全保障，并扩大紧急粮食安全储备。此外，更准确的市场信息和更精准的信息分析有益于降低全球粮食市场的不确定性和风险性，能够帮助粮食生产者、销售者、消费者做出知情决策，从而保障各主体的粮食安全。②

农业市场信息系统（Agricultural Market Information System，AMIS）的建立是对既有农业体系的补充和完善，其目的是提高全球市场信息的可靠性和时效性，以及通过各行为体的集体行动确保政策的协调性和延续性。AMIS 包括世界主要的粮食出口国和粮食进口国，由一个联合秘书处负责，该秘书处由有能力定期收集、分析和传播有关粮食舆情、粮食展望和粮食政策信息的国际组织组成。

AMIS 有两个重要组成单元，即全球粮食市场信息小组（Global Food Market Information Group）和快速反应论坛（Rapid Response Forum），其中前者主要负责粮食市场信息的收集和分析，后者主要负责推动国际政策协调。③ 通过广泛覆盖全球主要的粮食市场和密切监控脆弱国家的粮食价格对其粮食安全进行评估，AMIS 将塑造全球早期预警机制，以评估不断变化的市场情况对粮食安全的影响，并根据信息分析做出预警。此外，AMIS 设立的快速反应论坛可以针对粮食安全政策的制定提供建议并在遭

---

① FAO, *FAO in the 21st Century: Ensuring Food Security in a Changing World*, p. 221.
② FAO, *FAO in the 21st Century: Ensuring Food Security in a Changing World*, p. 221.
③ FAO, *FAO in the 21st Century: Ensuring Food Security in a Changing World*, p. 222.

遇粮食安全高风险问题时推动国家间政策协调。除政府部门之外，AMIS也积极寻求私营部门的参与，以扩展粮农信息的获取路径并提升信息的准确性。[1]

第四，推出"粮食不安全体验分级表"。2013年，为使粮食安全衡量系统更加完善，粮农组织发布了"粮食不安全体验分级表"。该表主要依靠测试者报告的情况，统计其在一年的任何时间内难以获得充足、安全、有营养的食物的情况。相比饥饿（食物不足发生率）的衡量指标，该表的衡量标准更加细致。若按该表的标准，21世纪最初10年的后期，全世界有多达20亿人面临一定程度的粮食不安全情况。[2]

四 发布新条约，提出新计划，通过新准则

第一，《粮食和农业植物遗传资源国际条约》正式生效。《粮食和农业植物遗传资源国际条约》在2001年11月3日由联合国粮农组织审议通过，并于2004年6月29日正式生效。[3] 粮农组织制定该条约的目的是保障全球粮食安全和持续使用植物遗传资源（主要包括农场资源和种子库等两方面）。事实上，该条约的制定并非一帆风顺，从1993年粮农组织会议授权制定到2001年审议通过，历时八年之久，主要的参与者不仅包括粮农组织成员国、种子公司等私人企业，还包括一些非政府组织。条约的协商制定实际上是各方博弈的体现，其中既有关于条约的常规性争论，也有久拖未决的议题，如自20世纪70年代就开始存在争议的关于植物遗传资源的知识产权问题。[4]

此外，需要特别指出的是在2006年6月12日到16日召开的条约主管部门会议制定并实施了"标准材料转让协议"（Standard Material

---

[1] FAO, *FAO in the 21st Century: Ensuring Food Security in a Changing World*, pp. 222–223.
[2] 联合国粮农组织：《粮农组织成立75周年：齐成长、同繁荣、共持续》，第49页。
[3] 《粮食和农业植物遗传资源国际条约》，中国生物多样性和生态系统服务科学-政策平台，http://www.ipbeschina.org/gypt/xggy/lshny/，最后访问日期：2020年5月22日。
[4] "International Treaty on Plant Genetic Resources for Food and Agriculture (2001)," https://embryo.asu.edu/printpdf/pages/international-treaty-plant-genetic-resources-food-and-agriculture-2001, access time: 2020-05-22.

Transfer Agreement，SMTA），这是一项具有法律约束力的协议，使得不同行为体之间的植物遗传资源的交换制度化和规范化。尽管一些私人种子公司并不认同 SMAT，但上千个植物遗传资源交易仍在 SMAT 框架下完成。[①]概而言之，《粮食和农业植物遗传资源国际条约》的最终达成和实施结束了不同国家、组织、利益集团长达至少 22 年的争执，有助于通过保护种子资源确保世界粮食安全。

第二，通过《充足食物权自愿准则》。2004 年，粮农组织理事会通过了《充足食物权自愿准则》，该准则有助于落实联合国《世界人权宣言》。同时，该准则也是粮农组织第一次探讨"人权"问题的表现。此后，粮农组织将在政策和计划的制定与实施、法律程序、预算分析、治理、评估、监控、能力发展等与食物权相关的领域提供支持。[②]

第三，实施《近期行动计划》。2008 年 11 月 22 日，粮农组织大会特别会议通过了一项为期 3 年、耗资 4260 万美元的《近期行动计划》，其目的是根据 2007 年完成的一项独立外部评价建议，推动联合国粮农组织实现"改革增长"。[③] 根据《近期行动计划》，有一半的资金将用于粮农组织内部治理，通过精简管理层来提高粮农组织的工作绩效，以更好地应对饥饿、贫困、粮食危机、气候变化、生物能源以及金融危机对农业投资的影响。粮农组织总干事迪乌夫表示，该计划描绘了粮农组织改革发展的宏伟路线，将通过对财务程序、内部结构、人力资源管理等多方面的改革，构建一个新的粮农组织。同时，根据《近期行动计划》，在今后三年内，将 120 个司处级职位减少三分之一，节省下来的 1740 万美元将重新投入技术援助计划，以期凸显粮农组织在减少饥饿人数和保障粮食安全等

---

① "International Treaty on Plant Genetic Resources for Food and Agriculture（2001），" https：//embryo. asu. edu/ printpdf/pages/international-treaty-plant-genetic-resources-food-and-agriculture – 2001，access time：2020 – 05 – 22.
② 联合国粮农组织：《粮农组织成立 75 周年：齐成长、同繁荣、共持续》，第 45 页。
③ 《粮农组织成员批准 4260 万美元的改革计划》，粮农组织网站，http：//www. fao. org/news/story/zh/item/ 8655/icode/，最后访问日期：2020 年 5 月 23 日。

领域的重要职能。①

第三，通过《国家粮食安全框架下土地、渔业及森林权属负责任治理自愿准则》。2012 年，经粮农组织牵头磋商，世界粮食安全委员会通过了《国家粮食安全框架下土地、渔业及森林权属负责任治理自愿准则》。该准则制定了土地、渔业、森林等领域的原则和国际接受的准则，且重视对资源的保护和对弱势及被边缘化群体的利益的维护。②

第四，发起"蓝色增长倡议"。"蓝色经济"一词来源于 2012 年在巴西里约热内卢召开的联合国可持续发展会议，也即"里约 + 20"会议，强调对海洋的保护和可持续管理。该理念的提出是基于健康的海洋生态系统更具有生产力，是发展可持续海洋型经济的必经之路。为支持和采纳这一新的理念和方法，粮农组织发起了"蓝色增长倡议"，帮助各国制定并实施蓝色经济增长议程。粮农组织之所以强调"蓝色增长"，目的主要有以下三个方面：其一，取缔有害的捕捞方式及过度捕捞做法，实行激励措施，促进发展，加强养护，建设可持续的渔业体系并制止非法、不报告和不管制（Illegal Unreported and Unregulated, IUU）捕捞活动；其二，确保采取针对性措施，促进国家间合作；其三，推动政策制定、投资和创新，以支持粮食安全、减贫和水生资源的可持续管理。可见，"蓝色增长倡议"不仅是针对海洋资源的合理开发与利用，对保障粮食安全和推动减贫工作也大有裨益。③

推动实施"蓝色增长倡议"的路径主要有四条：其一，水产养殖——出台相关政策，以负责任、可持续的方式开展鱼类、贝类及海洋植物的养殖工作；其二，捕捞渔业——支持落实《负责任渔业行为守则》及相关文书，以恢复鱼类种群，打击非法、不报告和不管制捕捞并以可持续方式促进良好渔业生产实践和发展；其三，海洋食品体系——促进发展

---

① 《粮农组织成员批准 4260 万美元的改革计划》，粮农组织网站，http://www.fao.org/news/story/zh/item/8655/icode/，最后访问日期：2020 年 5 月 23 日。
② 联合国粮农组织：《粮农组织成立 75 周年：齐成长、同繁荣、共持续》，第 49 页。
③ 《蓝色增长——释放海洋发展潜力》，粮农组织网站，http://www.fao.org/zhc/detail-events/zh/c/234287/，最后访问日期：2020 年 7 月 10 日。

高效海洋食品价值链并改善生计;其四,生态系统服务——推动建立监管机制,以恢复重要沿海栖息地、生物多样性和生态系统服务(包括碳捕获、风暴潮防御、旅游等)。①

五 保护林业、渔业资源

第一,保护林业资源。据粮农组织估计,全球每年森林净损耗达900万公顷,在非洲、拉丁美洲和亚洲,森林面积正在快速减少,新创造的林区正在弥补损耗的自然林区,相比之下,欧洲和北美的森林面积正在增加。总体来看,世界上人均森林面积为6000平方米,每年减少12平方米。② 2001年3月15日,第15届粮农组织林业委员会会议(Session of FAO's Committee on Forestry)在罗马召开,讨论了粮农组织有关全球森林资源评估的建议,粮农组织副总干事戴维·哈恰瑞克(David Harcharik)表示,对森林资源的评估显示,尽管相比于从前,有更多可供使用的森林和林业资源,但有关可持续森林管理的关键信息仍然缺失。粮农组织林业战略计划显示了当前林业发展面临的中期挑战是如何平衡对木材需求的增加和环境、社会以及文化服务对非木材产品需求的增加的。此外,粮农组织林业战略计划还指出,要认识到森林和树木对粮食安全、农村就业、土壤和水资源保护、缓解气候变化以及保护生物多样性的重要性。③ 例如,针对森林资源和粮食安全议题,2001年9月4日,国际林业专家论坛在意大利托斯卡纳召开,如何通过管理森林资源对抗饥饿和粮食不安全是本届论坛的关键议题。粮农组织表示,政策制定者、研究人员和非政府组织正在积极探索通过加强林业发展能力应

---

① 《蓝色增长——释放海洋发展潜力》,粮农组织网站,http://www.fao.org/zhc/detail-events/zh/c/234287/,最后访问日期:2020年7月10日。
② "Net Loss of 9 Million Hectares of Forests per Year Despite Increases in Plantations," http://www.fao.org/WAICENT/OIS/PRESS_NE/PRESSENG/2001/pren0101.htm, access time: 2020-05-20.
③ "FAO Forest Resource Assessments and Global Warming," http://www.fao.org/WAICENT/OIS/PRESS_NE/PRESSENG/2001/pren0116.htm, access time: 2020-05-20.

对全球饥饿的路径。①

第二，保护渔业资源。保护渔业资源和推动渔业可持续发展是粮农组织的重要议题，非法、不报告和不管制捕鱼始终是威胁世界渔业发展的主要因素。据粮农组织估计，在一些重要的捕鱼区，IUU 捕鱼量占总捕鱼量的 30%，且大约是常规捕鱼量的 3 倍。同时，粮农组织数据还显示，在已经掌握的有关海洋鱼类和种群的信息中，有 47%~50% 的种群是在合理捕捞范围内，已经接近捕捞的上限，而有 15%~18% 的种群被过度捕捞，已经没有增加的潜能。② 并且如果不采取补救措施制止过度捕捞，不管是合法还是非法，渔业资源都将减少。

2011 年 3 月 2 日，粮农组织表示，为推动渔业可持续发展，已经有 110 多个国家采取了新行动计划（Plan of Action）遏制 IUU 捕鱼。在行动计划框架下，国家要对渔船进行实时监督，共享所掌握的信息，避免给 IUU 捕鱼企业和渔船提供补贴，并可以采取适当的制裁手段，以共同打击 IUU 捕鱼。同时，行动计划还重点解决 IUU 捕鱼过程中的国家旗帜转换的问题。除行动计划外，减少延绳钓渔业中海鸟偶然捕获（Reducing Incidental Catch of Seabirds in Longline Fisheries）、鲨鱼保护和管理（Conservation and Management of Sharks）、渔业能力管理（Management of Fishing Capacity）等国际行动计划也有助于实现渔业可持续发展。③

此外，由于渔业是渔民的主要生活来源，渔业发展的好坏直接影响渔民生活水平的高低，进而影响其粮食购买力。因此，为发挥渔业对粮食安全的保障能力，2001 年 3 月 7 日，粮农组织渔业委员会决定成立一个新

---

① "Forestry Experts Debate Central Themes and Issues for Fighting Hunger and Poverty Through Sustainable Forest Management," http：//www. fao. org/WAICENT/OIS/PRESS_ NE/PRESSENG/2001/pren0149. htm, access time：2020 - 05 - 20.

② "Illegal Fishing Tops the Agenda as World Fisheries Authorities Meet in Rome," http：//www. fao. org/WAICENT/OIS/PRESS_ NE/PRESSENG/2001/pren0108. htm, access time：2020 - 05 - 22.

③ "New International Plan of Action Targets Illegal, Unregulated and Unreported Fishing," http：//www. fao. org/WAICENT/OIS/PRESS_ NE/PRESSENG/2001/pren0111. htm, access time：2020 - 05 - 22.

的水产小组委员会，以专门解决与粮食生产相关的问题，其中中国、挪威、意大利和美国还提供了资金支持。①

在粮农组织和国际社会的共同努力下，全球粮食安全状况显著改善。粮农组织、世界粮食计划署和国际农业发展基金联合发布的《2015世界粮食不安全状况》显示，1990～1992年世界营养不良人数占总人数比例已从23.3%降至12.9%，在受监测的129个发展中国家中，有72个国家实现了千年发展目标。但同时也应看到，若将发展中地区看作一个整体，其距离千年发展目标还有小幅差距。②

第四节 推动实现全球粮农可持续发展（2015年至今）

2015年9月25日，联合国可持续发展峰会在纽约召开，会议通过了由193个成员国共同达成的文件，即《2030年可持续发展议程》（简称《2030年议程》）。在议程规定的17个目标中，"消除饥饿，实现粮食安全，改善营养状况和促进可持续农业"位列第二（见表3-1），表明该议题在全球可持续发展中的重要性。根据目标要求，粮农组织积极采取措施，开展双多边合作，以期在2030年实现"零饥饿"的发展目标。

表3-1 "消除饥饿，实现粮食安全，改善营养状况和促进可持续农业"的具体目标

1	到2030年，消除饥饿，确保所有人，特别是穷人和弱势群体，包括婴儿，全年都有安全、营养和充足的食物

---

① "FAO's Committee on Fisheries Establishes New Sub-Committee on Aquaculture: One of the Fastest Growing Food Production Sectors," http://www.fao.org/WAICENT/OIS/PRESS_NE/PRESSENG/2001/pren0112.htm, access time: 2020-05-22.
② FAO, WFP and IFAD, *The State of Food Insecurity in the World*, Rome: FAO, 2015, p.1.

续表

2	到2030年,消除一切形式的营养不良,包括到2025年实现5岁以下儿童发育迟缓和消瘦问题相关国际目标,解决青春期少女、孕妇、哺乳期妇女和老年人的营养需求问题
3	到2030年,实现农业生产力翻倍和小规模粮食生产者,特别是妇女、土著居民、农户、牧民和渔民的收入翻番,具体做法包括确保平等获得土地、其他生产资源和要素、知识、金融服务、市场以及增值和非农就业机会
4	到2030年,确保建立可持续粮食生产体系并执行具有抗灾能力的农作方法,以提高生产力和产量,帮助维护生态系统,加强应对气候变化、极端天气、干旱、洪涝和其他灾害的能力,逐步改善土地和土壤质量
5	到2020年,通过在国家、区域和国际层面建立管理得当、多样化的种子和植物库,保持种子、种植作物、养殖和驯养的动物及与之相关的野生物种的基因多样性;根据国际商定原则获取及公正、公平地分享利用基因资源和相关传统知识产生的惠益
6	通过加强国际合作等方式,增加对农村基础设施、农业研究和推广服务、技术开发、植物和牲畜基因库的投资,以增强发展中国家,特别是最不发达国家的农业生产能力
7	根据多哈发展回合授权,消除和防止世界农业市场上的贸易限制和扭曲,包括同时取消一切形式的农业出口补贴和具有相同作用的所有出口措施
8	采取措施,确保粮食商品市场及其衍生工具正常发挥作用,确保及时获取包括粮食储备量在内的市场信息,限制粮价剧烈波动

资料来源:《可持续发展目标》,联合国,https://www.un.org/sustainabledevelopment/zh/hunger/。

一 推动项目多元化发展

第一,遏制抗微生物药物耐药性。抗菌药物对家畜和植物疾病的治疗至关重要,合理使用抗菌药物为粮食安全、人类生活、动物健康提供了根本保障。2016年9月14日,粮农组织发布了"抗生素耐药性行动"计划,着重强调了在粮食和农业领域的重要行动举措:提高农民和生产者、兽医专业人员和主管部门、政策制定者和食品消费者对抗生素耐药性问题的认识;提升国家监督和监测粮食和农业中抗生素耐药性和抗生素使用的能力;加强对粮食和农业中抗生素使用和抗生素耐药性的治理;推广粮食和农业系统的良好做法并审慎使用抗生素。粮农组织表示,解决粮食和农业中抗生素耐药性问题的根本途径在于确保农业和粮食系统中的各行为体严格遵守卫生、生物安保及动物保健等相关准则，以期从源头上减少对抗菌药物的使用。同时，国际社会也应加强对抗菌剂和抗生素替代品的研发，减少农场废料中的抗生素耐药性对环境的影响。① 在该计划框架下，在拉丁美洲和加勒比地区，粮农组织已在玻利维亚、古巴、多米尼加、厄瓜多尔、萨尔瓦多和洪都拉斯等国开展合作；在中亚和东欧地区，由俄罗斯资助、为期三年的粮农组织粮食和农业抗微生物药物耐药性项目也在亚美尼亚、白俄罗斯、哈萨克斯坦、吉尔吉斯斯坦、塔吉克斯坦和俄罗斯等国家启动。②

2018年7月18日，粮农组织、世界动物卫生组织（World Organization for Animal Health）和世界卫生组织联合发布的报告显示，在被调查的154个国家中，有105个国家建立了监测系统，用于监测耐药性感染对于人体健康的影响，有68个国家建立跟踪抗微生物药物消费系统，有123个国家表示已经制定了监管抗微生物药物销售的政策。但同时报告也显示，只有64个国家表示遵循了粮农组织、世界动物卫生组织和世卫组织的建议，限制了抗微生物药物在促进动物生长方面的应用。③ 可见，抗微生物药物耐药性治理仍未在全球广泛开展。为更好地推动该项治理议题的实施，2019年6月19日，粮农组织、世界动物卫生组织和世界卫生组织共同构建了三边合作机制，启动了抗微生物药物耐药性多伙伴信托基金，并得到了来自荷兰政府的首笔500万美元捐款。该信托基金使用期限为五年，到2024年终止，旨在为全球抗微生物药物耐药性提供物质和技术支持。④

第二，启动"根除小反刍兽疫全球运动"计划。小反刍兽疫又称"羊瘟"，是一种具有高传染性的病毒性动物疾病。2016年10月28日，

---

① "Reducing the Spread of Antimicrobial Resistance on Our Farms and in Our Food," http：//www.fao.org/news/story/en/item/433096/icode/, access time：2020-08-19.
② "More Countries Acting to Combat Antimicrobial Resistance in Food and Agriculture," http：//www.fao.org/news/story/en/item/1066173/icode/, access time：2020-08-19.
③ "Countries Step up to Tackle Antimicrobial Resistance," http：//www.fao.org/news/story/en/item/1145635/icode/, access time：2020-08-14.
④ "New Multi-Partner Trust Fund Launched to Combat Antimicrobial Resistance Globally," http：//www.fao.org/news/story/en/item/1198306/icode/, access time：2020-08-14.

联合国粮食及农业组织

粮农组织和世界动物卫生组织联合启动了总金额达9.964亿美元的"根除小反刍兽疫全球运动"计划，该计划是2030年"根除小反刍兽疫15年行动（2016~2030）"的第一阶段举措。两大组织将通过在罗马设立的小反刍兽疫全球联合秘书处，负责和协调各国政府、区域组织、研究机构、融资伙伴和畜牧养殖业主间的工作。粮农组织高度重视此项计划，不仅因为动物传染疾病威胁人类健康，还因为它们冲击经济、人民生计、粮食安全、营养质量等领域的发展。据估计，每年因小反刍兽疫而造成的损失为14亿~21亿美元，降低了以饲养小反刍动物为生的家庭的收入，从而削弱了其粮食购买力。该项计划的第一阶段任务重点针对已经发生疫情的国家和疫情状况尚未得到科学评估的国家，其目的不仅是要消灭疾病，还要改进国家生产模式，深入挖掘畜牧业发展潜力并将其作为贫困家庭摆脱贫困、提高粮食购买力和膳食营养的重要来源。[①]

第三，积极防御病虫害对农业生产的危害。病虫害是威胁农业生产、影响粮食产量提升的重要因素，也是粮农组织参与全球粮食安全治理的重点领域。当前，粮农组织已参与了多项病虫害治理工作。

其一，在全球开展消灭红棕象甲行动。红棕象甲是一种侵害棕榈科树类的小型甲虫，威胁椰枣和椰子的生产。该甲虫在西亚北非地区迅速蔓延，并已经蔓延到包括法国、希腊、意大利、西班牙以及加勒比和中美洲部分地区在内的60多个国家和地区。据估计，红棕象甲每年造成的经济损失高达数百万美元，其治理成本也大幅增加，这主要是因为红棕象甲具有极强的隐蔽性，其对枣椰树和椰子树的侵蚀在早期很难发现，尤其是对于高大的树种，树干上的虫情很难被检测，一旦发现虫害，树木已经无法救治。[②] 2017年3月31日，在粮农组织主办的高级别会议上，与会代表一致通过了关于遏制红棕象甲传播的行动计划，旨在为各国遏制红棕象甲计

---

① "FAO and OIE Present Initial Battle Plan in Global Campaign to Eradicate Peste des Petits Ruminants," http：//www.fao.org/news/story/en/item/449168/icode/, access time：2020 - 08 - 19.

② "First Global Push to Stop Red Palm Weevil Wiping Out Palms," http：//www.fao.org/news/story/en/item/ 854399/icode/, access time：2020 - 08 - 13.

划的改进提供技术支持与指导,并积极协调区域间合作。在行动计划框架下,遏制红棕象甲已取得了初步成效。如在粮农组织的支持下,毛里塔尼亚积极实施以农民和农民合作社为主体的有害生物综合防治战略,在绿洲地区及时有效地遏制了红棕象甲的传播。同时,以农民培训、定期检查、使用幼虫捕捉害虫、跟踪树木感染情况等措施为主的反恐举措也在西亚北非等多地区推广,以期全面遏制红棕象甲对枣椰树、椰子树等树种的侵袭。①

其二,积极遏制秋粘虫的传播。秋粘虫是一种源自美洲的害虫,已在非洲、近东以及亚洲各国传播,对粮食生产和农民收益都造成了严重损害。据估计,2018 年,仅在非洲,秋粘虫就侵蚀了1770 万吨玉米,相关经济损失高达46 亿美元。2019 年12 月4 日,粮农组织启动一项为期三年的"全球秋粘虫抗击行动",计划筹集 5 亿美元抗击秋粘虫。② 该行动计划于 2020~2023 年实施,粮农组织号召国际组织、政府、私营部门、研究中心、农民等所有行为体通力合作,共同抗击这一全球性威胁。除减少秋粘虫对现有区域农业生产的威胁外,该行动计划的实施也将有助于遏制秋粘虫进一步蔓延到欧洲和南太平洋等新区域。

其三,抗击沙漠蝗虫。沙漠蝗虫对农作物的破坏力极强,据估计,1 平方公里的蝗虫群一天的进食量相当于 3.5 万人的进食量。③ 同时,由于沙漠蝗虫每天可移动约 150 公里,其跨境传播的速度也极快。④ 2020 年初,沙漠蝗虫肆虐东非、西亚、南亚等多个地区,埃塞俄比亚、肯尼亚和索马里的数万公顷耕地和牧场遭到破坏,加重了国家和地区的粮食不安全

---

① "New Action Plan to Stop the Spread of Red Palm Weevil," http://www.fao.org/news/story/en/item/8780 36/icode/, access time: 2020 - 08 - 13.
② "FAO Scales up Fight against Fall Armyworm," http://www.fao.org/news/story/en/item/1253916/icode/, access time: 2020 - 08 - 13.
③ "Alarm over Desert Locusts Increases as New Generation of the Destructive Pests Starts Breeding in Horn of Africa," http://www.fao.org/news/story/en/item/1258877/icode/, access time: 2020 - 08 - 14.
④ "Massive, Border-spanning Campaign Needed to Combat Locust Upsurge in East Africa," http://www.fao.org/news/story/en/item/1257973/icode/, access time: 2020 - 08 - 14.

感。为防止沙漠蝗虫造成的灾害进一步恶化，粮农组织在 2020 年初就启动了沙漠蝗虫应对行动，呼吁国际社会通力合作，共同应对。其中比利时、加拿大、中国、德国、法国、意大利、沙特、美国等国家和非洲开发银行、非洲团结信托基金、欧盟、比尔和梅琳达·盖茨基金会（Bill & Melinda Gates Foundation）等非国家行为体均向粮农组织捐助款项，用以遏制蝗虫蔓延。据估计，粮农组织通过积极协调，已帮助受灾国家消灭了 24 万公顷土地上的蝗虫，培训了 740 名专业人员[1]，帮助十个国家保住了 72 万吨谷物，这相当于 500 万人一年的口粮，此外，还帮助 35 万个牧民家庭摆脱了蝗虫威胁。[2]

二　发起新倡议

第一，"50×2030"倡议。及时准确的农业数据的缺失影响低收入国家制定农业发展政策或监测农业部门的发展，阻碍了农业可持续发展和 2030 年"零饥饿"目标的实现。2018 年 9 月 24 日，由粮农组织、国际农业发展基金、全球可持续发展数据伙伴、比尔和梅琳达·盖茨基金会、加纳、肯尼亚和塞拉利昂政府联合主办的饥饿数据采集融资会议在纽约召开，提出了改善农业数据的大型计划，即"50×2030"倡议。该倡议主要将粮农组织的农业综合调查（AGRISurvey）和世界银行生活标准度量调查中的农业综合调查（LSMS-ISA）相结合，其目标是在 2025 年前改善 35 个国家的农业数据，在 2030 年前改善 50 个国家的农业数据。其中粮农组织的农业综合调查是以农场调查系统为基础，主要采集农业经济（生产、收获面积、生产力、生产成本）、环境（土地、水、化肥、农药使用）和社会（收入、劳动力）等方面的数据。在美国国际开发署与比尔和梅琳达·盖茨基金会的

---

[1] "FAO Continues to Fight Desert Locust Upsurge in East Africa and Yemen Despite COVID – 19 Constraints," http://www.fao.org/news/story/en/item/1270183/icode/, access time: 2020 – 08 – 14.

[2] "FAO Makes Gains in the Fight against Desert Locusts in East Africa and Yemen but Threat of a Food Security Crisis Remains," http://www.fao.org/news/story/en/item/1274257/icode/, access time: 2020 – 08 – 14.

支持下，粮农组织已经在 10 个国家开展农业综合调查。[1]

第二，"联合国家庭农业十年"倡议。家庭农民生产了全世界 80% 的粮食，是推动农业可持续发展、实现 2030 年"零饥饿"目标的主力军。[2] 为加强对家庭农民的支持，2019 年 5 月 29 日，粮农组织和国际农业发展基金联合启动了"联合国家庭农业十年"倡议，旨在创造有利于家庭农民开展农业生产的环境。该倡议的具体计划主要包括五个方面：为家庭农业的发展创造有利的政策环境；支持农村青年和妇女的发展，使其能够获得更多生产性资产、自然资源、信息和受教育机会，并提高其在政策制定过程中的参与度；加强家庭农民组织并提升其知识创造力，以期将传统知识技能和新解决方案相结合；通过提供社会和经济服务，改善家庭农民的生活环境，并提高他们的抗风险能力；建立能够抵御气候多变性的粮食系统，促进家庭农业的可持续发展。[3]

第三，发起非洲猪瘟全球防控联合倡议。2020 年 7 月 20 日，联合国粮农组织和世界动物卫生组织联合发起了非洲猪瘟全球防控联合倡议，旨在利用世界动物卫生组织国际标准和基于最新科学成果的最佳做法，提高各国防控非洲猪瘟能力，为非洲猪瘟全球防控建立有效的协调与合作机制，以确保安全生产和贸易，保护粮食体系。两个组织表示，正在遭受瘟疫影响的地区主要包括非洲、亚太和欧洲，瘟疫不仅损害了当地的动物健康与福利，而且对当地农民的生计造成了巨大冲击。倡议表示，就全球而言，非洲猪瘟的持续蔓延既威胁粮食安全和农业经济发展，也将阻碍对减贫工作的持续推进，因此，加强对猪瘟的防控有助于实现消除贫困和"零饥饿"的可持续发展目标。[4]

---

[1] "Global Push to Stamp out Hunger Hinges on Better Data," http://www.fao.org/news/story/en/item/1154013/icode/, access time: 2020-08-15.

[2] "Celebrating Family Farmers' Contribution to Zero Hunger and Healthier Diets," http://www.fao.org/news/story/en/item/1195756/icode/, access time: 2020-08-15.

[3] "Launch of the UN's Decade of Family Farming to Unleash Family Farmers' Full Potential," http://www.fao.org/news/story/en/item/1195811/icode/, access time: 2020-08-15.

[4] 《粮农组织呼吁全球采取行动 抗击致命猪瘟》，联合国网站，https://news.un.org/zh/story/2020/07/1062561，最后访问日期：2020 年 8 月 13 日。

三 努力实现性别平等，赋权女性

实现性别平等、赋予女性权利是抵抗极端贫困、饥饿和营养不良的重要途径。2016年12月16日，由粮农组织、欧洲委员会、欧盟、国际农业发展基金、世界粮食计划署和联合国妇女署联合举办的高级别会议在罗马召开，粮农组织总干事在会上表示，女性是农业生产的主心骨，占发展中国家农业劳动力的45%，在非洲和亚洲的部分地区，该比例达到60%，如果女性被赋予更多权利，农业产量和农民收入将有所提高，自然资源将得到更好的管理，营养状况将得到改善，民生福祉将得到更好的保障。[①] 欧盟负责国际合作与发展的专员也表示，如果女性能获得和男性一样的资源，农业产量将提高近三分之一，从而使全球饥饿人数减少1.5亿人；如果我们想彻底消除贫困和饥饿，就需要大力支持农村女性。只有赋予女性农业从业者更多权利，才能提升全球粮食体系的生产能力，真正保障全球粮食安全。此次会议的召开反映了国际社会对女性在保障粮食安全、消除贫困和饥饿中的作用的高度重视，便于国际社会通力合作，共同保障女性从业者的合法权利。

四 保护渔业资源

渔业是渔民的重要经济来源，也是其购买粮食的物质保障。渔业资源的非法捕捞既制约了渔业可持续发展，也降低了渔民的粮食购买力。2017年5月29日，粮农组织在奥斯陆举行会议，主要和各缔约方探讨于2016年6月生效的《关于港口国预防、制止和消除非法、不报告和不管制捕鱼的措施协定》（也称《港口国措施协定》）的落实。[②] 该协定赋予港口官员新的权力，即要确保所有入港船舶都要遵守捕鱼规则，拒绝非法船只入港，阻止其将捕捞物运送上岸。此外，粮农组织还要求各缔约方切实支

[①] "Women Hold the Key to Building a World Free from Hunger and Poverty," http://www.fao.org/news/story/en/item/460267/icode/, access time: 2020 - 08 - 13.

[②] "Parties to FAO's Treaty Tackling Illegal Fishing Meet in Oslo," http://www.fao.org/news/story/en/item/889573/icode/, access time: 2020 - 08 - 13.

持协定的实施,为发展落后的国家提供技术和资金援助。① 为提高国际社会对解决非法捕鱼问题的重视,粮农组织和地中海渔业总委员会提议设立"打击非法、不报告和不管制捕鱼国际日",该国际日于 2017 年 12 月 5 日经联大批准,并在 2018 年 6 月 5 日迎来首个庆祝日。为配合《港口国措施协定》的实施,粮农组织还分别于 2017 年和 2018 年批准了《全球渔船、冷藏运输船和补给船记录》和《渔具标识自愿准则》,其中前者有利于加强对渔业的监督和管控,后者有利于减少捕捞渔具的丢弃。粮农组织还在全球积极开展能力建设项目,帮助发展中国家增强对其自有船只和入港外国船只的监管能力以及对其沿海区域的监管能力,以期保障水域内渔业资源的可持续发展。② 此外,在 2019 年 11 月 18 日召开的国际渔业可持续性研讨会上,粮农组织总干事屈冬玉还提出了三项提高渔业可持续发展的建议:对海洋和淡水可持续性计划再投资;投资海洋经济可持续增长;将保护措施和管理措施有效结合。③

五 帮助小岛屿发展中国家解决农业生产问题

小岛屿发展中国家的农业生产是粮农组织的重要关切,也是粮农组织参与全球粮农治理的重要国家群体。这主要是因为小岛屿发展中国家面积较小且相对孤立,极易受气候变化和自然灾害的影响,加之农业用地有限,农业生产受到制约。综合来看,粮农组织助力小岛屿发展中国家的农业生产主要包括两方面。

首先,在保障粮食安全方面。2017 年 7 月 4 日,旨在加强小岛屿发展中国家粮食系统可持续性的全球行动计划在粮农组织启动,该计划源于在 2014 年第三届小岛屿发展中国家国际会议上制定的《小岛屿发展中国

---

① "Sustainable Use of Oceans Requires End to Illegal Fishing," http：//www.fao.org/news/story/en/item/892862/icode/, access time：2020 - 08 - 13.

② "Growing Momentum to Close the Net on Illegal Fishing," http：//www.fao.org/news/story/en/item/1137863/icode/, access time：2020 - 08 - 14.

③ "Need for New Vision for Fisheries Amidst Growing Concerns Over State of Oceans," http：//www.fao.org/news/story/en/item/1251653/icode/, access time：2020 - 08 - 14.

家加快行动模式路径》，将帮助小岛屿发展中国家应对粮食安全、营养和气候变化等相关问题。根据全球行动计划的规定，创造有利于粮食安全和营养的条件，促进可持续且具有抗灾力和增强营养的粮食系统的发展，赋予人民和社区改善粮食安全和营养的权利是其三大主要目标。①

其次，在防止土地退化方面。土地退化零增长是联合国可持续发展目标15的一项具体规定，不仅有助于提高土壤生产力，增加保水率，提高可持续生计和人们的抗灾能力，还对实现零饥饿（目标2）、水的获取（目标6）和有效的气候行动（目标13）有极大帮助。防止小岛屿发展中国家土地退化是实现土地退化零增长的关键，粮农组织在《联合国防治荒漠化公约》第十三次缔约方大会上明确表示，为实现可持续发展，遏制或防止小岛屿发展中国家土地退化至关重要。为更好地支持小岛屿发展中国家制定土地退化零增长的发展规划，粮农组织还和联合国防治荒漠化公约国际机制（Global Mechanism of the UN Convention to Combat Desertification）签署了合作协议。同时，在与小岛屿发展中国家合作的过程中，粮农组织除了负责监管国家土壤肥力等相关信息外，还为小岛屿发展中国家提供有关可持续土地管理、土地退化问题的解决等方面的专业知识。②

六 努力减少粮食损失和浪费

粮食损失系指由粮食供应链上供应商的决定和行动导致的粮食质量和数量下降，粮食浪费系指由粮食零售商、服务商以及消费者的决定和行动导致的粮食质量和数量下降。③ 粮食损失和浪费已成为影响全球粮食安全和实现可持续发展的重要因素，联合国2030年可持续发展的目标12明确

---

① "New Global Action Programme for SIDS Countries Addresses Nutrition and Climate Change Challenges," http：//www.fao.org/news/story/en/item/902855/icode/, access time：2020 - 08 - 13.

② "Giving New Life to Degraded Lands in Small Island Developing States," http：//www.fao.org/news/story/en/item/1037176/icode/, access time：2020 - 08 - 13.

③ FAO, *The State of Food and Agriculture*：*Moving Forward on Food Loss and Waste Reduction*, Rome：FAO, 2019, p. 5.

规定，到2030年，将零售和消费环节的全球人均粮食浪费减半，减少生产和供应环节的粮食损失，包括收获后的损失。①

为有效应对粮食损失和浪费，2019年10月22日，粮农组织和世界批发市场联合会（World Union of Wholesale Markets，WUWM）同意更新和加强伙伴关系，以期在世界范围内减少粮食损失和浪费，并确保在全球城市化快速发展的背景下为人们提供健康和新鲜的食品。批发市场是食物链中可能发生损失的最后环节，对于减少粮食损失极为重要。粮农组织和世界批发市场联合会计划在知识共享、宣传和能力建设等方面开展合作，以减少粮食市场和分配系统中的损失和浪费。② 粮农组织还和联合利华开展创新型战略合作，旨在按照2030年可持续发展目标，帮助各国减少粮食损失和浪费。③

为确保粮农信息的对称性和有效传播，2020年7月29日，粮农组织建立了衡量和减少粮食损失和浪费的技术平台，它是有关粮食损失和浪费的信息资源门户，是最具规模的在线数据整合平台，其提供的信息包括易发生粮食损失和浪费的领域、防止粮食损失和浪费的成功案例和经验分享、针对该议题的论坛、新冠肺炎疫情暴发后有关粮食损失和浪费的政策以及针对个人减少粮食浪费的建议。④ 该平台的建立是粮农组织参与预防粮食损失和浪费的又一积极尝试，旨在全方位、多领域助力各国减少粮食损失和浪费。

七 应对疫情及推动疫情防控常态化时期农业发展的积极尝试

2020年，新冠肺炎疫情在全球蔓延，阻断了粮食运输及供应渠道，

---

① 《可持续发展目标》，联合国网站，https：//www.un.org/sustainabledevelopment/zh/hunger/，最后访问日期：2020年8月13日。
② 《联合国粮农组织和世界批发市场联合会联手抗击粮食损失和浪费》，《世界农业》2019年第11期，第120页。
③ "FAO Links with Unilever to Reduce Food Loss and Waste，" http：//www.fao.org/news/story/en/item/1038195/icode/，access time：2020 - 08 - 13.
④ "FAO Unveils Platform to Help Accelerate Action on Reducing Food Loss and Waste，" http：//www.fao.org/news/story/en/item/1300824/icode/，access time：2020 - 08 - 13.

削弱了家庭及个人的粮食购买能力,导致也门、南苏丹、叙利亚、阿富汗、巴基斯坦等脆弱地区的粮食安全问题更加突出,全球粮食安全形势进一步恶化。① 联合国向世界发出预警:全球将面临50年来最严重的粮食危机。② 据《2020年世界粮食安全和营养状况》一项初步评估表明,新冠肺炎疫情大流行可能导致全世界食物不足人数在2020年新增8300万至1.32亿人,即便预期2021年经济复苏将使食物不足人数减少,但仍超过疫情前的原有预期。③ 为减缓疫情对全球农业发展和粮食安全的冲击,粮农组织与国家和非国家行为体积极开展合作,以期将农业生产恢复到正常水平。

第一,启动"2019新冠肺炎疫情应对与恢复计划"。2020年7月14日,粮农组织宣布了"2019新冠肺炎疫情应对与恢复计划",旨在全面综合预防疫情期间和疫情防控常态化时期的粮食危机,并制定有关保障粮食安全和营养的中长期发展规划。该计划共确立了七大优先领域:加大对全球人道主义应急计划的支持力度;完善粮农数据,提升决策水平;促进经济包容与社会保障,以减少贫困;完善贸易和食品安全标准;提升小农户的恢复能力;加强"同一健康"举措,防止出现新的人畜共患病大流行;开启粮食体系转型进程。④ 该计划由粮农组织牵头实施,受到了由意大利政府发起成立的"2019新冠肺炎疫情粮食联盟"的支持,将充分调动资金、技术、人力等各种资源,帮助受疫情影响的国家。

第二,完善现有的信息系统。为方便各国查阅其他国家为应对新冠肺炎疫情影响所做的各项决策,粮农组织完善了"粮食及农业政策决策分

---

① The United Nations, *Policy Brief: The Impact of COVID-19 on Food Security and Nutrition*, June 2020, pp. 2-23; FAO and WFP, *FAO-WFP Early Warning Analysis of Acute Food Insecurity Hotspots*, Rome, July 2020, pp. 4-23.

② 《全球面临50年来最严重粮食危机 联合国为各国敲响警钟》,中华网新闻,https://news.china.com/socialgd/10000169/20200803/38595825.html,最后访问日期:2020年8月13日。

③ FAO et al. eds., *The State of Food Security and Nutrition in the World: Transforming Food Systems for Affordable Healthy Diet*, Rome: FAO, 2020, p. xix.

④ "FAO Launches the New COVID-19 Response and Recovery Programme Outlining Seven Key Priority Areas," http://www.fao.org/news/story/en/item/1297986/icode/, access time: 2020-08-29.

析数据库"（Food and Agriculture Policy Decision Analysis）。该数据库建设于 2008 年世界粮食危机期间，主要用于收集世界各国的粮食安全决策信息，在新冠肺炎疫情暴发之前，数据库已经收集了来自 100 个国家的 1 万多项决策和 2000 多个国家的政策框架。[1] 在新冠肺炎疫情暴发后，粮农组织对数据库内容进行了扩充，专设一个栏目用以呈现世界各国为应对疫情对粮食安全和农业的冲击所制定的各项举措。为提高信息检索速度，数据库还专门设置了多项检索方式，如国家、时间、商品、主题（营养、税收、自然资源等）、目标（消费者、生产者等）等检索栏，并且标注了政策出台的时间。数据库的主要负责人表示，数据库将持续更新，可涵盖130 多个国家的粮农政策，主要包括应急、营养、贸易、社会保障、发展和转型以及激励和抑制措施 6 个专题领域，其目标是使公共和私营部门的所有决策者不仅能够提供建议，指出问题，还能够制定基于实证的规范解决方案。[2]

第三，创建新的信息共享平台。2020 年 7 月 21 日，粮农组织建立"手拉手"地理空间信息平台，旨在增强疫情防控常态化时期粮食系统的抵御能力，提高全球粮食安全治理的综合绩效。该平台涵盖了粮食安全、作物、土壤、土地、水、气候、渔业、畜牧业以及林业等十多个粮食及农业相关领域的地理空间信息和统计数据。此外，平台还将疫情对粮食和农业产生的影响的相关信息纳入其中。平台数据来源于粮农组织以及整个联合国系统的其他主要公共数据提供机构、非政府组织、科研院所、私营部门等。同时，平台还集成粮农组织统计系统中 194 个成员国和 51 个领地从 1961 年到最近可得数据年份的粮食和农业数据，以期提高数据的真实性、广泛性和延续性。[3]

---

[1] 《粮农组织推出智能决策工具包，协助应对 2019 冠状病毒病》，粮农组织网站，http：//www.fao.org/news/story/zh/item/1270629/icode/，最后访问日期：2020 年 8 月 30 日。
[2] 《粮农组织推出智能决策工具包，协助应对 2019 冠状病毒病》，粮农组织网站，http：//www.fao.org/news/story/zh/item/1270629/icode/，最后访问日期：2020 年 8 月 30 日。
[3] 《粮农组织启动地理空间信息平台 为后疫情时期增强粮食和农业部门助力》，联合国新闻网，https：//news.un.org/zh/story/2020/07/1062711，最后访问日期：2020 年 8 月 30 日。

联合国粮食及农业组织

第四，发起"绿色城市"倡议，构建城市粮食体系。城市人口日益膨胀使得城市的粮食需求增加。粮农组织数据显示，城市居民约消耗了全部粮食供应的70%，而这个比例仍在持续上升。新冠肺炎疫情的暴发阻断了全球城市的粮食体系，严重影响了城市人口的粮食安全和膳食营养。① 为增强城市在危机时期的抵抗力，2020年9月18日，粮农组织发布"绿色城市"倡议，助力疫情防控常态化时期城市及周边地区实现农业粮食体系转型、消除饥饿和改善营养等目标。"绿色城市"倡议将在至少100个城市（15个大都市、40个中等城市和45个小城市）实施，并力争在2030年前吸引1000个城市参与，旨在加强城市粮食体系的韧性，改善城市膳食结构，改善城市及城郊居民的生计并提高福祉，以期从可持续的城市粮食体系中获得健康的饮食习惯。② 总体来看，加强城市粮食体系的韧性主要包括五项举措：其一，运用数字创新完善食品供应链；其二，确保食品安全和营养质量，为消费者提供营养教育，解决城市及城郊居民的肥胖问题；其三，减少粮食损失和浪费；其四，促进农业食品企业的发展；其五，鼓励投资，打造绿色粮食价值链。

第五，启动"粮食联盟"。2020年11月5日，为加强国际社会协调合作以防止由新冠肺炎疫情而引发的全球粮食危机，粮农组织正式启动"粮食联盟"。"粮食联盟"由意大利发起，得到了30多个国家的积极响应，粮农组织总干事屈冬玉、意大利总理朱塞佩·孔特和荷兰副首相卡罗拉·舒登共同在线上启动该倡议。屈冬玉在线上启动仪式上表示，"当前的公共卫生危机对粮食安全造成长期影响：破坏粮食生产、危害农民健康、减少市场机遇、危及农村就业和生计和城乡粮食需求下降。各国必须确保粮食价值链持续正常运转，并防止农业劳动力和城乡贫穷消费者的生

---

① "Urban Food Systems and COVID-19: The Role of Cities and Local Governments in Responding to the Emergency," http://www.fao.org/3/ca8600en/CA8600EN.pdf, access time: 2020-08-25.

② "FAO Launches Green Cities Initiative to Help Transform Agri-food Systems, End Hunger and Improve Nutrition," http://www.fao.org/news/story/en/item/1308436/icode/, access time: 2020-08-26.

活持续恶化"①。"粮食联盟"欢迎国际社会各利益攸关方的参与,支持创新举措,以期保障各行为体粮食获取途径的畅通,并以可持续的方式增强全球粮食体系的抗风险能力。粮农组织作为全球性的粮农机构,将有能力领导"粮食联盟"共同保障全球粮食体系,维护全球粮食安全。

2021年7月12日,联合国粮农组织、世界粮食计划署、国际农业发展基金等多个国际组织联合发布了《2021年世界粮食安全和营养状况》报告,这是新冠肺炎疫情暴发后,对全球粮农发展境况进行全面评估的首份报告。报告指出,2020年,全球共有7.2亿至8.11亿人口遭受饥饿,若取其中间值7.68亿,2020年饥饿人数较2019年增加约1.18亿人,其中非洲饥饿人数约增加4600万人,亚洲约增加5700万人,拉丁美洲及加勒比地区约增加1400万人。② 全球粮食安全形势不容乐观,恐难实现联合国《2030年可持续发展议程》中有关"消除饥饿,实现粮食安全,改善营养状况和促进农业可持续发展"的目标。在此背景下,国际社会更应通力合作,共同致力于消除饥饿,实现粮食安全。

小 结

从1945年至今,粮农组织发展已有70多年,每个会议的召开、各项计划和倡议的实施、机构内部的改革和国际合作的协调等,都体现了粮农组织在全球粮农治理中的重要性,也勾勒出了粮农组织70多年的发展历程。作为全球粮农治理的国际组织,联合国粮农组织始终以推动全球农业可持续发展和保障粮食安全为重要目标,积极加强与国家和非国家行为体的合作,为世界农业经济发展和粮食安全保障做出了重大贡献。

---

① 《联合国粮农组织启动"粮食联盟",促进粮食获取、发展可持续农业粮食体系》,粮农组织网站,https://www.fao.org/news/story/zh/item/1324667/icode/,最后访问日期:2020年11月8日。

② FAO et al. eds., *The State of Food Security and Nutrition in the World*, Rome: FAO, 2021, p. xii.

第四章
联合国粮农组织与主要国家*和地区的农业合作

作为联合国的专属职能机构,粮农组织的机构设置、运作组织体系、机构职能以及具体行动都反映了大国意志和地区发展的核心关切。

第一节 粮农组织与美国的农业合作

美国与粮农组织渊源已久,是粮农组织创始成员国之一。早在1943年5月,时任美国总统罗斯福便倡议召开多边粮农会议。随后四十四国政府在美国弗吉尼亚州的温泉城举行会议,成立粮农组织筹委会,着手拟订粮农组织章程。1945年10月16日,粮农组织在加拿大魁北克正式成立,并于1946年12月14日成为联合国专门机构。可以说,美国的支持是粮农组织成立的关键因素。

一 另一套美国战后世界体系

据估计,第二次世界大战造成的约6000万伤亡人数中至少三分之一是由营养不良和相关疾病引起的。如1943年,英属印度的孟加拉管辖区发生饥荒,就造成约300万人丧生。即便是相对富裕的西欧国家,在战争期间也普遍存在食物匮乏的情况。因为战争,全球农业也普遍遭到破坏。在全球范围内,粮食产量大幅减少。欧洲、苏联和北非等国家和地区,粮食减产了三分之一,东亚等国减产了十分之一。同时,在战后初期,世界

---

* 粮农组织与中国的农业合作单列为一章。

联合国粮食及农业组织

人口快速增加，导致人均农业总产值比战前下降了15%，进一步加剧了战后的粮食短缺，也影响了亚非欧多数国家的社会经济秩序重建。[①]

美国作为战争期间以及战后资本主义的头号强国，自20世纪初，就把粮食援助作为美国外交政策的组成部分，以借口缓解域外国家人道主义危机来施加自己的政治影响力。如第一次世界大战后，美国政府为遏制布尔什维主义在东欧和中欧的蔓延，便向欧洲盟友施加压力，要求解除战时对战败的同盟国（德国、奥地利和匈牙利）的经济封锁。与此同时，美国国会还资助了一项大规模的美国政府粮食救济计划。大量食品和农业用品被送往欧洲，尤其是用来支援新独立的波兰。美国开始以粮食为"先导"，在欧洲施加广泛的影响力。值得注意的是，美国政府始终践行实用主义的外交路径，如该计划尽管侧重于提供援助，但拨款法案明确规定了诸如优先出口美国小麦等内容，旨在使美国生产者受益。[②]

1943年5月，美国总统罗斯福针对时局以及战后世界可能出现的粮食危机和食物短缺问题，主导并推动了温泉城粮食和农业会议召开，组织粮农组织筹委会，制定粮农组织章程。在罗斯福总统去世后，由美国主导的联合国粮农组织在魁北克正式成立。由此，世界粮农组织与布雷顿森林体系、国际货币基金组织以及世界银行等共同成为美国战后世界经济体系的主要内容和政策工具。

战后初期，得益于粮农组织等国际组织，粮食援助进一步成为美国外交政策和外交思维中根深蒂固的元素和重要组成内容。在1940年中期，美国的农业捐助越来越多地通过联合国救济和康复管理局及联合国粮农组织等国际机构或组织将多国纳入其援助范围内。如美国政府在1945年之后便发起了多个包括政府和占领区救济计划以及马歇尔计划在内的粮食短缺援助计划，为饱经战火摧残的国家提供粮食援助，进而在全球范围内广泛施展其影响力。

[①] "Introduction, FAO at 75, Grow, Nourish, Sustain, Together," http：//www. fao. org/3/cb1182en/online/ intro. html, access time：2021 - 03 - 14.

[②] "A Short History of U. S. International Food Assistance," https：//2009 - 2017. state. gov/p/eur/ci/itmilanex po2015/c67068. htm, access time：2021 - 03 - 14.

第四章 联合国粮农组织与主要国家和地区的农业合作

随着战后全球经济复苏和冷战的开始,美国在粮食援助方面有了新举措。1954年7月10日,德怀特·艾森豪威尔总统签署了《农业贸易发展和援助法案》,即第480号法案,也就是后来的"粮食换和平计划"。而该计划制定的初衷是解决长期困扰美国的农业生产过剩问题,以改善国内市场,并开拓美国海外新市场,但其后期的实施却服务于美国对外政策的推行。

"粮食换和平计划"界定了三类粮食援助标准。

第一类允许在宽松的贷款条件下用当地货币向缺乏粮食供应的国家出售农业剩余产品。而这些资金随后被用于资助美国在这些受援国的外交行动。

第二类和第三类则允许在紧急或迫切需要的情况下,以向联合国、粮农组织、非政府组织和政府捐赠的方式将多余的物资运到"友好国家"。显然美国的粮食援助计划,是出于特定的政治目的而非人道主义援助。"粮食换和平计划"最初是为了解决粮食生产过剩问题而制定的短期解决方案,但最后却成了美国外交政策的支柱。粮农组织也进一步成为美国实施"粮食换和平计划"的主要平台。

1960年,美国越来越多地将粮食援助用作外交工具,与粮农组织的合作也越发紧密。在肯尼迪和约翰逊时期,美国将食品和农产品的捐助作为促使"友好国家"实现农业系统现代化的一种手段,帮助这些国家实现粮食自给自足。帮助更多国家实现粮食自给自足与粮农组织一贯的目标是相符的,这也是前期美国能够通过粮农组织开展粮食外交的主要原因。1965年至1966年,印度发生饥荒则充分践行了美国粮食援助的新标准,即印度是否接受西式农业经营方式和美国外交政策。尽管美国这一标准带有很强的意识形态和政治目的,甚至有干涉他国内政之嫌,但粮农组织出于人道主义原则,撮合印度与美国谈判。

二 美国自主的粮食外交

随着20世纪70年代欧洲、日本以及第三世界的崛起,世界呈现多极化趋势,美国在联合国等国际组织的话语权和影响力也相对弱化,而其粮

113

食援助计划更多的是以双边的形式进行，有些甚至直接绕开粮农组织等相关国际组织。

1972年，全球粮食歉收导致粮食供不应求和食品价格飙升，许多国家特别是发展中国家陷入新一轮粮食危机。1973年，联合国粮农组织、欧洲共同体、经济合作与发展组织等国际组织为应对这场危机进行了各种尝试。与此同时，福特政府却颁布了新法案，将粮食援助与人权问题捆绑在一起，使粮食问题人权化、政治化，引起广大发展中国家的强烈不满，美国这一做法也与粮农组织的宗旨和原则相悖。

特别是在卡特执政之后，人权问题进一步成为美国粮食政策制定和实施的指导方针，也正是在卡特的极力倡导下，人权成为美国外交政策的核心并被之后的美国政府所继承。该时期，美国的粮食援助、人道主义援助以及后来的粮食援助发展计划，都被激励贯彻了这一理念。同时，美国进一步通过其强大的国内立法，来解决其在国际上开展粮食外交遇到的法律支持和合法性问题。如针对1985年埃塞俄比亚饥荒，美国通过国内立法（《粮食安全法》）以及美国国际开发署建立的饥荒早期预警系统网络（FEWS NET），单独为此次饥荒提供对粮食不安全状况的分析。

在老布什和小布什执政期间，美国先后推出寻求发展粮食系统（Sought to Develop Food Systems，1990，目的是减少儿童营养不良的情况和提高农业生产力）以及当地和区域采购项目（Local and Regional Procurement，LRP，2008，将25%的粮食用作相关地区和国家的和平采购物资）。而这些重大的粮食援助计划则主要通过美国农业部和美国国际开发署（从2010年开始）以及美国主导的国际灾难援助基金进行，粮农组织等国际组织已经游离在美国的粮食援助计划之外。①

特别值得注意的是，当前美国国际开发署粮食援助活动获得2014年美国农业法案的强力支持，具有很强的灵活性，这就使美国国际开发署能

---

① "A Short History of U. S. International Food Assistance," https：//2009-2017. state. gov/p/eur/ci/it/milanex po2015/c67068. htm, access time：2021-03-16.

够使用一定数量的资金加强实物粮食援助,开展针对粮食不安全和营养不良的救助活动,从而确保美国利益在世界上一些最艰难的地方得到满足。如 2014 年,美国国际开发署支持一项针对叙利亚难民的创新代金券计划,为叙利亚境内有需要的人采购预先包装好的食品,同时也在南苏丹等 14 个国家实施"粮食换和平计划"。从其行为动机、运作方式以及预期效果来看,"粮食换和平计划"显然是美国国际开发署主导的以结束极端贫困为由来推广美式民主的一个重要组成部分。

三 美国和粮农组织的合作

在过去 70 多年中,尽管粮农组织在美国粮食外交中的地位有所下降,但总体而言,粮农组织和美国依旧保持着密切合作关系,美国始终是粮农组织最为重要的合作伙伴。双方在消除世界各地的饥饿和营养不良问题、进行全球作物预测、保障粮食安全、开展灾害援助、推动农业经济可持续发展、维护地区和平、推动基础设施建设以及粮食和食品贸易等方面展开广泛合作。[①]

同时,美国也是粮农组织的最大捐助国。据联合国官方数据统计,美国在 2009~2019 年,累计为粮农组织捐款 23.95 亿美元(见图 4-1),仅在 2018~2019 年,美国就通过分摊会费和自愿捐款等两种方式为粮农组织提供了 5.29 亿美元的资助,在用于区域发展的资金中,64%(1.94 亿美元)用于援助非洲,21%(6500 万美元)用于援助亚洲,11% 用于跨区域事务。若按可持续发展的内容划分,绝大多数款项用于提高人类生存能力以及抗风险和危机的能力(90%),剩余 10% 则用来提高地区的农业、林业和渔业生产水平和可持续发展能力以及推动全球农业发展和粮食系统建设。

综合来看,美国和粮农组织的合作主要集中在以下三个方面。

1. 消除贫困和饥饿

当前,诱发食品安全和粮食危机的不稳定因素仍未消除,作为非传统

---

① "FAO + the United States of America: Enhancing Food Security, Protecting Global Stability, Promoting Trade," http://www.fao.org/3/ca8307en/CA8307EN.pdf, access time: 2021-03-16.

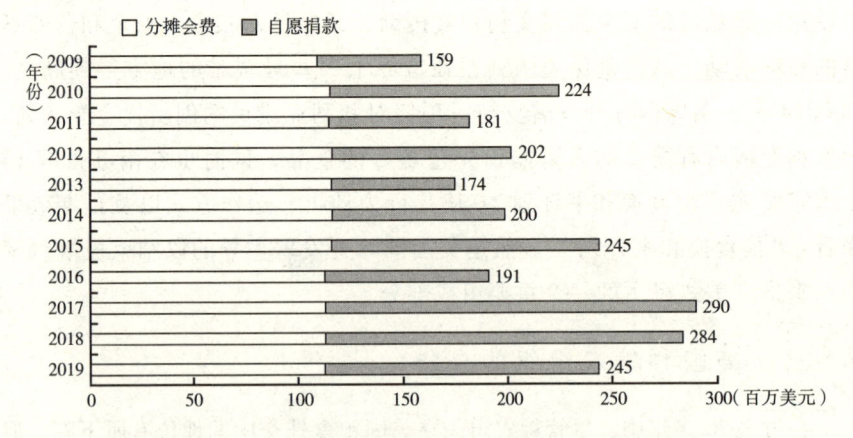

年份	分摊会费 + 自愿捐款
2009	159
2010	224
2011	181
2012	202
2013	174
2014	200
2015	245
2016	191
2017	290
2018	284
2019	245

图4-1 2009~2019年美国对粮农组织的总贡献额

资料来源：http://www.fao.org/3/ca8307en/CA8307EN.pdf。

安全问题中的重要议题，粮食安全将进一步影响地区和平与稳定。美国出于其全球战略及利益的考量，积极支持粮农组织在世界各地特别是最不发达地区的紧急人道主义援助，用以帮助粮农组织消除贫困、饥饿以及解决粮食和食品安全问题。

2016~2017年，索马里发生了有记录以来最严重的干旱，导致索马里农作物严重歉收，牲畜大量死亡，从而造成当地粮食价格大幅上涨，致使620万人面临严重的粮食短缺问题。2018~2019年，在美国的资助下，粮农组织向该国农村地区67万多户遭受严重干旱影响的家庭提供了人道主义援助。该项目通过分配牲畜和农业生产物资来恢复当地粮食生产，并通过疫苗接种和治疗，降低了牲畜大规模损失的风险，从而增加当地的粮食自给人数。同一时期，在美国的资助下，粮农组织为南苏丹约18.5万个粮食短缺和流离失所的家庭提供应急救济物资，助力粮农组织紧急生存应对计划（Emergency Livelihood Response Plan）的落实。此外，该项目还通过推广校园菜园和营养导向型农业项目来改善当地妇女和儿童的营养状况。[①]

---

① "FAO + the United States of America: Enhancing Food Security, Protecting Global Stability, Promoting Trade," http://www.fao.org/3/ca8307en/CA8307EN.pdf, access time: 2021-03-16.

在消除贫困和饥饿问题上，美国 2017~2021 年全球粮食安全战略就已将农业投资放在其农业政策的核心地位，并将这一理念贯彻在了与粮农组织合作开展脱贫工作的战略框架中。具体策略则可以简单理解为：通过加强对农村贫困和饥饿人口的生存技能培训和基本物质支持来发展农业经济，从而提供更多的就业和创业机会，以此来增加居民收入并刺激农村和城市经济的增长，从根本上解决贫困和饥饿问题。在这一理念的贯彻过程中，美国和联合国粮农组织大力支持孟加拉国努力消除饥饿、实现粮食安全和改善营养的"应对营养不良挑战"（Meeting the Undernutrition Challenge, MUCH）项目。通过帮助孟加拉国建立项目的实施和监管机制、跨部门协作制度以及制定项目投资战略计划，美国和粮农组织有力地推动了孟加拉国"消除营养不良"的国家战略的实施。从 2015 年到 2020 年，由美国支持的"应对营养不良挑战"项目，被当作粮农组织构建创新型伙伴关系和到 2030 年消除全球贫困的经典案例。

2. 促进全球卫生安全

跨境疫情暴发和动植物病虫害发生频次的持续增加，日益威胁着全球人类的健康生存和粮食安全。特别是新冠肺炎疫情在全球暴发，人类面临着更为严峻的卫生安全威胁。

在促进全球卫生安全工作上，美国是粮农组织全球食品安全和动植物卫生防疫工作的主要合作伙伴和顾问。为此，美国积极参与粮农组织应急中心关于跨界动物疾病全球卫生安全议程（Global Health Security Agenda, GHSA）和新发传染病威胁（Emerging Pandemic Threats, EPT）计划。如美国是 2015 年至 2019 年 GHSA 的主要资助者。粮农组织在美国的帮助下，在非洲 14 国开展传染病防疫工作。同样，美国也为粮农组织的 EPT 计划（结项于 2018 年）提供专项资金，帮助非洲、亚洲等发展中地区的 20 多个国家提高防治新型动植物疾病的能力。此外，基于 GHSA 和 EPT 计划，粮农组织还同美国共同制定了《2018~2022 年度计划》：（1）通过提供高效牲畜疫苗和改良作物品种以及加强食品安全技能培训等措施改善非洲莫桑比克农业质量，确保粮食安全以及解决农牧民生计问题；（2）帮助撒哈拉以南的非洲国家建立秋粘虫农业预警信息系统，加强对秋粘虫种群及其分布变化的监测和分析，对农民和技术人员进行秋粘虫防控管理培训以增强其对秋粘虫的认知和预防意识。①

2018年3月9日，美国与粮农组织就加强发展中国家应对农场动物疾病暴发的能力问题开展合作，在短短12个月内，在非洲、亚洲等地区的25个国家成功培训了4700多名兽医。粮农组织提供的技术培训涵盖了疾病监测和预测、实验室操作、生物安全和生物安保、预防和控制方法以及疫情应对策略等多领域。②

自新冠肺炎疫情暴发以来，据联合国估计，2020年，疫情等问题导致的经济衰退和粮价飙升至少造成包括美国民众③在内的约1.32亿人挨饿，1.35亿人面临严重的粮食不安全状况并需要紧急人道主义援助。粮农组织则建议包括美国在内的各国成立危机委员会来应对新冠肺炎疫情对粮食供应的影响。如美国和粮农组织就疫情期间美国国内儿童营养问题举行圆桌会议。

3. 促进贸易和食品安全

通过促进贸易和食品安全来推进全球粮食治理也是美国与粮农组织合作的重要内容。通过分摊粮农组织会费，美国也积极参与粮农组织的标准制定和立法工作。

---

① B. M. Prasanna et al. eds., *Fall Armyworm in Africa: A Guide for Integrated Pest Mangerment*, https://www.usaid.gov/sites/default/files/documents/1867/Fall-Armyworm-IPM-Guide-for-Africa-Jan_ 30-2018. pdf, access time: 2021 - 03 - 16.

② "USAID and FAO Working Together to Pre-empt the Next Global Pandemic," https://usunrome.usmission.gov/usaid-fao-working-together-pre-empt-next-global-pandemic/, access time: 2012 - 03 - 26.

③ 54 million people in America face food insecurity during the pandemic. It could have dire consequences for their health, Feeding America, the largest hunger-relief organization in the United States, estimates that 17 million people in the country could become food insecure because of the pandemic, bringing the total to more than 54 million people in the country, including 18 million children. https://www.aamc.org/news-insights/54 - million-people-america-face-food-insecurity-during-pandemic-it-could-have-dire-consequences-their #: ~ : text = Feeding% 20America% 2C% 20the% 20largest% 20hunger-relief% 20organization% 20in% 20the, people% 20in% 20the% 20country% 2C% 20including% 2018% 20million% 20children, access time: 2021 - 04 - 12.

首先，美国是粮农组织三大国际法条例《食品法典》、《国际植物保护公约》和《粮食和农业植物遗传资源国际条约》的主要贡献者和支持者，也正是得益于美国等国的支持，粮农组织的国际标准和准则才得以具备相应的科学性和可实施性。

其次，在保障国际贸易领域，贫穷落后的发展中国家往往依靠农产品出口来积累经济发展所需的资金。但总体来说，发展中国家的农产品贸易在国际贸易市场中处于不利地位。为解决这一问题，联合国贸易和发展会议建立了商品共同基金并推动南南合作和南北对话的开展。在国际贸易领域，美国将精力放在了帮助粮农组织治理全球非法渔业贸易问题上。其中，美国积极支持 FAO 的《港口国措施协定》。2017 年至 2019 年，美国为粮农组织的全球 PSMA 的实施提供了专项财政捐助，从而有力地协助了巴哈马、多米尼加、圭亚那、牙买加、特立尼达和多巴哥等国立法和监督工作，推动粮农组织 PSMA 在相关发展中国家实施。①

除此之外，近年来，美国的官方机构和民间组织与粮农组织还就以下计划展开合作和联合行动。

（1）通过更好地开展灾害应对和备灾（与美国国际开发署合作）工作，提高农业的抗灾能力，加强粮食安全和改善生计。

（2）通过研究和培训（与美国大学和美国农业部合作），提高粮食生产力，减少食物浪费，改善分销系统和市场准入环境。

（3）与美国国防部门合作控制和根除人畜共患病，并努力避免"人－动物－生态"系统出现新的威胁。

（4）美国农业部法律部门、食品和药物管理局与粮农组织/世卫组织食品法典委员会合作，以加强全球食品安全和推进食品贸易。

（5）合作投资并促进全球土著农业文化知识保护以及现代技术（包括生物技术和大数据）的发展。

---

① "FAO + the United States of America: Enhancing Food Security, Protecting Global Stability, Promoting Trade," http://www.fao.org/3/ca8307en/CA8307EN.pdf, access time: 2021 - 03 - 16.

联合国粮食及农业组织

（6）与美国国家海洋和大气管理局合作保护和管理渔业。[①]

（7）与美国国家地理学会重建伙伴关系，并共同开展关于促进可持续渔业和海洋保护区发展的第一次筛选工作。

在新时期，全球局势依旧呈现不稳定趋势。在非洲、中东、南亚、东南亚、拉丁美洲以及东欧、南欧等地区，冲突、民族矛盾以及局部战争时有发生，加之恐怖主义、全球气候变化以及南北发展不平衡等问题尚未解决，传统和非传统因素对粮食安全的威胁仍然存在，严重影响人类社会的发展进程。特别是新冠肺炎疫情的全球大流行，与地区冲突、经济衰退、极端气候等因素叠加，导致也门、南苏丹、阿富汗、叙利亚等国的粮食安全问题更加严重。

尽管美国对外粮食援助是服务美国外交的一种手段，但不可否认，美国对粮农组织在紧急情况下的工作支持，对促进发展中国家农业技术进步和升级、缓解部分国家和地区因粮食短缺和营养不良而引发的人道主义灾难等都发挥了积极作用，为地区和平和经济社会发展贡献了力量。

第二节　粮农组织与英国的农业合作

英国作为粮农组织的创始成员国和传统合作伙伴，自粮农组织成立以来为粮农组织在全球的各项工作提供了强有力的支持。长期以来，双方围绕粮食与食品安全、自然资源可持续管理、人道主义援助、病虫害防治、渔业资源开发等议题开展了卓有成效的合作。

英国为粮农组织的主要捐款国之一。据统计，2012年至2015年，英国政府一度成为粮农组织第三大捐助方，累计捐款总额超过3.6亿美

[①] "FAO + the United States of America: Enhancing Food Security, Protecting Global Stability, Promoting Trade," https://reliefweb.int/report/world/fao-united-states-america-enhancing-food-security-protecting-global-stability-promoting, access time: 2021-04-15.

元[①]，用于支持粮农组织在全球特别是发展中国家和欠发达地区的粮食安全、人道危机和地区发展治理等工作。

一 主要合作机构与机制

英国国际发展部（United Kingdom's Department for International Development, DFID）为英国与粮农组织进行合作的专门机构之一，承担着英国与粮农组织包括捐款、合作框架构建、法律事务、合作计划的制定和落实等在内的各项事务的对接工作。2015年12月21日，粮农组织和英国国际发展部在罗马通过了一项新的框架协议，以加强伙伴关系，推动双方多领域合作。同时，该协议为双方开展合作提供了一个总体法律框架，涵盖未来至少十年实施的所有项目，并有效简化了合作程序，为双方未来的合作节省了成本和时间。[②]

二 主要合作领域

英国广泛参与到粮农组织的全球治理工作中，其主要议题包括应对粮食安全，改善农业生产与营养条件，恢复农业生产力，打击非法木材交易等。

1. 促进欠发达地区的粮食安全

英国支持粮农组织在全球欠发达地区特别是非洲地区的粮食安全治理工作。如在非洲津巴布韦，英国国际发展部向粮农组织实施的"津巴布韦粮食安全与生存计划"框架下的一个项目捐助4800万美元，用来提高当地小农场的生产力。援助内容包括：开展农民职业技能与知识培训，增加农民收入和市场准入的机会，鼓励社区种植和消费更有营养的食物。通过该项目，可以在一定程度上帮助该国贫困人口提高粮食获取力，促进市场准入和扩大新型农业企业。

---

① 《粮农组织与英国国际发展部签署新协议推动多个领域未来合作》，联合国网站，https://news.un.org/zh/story/2015/12/248972，最后访问日期：2021年4月3日。

② "New DFID-FAO Agreement Paves Way for Stronger, Easier Collaboration," http://www.fao.org/news/story/en/item/359047/icode/, access time: 2021-04-05.

2. 帮助各国实施土地权属自愿准则

当前,全球土地治理的难点之一在于土地所有权的开发与保障,在大多数发展中国家,土地权属界定不清、土地管理制度腐败和市场缺乏透明度等问题依旧存在。为此,英国国际发展部为粮农组织实施的《国家粮食安全框架下土地、渔业及森林权属负责任治理自愿准则》提供有效支持,并向粮农组织捐献 750 万美元用以资助粮农组织在尼日利亚和乌干达等国开展的研究。[①]

3. 加强危机期间抗灾能力建设和推动粮食安全评估体系的发展

英国国际发展部也是粮农组织紧急行动的一贯支持者,已提供了近 1 亿美元的捐款,使粮农组织能够在冲突和自然灾害发生后,帮助社区重建和保障民生。如这些资金为中非、巴基斯坦、菲律宾、索马里和南苏丹等国抗灾能力建设提供了大力支持。

同时,英国捐款近 1000 万美元用以改善和扩展旨在开展粮食安全评估的"综合粮食安全阶段分类"(Integrated Food Security Phase Classification, IPC)计划。2012 年至 2015 年,约有 1900 名各国专家参加了 IPC 分析师培训,极大地推动了对粮食不安全状况进行评估和分类的国际标准的完善。英国国际发展部的项目还帮助 20 个国家改进了政府应用 IPC 的方式和帮助制定并应用新的方案分析长期粮食不安全和严重营养不良问题。[②]

4. 加强森林治理以打击非法木材交易

非法木材贸易给森林环境景观和国际贸易市场的健康发展均造成严重威胁。为此,英国在 2014 年加入粮农组织/欧盟的"森林执法、治理及贸易支持计划"。该项目致力于推动可持续的森林管理,并确保欧盟进口木材的合法来源。

与此同时,英国为粮农组织提供了 210 多万美元的捐款,用以支持该

---

① "New DFID-FAO Agreement Paves Way for Stronger, Easier Collaboration," http: // www. fao. org/news/ story/en/item/359047/icode/, access time: 2021 - 04 - 05.

② "New DFID-FAO Agreement Paves Way for Stronger, Easier Collaboration," http: // www. fao. org/news/ story/en/item/359047/icode/, access time: 2021 - 04 - 05.

组织在热带木材生产国的森林资源保护和打击非法木材贸易的工作。例如，帮助刚果（金）、加纳和印度尼西亚等热带木材生产国加强当地的森林治理，并推动国际规则和标准在整个产业的普及，以及对其的认同和遵守。

5. 推动非洲扶贫工作

为提升非洲扶贫工作的效能，英国联合粮农组织共同实施了"非洲现金补助评估计划"。援助国包括埃塞俄比亚、加纳、肯尼亚、莱索托、赞比亚和津巴布韦等。在该项目中，政府现金补助等社会保障措施的提出和实施，可以广泛促进非洲可持续减贫工作的开展，提升当地的经济发展水平。在该计划框架下，英国国际发展部还出资160万美元用于"从保护到生产"等子项目的发展。[1]

此外，英国与粮农组织的合作还包括防治非洲沙漠蝗虫和亚洲地区灾后重建。2020年7月，英国提供1700万英镑的捐款，支持东非、也门和西南亚等地区沙漠蝗虫防治工作，并追加100万英镑，用于支持包括剑桥大学在内的多个机构建立有效的虫害监测和预警系统，为受灾国提供预警信息。[2] 2020年11月，联合国粮农组织在英国外交、联邦和发展办公室（Foreign, Commonwealth & Development Office, FCDO）的支持下，对缅甸受洪水影响最严重的家庭农民提供了紧急援助，以帮助缅甸南部地区的农业生产和民众生计的恢复。[3]

---

[1] "New DFID-FAO Agreement Paves Way for Stronger, Easier Collaboration," http://www.fao.org/news/story/%20en/item/359047/icode/en/, access time: 2021 - 04 - 06.

[2] "United Kingdom Supports FAO's Desert Locust-fighting Efforts with £17 Million Contribution," https://reliefweb.int/report/ethiopia/united-kingdom-supports-faos-desert-locust-fighting-efforts-17-million-contribution, access time: 2021 - 04 - 06.

[3] 资金主要由FCDO资助的"恢复生计和加强早期预警早期行动"项目提供，该项目旨在促进孟邦、克钦邦和塔宁塔伊等受洪水影响的地区的重建和改善人们生活。参见"Myanmar ︱ FAO and the United Kingdom Join Forces to Restore Agriculture Production and Livelihoods," https://reliefweb.int/report/myanmar/myanmar-fao-and-united-kingdom-join-forces-restore-agriculture-production-and, access time: 2021 - 04 - 07.

联合国粮食及农业组织

第三节 粮农组织与法国的农业合作

自联合国粮农组织成立以来,法国就一直是其重要的合作伙伴。70多年来,双方就粮食安全和农业发展等核心议题开展合作。具体而言,包括粮食安全治理、气候变化和恢复、农业生态学、家庭农业、性别平等、动植物防疫以及森林和土地的可持续开发管理等。可以说,法国为粮农组织发展目标的实现做出了重要贡献。在欧盟成立后,法国也积极推动欧盟与粮农组织的合作,在区域组织和国际组织之间发挥了桥梁作用。

法国对粮农组织工作的支持主要以提供专业人员和技术以及资金捐助等方式进行。自2005年以来,法国与粮农组织之间就已连续达成了三个技术协作合作框架(2005~2012年、2012~2017年和2018~2021年),极大地推动了粮农组织全球治理目标的实现。如自2009年以来,法国已在各个领域动员了近60名高素质的专家参与到粮农组织的全球事务中。[①]

一 最为活跃的捐助者

法国是粮农组织主要的财政资助国之一。2009~2019年,法国为粮农组织累计捐款约3.62亿美元[②](见图4-2),2009年和2019年,法国还额外提供了4130万美元的自愿捐款。在2016~2019年,法国向粮农组织捐助了1.21亿美元的资金(自愿捐款占59%),用于粮农组织提高抵御危机和生存能力的工作,其中59%的捐款用于非洲大陆。

2015年,法国提供了450万美元的自愿捐款,其中近一半用于马达加斯加应对蝗灾的项目。2016年,法国通过其全球环境基金向粮农组织提供自愿捐款160万美元,用以支持非洲-欧亚候鸟保护项目以及帮助尼

---

① "FAO + France: Partnering for Food Security and Prosperity," https://reliefweb.int/report/world/fao-france-partnering-food-security-and-prosperity, access time: 2021-04-25.

② 按美元计算。

日尔和中非修复生态环境。2018年12月，法国向粮农组织提供了450万美元的自愿捐款，用于资助旨在在气候变化背景下减少不平等和维护粮食安全的行动。此外，法国向粮农组织捐助了110万美元，用于支持粮食系统卫生防疫和植物风险检疫。①

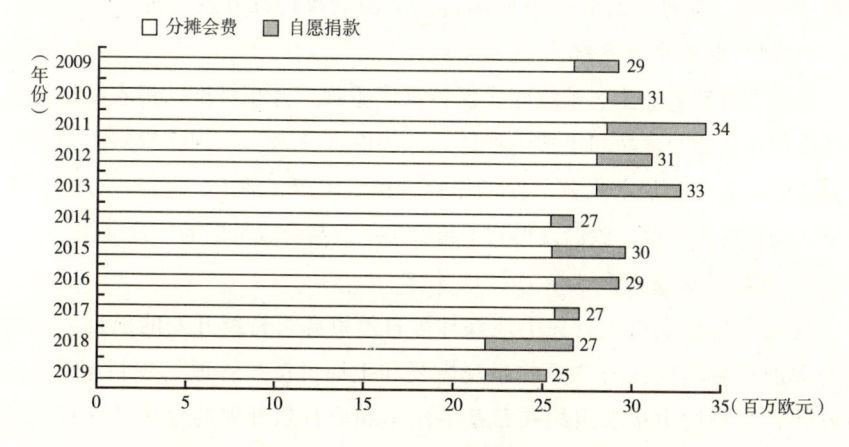

年份	分摊会费+自愿捐款（百万欧元）
2009	29
2010	31
2011	34
2012	31
2013	33
2014	27
2015	30
2016	29
2017	27
2018	27
2019	25

图4-2　2009~2019年法国对粮农组织的总贡献额

资料来源：http://www.fao.org/3/ca7598en/ca7598en.pdf。

二　主要合作领域

自2014年以来，法国与粮农组织为加强双边战略合作伙伴关系，构建了一个年度战略磋商论坛，以探讨未来合作的优先事项。如在2018~2021年框架协议中，法国同粮农组织共同商定了优先合作领域：改善粮食安全和营养现状，加强经济、社会和农业环境效能，加强食品部门的卫生安全，加强弱势群体的恢复力，加强危机预防和管理能力以及促进《巴黎协定》的实施等。

1. 共同致力于解决气候变化

法国是参与全球气候治理最为活跃的国家之一。随着2015年12月

---

① "FAO + France: Partnering for Food Security and Prosperity," https://reliefweb.int/report/world/fao-france-partnering-food-security-and-prosperity, access time: 2021-04-25.

《巴黎协定》的签署，法国重申其在应对气候变化挑战方面的全球领导地位。在与粮农组织合作的框架下，法国着重将气候变化连同相关的粮食和农业问题纳入同粮农组织合作的优先议题中，并向粮农组织应对气候变化的工作提供财务和技术支持。如法国为地中海地区和非洲生态系统恢复项目提供资金，促进生态农业发展和自然资源的可持续开发管理。①

2. 推广农业生态系统

法国始终对农业生态系统建设保持高度重视，并积极推动粮农组织构建可持续和多功能的食品和消费生产体系。2018年4月，法国在粮农组织国际扩大农业生态学会议上强调了促进作物种植、生产、加工、运输、分销和消费方式变革的重要性，该倡议得到了粮农组织及与会成员国的一致支持。

3. 森林景观恢复和土地可持续管理

法国重视粮农组织有关土地森林等自然资源可持续开发的项目。如法国为非洲萨赫勒地区的"森林景观恢复和土地可持续管理"项目捐款180万欧元，并资助由粮农组织在布基纳法索和尼日尔开展的森林景观和土地管理项目，将当地社区、生态系统和所有利益相关者纳入土地资源可持续管理的框架内，对当地减贫、改善粮食安全、恢复生态系统和应对气候变化产生积极影响。

4. 加强对重点领域的研究

法国的科研机构也和粮农组织保持了合作密切，为粮农组织提供了宝贵的技术和智力支持。2018年2月16日，粮农组织与法国四大高水平研究教育机构（包括国际农业发展研究中心，国家农业研究所，可持续发展研究所以及法国农学、兽医和林业研究所）共同协商，推进在食品安全和环境敏感性等领域的合作，为实现联合国2030年可持续发展目标做出贡献。此外，法国科研机构还和粮农组织进一步明确了在全球特别是在发展中国家的主要合作项目，包括农业生态学，气候变化背景下的自然资源可持续管理，小农经济体制下的农业创新，可持续的食品系统与粮食安

---

① "FAO + France: Partnering for Food Security and Prosperity," http://www.fao.org/3/ca7598en/ca7598en.pdf, access time: 2021-04-25.

全，动植物健康卫生防疫等。①

作为欧盟的核心成员国以及欧洲传统大国，法国始终对粮农组织的各项工作、与粮农组织建立的战略伙伴关系以及欧盟同粮农组织的伙伴关系保持着高度的热情。通过支持粮农组织在全球特别是在非洲地区的治理工作，进一步提升法国在欧盟以及全球治理中的地位和影响力。

第四节 粮农组织与德国的农业合作

德国是粮农组织在欧洲地区的重要合作伙伴之一，广泛支持粮农组织的全球发展治理计划，包括自然资源可持续利用、加速推进气候变化行动、生态农业、食品安全保障、粮食损失和浪费、土地保有权、病虫害防治、营养和粮食系统、农业投资、数字创新、移民和青年就业、紧急情况响应和复原力建设以及新冠肺炎疫情防治等，有力地推动了粮农组织发展项目的实施和战略目标的实现。

一 合作机构和机制

德国为粮农组织提供了大量的资金和技术支持。2018~2019年，德国是粮农组织的第七大资金捐助国和重要合作伙伴，为粮农组织在全球的50多个项目提供了1.24亿美元的资金。此外，德国还向粮农组织派遣了专家队伍，以支持粮农组织各项工作的开展。②

在与粮农组织合作的过程中，德国政府分工明确，成立了多个专项基金与粮农组织进行项目和援助对接。德国粮食和农业部成立了林业和遗传资源项目以及德国粮食安全双边信托基金（Bilateral Trust Fund，BTF）。

---

① "FAO + France: Partnering for Food Security and Prosperity," http://www.fao.org/3/ca7598en/ca7598en.pdf, access time: 2021-04-25.

② "FAO and Germany," http://www.fao.org/in-action/germany-fao-partnering/about-the-parnership/en/#:~:text=The%20Germany-FAO%20cooperation%20spans%20a%20wide%20range%20of, the%20COVID-19%20pandemic%20on%20people%E2%80%99s%20life%20and%20livelihoods, access time: 2021-04-07.

基于德国粮食安全双边信托基金，2002～2017 年，德国向粮农组织提供了约 1.34 亿美元的资金，有力地推动了粮农组织在全球、区域和国家层面的项目实施；[1] 德国联邦环境、自然保护、建筑和核安全部负责制定大型环境保护项目；外交部负责紧急援助项目；经济合作与发展部负责大型开发项目；德国联邦企业国际合作协会组织（German Federal Enterprise for International Cooperation）负责为紧急和小型开发项目提供资金；德国开发银行负责为大型开发项目提供资金支持。[2] 这些机构和组织与粮农组织均保持着长期合作。此外，粮农组织与德国的合作还扩展到非政府组织，如德国民间社会团体 Deutsche Welthungerhilfe 和非营利组织 Messe Düsseldorf GmbH 已经成为粮农组织的合作伙伴。

二 合作领域

德国广泛支持粮农组织的全球发展治理计划，并为粮农组织的全球项目提供资金、技术、人员和信息的支持。

1. 农业投资与抗击饥饿和营养不良

基于德国粮食安全双边信托基金，德国支持粮农组织在农业投资与抗击饥饿和营养不良方面的全球行动，以改善欠发达国家和地区弱势群体的粮食安全状况。自 2002 年双边信托基金成立以来，该基金已累计支持粮农组织近 100 个创新性项目，用于阿富汗、塞拉利昂、肯尼亚、坦桑尼亚和非洲的刚果盆地等国家和地区的农业投资和反饥饿斗争。同时，该基金还为全球抗击饥饿和营养不良活动以及农业投资募集种子资金。[3]

---

[1] "FAO and Germany," http://www.fao.org/in-action/germany-fao-partnering/about-the-parnership/en/#:~:text=The%20Germany-FAO%20cooperation%20spans%20a%20wide%20range%20of,the%20COVID-19%20pandemic%20on%20people%E2%80%99s%20life%20and%20livelihoods, access time：2021-04-07.

[2] "Germany and FAO: Partnering to Build Global Food Security," https://www.ble.de/SharedDocs/Downloads/EN/Research-Funding/FundingContracts/GermanyanDFAO.pdf?__blob=publicationFile&v=1, access time：2021-04-07.

[3] "Germany and FAO: Partnering to Build Global Food Security," https://www.ble.de/SharedDocs/Downloads/EN/Research-Funding/FundingContracts/GermanyanDFAO.pdf?__blob=publicationFile&v=1, access time：2021-04-07.

2. 保障食物权和土地权益改革

1948年，联合国将获得充足食物的权利作为一项基本人权，并将食物权纳入"国家粮食安全和营养计划"以及社会政策和法律程序中。德国对保障食物权也给予了高度重视。德国《基本法》第2条规定，德国政府最初资助粮农组织项目便是保障民众的食物获得权。通过双边信托基金，德国积极推动粮农组织在坦桑尼亚、乌干达和塞拉利昂等国实施食物权自愿准则，还专门提供250万美元用于帮助塞拉利昂解决粮食安全、营养问题和经济增长问题，以帮助保障塞拉利昂每个人的食物权。

在土地权益改革议题上，粮农组织于2012年制定并推广了《国家粮食安全框架下土地、渔业及森林权属责任治理自愿准则》，以国际法的形式强调公平获得土地、渔业和森林的权利对于实现可持续发展、环境管理、消除饥饿和贫困的重要性，并重视保障小农特别是妇女的土地使用权。在此议题上，德国除了支持治理自愿准则起草工作外，还通过与粮农组织的双边基金捐助300多万美元，用于在蒙古国、利比里亚和塞拉利昂等国开展土地权属治理工作。[①]

3. 加强全球食品安全治理

在全球食品安全治理方面，德国协助粮农组织制定和完善了食品生产和贸易的国际标准。2017~2018年，德国提供了50多万美元的资金，用于支持粮食和农业植物遗传资源国际条约体系下的全球信息系统。此外，德国还提供750万美元，用于支持西非五个国家（利比里亚、毛里塔尼亚、马里、塞内加尔和塞拉利昂）和两个亚洲国家（蒙古国和尼泊尔）VGGT项目的实施。[②]

4. 应对气候变化和促进能源可持续利用

粮农组织和德国高度重视粮食安全同气候变化和能源利用之间的关系，

[①] "Germany and FAO: Partnering to Build Global Food Security," https://www.ble.de/SharedDocs/Downloads/EN/Research-Funding/FundingContracts/GermanyandFAO.pdf?__blob=publicationFile&v=1, access time: 2021-04-07.

[②] "Germany and FAO: Partnering for Secure Food, Better Nutrition and Resilient Communities," http://www.fao.org/3/au077e/au077e.pdf, access time: 2021-04-07.

为此双方共同致力于发展高效农业以提高农业对气候变化的适应能力。2014~2018年，德国为粮农组织的农业气候变化项目提供了200万美元。同时，双方还联合推动能源的可持续利用。2016~2018年，德国提供了160万美元，用于越南和巴拉圭的环境监测和促进生物能源可持续利用。①

5. 促进森林资源的可持续利用

近年来，德国提供了约520万美元支持粮农组织在18个国家的森林管理系统的建设。该项目的实施可有效对项目实施国森林资源的可持续开发和保护进行监控，完善项目实施国的森林信息，也有助于其向粮农组织提供其森林和土地资源使用的信息。②

6. 应对人道主义危机

人道主义援助一直以来都是粮农组织全球治理的核心工作。地区冲突、极端气候以及疫情往往给落后地区带来严重的人道主义危机。德国一直是粮农组织人道主义援助工作的重要合作伙伴，为粮农组织提供了2000多万美元的项目捐款，有效地保障了受危机影响的弱势群体的粮食安全和营养。得益于德国和粮农组织的支持，叙利亚和尼日利亚北部的难民生活得到改善，也减轻了社区对难民收容的压力并促进了当地经济发展。2017年，德国为受旱灾影响的索马里提供援助，帮助当地弱势群体快速获取食物并恢复粮食生产，缓解了索马里粮食供给压力。此外，德国还为粮农组织和世界粮食计划署的刚果（金）民主项目提供超1200万美元的资金，用以保障该国的粮食安全和小农的生计，为维护国家和平与稳定做出了积极贡献。③ 2021年2月8日，德国通过德国复兴信贷银行为粮农组织提供4000万欧元捐款，用于支持粮农组织与其他联合国机构一同在粮食不安全问题最严重的三个国家——刚果（金）、索马里和也门开展

---

① "Germany and FAO: Partnering for Secure Food, Better Nutrition and Resilient Communities," http://www.fao.org/3/au077e/au077e.pdf, access time: 2021-04-07.

② "Germany and FAO: Partnering for Secure Food, Better Nutrition and Resilient Communities," http://www.fao.org/3/au077e/au077e.pdf, access time: 2021-04-07.

③ "Germany and FAO: Partnering for Secure Food, Better Nutrition and Resilient Communities," http://www.fao.org/3/au077e/au077e.pdf, access time: 2021-04-07.

合作，帮助当地农民、牧民和渔民应对新冠肺炎疫情及极端气候事件等各类威胁。①

作为粮农组织的重要合作伙伴和全球粮食安全治理的主要参与国，德国将通过 BTE 机制以及粮农组织和欧盟合作平台，积极参与粮农组织在全球和区域的粮食安全治理工作，助力全球粮食体系可持续发展。

第五节　粮农组织与日本的农业合作

一　日本与粮农组织关系的发展

日本是粮农组织理事会成员，始终支持粮农组织各项活动的开展。尽管日本不是粮农组织创始成员国，但自 1951 年正式成为该组织的成员国后，日本就与粮农组织建立起了稳定的伙伴关系。1997 年，粮农组织在日本横滨设立了联络处，以进一步加强粮农组织与日本的合作。70 多年来，双方就全球粮食治理、亚非拉等欠发达地区弱势群体的食品需求问题、可持续发展问题，以及全球农业、林业和渔业基础设施建设和紧急响应机制问题进行了广泛而深入的合作。

同时，日本也是粮农组织预算经费以及会费的主要贡献者和自愿捐助者。据粮农组织统计，仅 2014~2017 年，日本向粮农组织投资的金额就超过 3.1 亿美元，其中包括 9000 万美元的自愿捐款。2018 年，日本对粮农组织全球人道主义计划的支持超过了 1700 万美元。② 此外，日本还为粮农组织提供专业的农业技术专家和重大事项会议的组织策划。如致力于解决非洲农业发展问题和粮食问题的非洲发展会议，就是由日本在 1993 年发起的，该会议被外界视为关乎非洲发展的最重要的峰会之一。

日本与粮农组织的合作，始终秉承现实主义观念。第二次世界大战之

---

① 《联合国粮农组织欢迎德国捐资 4000 万欧元，帮助农民应对新冠疫情与极端气候事件冲击》，中国农业信息网，http://www.agri.cn/V20/ZX/sjny/202102/t20210209_7611974.htm，最后访问日期：2021 年 5 月 3 日。
② FAO, *FAO + Japan: A Report on Partnership 2016 - 2017*, Rome: FAO, 2018, p. 6.

联合国粮食及农业组织

后,日本作为战败国,沦为美国的附庸,国际地位和影响力一落千丈。随着 20 世纪 50 年代日本经济的恢复以及六七十年代经济的快速发展,日本一跃成为与美国、欧洲大国并肩的资本主义强国。出于国家利益、国际影响力和国际话语权等综合考量,日本更乐意通过粮食外交等"软外交"形式来规避外交风险和进行权力投送。同时,日本在可持续农业以及营养学领域处于世界领先地位,这促使日本在一个新的粮食与食品联盟的框架内与越来越多的国家和地区构建起利益关系,而日本落实这一外交战略的关键就在于粮农组织。

二 日本与粮农组织在非洲的合作

日非合作历史悠久。日本与非洲的正式合作始于 20 世纪 50 年代初。为了进一步拓展和深化日非合作,20 世纪 50 年代至 60 年代,日本先后颁布和建立《境外经济合作基金法》(1954 年)、日本海外协会联合会(1960 年)、海外经济合作基金(1961 年)和海外技术合作机构(1962 年)等,破除与非洲合作的法律和程序障碍。此后日本又围绕日本国际协力机构(Japan International Cooperation Agency, JICA)与非洲展开广泛合作。截至 2012 年,26 个非洲国家设有与日本的国际合作机构。[①]

在日本与多数非洲国家设立的国际合作机制下,双边就可持续发展、环境、妇女人权、环境方案的评估和监测、技术支持和人道主义援助等议题进行有效磋商。例如,2011 年,日本在与非洲的 JICA 项目上拨款 1207.62 亿日元,用于非洲国家自然资源的可持续治理(肯尼亚)、农牧业抗灾(埃塞俄比亚)、职业和技术培训(塞内加尔和刚果民主共和国)、维和(苏丹和南苏丹)以及改善民众健康(马里)。

除日本与非洲共同构建的合作机制与平台外,日本也同联合国等国际组织合作。其中,关于非洲人道主义援助和粮食安全等议题,日本与粮农

---

① "Japan-Africa Cooperation: World's Best Kept Secret and Africa's Game-changer Pt2," http://www.afrikanheritage.com/japan-africa-cooperation-worlds-best-kept-secret-and-africas-game-changer-pt2/, access time: 2021 – 04 – 25.

第四章　联合国粮农组织与主要国家和地区的农业合作　　Food and Agriculture Organization of the United Nations

组织合作更为紧密。1993年关于非洲农业发展问题和粮食问题的东京非洲发展国际会议，就是由日本发起的。该会议在粮农组织和日本的支持下，逐渐成为促进非洲农业生产的常态化机制，为非洲发展做出了积极贡献。

在1993年第一届东京非洲发展国际会议上，主办方日本便承诺推动非洲国家实施政治和经济改革，加强非洲地区合作和一体化，促进非洲发展。1998年，第二届东京非洲发展国际会议承诺帮助非洲减少贫困和推动非洲融入经济全球化，并通过了"东京行动议程"，为日本与非洲在国际多边机制下开展合作确立了行动准则。2003年，第三届东京非洲发展国际会议则明确支持非盟制定的"非洲发展伙伴关系计划"。[①] 2008年，在东京非洲发展国际会议召开期间，日本联合粮农组织就当前非洲的食品和营养问题、荒漠化问题、粮食安全问题、农业和农村发展问题、非洲建设和平稳定问题以及实现非洲可持续发展问题等制定了一些举措。2016年，在第六届东京非洲发展国际会议召开期间，粮农组织对日本提出的包括完善非洲水稻发展联盟（CARD）[②] 在内的多项关键举措表示支持。[③]

实际上，早在2013年，粮农组织就联合日本在非洲水稻发展联盟成员国内部推行为期五年的关于成员国大米信息的统计和粮食安全的合作，并通过南南合作，借鉴东盟国家的水稻种植技术和经验，解决成员国民众营养不良的问题。此外，日本还联合粮农组织与国际麻醉护理联盟（International Federation of Nurse Anesthetists, IFNA）与非洲各国政府建立合作伙伴关系，解决非洲地区特别是布基纳法索、埃塞俄比亚、加纳、肯尼亚、马达加斯加、马拉维、莫桑比克、尼日利亚、塞内加尔和苏丹等国

[①]《东京非洲发展国际会议》，新华网，http://news.xinhuanet.com/newscenter/2008-05/28/content_8269213.htm，最后访问日期：2021年3月16日。

[②] CARD旨在支持非洲国家通过提高生产技术来增加稻米产量，以解决成员国粮食的市场供应问题。其成员国有：贝宁、布基纳法索、喀麦隆、中非、科特迪瓦、刚果（金）、埃塞俄比亚、冈比亚、加纳、几内亚、肯尼亚、利比里亚、马达加斯加、马里、莫桑比克、尼日利亚、卢旺达、塞内加尔、塞拉利昂、多哥、乌干达、坦桑尼亚。

[③] FAO, *FAO + Japan: A Report on Partnership 2016-2017*, p. 6.

民众的营养不良和发育迟缓问题。

同时，日本还与粮农组织和 IFNA 共同推进非洲各国粮食安全和营养信息系统建设，帮助非洲相关国家制定和实施营养敏感型农业政策并给予专项资金支持，加强对非洲地区营养和粮食安全问题的治理和协调，推动非洲地区的营养教育的发展。此外，日本还与粮农组织合作，制定并推出投资组合方案，旨在推动非洲旱地的荒漠化防治工作。

三　日本与粮农组织在其他领域的合作

除参与非洲粮食安全治理外，日本民间和官方与粮农组织在全球治理的多个领域都有着广泛的合作。

（1）智力领域的合作

日本国际农业研究中心等多家研究机构都和粮农组织建立了长期合作关系，在农业建模、食品安全、食品浪费、营养学研究等领域为粮农组织提供智力支持。

（2）日本私营企业与粮农组织的合作

日本众多私营企业与粮农组织保持着合作关系，并为粮农组织的相关项目提供技术和资金支持。如日本电气公司（NEC）与粮农组织合作，通过提供新的电子产品，致力于提高农业生产力，并资助粮农组织在莫桑比克的代金券计划等。

（3）参与粮农组织规则和政策的制定

日本对于参与粮农组织规则和政策的制定表现出极大的兴趣。日本积极通过粮农组织主导的食品法典委员会和《国际植物保护公约》，参与国际食品安全标准和植物卫生和检疫措施的制定。值得注意的是，日本在积极参与食品法典委员会和国际植物保护公约工作的同时，也向它们提供广泛的资金和专业技术支持，推动国际植物保护公约电子植物检疫认证和国际植物检疫标准的实施。

（4）其他合作项目

粮农组织与日本在渔业资源合理开发、过度捕捞、环境退化和气候变化等领域开展合作。2010~2017 年，日本向粮农组织提供了 5300 多万美元的款项，用于战乱地区农业重建、可持续农业以及环境保护。① 2017年5月12日，日本国际协力机构与粮农组织在东京签署了合作备忘录，为全球自然资源可持续发展、生物多样性保护、减贫和农村发展、气候变化等问题的解决提供了一个新的框架。

新冠肺炎疫情暴发以来，日本政府与粮农组织开展合作，在全球最不发达地区开展人道主义援助工作。2019年1月31日，日本参与粮农组织的"也门新饥荒预防计划"并捐款800多万美元。该计划通过提供关键的农业投入和服务（如分发谷物和豆类种子、牲畜紧急援助、动物饲料和动物保健服务）、以工作换取现金、修复灌溉系统和其他农业设施等方式帮助也门粮食短缺的家庭创造收入，提供农村就业机会，刺激当地经济发展。此外，该项目还致力于为也门地区的儿童、孕妇和哺乳期母亲提供牛奶等营养品。该项目为期两年，将惠及约20万名受冲突影响的也门民众。②

2019年，日本政府帮助粮农组织向孟加拉国欠发达地区提供人道主义紧急援助，为当地民众提供食品卫生和安全培训，保护农业工人免受新冠病毒感染。③ 此外，2021年初，粮农组织在日本政府的支持下，在叙利亚的德拉省、哈马省、霍姆斯省和大马士革农村省建立了八个设备齐全的食品加工厂，为100名农村妇女提供了就业机会，并为她们提供所需的工具和开展技能培训，以改善她们的生活状况。④

当前，借助粮农组织平台和多双边合作机制，在全球粮食治理领域，日本已展现出强大的国际影响力和话语权。

---

① FAO, *FAO + Japan: A Report on Partnership 2016 - 2017*, p.18.
② "Japan Donates $8 Million to Boost Food and Nutrition Security in Conflict - ridden Yemen," http://www.fao.org/news/story/en/item/1178826/icode/, access time: 2021 - 04 - 21.
③ "FAO in Bangladesh Provides Food Carts to Vulnerable People in Haor Wetland Communities," http://www.fao.org/emergencies/fao-in-action/stories/stories-detail/en/c/1400482/, access time: 2021 - 04 - 21.
④ "FAO and Japan's Food Processing Units Empower Rural Women," https://reliefweb.int/report/syrian-arab-republic/fao-and-japan-s-food-processing-units-empower-rural-women, access time: 2021 - 04 - 22.

第六节　粮农组织与俄罗斯的农业合作

粮农组织与俄罗斯之间的关系最早可以追溯到1945年，当时苏联是该组织的创始国之一。然而，直到2006年春天，俄罗斯才以苏联的合法继承者的身份正式成为粮农组织成员。在恢复关系后，双方在粮食安全、土地资源、林业、渔业、动物卫生、植物保护和农业机械等多领域开展合作。

一　苏联与粮农组织的关系

在反法西斯战争期间和战后秩序的重建过程中，美苏双方都有着广泛的合作。在1943年罗斯福提出成立世界粮农组织的设想后，斯大林便积极回应，并派代表参加粮食和农业会议，参与世界粮农组织的筹备工作。苏联也因此成为粮农组织创始成员国之一。但随着冷战的爆发，苏联对美国主导的粮农组织表现冷漠，特别是在美国实施欧洲援助计划后，苏联对粮农组织更加抵触。而苏联及其控制的东欧国家对美国的粮食外交政策也始终保持着高度的警惕。当然，在此期间，苏联也与粮农组织保持适度合作。如与粮农组织在苏联境内开展渔业联合考察，派代表参加粮农组织的渔业和技术研讨会等。[1]

二　俄罗斯恢复与粮农组织的关系

1991年苏联解体后，俄罗斯社会持续动荡。在20世纪90年代初期，俄罗斯牲畜和粮食产量大幅下降，据统计，从1992年至2000年，俄罗斯GDP下降了24%，而农业生产总值下降了29%。[2] 在此背景下，粮农组织没有将俄罗斯粮食界定为中等收入国家的平均水平。1998年，美国和

---

[1] Dayton L. Alverson, "FAO Study Tour in Ussr," https：//spo.nmfs.noaa.gov/sites/default/files/pdf-content/mfr3013.pdf, access time：2021-04-16.

[2] "Food Availability," http：//www.fao.org/3/y5069e/y5069e04.htm#TopOfPage, access time：2021-04-16.

欧盟宣布向俄罗斯提供价值超过 15 亿美元的一揽子粮食援助。美国政府所提供的商品援助价值 4.09 亿美元，比 2000 财年度美国政府对整个非洲大陆的粮食援助总额（3.424 亿美元）还多。[①] 而这些粮食援助计划在一定程度上是粮农组织积极运作的结果。需指出的是，在成为粮农组织成员之前，俄罗斯具有观察员地位。

21 世纪初，随着全球油价上涨和俄罗斯粮食增产，俄罗斯经济得到有效改善。特别是在 2006 年 4 月 13 日，俄罗斯正式恢复粮农组织创始成员国身份，按照联合国惯例，粮农组织承认俄罗斯有权继承苏联的权利。此后，俄罗斯与粮农组织的关系得到强化。2015 年，随着粮农组织驻莫斯科联络处的开设，双方本已牢固的伙伴关系又向前迈进了一步。

粮农组织在过去 15 年中（截至 2015 年）一直积极参与俄罗斯的土地改革，并在信息技术、空间数据、基础设施、财产估值和税收等各个领域为俄罗斯提供技术援助，提高了俄罗斯财产登记的透明度并改善了其公共服务水平。同时，粮农组织还为俄罗斯相关创新计划的实施提供技术支持与指导。例如，于 2015 年 6 月启用的俄罗斯联邦国土登记局财产登记信息系统被俄罗斯官方认为是俄罗斯与世界银行和粮农组织开展的最重要也是最成功的项目之一。

2015 年 1 月 6 日，在由粮农组织、世界银行和俄罗斯联邦国土登记局共同组织的会议上，俄罗斯联邦国土登记局与粮农组织确立了双方在俄罗斯国家粮食安全框架下有关土地、渔业和森林联合治理的自愿准则，

---

① Cited from "The United States Package Involved 3.2 Tonnes of Commodities, and Included Donations Worth about US＄589 Million (US＄409 Million for 1.9 Tonnes of Commodities and US＄180 Million for Transportation), Plus a US＄520 Million Trade Credit for the Russian Federation to Purchase 1.3 Tonnes of Commodities Such as Maize, Soybeans and Meat under P. L. – 480 Title I. The Donated Commodities Included 1.7 Tonnes of Wheat from the Commodity Credit Corporation and 0.2 Tonnes of Various Commodities from the United States Food for Progress Program. The EU Package Provided 1.8 Tonnes of Agricultural Products (Including 1 Tonne of Wheat) Worth US＄470 Million (Liefert and Liefert, 1999, p. 17)," http：//www.fao.org/3/y5069e/y5069e03.htm #TopOfPage, access time：2021 – 05 – 12.

联合国粮食及农业组织

进一步明确了今后双方在高分辨率卫星图像、无人机遥感技术、粮食安全、农村生计以及实现可持续发展目标和应对气候变化等几个优先领域的合作。①

2016年12月，俄罗斯向粮农组织提供600万美元资金援助，用于帮助亚美尼亚共和国解决食物短缺和口腔疾病问题。同年，俄罗斯与粮农组织制定合作计划，向发展中国家分享知识经验并提供技术援助，以确保发展中国家粮食和食品安全，提升其应对跨界动植物疾病问题的能力。此外，俄罗斯还在林业、渔业、土地和水资源管理以及土壤计划方面为粮农组织提供专业知识。②

2017年4月3日，俄罗斯向粮农组织捐赠近330万美元的资金，用于支持粮农组织在亚美尼亚、白俄罗斯、哈萨克斯坦、吉尔吉斯斯坦和塔吉克斯坦等国的农场抗药性"超级细菌"防治工作，以便帮助这些东欧和中亚国家更好地应对农业和粮食系统中抗药性微生物威胁，以期助力这些国家保障粮食安全。具体而言，主要关注以下几个方面：（1）加强监管和推动法律框架建设，以帮助相关国家制定针对农业和食物链中抗微生物药物耐药性的战略；（2）建立国家监测系统，以监测食品系统中抗微生物药物的耐药性；（3）提高农民、人畜保健人员、食品安全局官员等对抗微生物药物耐药性的风险及其管理方法的认识。

2017年5月18日至19日，俄罗斯又联合粮农组织在索契召开国际食品安全和风险分析会议，重点推动国际社会对粮食和抗微生物药物耐药性的认识。③ 2020年4月28日，俄罗斯向粮农组织捐款1000万美元，用以支持粮农组织在埃塞俄比亚、肯尼亚、南苏丹和乌干达等地抗击东非沙漠蝗灾的行动，并为东非受灾国家提供蝗灾监测与防控信息，以及杀虫剂及

---

① "FAO and Russia: Deepen Cooperation to Improve Access to Land, Tenure Security," http://www.fao.org/news/story/en/item/381267/icode/, access time: 2021-04-26.
② "Russia Key Player on Global Agriculture Market-FAO Director," https://www.rt.com/business/370143-russia-wheat-fao-head/, access time: 2021-04-26.
③ "Russia Backs FAO Work to Tackle Antimicrobial Resistance with \$3.3 Million," http://www.fao.org/news/story/en/item/878313/icode/, access time: 2021-04-27.

其配套设备、食物、牲畜饲料、农作物种子等必要且紧缺的抗灾物资。[1]

俄罗斯与粮农组织的关系发展受限于历史,发展于当下。随着俄罗斯大国地位的重塑,其与粮农组织的合作领域将不断扩大,双方农业合作前景广阔。

第七节 粮农组织与印度的农业合作

印度是粮农组织在亚洲的重要合作伙伴。印度虽属于农业国,但其自身农业发展也面临诸多问题。在印度的多数乡村地区和城市贫民窟中,民众依旧面临严重的贫穷、饥饿和营养不良等问题。当前,印度同粮农组织的合作主要体现在支持粮农组织在印的行动计划方面,具体而言,包括以下几个方面。

1. 推动印度农业转型

推动印度农业转型是粮农组织在印度工作的重点。首先,推动农业项目的实施。粮农组织与印度农业部以及中央邦、米佐拉姆邦、奥里萨邦、拉贾斯坦邦和北阿坎德邦等地方政府联合实施的由全球环境基金资助的绿色农业项目,就是以助力农业转型为主要目标。[2]

其次,粮农组织为印度农业发展提供专业知识。如在粮农组织制定的《2019~2022年国别援助规划》框架中,粮农组织将自然资源可持续管理、农业生产力提升、加强粮食和营养安全系统建设、提高农村居民生存能力、应对气候变化和自然灾害的跨界援助合作以及农业技能培训和农民增收等作为对印度援助的重点内容,并在这些领域为印度提供智力和专业知识支持。这与联合国《2018~2022年印度可持续发展》框架中的要求也基本保持一致。

---

[1] "FAO Welcomes Russian Federation's $10 Million Donation to Support Fight Desert Locusts in East Africa," http://www.fao.org/russian-federation/news/detail-events/en/c/1272958/, access time: 2021-04-27.

[2] "India and FAO: Promoting Food Security and Sustainable Development in India and around the World," http://www.fao.org/3/au079e/au079e.pdf, access time: 2021-05-12.

最后，粮农组织在德国、美国等国家的官方和民间组织的资助下在印度推广营养导向型农业，并以此来推动印度营养教育战略的发展，进而确保印度政府将营养目标纳入其农业部门的主流项目中。

2. 助力印度粮食和农业政策改革

为了推动和指导新兴国家粮食和农业政策改革，粮农组织推出了粮食和农业政策监测和分析计划。在印度，粮食和农业政策监测和分析计划为当地政府的农业和食品政策提供了重要依据，有力地推动了印度农业基础政策改革，这项改革惠及印度60%的农村家庭和86.2%的农民群体。

3. 为印度农业发展提供技术支持

技术支持是粮农组织助力印度农业发展的重要路径。由于印度各地农业发展程度不同，粮农组织根据不同地区的农业发展特点和发展需求，提供相应的技术支持。在印度的那加兰邦和米佐拉姆邦，粮农组织为当地的高原农业系统建设提供专业技术指导；在印度安得拉邦，粮农组织向地方政府提供农业生态技术，帮助600万名农民改造了近800万公顷的自然农田，助力其升级自然农业系统；2018年，粮农组织与印度农业研究委员会在南南合作框架下达成技术转移和共享计划；2019~2020年，粮农组织为印度秋粘虫和沙漠蝗虫受灾区提供预警监测技术支持。[①]

4. 提高印度民众的营养水平

针对印度底层民众粮食短缺和营养不良问题，粮农组织在印度积极倡导"零饥饿"计划。其间，粮农组织联合农业发展基金和世界粮食计划署在印度奥里萨邦开展试点项目，通过低成本技术支持，改善当地部落人口的个人卫生和环境卫生条件，促进营养导向型农业发展。

借助该项目，粮农组织还与第三国政府合作，制定相应的举措，改善印度绝对贫困和边缘化人口（如底层妇女和儿童）的健康和营养状况。此外，粮农组织还积极推动印度营养教育学的发展。[②]

---

① "India and FAO: Promoting Food Security and Sustainable Development in India and Around the World," http://www.fao.org/3/au079e/au079e.pdf, access time: 2021 - 05 - 12.

② "FAO in India: India at a Glance," http://www.fao.org/india/programmes-and-projects/en/, access time: 2021 - 05 - 14.

第四章 联合国粮农组织与主要国家和地区的农业合作

同时，印度国内也制定了相关计划，以配合粮农组织在印工作的开展。尤其是在2020年新冠肺炎疫情持续蔓延的背景下，印度政府为产业工人提供救济，推出了"Pradhan Mantri Garib Kalyan Package"计划，向8.1亿印度民众免费发放粮食，广大印度农民也受益于该计划的实施，获得了收入保障。① 印度政府所采取的保障措施，有力地缓解了粮农组织在印度的治理压力，推动了粮农组织在印度工作的开展。

当前，印度与粮农组织的合作已进一步拓展到农户增收、妇女赋权、作物生产多样化和农业结构多元化、农业生产能力、价格和补贴政策、营养水平和消费能力等领域，以期推动双方合作全方位、多路径发展。

第八节 粮农组织与加拿大的农业合作

1945年10月16日，粮农组织在加拿大魁北克正式成立，此后，加拿大和粮农组织始终保持着友好合作关系。加拿大是粮农组织重要的资助国之一。据统计，2009~2019年，加拿大累计向粮农组织捐款3.23亿美元② （见图4-3）。在加拿大的帮助下，粮农组织在农村转型和农业生产力发展以及地区和平进程等诸多方面均取得了显著成效。当前，加拿大与粮农组织的合作重点聚焦以下三个领域。

1. 促进性别平等，保障妇女和女童的权利

加拿大是粮农组织在促进性别平等和保障妇女、女童权利等方面工作的重要贡献者和推动者。通过资助粮农组织项目，赋予全球欠发达地区的农村妇女在农业、渔业和林业领域的就业权利，增加农村妇女就业岗位，提高妇女收入，从而保障妇女粮食安全和营养，这与加拿大所倡导的

---

① Ai Hind, "Speech of Shri Narendra Singh Tomar, Hon'ble Agriculture and Farmer's Welfare Minister of India on the Occasion of 42nd Session of FAO Conference," http://www.fao.org/fileadmin/user_upload/bodies/Conference_2021/Written_Statements/India/INDIA_EN.pdf, access time: 2021-05-14.
② 按美元计算。

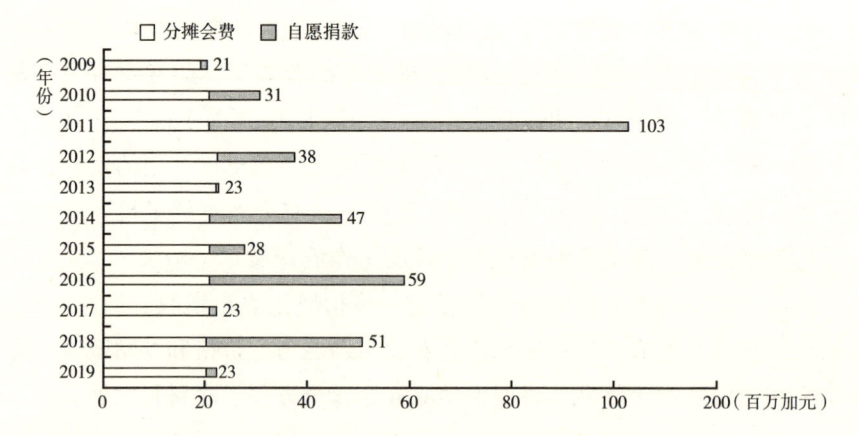

```
(年份)  □分摊会费  ■自愿捐款
 2009    21
 2010    31
 2011    103
 2012    38
 2013    23
 2014    47
 2015    28
 2016    59
 2017    23
 2018    51
 2019    23
         0   20   40   60   80   100   200 (百万加元)
```

图 4-3　2009~2019 年加拿大对粮农组织的总贡献额

资料来源：http：//www.fao.org/3/ca8306en/CA8306EN.pdf。

"女权主义"国际援助政策[①]相一致。例如，加拿大向粮农组织提供 500 万美元，用于资助黎巴嫩妇女建立农业和食品合作社。该项目将有效改善妇女就业的社会和文化环境，赋予农村妇女经济权利，提升女性的经济地位，消除妇女融入经济领域的障碍。[②]

2. 促进贸易公平和包容性经济发展

加拿大大力支持粮农组织保护小生产者的经济利益的行动。支持小生产者利用全球产业链实现增收，是加拿大和粮农组织促进贸易公平和发展包容性经济的主要策略。例如，加拿大向粮农组织提供了 1600 万美元的专项资金，用以改善约旦河西岸和加沙地带的农业生产环境，有效应对当地农业家庭灌溉水源短缺的问题。

---

① 2017 年 6 月，加拿大开始实施"女权主义"国际援助政策，内容包括：促进性别平等，赋权妇女和女童；人类尊严（健康教育、人道主义援助、营养、生殖健康及权利、粮食安全）；包容性经济和包容性治理；环境和气候；和平与安全。
② "Canada and FAO: Partnering to Build Resilience and Women's Empowerment for Food and Nutrition Security," http://www.fao.org/3/ax282e/AX282E.pdf, access time：2021-05-14。

3. 促进人道主义援助

加拿大一直是粮农组织人道主义援助行动的支持者。此外，加拿大还推动粮农组织农牧业良种计划、农副业发展计划以及农业合作社建设计划的实施，以期促进欠发达地区农业可持续发展。[①]

第九节 粮农组织与澳大利亚的农业合作

澳大利亚作为粮农组织成员国，长期与粮农组织保持着伙伴关系，其中澳大利亚农业和水资源部、外交贸易部是澳方与粮农组织对接的主要政府机构。澳大利亚也是粮农组织的主要捐款国。2014~2018年，澳大利亚累计向粮农组织捐款7420万美元（其中5400万美元为分摊会费，2020万美元为自愿捐款），用于支持粮农组织的全球治理工作。[②]

农业作为澳大利亚优先发展的重要支柱产业之一，其发展目标（促进繁荣、减少贫困、增强稳定）。与粮农组织的战略重点不谋而合，使得澳大利亚和粮农组织的合作项目往往被看作澳方自身农业政策的延伸，这也成为澳大利亚和粮农组织合作的一个显著特点。例如，澳外交贸易部实施的"农业、渔业和水资源援助投资战略"所强调的增加小农市场准入、性别平等和妇女赋权、资源可持续发展、促进贸易和私人投资等内容，均被粮农组织接受并在全球推广。

当前，澳大利亚和粮农组织的合作建立在联合国可持续发展目标基础之上，即到2030年，在全球范围内基本消除饥饿和营养不良，实现粮食安全和促进可持续农业发展。双方合作的优先事项包括：农业、水资源、渔业、水-食物-能源、营养导向型农业、动植物免疫等。

[①] "Canada and FAO: Partnering to Build Resilience and Women's Empowerment for Food and Nutrition Security," http://www.fao.org/3/ax282e/AX282E.pdf, access time: 2021 - 05 - 14.

[②] "FAO + Australia-Promoting Prosperity, Reducing Poverty, Enhancing Stability," https://reliefweb.int/sites/reliefweb.int/files/resources/CA3026EN.pdf, access time: 2021 - 05 - 12.

联合国粮食及农业组织

1. 促进食品贸易与粮食安全

在全球食品贸易领域,澳大利亚不仅是主要出口国,也是重要进口国。为了保障自身食品贸易和粮食安全,澳大利亚为粮农组织的粮食生产和食品贸易立法出谋划策,其中食品标签化、加强粮食与食品的安全运输等多项建议,均被粮农组织及其他成员国接受并写进了食品法典。同时,澳大利亚也是食品法典委员会的坚定支持者。作为食品法典委员会食品进出口检验和认证系统的主要国家,澳大利亚分别于2016年和2017年主持了食品法典委员会的两次技术会议,积极推动食品法典委员会各项工作的落实。

2. 控制病虫害和积极参与卫生防疫

澳大利亚为粮农组织的病虫害防治和生物多样性保护工作做出了一定贡献。例如,一方面澳大利亚积极参与《国际植物保护公约》的制定,并为该公约的实施提供了资金和技术支持。另一方面,在卫生防疫领域,粮农组织和澳大利亚动物合作健康实验室联合制定了标准化生物安全程序并建立了质量保障技术体系,提高了亚太国家对高致病性动物疾病(包括口蹄疫、猪瘟、狂犬病病毒)和高致病性禽流感的预防能力,降低了人畜共患病的风险。[1]

3. 参与世界战乱和落后地区的农业重建

参与欠发达地区农业重建是澳大利亚积极支持粮农组织工作的重要表现。例如,伊拉克农业发展面临战乱和干旱等多重因素的影响,导致该国民众无法获得日常所需的粮食补给。为此,澳大利亚资助了粮农组织在伊拉克的家庭农业项目。该项目将为约5000个深受旱灾影响的伊拉克农村家庭提供种子、肥料、工具和技能培训,帮助其度过危机。又如,在巴基斯坦人道主义援助问题上,2011年,澳大利亚向粮农组织提供了470多万美元,用于支持巴基斯坦信德省灾后的农业重建工作。同时,澳大利亚还参与粮农组织主导的菲律宾土地改革与农村发展行动,帮助菲律宾政府

---

[1] "FAO + Australia-Promoting Prosperity, Reducing Poverty, Enhancing Stability," https://reliefweb.int/sites/reliefweb.int/files/resources/CA3026EN.pdf, access time: 2021-05-12.

解决农村贫困问题。①

此外，澳大利亚与粮农组织在农业可持续发展、自然资源可持续利用、维护全球健康和稳定等议题上，也开展了诸多合作。但无论是合作深度还是合作广度，都远不及美、日、欧洲国家等与粮农组织的合作。

第十节　粮农组织与亚非拉地区②的农业合作

帮助发展中地区减少饥饿人数、改善营养现状、实现粮食安全，是粮农组织参与全球粮农治理的重要使命。亚非拉作为发展中地区，始终是粮农组织给予技术支持、政策扶持以及人道主义援助的主要对象。粮农组织对发展中地区提供的帮助，极大地促进了这些地区的农业发展并保障了粮食安全。

一　粮农组织在亚洲

粮农组织专门负责亚洲事务的是亚洲及太平洋区域办事处，该办事处设在泰国首都曼谷，现任办事处代表是韩国人金钟珍（Jong-Jin Kim），该办事处的主要任务是保障亚洲及太平洋地区的粮食安全。同时，粮农组织还在中国、伊朗、印度、韩国、尼泊尔、孟加拉国、泰国、阿富汗等30多个亚洲国家设置代表处，配合当地政府开展各项粮农工作。此外，粮农组织还设有亚太农业统计委员会、亚太区域牲畜生产和卫生委员会、亚太渔业委员会、亚太林业委员会、亚太区域植物保护委员会五个区域委员会，亚洲及太平洋区域办事处是这五个区域委员会的秘书处。上述五个区域委员会各司其职，分别负责亚太地区粮农相关事宜。

亚太农业统计委员会成立于1963年，目前有25个成员国，其工作内

---

① "Australia and FAO: Partnering to Build Indo-Pacific Food Security," http://www.fao.org/3/ax281e/ax281e.pdf, access time: 2021-05-12.

② 前文论述的国家以发达国家为主，故本节重点以亚非拉三大发展中地区为论述对象。

145

容主要聚焦提高国家数据统计能力、支持新农业数据系统和促进发展共享三个方面。亚太区域牲畜生产和卫生委员会成立于1975年，目前有18个成员国，旨在通过公正合理、可持续且安全的畜牧业发展来提高牲畜饲养者，特别是小农、畜牧业价值链上的工作人员乃至整个群体的营养水平及生活标准。具体工作内容包括能力建设及技术方法与控制培训、对微生物抗生素使用情况及抗菌药物耐药性程度进行评估和区域信息交流等。亚太渔业委员会成立于1949年，目前有21个成员国，其目标是促进本区域内（包括印度洋和太平洋）水生生物资源的充分合理利用，具体工作主要包括推广生态系统，推动水产养殖业可持续集约化发展，制定政策及提升能力，就重大问题进行分析及达成共识。亚太林业委员会成立于1949年，目前有33个成员国，该委员会长期致力于分析林业事务和区域间重大问题，推广对环境生态和社会有益且经济效益高的林业管理措施。亚太区域植物保护委员会成立于1956年，目前有25个成员国，其工作的重点在于植物检疫、病虫害综合治理和农药管理。[1] 除亚洲及太平洋区域办事处，粮农组织设立的近东及北非区域办事处、海湾合作理事会国家和也门次区域办事处、欧洲及中亚区域办事处和中亚次区域办事处，也负责亚洲部分地区事务。

办事处、委员会和代表处的设置，提高了粮农组织在亚洲地区的工作效率，也为粮农项目的实施提供了坚实保障。例如，粮农组织为亚洲农民提供指导，帮助其应对秋粘虫，负责伊拉克的"农业和水资源系统重建"工作，向2018年发生水源危机的巴士拉城市弱势群体提供帮助，向也门、叙利亚、阿富汗等国家提供人道主义援助，支持吉尔吉斯斯坦和尼泊尔气候项目的实施，向叙利亚女性农业生产者提供到海外学习的机会，在阿富汗开展干旱响应计划，帮助印尼农民和渔民在2018年地震和海啸后开展重建工作，在摩苏尔地区发起紧急动物卫生运动，等等。

---

[1] 参见粮农组织网站，http：//www.fao.org/asiapacific/apppc/zh/，最后访问日期：2021年7月23日。

二　粮农组织在非洲

粮农组织专门负责非洲事务的是非洲区域（主要是撒哈拉以南非洲）办事处，该办事处位于加纳首都阿克拉，现任区域代表是埃塞俄比亚人阿贝贝·海勒-加布里尔（Abebe Haile-Gabriel）。该办事处致力于消除饥饿，保障非洲粮食安全。同时，粮农组织还在撒哈拉以南非洲设立了四个次区域办事处，分别是位于加蓬利伯维尔中部的非洲次区域办事处，位于埃塞俄比亚斯亚贝巴东部的非洲次区域办事处，位于塞内加尔达喀尔西部的非洲次区域办事处和位于津巴布韦哈拉雷南部的非洲次区域办事处。而北非的粮农事务主要由位于开罗的近东及北非区域办事处和北非次区域办事处负责。[1]粮农组织还在中非、乌干达、埃及、苏丹、摩洛哥、加纳、南非等40多个非洲国家设立代表处，助力各国粮农项目的实施。

此外，粮农组织在非洲还设立了非洲农业数据委员会和非洲森林与野生动植物委员会。其中非洲农业数据委员会成立于1962年，其主要职责是审查非洲粮食和农业数据，在粮农组织总框架下就发展和农业数据标准化等问题向成员国提建议。在该委员会的努力下，非洲国家的农业信息收集能力有所提高，一些国家还建立了粮农数据库。非洲森林与野生动植物委员会成立于1959年，其主要职责包括就区域森林和野生动植物管理政策的制定提出建议，审查并协调政策的实施，通过专项附属机构交换森林和野生动植物信息，针对相关技术性问题提出应对策略。[2]

除设立区域机构外，粮农组织还在非洲地区开展了诸多项目。1996年3月15日，粮农组织联合世界粮食计划署、国际农业发展基金等五家国际组织共同发起了"联合国全系统援助非洲特别倡议宣言"（United Nations System-wide Special Initiative for Africa），共同帮助非洲地区管控土

---

[1] "FAO Organizational Chart," http://www.fao.org/about/org-chart/en/, access time: 2021-07-23.

[2] "African Forestry and Wildlife Commission," http://www.fao.org/africa/afwc/en/, 最后访问日期：2021-07-25.

联合国粮食及农业组织

壤退化、改善土壤质量、解决粮食生产的用水问题、提高女性在保障粮食安全中的作用、支持可持续的民生建设,以期改善非洲粮食安全现状。① 1973~1975年,非洲萨赫勒地区长期干旱造成粮食歉收,地区粮食安全形势严峻。1973年5月,粮农组织总干事阿德克·亨得里克·布尔马向国际社会发出呼吁,共同助力萨赫勒地区摆脱粮食危机。粮农组织作为救援行动的中心,既积极筹集应对危机所需的资金,也帮助保障物资运输线的畅通,还协调受灾国政府、联合国机构、非政府组织等各方的救援工作,有效地应对了此次粮食危机。② 从1982年起,粮农组织在非洲实施了小型灌溉特别行动计划,为塞拉利昂、坦桑尼亚、肯尼亚等多个非洲国家提供支持,确保农业项目的水源补给。③

21世纪以来,粮农组织在非洲开展的项目逐渐增多,覆盖范围也日渐扩大。例如,由粮农组织于2020年提出的旨在消除饥饿和贫困、推动农业可持续发展的"手拉手"行动计划已在安哥拉、加蓬、马里、尼日尔、尼日利亚、卢旺达等11个非洲国家实施,助力当地农业和粮食体系转型。④ 2020年,粮农组织积极筹集资金,帮助埃塞俄比亚、索马里、南苏丹、苏丹、乌干达、坦桑尼亚、厄立特里亚、吉布提、肯尼亚等非洲国家应对沙漠蝗虫对农业的侵袭,并帮助当地牧民免受侵害。2021年6月21日,粮农组织启动"绿色城市"非洲区域行动计划,旨在挖掘非洲城市化的发展机遇,推动城市可持续发展,提高城市韧性,保障城市粮食安全、营养充足和绿色生态环境。该项目将佛得角的普拉亚,肯尼亚的基苏木和内罗毕,马达加斯加的塔那那利佛,莫桑比克的克利马内以及卢旺达的基加利等六个城市作为项目试点,并计划到2030年将该项目推广到

---

① "UN Special Initiative on Africa," http://www.fao.org/WAICENT/OIS/PRESS_NE/PRESSENG/H6F.HTM#, access time: 2021-07-25.
② 联合国粮农组织:《粮农组织四十年 1945~85》,第32页。
③ 联合国粮农组织:《粮农组织四十年 1945~85》,第36页。
④ 《联合国粮农组织"手拉手"行动计划助力非洲消除饥饿和贫困》,粮农组织网站,http://www.fao.org/news/story/zh/item/1319875/icode/,最后访问日期:2021年7月25日。

1000个城市。① 同时，粮农组织还支持非洲"绿色长城"项目的实施，助力非洲保护生态系统。

此外，粮农组织还和中国、欧盟以及西方国家在非洲地区实施了多个南南合作项目，助力非洲减少饥饿人数，帮助非洲国家抗击埃博拉病毒，和卢旺达农企在2021年3月签署合作协议，推动青年才俊投身农业生产，向索马里、埃塞俄比亚、苏丹、肯尼亚等非洲国家提供人道主义援助，帮助刚果（金）东部地区提高气候抵御能力，帮助南部非洲的小农提高粮食产量和减少粮食损失，帮助非洲国家应对猪瘟，帮助萨赫勒牧民提高对粮食危机和自然灾害的抵御能力，向遭受热带气旋袭击的莫桑比克居民提供种子和农业工具包，助力肯尼亚农民解决秋粘虫问题，向尼日利亚东北部农民发放种子和肥料，帮助其应对2017年的饥荒，在中非开展"种子保护"计划，向当地农民分发作物和蔬菜种子，帮助埃塞俄比亚应对2015~2016年的旱灾，等等。

三 粮农组织在拉丁美洲及加勒比地区

粮农组织专门负责拉丁美洲及加勒比地区事务的是位于智利首都圣地亚哥的拉丁美洲和加勒比区域办事处，该办事处现任区域代表是胡利奥·贝德格（Julio Berdegué）。该办事处以消除地区饥饿为宗旨。同时，粮农组织还在拉丁美洲及加勒比地区设立了两个次区域办事处（位于巴巴多斯布里奇顿的加勒比次区域办事处和位于巴拿马首都巴拿马城的中美洲次区域办事处），并在巴西、哥伦比亚、乌拉圭、委内瑞拉、古巴、牙买加等20多个拉美及加勒比国家设立代表处。②

在区域委员会方面，粮农组织在拉丁美洲及加勒比地区共成立了4个区域委员会：1948年成立了拉丁美洲及加勒比森林委员会，其主要职能包括为成员国讨论和分析森林相关议题创造平台，保障区域粮食安全和推

---

① 《联合国粮农组织启动"绿色城市"行动计划》，粮农组织网站，http://www.fao.org/news/story/zh/item/1413090/icode/，最后访问日期：2021年7月25日。

② "FAO Organizational Chart," http://www.fao.org/about/org-chart/en/, access time: 2021-07-23.

动可持续粮食生产，保护自然森林资源；1986年成立了拉丁美洲及加勒比牲畜发展委员会，其主要职能是支持畜牧业政策的制定以及国家和地区畜牧业发展计划的制定和实施；1976年成立了拉丁美洲及加勒比内陆渔业和水产业委员会，其主要职能是促进内陆渔业资源的合理使用，就渔业管理向成员国政府提建议和支持水产业发展；1973年成立了中西部大西洋渔业委员会，其主要职能是促进国际合作以保护、发展和有效利用中西部大西洋的渔业资源。[1]

除设立区域机构外，粮农组织还在拉丁美洲及加勒比地区实施了多个项目。例如，在粮农组织－中国南南合作信托基金项目支持下，通过了一项旨在帮助拉丁美洲和加勒比地区12个国家恢复农业粮食体系的项目[2]，帮助古巴提高气候抵御能力，帮助加勒比地区保护生物多样性，通过技术合作计划启动紧急项目，帮助拉丁美洲及加勒比地区的国家阻止香蕉枯萎病的蔓延，在巴拉圭开展气候抵御项目，等等。

综合来看，粮农组织在发展中地区的农业项目主要以帮扶为主，即通过粮农组织、粮农组织＋域外国家、粮农组织＋非国家行为体的方式向发展中地区提供技术、粮食、种子、经验、资金等援助，以期帮助这些地区弥补粮食安全短板，实现农业体系转型，减少饥饿和营养不良人数，最终实现粮食安全和农业的可持续发展。

小　结

对粮农组织而言，与世界主要国家和地区开展农业合作是其参与全球粮食安全治理、推动粮农项目在地区和国家实施的重要路径。对世界或地区大国而言，农业作为国家内政外交的重要领域，不仅关系到国家内部的经济发展和粮食安全的保障，也关系到一国对外的影响力和国家

---

[1] "FAO Regional Office for Latin America and the Caribbean," http：//www.fao.org/americas/comisiones/en/，access time：2021 - 07 - 23.

[2] 《屈冬玉总干事出席中拉农业部长论坛并发表讲话》，粮农组织网站，http：//www.fao.org/news/story/zh/item/1377773/icode/，最后访问日期：2021年7月23日。

外交的道义高度。粮农组织作为粮农领域的重要国际机制，是大国参与全球治理、履行国际义务的重要抓手。粮农组织和大国对彼此的相互需求，使得双方合作领域更加多元化，这将推动更多可行性项目的实施，共同助力联合国 2030 年"零饥饿"目标的实现和地区、国家粮食安全问题的解决。

第五章

联合国粮农组织与非国家行为体的农业合作

粮食安全和农业发展是国际社会普遍关注的议题，既关系到地区稳定、国家发展和个人生存，也关系到全球、地区和国家非传统安全治理的综合绩效，亦影响国际减贫事业的稳步推进。维护粮食安全和促进农业发展，是一项综合性的治理工程。从治理资源来看，它包括技术、资金、人才、基础设施等，要求各项资源综合投入；从治理领域来看，粮食安全和农业发展虽是属于农业范畴的问题，但其治理并不只在农业领域，还涉及水资源管理、生态环境保护、病虫害预防、动植物疾病检疫等多个领域。因此，参与全球粮农治理，仅依靠粮农组织一己之力还远远不够，需要协调合作，共同应对。

第二次世界大战之后，国际组织、区域组织、次区域组织、国际金融机构、国际科研机构、跨国公司等非国家行为体，如雨后春笋，快速涌现并发展，逐渐成为推动全球发展和助力全球治理的重要力量。粮食安全和农业发展作为一个全球性的重要议题，也受到诸多非国家行为体的高度关注。对粮食安全和农业发展的共同关切，促使粮农组织与其他政府间国际组织、非政府间国际组织、地区组织以及跨国公司等开展多方面的粮农合作，以期携手应对全球粮农治理所面临的多项挑战。

第一节 粮农组织与政府间国际组织的合作

一 粮农组织与世界粮食计划署和国际农业发展基金等联合国粮农专门机构的合作

世界粮食计划署和国际农业发展基金是除粮农组织之外联合国下属的

联合国粮食及农业组织

另外两大粮农机构，其中世界粮食计划署是联合国系统中负责多边粮食援助活动的协调机构，旨在以粮食为主要手段帮助受援国改善粮食自给制度，消灭饥饿和贫困。在全球通过多边渠道开展的粮食援助活动中，有99%是通过世界粮食计划署实施的，其援助项目包括救济、快速开发项目和正常开发项目等三类。[1] 国际农业发展基金旨在通过筹集资金，将其以优惠条件提供给发展中的成员国，用于发展粮食生产，提高人民营养水平，逐步消除农村贫困。其活动主要涉及农业开发、乡村发展、农村信贷、灌溉、畜牧业及渔业等领域。[2] 不同的职能和宗旨促使三大粮农机构相互合作，共同维护全球粮食安全和促进全球农业发展。

1999年3月18日，联合国粮农组织分别与世界粮食计划署和国际农业发展基金签署协议，以加强合作，解决世界粮食安全问题。两项协议的签署是对1996年11月召开的世界粮食峰会的倡议的响应，该峰会呼吁国际社会齐心协力，共同帮助全球80多个低收入的"粮食赤字"国家提高粮食产量，并在国家、家庭和个人等三个层面拓展粮食获取途径，以实现到2015年，全球营养不良人数减少到当前一半的目标。[3] 两项协议均强调，要在粮农组织所构建的"粮食安全特别计划"框架下，拓展合作项目，帮助低收入国家，尤其是非洲国家，完善农业政策，改善农业基础设施，提高农业科技水平，以期保障这些国家的粮食安全。

2000年3月8日，为增强国际社会对女性在保障粮食安全和推动农业发展中的作用的重视，粮农组织、世界粮食计划署和国际农业发展基金发表联合声明。声明指出：妇女既是发展中国家粮食生产的主力军，也是

---

[1] 《国际和地区组织——世界粮食计划署》，中华人民共和国外交部网站，https://www.fmprc.gov.cn/web/gjhdq_676201/gjhdqzz_681964/sjlsjhs_694352/gk_694354/，最后访问日期：2020年9月30日。

[2] 《国际和地区组织——国际农业发展基金》，中华人民共和国外交部网站，https://www.fmprc.gov.cn/web/gjhdq_676201/gjhdqzz_681964/gjnyfzjj_694380/gk_694382/，最后访问日期：2020年9月30日。

[3] "FAO Signs Agreements with WFP and IFAD to Strengthen Cooperation in Support of World Food Security," http://www.fao.org/WAICENT/OIS/PRESS_NE/PRESSENG/1999/pren9915.htm, access time: 2020-09-30.

第五章 联合国粮农组织与非国家行为体的农业合作

老人和儿童的看护者,亦是价值观、传统文化和农业知识的传授者。五年前在北京召开的世界妇女会议引起了国际社会对16亿农村妇女的关注。在21世纪伊始,妇女在全球发展中所发挥的关键作用逐渐受到国际社会的重视。[①] 自北京世界妇女会议之后,粮农组织、世界粮食计划署和国际农业发展基金开展了一系列旨在满足妇女需求的项目,如提供财政援助和粮食援助,开展专业技能培训和实施创收项目等,以凸显农村妇女在保障粮食安全和推动农业发展方面的重要性。

2001年12月4日,为降低艾滋病对农业生产的影响,粮农组织、世界粮食计划署和国际农业发展基金决定与联合国艾滋病规划署(UNAIDS)合作,携手抗击艾滋病。在粮农组织看来,艾滋病已不单单是一个健康问题,因为它已经威胁到一些发展中国家的粮食安全并冲击了农业生产和农村发展。世界粮食计划署认为,充足的粮食供应和合理的膳食营养是帮助国际社会抗击艾滋病的关键,这也是为什么农业发展战略对降低疾病的消极影响尤为重要。[②] 三大粮农机构与联合国艾滋病规划署等疾病机构的合作表明,粮食安全和卫生安全处于安全的同一体系之中,二者相互影响;同时,也说明了粮食安全治理是一项系统性工程,不仅需要粮农机构积极协商合作,还需要粮农机构和卫生、疾病等相关机构开展跨领域合作。

为加强合作以共同减少国家底层社会的饥饿和贫穷人数,粮农组织、世界粮食计划署和国际农业发展基金的负责人于2006年12月访问了加纳长期面临粮食不安全问题的北部地区,并在该国重申了支持政府为实现国家所有人的粮食安全做出努力的联合倡议。同时,三大粮农机构还分享了它们保障城市粮食安全的双轨路径,即在短期,帮助饥饿家庭满足其对教育、健康和营养的需求;在中长期,通过农业和农村发展实现民生可持续

[①] "Five Years after Beijing: Empowering Rural Women Remains a Challenge," http://www.fao.org/WAICENT/OIS/PRESS_NE/PRESSENG/2000/pren0013.htm, access time: 2020-09-30.

[②] "Three UN Agencies Join Hands in the Fight against HIV/AIDS," http://www.fao.org/WAICENT/OIS/PRESS_NE/PRESSENG/2001/pren0195.htm, access time: 2020-09-30.

发展。此外，三大粮农机构还就合作领域达成了共识：支持当地发展和治理以及妇女群体的发展；为加纳的"学校喂养计划"（School Feeding Programme）提供支持；保障可持续性粮食生产，尤其是对保障国家粮食安全起到重要作用的谷物、根茎作物和块茎作物生产；为推动小规模灌溉和农村扶贫企业的发展，改善与农业和水资源相关的基础设施；通过国际反饥饿联盟（International Alliance Against Hunger），促进加纳反饥饿联盟的发展，以提高媒体、私营部门、民间团体、学术界和地方组织对减贫和粮食安全的认知。[1] 三大粮农组织在加纳开展合作表明了其合作内容并未局限于全球性问题，也包括各个国家的具体问题。

随着全球粮食价格的持续攀升，粮食进口国的购粮压力逐渐加大，加剧了家庭和个人的粮食不安全感。据此，粮农组织、世界粮食计划署和国际农业发展基金于2012年9月4日发表联合声明，指出在过去的五年内，国际社会共经历了三次粮价暴涨，每一次都与气候因素相关。自2007年以来，世界部分地区的干旱和洪涝等灾害，几乎每年都冲击了全球粮食体系，导致粮食产量受损。此外，库存粮食越来越多地转向非食品用途以及金融投机日益增加等都是影响粮价波动的重要因素。[2] 三大粮农机构一直认为，涉及高粮价的若干紧迫问题以及与粮食生产、贸易和消费方式有关的长期问题，是必须解决的两个主要问题。尽管国际社会已经采取了诸多应对措施，如在支持对农业，尤其是对农业小生产者长期投资的同时，也建立起了粮食安全网络，在短期内帮助贫困的粮食生产者和消费者免于饥荒和资产损失。但世界粮食体系仍然脆弱，需继续加大对农业和社会保障的投资，需重新审查和酌情调整当前所实施的有关谷物用于其他方面的鼓励政策，以推动粮食的可持续生产。[3]

---

[1] "FAO, IFAD and WFP Executive Heads in Joint Visit to Northern Ghana," http://www.fao.org/news room/en/news/2006/1000452/index.html, access time: 2020 – 09 – 30.
[2] 《粮农组织、农发基金和粮食计划署就国际粮价问题发表声明》，粮农组织网站，http://www.fao.org/news/story/zh/item/155510/icode/，最后访问日期：2020年9月30日。
[3] 《粮农组织、农发基金和粮食计划署就国际粮价问题发表声明》，粮农组织网站，http://www.fao.org/news/story/zh/item/155510/icode/，最后访问日期：2020年9月30日。

第五章 联合国粮农组织与非国家行为体的农业合作

为实现联合国《2030年议程》中的"消除饥饿,实现粮食安全,改善营养状况和促进农业可持续发展"的目标,粮农组织、世界粮食计划署和国际农业发展基金于2018年6月6日签署了为期五年的《谅解备忘录》,粮农组织总干事若泽·格拉齐亚诺·达席尔瓦、世界粮食计划署执行主任戴维·比斯利(David Beasley)和国际农业发展基金总裁吉尔伯特·洪博(Gilbert Houngbo)均表示,《谅解备忘录》的签署对三大机构发挥各自优势,在全球、地区和国家等各个层面加强协调合作,助力2030年"零饥饿"目标的实现,尤为重要。[①]《谅解备忘录》的签署符合联合国秘书长古特雷斯所倡导的理念,即联合国内部各机构应充分利用各自的比较优势,共同努力,实现联合成果,以期弥合人道主义和发展之间的分歧。此外,《谅解备忘录》还明确了三大粮农机构合作的重要领域,如分享数据分析结果、制订联合行动计划、开展联合评估等。

如前文所述,女性在保障粮食安全和推动农业发展中扮演着重要角色,赋权女性一直是粮农组织、世界粮食计划署和国际农业发展基金的核心关切。2019年5月8日,三大粮农机构共同启动了一项由欧盟资助的全球性倡议,以期解决农村长期存在的性别不平等问题,从而减少农村的饥饿人数,保障农村粮食安全和改善农村人口的营养现状。粮农组织副总干事丹尼尔·古斯塔夫森(Daniel Gustafson)表示,通过促进性别观念的变革,我们可以为农村家庭和社区、农村组织、服务提供方以及其他攸关方实现性别平等铺平道路,并最终在政策推进过程中实现性别平等。世界粮食计划署助理执行干事马诺基·朱内贾(Manoj Juneja)认为,在任何情况下,通过性别观念变革实现粮食安全和农业可持续发展都是可能的、必要的且有效的,如果我们可以保证女性和男性在获取援助、知识、资源等各方面享有平等的权利和机会,我们将有可能消除饥饿。国际农业发展基金东部和南部非洲司司长萨拉·马巴戈巴努(Sara Mbago-Bhunu)认

---

① 《联合国粮食机构承诺深化合作,以实现"零饥饿"》,粮农组织网站,http://www.fao.org/news/story/zh/item/1138932/icode/,最后访问日期:2020年10月7日。

为，三大粮农机构联合行动将提高协同效率，促使每个机构都能分享关于性别观念变革的做法，有助于推动发展、消除饥饿和贫困。① 从三大粮农机构相关负责人的言论中可以看，赋权女性和消除性别不平等能在多个领域产生积极影响，有利于联合国 2030 年可持续发展目标的实现。同时，也可以看出，三大粮农机构通力合作有助于调动多方资源，加速消除加剧性别不平等和限制女性平等获取资源和资产的结构性障碍以及政治、经济、社会、文化等方面的阻碍，并推动女性参与社会各个层级的决策活动。

三大粮农机构除积极开展合作之外，也构建了协调磋商机制——非正式联席会议②。2017 年 9 月 15 日，三大粮农机构首次非正式联席会议在粮农组织总部召开。粮农组织总干事若泽·格拉齐亚诺·达席尔瓦、世界粮食计划署执行干事戴维·比斯利和国际农业发展基金总裁吉尔伯特·洪博分别介绍了有关埃塞俄比亚联合考察团的情况，并就机构间强化合作、提高工作效率、减少职能重叠等问题进行了探讨并提出了建议。③ 同时指出，此次联席会议将延续非正式的形式，一年举行一次。2019 年 9 月 3 日，三大粮农机构召开第三次非正式联席会议，会议介绍了联合国改革进展、三大机构如何合作支持成员国实现《2030 年议程》、萨赫勒地区的发展现状、私营部门合作以及加强三大机构行政和财务合作等议题，三大机构主要负责人均表示要加强三大机构间的协调合作，共同解决饥饿问题。④ 2020 年 10 月 12 日，三大粮农机构第四次非正式联席会议在线上召开，会议就联合国粮食系统峰会、新冠肺炎疫情应对措施、《罗马常设机

---

① 《联合国粮食机构加强联合行动，共同解决农村性别不平等问题》，粮农组织网站，http://www.fao.org/news/story/zh/item/1194026/icode/，最后访问日期：2020 年 10 月 7 日。
② 第二次非正式联席会议在官网中并未公布，故下文未提及。
③ 《粮农组织三机构非正式联席会议在罗马召开》，中国常驻联合国粮农机构代表处网站，http://www.cnafun.moa.gov.cn/news/ldcxw/201709/t20170919_5820222.html，最后访问日期：2020 年 10 月 7 日。
④ 《粮农三机构举办第三次非正式联合会议》，中国常驻联合国粮农机构代表处网站，http://www.cnafun.moa.gov.cn/news/ldcxw/201909/t20190929_6329328.html，最后访问日期：2020 年 10 月 7 日。

第五章 联合国粮农组织与非国家行为体的农业合作

构萨赫勒地区联合行动计划》和《罗马常设机构联合试点计划》的最新情况，以及对罗马常设机构协作的联合评价等议题进行了讨论。① 粮农组织总干事屈冬玉表示，自 2017 年以来，三大机构间的合作项目数量已经翻了一番，覆盖了 50 多个国家，以实际行动推进了三大机构间的联合行动。② 针对新冠肺炎疫情对全球粮食安全和农业生产的冲击，三大机构还制定了联合应对举措，并对 30 个受新冠肺炎疫情影响的重点国家开展联合研究。

粮农组织在与世界粮食计划署和国际农业发展基金开展三边合作的同时，也与世界粮食计划署和国际农业发展基金开展双边合作。例如，2017 年，粮农组织和世界粮食计划署在金沙萨－大开赛地区开展联合行动，两大机构将使用比利时政府资助的 1000 万美元改善 10 万人的粮食供给状况，约 18000 个家庭将从中受益，包括流离失所、返乡和收容的家庭。③在这个项目中，世界粮食计划署将向当地人发放玉米粉、豆类作物、植物油、加碘盐及现金。6 个月到 59 个月大的婴幼儿、孕妇和哺乳期妇女将得到三个月的营养补充治疗。粮农组织将提供锄头、耙子、铁锹、洒水壶、蔬菜和水果种子，不仅可以确保每个家庭可以吃上两个月的果蔬，还可以将剩余果蔬拿去出售。同时，该项目还包括饲养豚鼠，加工和营销竹子并使其成为柴火、独木舟、厨房用具等技能培训。④ 国际农业发展基金自 1977 年成立以来，共资助了粮农组织投资中心支持的 340 个投资项目，如拓展合作领域以改善肯尼亚农村地区的民生，使尼泊尔的森林重新恢复绿色，共同改善加勒比地区农村青年的生活现状，推动刚果（金）森林

---

① 《牛盾大使出席粮农三机构领导机构第四次非正式联席会》，中国常驻联合国粮农机构代表处网站，http：//www.cnafun.moa.gov.cn/news/ldcxw/202010/t20201013_6354135.html，最后访问日期：2020 年 10 月 7 日。
② 《粮农组织、农发基金和粮食署承诺加强协作，消除饥饿》，粮农组织网站，http：//www.fao.org/news/story/zh/item/1313808/icode/，最后访问日期：2020 年 10 月 20 日。
③ 《粮农组织和粮食计划署加大工作力度，以缓解大开赛地区的饥饿状况》，粮农组织网站，http：//www.fao.org/news/story/zh/item/1073723/icode/，最后访问日期：2020 年 10 月 7 日。
④ 《粮农组织和粮食计划署加大工作力度，以缓解大开赛地区的饥饿状况》，粮农组织网站，http：//www.fao.org/news/story/zh/item/1073723/icode/，最后访问日期：2020 年 10 月 7 日。

的渔业发展，在塔吉克斯坦支持家庭牲畜业的发展，确保对农村的投资享有智力和质量的保障，推动牧场主的发展等。在这些项目实施的过程中，粮农组织和国际农业发展基金分别发挥各自的比较优势，协调合作，促使各个项目取得良好的成绩。[1]

除项目合作之外，粮农组织和世界粮食计划署还根据项目的实施和联合考察结果，制定年度报告，反映国家、地区或全球的粮食安全形势。例如，1997年发布的报告指出，卢旺达在1997年上半年面临严重的粮食赤字，其中谷物3万吨、豆类4.5万吨、根状和块状作物12.4万吨、香蕉52.2万吨，而这些作物中只有一部分可以通过进口来弥补赤字。据估计，在1997年上半年，卢旺达需要国际援助8.1万吨谷物和3.3万吨豆类，以满足250多万人的粮食需求。[2] 1998年发布的报告指出，在即将到来的旱季，印度尼西亚15个省份约有750万人将面临严重的粮食短缺，需要大量的国际援助以满足其对主粮稻米的需求。[3] 在朝鲜，尽管其1998年的粮食产量得到提升，但其在1999年仍会面临严重的粮食赤字，需进口135万吨粮食，其中包括保障当地人民最低营养标准的105万吨粮食援助。[4] 1999年发布的报告指出，在安哥拉，由于粮食获取途径有限、民众健康状况不佳以及卫生条件较差，成千上万的安哥拉人面临营养不良的风险。[5] 在阿富汗，有100多万人需要粮食援助，据估计，阿富汗2000年需进口谷物110万吨，其中

---

[1] "FAO and IFAD: Complementarity and Cooperation," http://www.fao.org/3/a-i6164e.pdf, access time: 2020-10-07.

[2] "FAO/WFP Report on Food and Nutrition in Rwanda," http://www.fao.org/WAICENT/OIS/PRESS_NE/PRESSENG/1997/Pren9702.htm, access time: 2020-10-07.

[3] "FAO/WFP Say Indonesia Faces Record Food Deficit," http://www.fao.org/WAICENT/OIS/PRESS_NE/PRESSENG/1998/pren9827.htm, access time: 2020-10-07.

[4] "FAO/WFP: UN Food Agencies Say North Korea Still Needs Substantial Food Assistance Despite Improved Harvest; City Need for Economic Reform and Increased Aid to Agriculture," http://www.fao.org/WAICENT/OIS/PRESS_NE/PRESSENG/1998/pren9867.htm, access time: 2020-10-07.

[5] "FAO/WFP Call for Emergency Food Aid to Assist Angolans Facing Increased Risk of Malnutrition," http://www.fao.org/WAICENT/OIS/PRESS_NE/PRESSENG/1999/pren9938.htm, access time: 2020-10-07.

第五章 联合国粮农组织与非国家行为体的农业合作

95%以上是小麦，但其商业谷物进口只有80万吨，仍无法满足国家需求。① 2000年发布的报告指出，在塔吉克斯坦，严重的旱灾、经济持续下滑、农业生产恶化和灌溉系统受损等因素的叠加，导致其面临严重的粮食危机，大约300万人遭受饥饿和营养不良；② 在伊拉克，尽管在联合国"石油换粮食"（Oil for Food）的项目框架下，伊拉克人民的营养状况和粮食供应情况有所改善，但在巴格达以外的地区和农村地区，儿童营养不良仍是一个十分严重的问题，这是自然因素（干旱）和社会因素（贫穷）叠加所造成的后果。③ 2002年发布的报告指出，粮农组织和世界粮食计划署的联合代表团在马拉维、津巴布韦、莱索托和斯威士兰等国的调研发现，有上百万人处于饥饿的边缘，他们所面临的严重粮食短缺问题将一直持续到2003年4月的丰收季。④ 2020年，新冠肺炎疫情肆虐全球，冲击了全球粮食供应链，引发国际社会对粮食安全问题的恐慌。为加强国际合作，预防全球性粮食危机的发生，粮农组织和世界粮食计划署联合发布《严重粮食不安全热点地区早期预警分析报告》，分析了新冠肺炎疫情影响世界粮食安全的路径，介绍了疫情冲击下的热点地区和国家的粮食生产现状，并据此提出了战略性对策。⑤ 联合报告的制定是粮农组织和世界粮食计划署对国家、地区和全球粮食安全形势的真实反映，既介绍了目标国或地区的农业生产现状，也突出了其所面临的亟待解决的粮食安

---

① "More than 1 Million People in Afghanistan Need Food Assistance, UN Agencies Say," http://www.fao.org/WAICENT/OIS/PRESS_NE/PRESSENG/1999/pren9942.htm, access time: 2020-10-07.

② "About 3 Million People are Facing Hunger and Undernourishment in Tajikistan," http://www.fao.org/WAICENT/OIS/PRESS_NE/PRESSENG/2000/pren0044.htm, access time: 2020-10-07.

③ "Child Malnutrition in Iraq 'Unacceptably High' as Drought, Lack of Investment Aggravate Food and Nutrition Situation," http://www.fao.org/WAICENT/OIS/PRESS_NE/PRESSENG/2000/pren0049.htm, access time: 2020-10-07.

④ "Joint FAO/WFP: UN Agencies Warn of Massive Southern Africa Food Crisis: 10 Million People Threatened by Famine," http://www.fao.org/english/newsroom/news/2002/5260-en.html, access time: 2020-10-11.

⑤ FAO and WFP, *FAO-WFP Early Warning Analysis of Acute Food Insecurity Hotspots*.

全问题，为国家、地区或全球开展粮食安全治理，为国际社会实施人道主义粮食援助以及为从事粮农问题研究的学者等提供了准确的资料和翔实的数据。

二 粮农组织与联合国内部其他国际机构的合作

由于粮食安全和农业生产涉及多个领域，粮农组织在开展国际合作和积极参与全球粮农治理时，不仅与世界粮食计划署和国际农业发展基金等粮农专门机构合作，也和其他与粮农相关的国际机构合作，以期多措并举，综合治理。

第一，与世界动物卫生组织的合作。世界动物卫生组织的前身是1924年1月25日成立的国际兽疫局（Office international des épizooties, OIE），该组织于2003年5月改名为世界动物卫生组织，但仍保留其最初的名称缩写"OIE"。[1]世界动物卫生组织的主要职能是改善全球动物卫生状况和通报动物疾病等，这与粮农组织开展的"大农业"活动相关联。

2006年5月21日，粮农组织总干事迪乌夫在第74届世界动物卫生组织大会上表示："粮农组织和世界动物卫生组织之间的合作是一个持续推进的动态进程，伴随着项目的实施不断强化。多数食品安全危机来源于动物疾病，两大机构应继续扩大协同合作，共同预防动物疾病和食物传染病。"[2] 2006年5月30日至31日，粮农组织和世界动物卫生组织联合举办了以"禽流感和野生鸟类"为主题的国际研讨会，重点探讨高致病性禽流感的生态学和病毒学问题、禽流感的风险分析以及疾病管控。此外，大会还明确了粮农组织和世界动物卫生组织在与高致病性禽流感相关的候鸟迁徙研究与监管等领域的领导作用。[3]

---

[1] OIE, "About Us," https://www.oie.int/about-us/, access time: 2020 - 10 - 15.
[2] "Closer FAO-OIE Cooperation to Combat Health Scourges," http://www.fao.org/newsroom/en/news/2006/1000300/index.html, access time: 2020 - 10 - 15.
[3] "FAO/OIE Conference to Tackle Bird Flu Controversy," http://www.fao.org/newsroom/en/news/2006/1000306/index.html, access time: 2020 - 10 - 15.

第五章 联合国粮农组织与非国家行为体的农业合作

2012年6月27日,粮农组织和世界动物卫生组织联合启动了口蹄疫防治战略,以采取集体行动,共同应对阻碍数百万农牧民生存和商业从业人员发展的全球性疾病。口蹄疫虽不会直接威胁人类健康,但暴发这个疾病的国家会失去一些贸易机会,更为重要的是,对于贫困农牧民而言,牲畜是他们的经济来源,口蹄疫暴发意味着切断了他们的收入来源,削弱了其粮食购买能力,极易导致饥饿和营养不良问题。此外,口蹄疫暴发还加重了国际社会的经济负担。据估计,每年因口蹄疫造成的经济损失和预防该疾病的接种费用高达50亿美元。① 粮农组织和世界动物卫生组织联合启动的口蹄疫防治战略,将撒哈拉以南非洲、中东和亚洲等地区视为重点治理地区。此项联合行动战略的目标是通过协同合作,减少口蹄疫在全球的传播,使受口蹄疫影响的国家逐渐变为无口蹄疫国家,使已经消除口蹄疫的国家继续保持,以防复发。口蹄疫防治战略充分发挥了粮农组织和世界动物卫生组织的功能优势:粮农组织制定的"渐进式口蹄疫"防治方针,指导各国采取一系列举措预防口蹄疫风险,即通过监测在本国和邻近地区传播的口蹄疫病毒,确定病毒的类型,据此采取应对举措,并将有效措施与邻近地区分享。"渐进式口蹄疫"防治方针重在加强地区间协调,以期逐步控制疾病的跨界传播。世界动物卫生组织制定的"兽医体系运作成效评估"可用来评估和衡量一国的兽医服务质量,其目的是使该国的兽医服务质量符合世界动物卫生组织制定的服务质量标准。② 两大机构的合作将有助于保护世界各地以畜牧业为生的农牧民的经济收益,既能推进全球减贫事业的发展,也可确保社会穷苦人民的基本粮食购买力。

2014年5月25日,在世界动物卫生组织大会上,粮农组织和世界动物卫生组织共同承诺,将加强在重点领域的伙伴关系,包括共同应对动物卫生危机,共同防治口蹄疫、小反刍兽疫、非洲猪瘟、狂犬病、人畜共患流感等疾病。粮农组织总干事若泽·格拉齐亚诺·达席尔瓦表示,动物卫

---

① 《粮农组织和世界动物卫生组织启动全球口蹄疫防治战略》,粮农组织网站,http://www.fao.org/news/story/zh/item/150647/icode/,最后访问日期:2020年10月15日。
② 《粮农组织和世界动物卫生组织启动全球口蹄疫防治战略》,粮农组织网站,http://www.fao.org/news/story/zh/item/150647/icode/,最后访问日期:2020年10月15日。

生问题关系到粮农组织消除饥饿、解决粮食不安全和营养不良等问题，因而也是粮农组织的重要关切之一。世界动物卫生组织总干事伯纳德·瓦拉特也认为，两个组织不仅在疾病预防领域开展了富有成效的合作，其联合行动在减少贫困和饥饿、保障粮食安全方面也发挥了重要作用。①

2016年10月28日，粮农组织和世界动物卫生组织共同提出根除小反刍兽疫的行动计划，该计划共投入9.964亿美元，是2030年之前根除小反刍兽疫15年行动的第一期工作。② 小反刍兽疫于1942年首次在科特迪瓦发现，是一种具有高度传染性的病毒性动物疾病，已传播到非洲、亚洲等地区的约70个国家。2016年9月，蒙古国发生首例小反刍兽疫，由于蒙古国多数家庭依赖羊奶、羊肉和羊毛等产品获得收入，因此该疾病的暴发严重影响了该国人民的日常生活和粮食获取能力。在印度，小反刍兽疫曾造成1.8亿美元的国家损失。在肯尼亚，2006~2008年发生的一系列疫情导致120万只小反刍动物死亡，造成的损失超过2350万美元，奶产量减少210万升。③ 据估计，小反刍动物为全世界约3亿小农提供食物和收入，小反刍兽疫的暴发每年大约造成14亿~21亿美元的损失。④ 时任粮农组织总干事若泽·格拉齐亚诺·达席尔瓦在介绍该行动计划时指出，"根除小反刍兽疫将有助于提高发展中国家牧民的生活水平，并促进联合国2030年可持续发展目标的实现。病毒性动物疾病不仅威胁人类健康，也对经济增长、民生福祉、营养状况和粮食安全等方面产生消极影响。因此，根除小反刍兽疫行动计划需要协调合作，并得到国际社会的广

---

① 《粮农组织和世界动物卫生组织加强在动物卫生领域的合作》，粮农组织网站，http://www.fao.org/news/story/zh/item/232661/icode/，最后访问日期：2020年10月15日。
② 《粮农组织和世界动物卫生组织就根除小反刍兽疫全球运动提出初步行动计划》，粮农组织网站，http://www.fao.org/news/story/zh/item/449490/icode/，最后访问日期：2020年10月15日。
③ 《粮农组织和世界动物卫生组织就根除小反刍兽疫全球运动提出初步行动计划》，粮农组织网站，http://www.fao.org/news/story/zh/item/449490/icode/，最后访问日期：2020年10月15日。
④ 《粮农组织和世界动物卫生组织就根除小反刍兽疫全球运动提出初步行动计划》，粮农组织网站，http://www.fao.org/news/story/zh/item/449490/icode/，最后访问日期：2020年10月15日。

第五章 联合国粮农组织与非国家行为体的农业合作

泛支持"。根除小反刍兽疫行动计划第一阶段的重点对象是已经存在小反刍兽疫或其疫情状况从未经过评估的国家，粮农组织和世界动物卫生组织开展的联合行动将包括提高农民对小反刍兽疫的认知并加强其对该疾病的预防能力，强化国家兽医卫生服务的防治体系以及开展有针对性的疫苗接种等。事实上，消除小反刍兽疫只是粮农组织和世界动物卫生组织开展联合行动的目标之一，随着全球人口持续增加，其对肉、奶的需求也持续增加，小反刍动物的生产和饲养数量也将随之增加，这给农牧民创造了新的商机。因此，两大机构还将帮助农牧民充分利用动物资源提高经济收入和改善生计视为联合行动的重要目标。

2020年10月26日，在全球跨境动物疫病防控框架下，粮农组织和世界动物卫生组织发起联合倡议，呼吁国际社会通力合作，共同遏制非洲猪瘟在全球的蔓延。非洲猪瘟已在非洲、亚洲和欧洲等地区的50多个国家传播，且没有任何减缓的迹象，若不及时采取科学有效的防治措施，非洲猪瘟将阻碍联合国2030年可持续发展目标的实现。当前，野猪和家猪感染非洲猪瘟后的死亡率接近100%，且尚无有效的疫苗。尽管猪瘟不会传染人，但由于生猪生产是许多国家的重要经济来源且关系到生产者、销售者等利益攸关方的经济利益，非洲猪瘟的暴发和蔓延将对有关国家和人民的粮食安全和生存发展造成严重损害，尤其是在新冠肺炎疫情已导致国际社会经济发展下行的背景下，非洲猪瘟的传播无疑是雪上加霜。粮农组织和世界动物卫生组织联合发起的"全球非洲猪瘟防控倡议"，呼吁国际社会开展风险分析和管理，提高农民、供应商、兽医等相关群体对非洲猪瘟的重视程度，加强边境检查，推动疫苗研发，加强国家间经验共享等，以期实现保护脆弱社区的生存和发展，保障动物健康，稳定生猪产量和猪肉、饲料的价格，保障粮食安全以及确保人们享有健康的饮食和充足的营养等多项目标。[①]

[①] 《联合国粮农组织与世界动物卫生组织发起全球倡议，遏止非洲猪瘟蔓延》，粮农组织网站，http：//www.fao.org/news/story/zh/item/1318756/icode/，最后访问日期：2020年10月15日。

联合国粮食及农业组织

第二，与世界卫生组织的合作。世界卫生组织成立于1948年4月7日，是联合国下属的一个专门机构，其职能主要包括疾病的预防、防治、监测和应对，卫生信息的共享，向各国提供技术支持等。① 卫生安全与粮食安全的相互影响，促使粮农组织和世界卫生组织开展多领域合作。

1992年，来自159个国家和地区的1300多名代表共同出席了由粮农组织和世界卫生组织共同举办的首届国际营养大会。会议达成了共识性文件——《世界营养宣言和行动计划》，呼吁国际社会共同努力，消除营养不良，解决微量营养素缺乏和用水不安全等问题。②

2001年1月22日至25日，粮农组织和世界卫生组织共同举办联合专家咨询会，聚焦生物技术衍生食品。与会专家提出了一些有关更新过敏原（allergen）数据库的对策建议，该数据库主要用于评估从现存的有机体中转移过敏原或在转基因食品中创造新的过敏原的风险。③ 同时，该咨询会还制定了"粮农组织和世界卫生组织2001决策程序"（FAO/WHO 2001 Decision-making Process），旨在保护一些消费者免受由转基因食品所引发的过敏。此外，随着国际社会对生物技术衍生食品的安全性和营养性的关注日益提升，国际社会还专门针对生物技术衍生食品成立了政府间工作组，为帮助工作组有效地开展工作，粮农组织和世界卫生组织在日本的资助下，召开了一系列有关转基因食品安全的联合专家咨询会，根据与会专家的对策建议达成一份共识性报告，并将该报告递送给政府间工作组，以便其就生物技术衍生食品的安全性和营养性问题形成全球共识。

2001年2月1日，粮农组织和世界卫生组织在其发表的联合声明中指出，在发展中国家市场上销售的大约30%的农药不符合国际质量标准，这对人类健康和生态环境都产生了巨大危害。据估计，2000年，农药的全球市场价值约为320亿美元，其中发展中国家约为30亿美元。在广大

---

① "What We Do," https://www.who.int/about/what-we-do, access time: 2020 - 10 - 15.
② 联合国粮农组织：《粮农组织成立75周年：齐成长、同繁荣、共持续》，第37页。
③ "Joint FAO/WHO Consultation Recommends Improving the Way GMOs Are Tested in Relation to Food Allergies," http://www.fao.org/WAICENT/OIS/PRESS_NE/PRESSENG/2001/pren0123.htm, access time: 2020 - 10 - 17.

第五章　联合国粮农组织与非国家行为体的农业合作

发展中国家,农药除用于农业生产外,也影响公共卫生,如杀虫剂的使用也是疟疾传播的一种途径。① 因此,劣质农药的使用不仅影响农产品的产量和质量,也易诱发公共卫生危机。粮农组织和世界卫生组织表示,劣质农药正在撒哈拉以南非洲广泛使用且这些地区对农药质量的管控仍十分薄弱。为提高农药质量,保障粮食安全和人类健康,粮农组织和世界卫生组织共同签署了谅解备忘录,双方同意共同制定农药规格和标准,这一联合行动将有利于提高农药质量,进而保障人类安全和环境安全,并促进农业生产的可持续化。② 两大机构在农药领域的联合行动也得到了其他国际组织的广泛支持,联合国下属的多个机构都呼吁政府、国际和地区组织采纳粮农组织和世界卫生组织制定的农药规格和标准,以确保农产品贸易高质量发展。

2001年12月20日,粮农组织和世界卫生组织共同宣布于2002年1月28日至30日在摩洛哥马拉喀什举办全球粮食安全监管机构论坛(Global Forum of Food Safety Regulators)。该论坛是应成员国要求召开的,成员国敦促粮农组织和世界卫生组织就粮食安全问题与粮食安全监管机构进行协调磋商。同时,该论坛也是对G8在冲绳发布的联合公报中呼吁"定期召开粮食安全监管机构国际会议,以推进基于科学的公众咨询的发展"的响应。此次论坛共包括五个主题:跨界粮食安全紧急事件;新的粮食检测技术;减少食源性疾病的风险管理;改善粮食安全体系(尤指发展中国家);资源流动。③ 此外,此次论坛也鼓励科学家、监管者、消费者等相关群体加强沟通协调,共同解决全球粮食安全问题。

2003年4月23日,粮农组织和世界卫生组织共同发布了题为《饮

---

① "FAO/WHO: Amount of Poor-quality Pesticides Sold in Developing Countries Alarmingly High," http://www.fao.org/WAICENT/OIS/PRESS_NE/PRESSENG/2001/pren0105.htm, access time: 2020-10-17.

② "FAO/WHO: Amount of Poor-quality Pesticides Sold in Developing Countries Alarmingly High," http://www.fao.org/WAICENT/OIS/PRESS_NE/PRESSENG/2001/pren0105.htm, access time: 2020-10-17.

③ "FAO and WHO to Hold First Global Forum on Food Security Regulators," http://www.fao.org/WAICENT/OIS/PRESS_NE/PRESSENG/2001/pren01101.htm, access time: 2020-10-17.

食、营养和防止慢性病》的专家报告,该报告将作为制定一项全球战略以应对日益增加的慢性病负担的基本依据。[1] 报告指出,2001 年所报告的全世界 5650 万死亡人数中,有约 60% 死于慢性病,慢性病负担约占全球疾病负担的 46%。[2] 因此,加强对慢性病的防治尤为重要。慢性病虽属于疾病范畴,但也与营养、粮食安全等密切相关,因为不健康的饮食也是造成慢性病的重要原因。时任粮农组织总干事迪乌夫表示,世界上只有小部分人能够吃上充足的水果和蔬菜,如何让每个人都能获得充足的果蔬供应,依然是我们面临的重大挑战。粮农组织和世界卫生组织共同发布此项报告也表明,两大机构将紧密合作,共同应对慢性病所带来的威胁和挑战,共同改善全球膳食营养。

2003 年 11 月 11 日,粮农组织和世界卫生组织共同宣称,将采取行动提高全球水果和蔬菜的消费量。世界卫生组织 2002 年报告显示,每年约有 270 万人因果蔬摄入量较少而死亡,果蔬摄入量少已成为十大诱发死亡的因素之一。[3] 粮农组织数据显示,在一些国家,尤其是亚洲、非洲和中东欧等地区的国家中,部分民众果蔬摄入量远低于最小摄入值。粮农组织和世界卫生组织在"饮食、体能锻炼和卫生的全球战略"(Global Strategy on Diet, Physical Activity and Health)框架下开展的"果蔬联合推广行动",将加强其与其他全球伙伴的合作,提高发展中国家人民的果蔬摄入量和发达国家低收入群体的果蔬消费量,防止由果蔬摄入较少而引发疾病等相关问题。

为减少饥饿和营养不良人数,2014 年 11 月,粮农组织与世界卫生组织联合召开了第二届国际营养大会,172 国政府代表通过了政治承诺文件《营养问题罗马宣言》和《行动框架》。其中《营养问题罗马宣言》倡导

---

[1] "FAO/WHO Launch Expert Report on Diet, Nutrition and Prevention of Chronic Diseases," http://www.fao.org/english/newsroom/news/2003/16851-en.html, access time: 2020 - 10 - 17.

[2] WHO and FAO, *Diet, Nutrition and the Prevention of Chronic Diseases*, Switzerland: WHO, 2003, p. 4.

[3] "Greater Consumption of Fruits and Vegetables Promoted by UN Agencies," http://www.fao.org/english/newsroom/news/2003/24439-en.html, access time: 2020 - 10 - 17.

第五章 联合国粮农组织与非国家行为体的农业合作

人人享有获得安全、充足和营养食物的权利,并促使各国政府做出承诺,防止饥饿、微量营养素缺乏等各种形式的营养不良问题;《行动框架》强调政府在解决营养问题上的首要责任,并倡导与包括民间社会、私营部门和受影响社区在内的广大利益攸关方开展对话以解决营养不良问题。根据《营养问题罗马宣言》中的承诺、目标、指标和《行动框架》提出的60项行动建议,各国政府可酌情将与营养、卫生、农业、发展和投资等有关的内容纳入国家计划,并在有关国际协议的谈判中予以考虑,以期改善所有人的营养状况。[①]

2020年,为应对新冠肺炎疫情给全球食品安全带来的冲击,粮农组织和世界卫生组织联合发布了《针对食品安全监管部门防控新冠肺炎(COVID-19)与食品安全临时指南》,不仅明确了国家监管部门面临的挑战,如部分食品检测室用于新冠肺炎疫情的临床检测导致食品检测能力下降,部分工作人员被分配到新冠肺炎疫情紧急小组导致食品安全监管工作人员不足等;还列出了在疫情期间对食品安全进行监管的临时举措,如用电子数据代替食用动物托运时随附的纸质证书和证明,食品企业可提交电子版的自检结果,以证明企业内部自我防控的有效性等,也强调了办公人员的预防举措。[②] 此外,指南的发布也加强了粮农组织和世界卫生组织的沟通与合作,以便实现信息互通有无,提高应对新冠肺炎疫情的整体绩效。

此外,粮农组织还与世界卫生组织和世界动物卫生组织开展三边合作,解决三方共同关注的议题。2018年5月30日,粮农组织、世界卫生组织、世界动物卫生组织共同签署谅解备忘录,三者同意加强彼此间的伙伴关系,开展联合行动,共同应对人类、动物和环境三者互动所产生的问题,其中抗微生物药物耐药性就是三大机构优先关注的议题。为解决抗微

[①] 《第二届国际营养大会在罗马开幕 通过〈营养问题罗马宣言〉和〈行动框架〉》,联合国网站, https://news.un.org/zh/story/2014/11/225222,最后访问日期: 2020年8月20日。

[②] 《联合国粮农组织和世界卫生组织联合发布〈针对食品安全监管部门防控新冠肺炎(COVID-19)与食品安全临时指南〉》,中国检验检疫科学研究院网站, http://www.caiq.org.cn/kydt/902625.shtml,最后访问日期: 2020年10月16日。

生物药物耐药性问题,三大机构共同制定和构建全球抗微生物药物管理计划、全球抗微生物药物耐药性监测和抗微生物药物使用系统以及全球抗微生物药物耐药性行动计划监测和评价体系。① 事实上,三大机构于 2010 年就已正式签署合作协议,共同应对抗微生物药物耐药性问题以及流感、狂犬病等疾病。2017 年,三大机构发布第二份战略合作文件,承诺将人类和动物健康以及粮食和农业等方面的知识、技术和能力汇聚在一起,增强协同效应,推动制定更有力、更高效、更具成本效益的问题解决方案,以期更好地解决国际社会所面临的复杂的健康问题。②

第三,与世界银行的合作。世界银行成立于 1945 年 12 月 27 日,于 1947 年 11 月成为联合国的专门机构,其主要任务是消除贫困,促进共同繁荣与发展。粮农组织和世界银行的合作重在消除饥饿和贫穷。综合来看,两大机构联合开展的行动或实施的项目要少于粮农组织与世界动物卫生组织和世界卫生组织之间的合作。

2017 年 5 月 10 日,粮农组织负责执行工作的副总干事丹尼尔·古斯塔夫森和世界银行主管业务政策与国别服务的副行长哈特维希·谢弗在罗马签署合作协议,支持成员国实现联合国 2030 年可持续发展目标,改善农村生计,提高粮食生产和分配效率,保障全球自然资源的可持续管理,以期从全球、地区和国家等多个维度消除饥饿和贫困。③ 古斯塔夫森和谢弗均表示,协议的签署将推动粮农组织和世界银行发挥比较优势,通力合作,共同帮助世界各国解决在实现可持续发展目标过程中所面临的诸多困难。双方还表示,良好的合作伙伴关系将加快调动各方优势资源,从而促进联合国 2030 年可持续发展目标的实现。

2017 年 10 月 3 日,粮农组织和世界银行共同启动了一项总投入达

---

① 《旨在应对人类-动物-环境健康风险的国际伙伴关系进一步得到加强》,粮农组织网站,最后访问日期:2020 年 10 月 16 日。
② 《旨在应对人类-动物-环境健康风险的国际伙伴关系进一步得到加强》,粮农组织网站,http://www.fao.org/news/story/zh/item/1136768/icode/,最后访问日期:2020 年 10 月 16 日。
③ 《粮农组织和世界银行加强伙伴关系以消除饥饿和贫困》,粮农组织网站,http://www.fao.org/news/story/zh/item/885451/icode/,最后访问日期:2020 年 9 月 28 日。

3600万美元的项目,该项目将向也门63万多名贫困和粮食不安全人口(其中30%以上为妇女)提供援助,并帮助也门逐渐恢复农业生产力。[1]该项目所需资金来自世界银行全球农业和粮食安全计划,将帮助粮农组织在也门最缺粮的地区恢复粮食生产和水资源供应,从而帮助小农提高粮食产量,增加收入和改善营养状况。粮农组织驻也门代表哈桑表示,世界银行对粮农组织的赠款,将帮助粮农组织在也门实施可持续的农业生产方案,以促进农业生产,保障粮食安全,恢复农业基础设施以及加强能力建设。

第四,与联合国环境规划署的合作。联合国环境规划署(United Nations Environmental Programme,UNEP)是联合国内部负责全球环境问题的领导机构,主要负责制定全球环境议程,促进全球环境可持续发展等。农业生产与气候环境密切相关,粮农组织和联合国环境规划署开展合作,将有助于共同维护生态安全和粮食安全,以期在联合国框架下,实现全球农业可持续发展和全球环境可持续发展。

早在1998年,粮农组织和联合国环境规划署就开始了合作。在双方共同推动下,通过了《关于在国际贸易中对某些危险化学品和农药采用事先知情同意程序的鹿特丹公约》,该公约旨在对已被原产国禁止或限制使用的农药进行出口管制,将助力各国加强对危险化学品的管理。[2] 此后,双方合作更加紧密,双边关系也逐渐加深。

2019年9月27日,粮农组织总干事屈冬玉和联合国环境规划署执行主任英格·安德森共同签署谅解备忘录,以强化双边伙伴关系,并承诺在共同关切的领域加强合作。谅解备忘录的签署是粮农组织和联合国环境规划署自1977年开始正式合作之后的延续,将使双方现有的合作关系更加密切。谅解备忘录明确了双方重点关注的合作领域,如构建可持续的粮食

---

[1] 《粮农组织和世界银行启动3600万美元计划,以加大抗击也门饥荒的行动力度》,粮农组织网站,http://www.fao.org/news/story/zh/item/1041596/icode/,最后访问日期:2020年9月28日。

[2] 联合国粮农组织:《粮农组织成立75周年:齐成长、同繁荣、共持续》,第41页。

体系、农林渔等领域的生态系统服务、保护生物多样性、数据统计等。[①]

2020年9月29日,为迎接首个"国际粮食损失和浪费"宣传日,粮农组织和联合国环境规划署共同举办活动,敦促国际社会为减少粮食损失和浪费做出贡献。粮食损失和浪费对粮食安全和生态环境安全均产生消极影响。在粮食安全层面,据估计,每年全世界粮食在上市前就会损失约14%,损失总价值高达4000亿美元,而粮食浪费则更加严重,已成为全球的共性问题。[②] 在生态环境安全层面,全球8%的温室气体排放源自粮食损失和浪费,增加了全球生态治理的难度。粮农组织和联合国环境规划署作为提倡减少粮食损失和浪费的主要国际组织,多次联合发起全球倡议,号召国家和非国家行为体重视粮食损失和浪费问题并积极参与减少粮食损失和浪费的活动。除此次活动外,两个组织早在2013年1月就联合其全球伙伴发起了"改变粮食浪费文化的全球运动"(Global Campaign to Change Culture of Food Waste),以保障粮食安全和生态环境安全。[③]

第五,与联合国开发计划署的合作。联合国开发计划署是世界上最大的负责技术援助的国际机构。2019年9月26日,粮农组织总干事屈冬玉和联合国开发计划署署长阿奇姆·施泰纳在纽约签署谅解备忘录,该协议的签署延长了两大机构间长期的正式合作关系,将推动两个机构进一步落实联合国《2030年议程》。屈冬玉和阿奇姆·施泰纳均表示,协议的签署标志着粮农组织和联合国开发计划署之间的合作开启了新的篇章,二者将建立更加紧密的合作关系。综合来看,两个机构的合作领域主要集中于农业可持续发展、自然资源管理、消除贫困、改善粮食安全和应对气候变化

[①] 《粮农组织和联合国环境规划署加深伙伴关系》,粮农组织网站,http://www.fao.org/news/story/zh/item/1235360/icode/,最后访问日期:2020年10月16日。

[②] 《粮农组织和环境规划署:提升粮食安全和环境可持续性,减少粮食损失和浪费势在必行》,粮农组织网站,http://www.fao.org/news/story/zh/item/1310524/icode/,最后访问日期:2020年10月16日。

[③] "Think, Eat, Save: UNEP, FAO and Partners Launch Global Campaign to Change Culture of Food Waste," https://www.unep.org/news-and-stories/press-release/think-eat-save-unep-fao-and-partners-launch-global-campaign-change, access time: 2020–10–16.

第五章 联合国粮农组织与非国家行为体的农业合作

等方面。同时，两个机构还共同探索如何帮助国家构建可持续的粮食体系。①

此外，粮农组织还和联合国开发计划署的从属机构开展合作。联合国志愿人员组织（United Nations Volunteers，UNV）成立于1970年，从属于联合国开发计划署，主要负责国际志愿服务的相关事宜。2017年6月16日，粮农组织和联合国志愿人员签署谅解备忘录，双方将进一步深化伙伴关系，共同为消除饥饿和贫困贡献力量。联合国志愿人员拥有来自150多个国家的约6600名志愿人员，与数十个联合国组织和维和行动部门共同在120多个国家开展活动，该组织的志愿人员在减贫和应对气候变化与灾害等方面积累了丰富的经验，能够与粮农组织在农业、生态环境等诸多领域开展合作，共同推动联合国2030年可持续发展目标的实现。②

第六，与联合国难民署的合作。联合国难民署（United Nations High Commissioner for Refugees）成立于1950年，主要负责保护难民和解决难民问题。2018年6月20日，粮农组织和联合国难民署共同发布了《人口迁移背景下的森林管理手册》（简称《森林管理手册》），以帮助受迁移波及的地带修复森林。由于收容迁移人口的地区往往资源匮乏，迁移人口对当地木制燃料就更加依赖，据估计，全世界五分之四的被迫迁移者使用木质燃料取暖做饭，加剧了收容地区的森林退化和森林砍伐问题。③ 例如，在乌干达的一处难民收容区，据联合国难民署和粮农组织估计，该地区2017年全年的木质燃料消费量超过30万吨，若不加以管理，该地区的木质燃料供应最多只能支撑三年，将面临森林枯竭的危险。④ 对此，《森林管理手册》提出了如何既满足迁移者的需求又保护森林的对策建议。例

---

① 《粮农组织和开发署强化伙伴关系，以更好地实现〈2030年议程〉》，粮农组织网站，http://www.fao.org/news/story/zh/item/1235352/icode/，最后访问日期：2020年10月16日。
② 《联合国志愿人员与粮农组织深化伙伴关系》，粮农组织网站，http://www.fao.org/news/story/zh/item/896605/icode/，最后访问日期：2020年10月16日。
③ 《粮农组织和联合国难民署启动新机制，保护迁移波及地带的森林》，粮农组织网站，http://www.fao.org/news/story/zh/item/1141879/icode/，最后访问日期：2020年10月16日。
④ 《粮农组织和联合国难民署启动新机制，保护迁移波及地带的森林》，粮农组织网站，http://www.fao.org/news/story/zh/item/1141879/icode/，最后访问日期：2020年10月16日。

如，在迁移人口大量涌入时，种植快速生长的树木，以确保木质燃料的使用；又如，号召难民积极参与植树，通过植树获取能源、木材、食物和饲料。这些举措都将有助于推动森林的恢复与再生。[①]

第七，与联合国世界旅游组织的合作。联合国世界旅游组织（United Nations World Tourism Organization，UNWTO）的前身是1898年成立的旅游协会的国际联盟，于1975年正式改名为世界旅游组织，于2003年11月成为联合国的专门机构，主要负责全球旅游领域的相关事宜。2020年9月29日，粮农组织总干事屈冬玉和联合国世界旅游组织秘书长祖拉布·波洛利卡什维利在罗马签署两大组织的首份谅解备忘录，双方承诺，将共同助力可持续的乡村旅游和农村经济的发展，加强对生态系统的保护。根据谅解备忘录规划的未来五年的合作计划，两大组织将在农业文化遗产保护、生态系统的改善、农民生计、青年和妇女的发展等领域开展合作。[②] 同时，屈冬玉还邀请世界旅游组织加入"千村项目"和"手拉手"行动计划。

第八，与联合国教科文组织的合作。联合国教科文组织（United Nations Educational, Scientific and Cultural Organization，UNESCO）于1945年11月16日正式成立，是联合国内部专门负责国际教育、科学和文化的机构。1961年，粮农组织和联合国教科文组织在粮农领域开展了合作。两大组织按照1∶5000000的比例，在世界各国土壤学家的共同努力下，耗费十余年的时间，共同绘制了《世界土壤图》。该图旨在帮助农民了解土壤如何适用于不同的耕作技术和如何充分发挥土壤肥力实现高产。至今，这份土壤图仍是全球记录土壤资源的唯一综合资料。当前，两大组织仍保持密切的合作关系。2018年7月4日，粮农组织和联合国教科文组织在巴黎签署谅解备忘录，这是两大组织自70多年前签署首份合作协议后首次签署新的协议，标志着两大组织的合作将开启新的篇章。在双边伙

[①]《粮农组织和联合国难民署启动新机制，保护迁移波及地带的森林》，粮农组织网站，http://www.fao.org/news/story/zh/item/1141879/icode/，最后访问日期：2020年10月16日。

[②]《粮农组织携手世界旅游组织，发展可持续乡村旅游、加强农村经济、保护生态系统》，粮农组织网站，http://www.fao.org/news/story/zh/item/1310752/icode/，最后访问日期：2020年10月16日。

伴关系框架下，两大组织承诺将支持开发有关粮食安全和可持续粮食系统的学习模块、教学用具和实践课程，以供农业相关院校和农民学校使用。同时，两个机构还致力于在学校开展营养教育和健康教育等相关讲座，并将联合开发知识共享平台，分享与粮食、文化和和平等相关的知识，也将针对受冲突影响的农村地区开发专门的教育项目。① 除教育领域外，两个机构还将在世界农业遗产保护领域开展合作。

第九，与联合国工业发展组织的合作。联合国工业发展组织（United Nations Industrial Development Organization，UNIDO）成立于1966年，于1985年6月正式成为联合国专门机构，其主要职能是通过技术援助和工业合作推动发展中国家的经济发展和工业化进程。2019年8月29日，在第七届东京非洲发展国际会议的场边活动中，粮农组织、工业发展组织和非盟联合其他合作伙伴，共同发起了"加快非洲农业和农企青年就业"的倡议。该倡议的重点是通过优先发展农业价值链，为青年创业企业提供技术援助、能力建设以及知识交流的机会，以期改善非洲青年的就业现状并推动非洲青年自主创业。②

从上文论述中可以看出，农业与生态环境、动物、教育、文化、技术等多领域密切相关，全球粮农治理仅依靠粮农组织一己之力还远远不够，需要发挥联合国内部多个机构的功能优势，开展双多边合作，实现资源优势互补。粮农组织与联合国诸多专门机构开展合作也表明，因议题联系，不同的国际机制之间可以跨界合作，共同应对核心关切，促使国际机制之间形成一种良性互动。

三 粮农组织与其他国际组织的合作

第一，与经济合作与发展组织的合作。经济合作与发展组织

---

① 《粮农组织和联合国教科文组织将加倍努力，以推动实现可持续发展目标》，粮农组织网站，http://www.fao.org/news/story/zh/item/1144128/icode/，最后访问日期：2020年10月16日。
② 《工发组织和粮农组织推广绿色工作机会，加快非洲农业部门的青年就业》，粮农组织网站，http://www.fao.org/news/story/zh/item/1206401/icode/，最后访问日期：2020年10月20日。

联合国粮食及农业组织

(Organization for Economic Co-operation and Development, OECD) 简称经合组织，是由38个市场经济国家组成的政府间国际经济组织，其职能主要是助力世界经济增长、促进成员国经济发展、帮助发展中国家改善经济环境等。农业作为国民经济的基础，也是经合组织重点关注的领域。联合制定农业展望报告是粮农组织和经合组织的重要合作项目，其目的是通过分析当前粮农形势和预测未来十年的农业发展水平和粮食安全状况，为国家和非国家行为体制定农业发展政策提供依据。

2010年粮农组织和经合组织发布的《2010~2019年农业展望》重点关注全球粮食价格的波动。据报告预测，未来十年里，小麦和粗粮的平均价格将比1997~2006年的平均价格提高15%~40%（通胀调整后的实际价格），植物油的实际价格预计将上涨40%，奶制品价格的平均涨幅将在16%~45%。[1] 如果粮食价格持续走高，低收入者的粮食购买力将受到削弱，其粮食安全状况将更加严峻。同时，报告还对全球及国家的粮食产量做出预测：与过去十年相比，未来十年全球农业产量的增速将会放缓，但仍可实现世界粮食生产70%的增长，以满足2050年预计人口的粮食需求。巴西是目前发展最快的农业生产国，从现在到2019年其产量预计将增长40%以上，中国、印度、俄罗斯和乌克兰的产量增幅预计也将超过20%。[2]

2012年发布的《2012~2021年农业展望》重点关注粮食产量的增幅。据报告预测，未来十年，农业产量增幅将放缓，这和《2010~2019年农业展望》的预测相一致，预计每年农业产量的增长率将从过去十年年均2%下降至1.7%，这主要是受农业生产成本提高、耕地和水等自然

---

[1] 《经合组织和粮农组织认为未来十年平均粮食价格将处于较高水平，粮食安全状况仍令人担忧》，粮农组织网站，http://www.fao.org/news/story/zh/item/43245/icode/，最后访问日期：2020年10月21日。

[2] 《经合组织和粮农组织认为未来十年平均粮食价格将处于较高水平，粮食安全状况仍令人担忧》，粮农组织网站，http://www.fao.org/news/story/zh/item/43245/icode/，最后访问日期：2020年10月21日。

资源趋紧、环境压力增大以及气候变化等多重因素的影响。① 但同时，人口持续膨胀、人民生活水平提高而带来的饮食结构的改变以及生物能源需求量的扩大等，都增加了粮食的需求量，导致供需矛盾日益尖锐。此外，报告还对农业可持续发展表示担忧，并建议国家加大对农业的投入。

2013年发布的《2013~2022年农业展望》也重点关注全球农业产量问题。报告指出，2003年到2012年全球农业生产的年均增长率为2.1%，与之相比，该数值在2013~2022年将下降至1.5%。报告认为，粮食产量和粮食库存量不足、粮食价格波动以及粮食贸易中断等因素的存在，使得全球粮食安全仍面临巨大的威胁，各国政府仍需加大对农业基础设施等领域的投入，积极营造良好的贸易环境，推动农业可持续发展。同时，报告还指出，未来十年，预计中国的油菜籽进口量将增加40%，占全球贸易量的59%；中国对肉类和乳制品的需求将继续扩大，并有望在2022年前超过欧盟，成为人均猪肉消费第一大国；中国粮食产量的增幅将有所放缓，但仍能保持主粮自给自足。②

2015年发布的《2015~2024年农业展望》预计，未来十年，农产品贸易增速将放缓，且在全球产量和消费量中所占比例基本持稳。就具体的农产品而言，谷物库存在过去两年不断增加和油价持续走低使得谷物价格在短期内有所下降；蛋白粉需求强劲将进一步提升油菜籽产量；发展中国家对食糖需求的增加将逐渐使食糖的价格恢复，有助于推动食糖产业的发展；随着饲料价格下降，肉类产量将逐渐增加，进而促进该产业的发展；预计2023年，水产养殖产量将有望超过捕捞渔业的总产量，且在2024年，全球渔业产量将提高近20%；奶制品的主要出口地将集中在新西兰、欧盟、美国和澳大利亚。③ 此外，报告还展望了未来巴西农业的发展。

---

① 《提高生产力和增加粮食系统的可持续性将改善全球粮食安全》，粮农组织网站，http://www.fao.org/news/story/zh/item/151656/icode/，最后访问日期：2020年10月21日。
② 《提高生产力和增加粮食系统的可持续性将改善全球粮食安全》，粮农组织网站，http://www.fao.org/news/story/zh/item/151656/icode/，最后访问日期：2020年10月21日。
③ 《经合组织-粮农组织预计未来十年将实现增产降价》，粮农组织网站，http://www.fao.org/news/story/zh/item/296661/icode/，最后访问日期：2020年10月21日。

2016年发布的《2016~2025年农业展望》预测，与过去十年全球农产品贸易的年均增长率（4.3%）相比，未来十年，全球农产品贸易年均增长率将下降至1.8%，但粮食消费价格的波动较小，全球作物产量的年均增幅预计在1.5%左右。① 此外，报告还重点聚焦撒哈拉以南非洲。该地区的总人口超过9.5亿人，占全球总人口的13%，预计到2050年，其占全球人口总数的比例将增至22%，总人口将达到21亿人。② 人口数量持续膨胀导致对粮食的需求量日益增加，但撒哈拉以南非洲的农业发展普遍滞后，其营养不良人数已经从2014年的4400万人增加到2016年的2.18亿人。③ 据报告预计，在未来十年，由于该地区的粮食需求增幅将超过3%，该地区的粮食进口量也将持续增长，即便农业生产力有所提高，其农业年均总产量增幅也只有2.6%。④ 因此，报告建议，政策制定者应加大财政支农力度，提高农业生产力，改善市场准入条件，并积极推动小生产者更好地融入价值链。

2017年发布的《2017~2026年农业展望》预测，在粮食产量层面，农作物产量的提升将主要依靠提高单产来实现，通过扩大种植面积所提高的粮食产量有限，而在收获面积维持在2%的增长的情况下，小麦产量将增加85%，玉米产量将增加90%；在畜牧业和渔业层面，奶类产量增加将加速，水产养殖业将成为推动渔业产量增长的主要力量；在人均需求层面，除最不发达的国家外，人均主粮需求持续低平，大量低收入群体人均肉类需求增长率仅为1%，人均食糖需求将增加8.1%。⑤ 此外，《2017~2026年农业展望》将地区焦点放在东南亚。报告显示，东南亚地区在保障粮食安全方面已取得了显著成效，在20世纪90年代初期，东南亚的营养不

---

① 《经合组织和粮农组织预计农产品价格上行期或将结束但呼吁保持警惕》，粮农组织网站，http://www.fao.org/news/story/zh/item/422687/icode/，最后访问日期：2020年10月21日。
② OECD and FAO, *OECD-FAO Agricultural Outlook 2016-2025*, OECD/FAO, 2016, p. 60.
③ OECD and FAO, *OECD-FAO Agricultural Outlook 2016-2025*, p. 60.
④ 《经合组织和粮农组织预计农产品价格上行期或将结束但呼吁保持警惕》，粮农组织网站，http://www.fao.org/news/story/zh/item/422687/icode/，最后访问日期：2020年10月21日。
⑤ 《经合组织和粮农组织报告显示需求增长放缓致使世界粮价保持低位运行》，粮农组织网站，http://www.fao.org/news/story/zh/item/989542/icode/，最后访问日期：2020年10月21日。

第五章 联合国粮农组织与非国家行为体的农业合作 Food and Agriculture Organization of the United Nations

良率约为31%，居世界首位，2014~2016年，该比例降至10%以下，即便如此，粮食安全问题仍然是东南亚地区发展的重要议题，2014~2016年，东南亚仍有6000万人处于营养不良状态。① 据报告预测，未来十年，尽管东南亚地区的农业产量和渔业产量将保持增长，但年均增长率较低，仅为1.8%，低于过去十年2.7%的年均增长率。② 但同时，大米产量的年均增长率（1.6%）将略高于过去十年的水平，但低于过去十五年的水平。③

2018年发布的《2018~2027年农业展望》预测，全球农产品和粮食需求的增长将出现疲软趋势，但农业生产能力将持续提高，未来十年的农产品价格将保持低位。就具体领域而言，未来十年，全球农业和渔业产量将增长约20%，但不同区域之间的差异较大，其中人口增长较快的发展中地区将出现大幅增长，如撒哈拉以南非洲、南亚、东亚、西亚和北非等地区；而发达国家的产量增长相对较低，尤其是西欧地区。④ 除产量增长之外，预计农业和渔业的贸易增长率将是前十年的一半。此外，报告还预测，对用于生产生物燃料的谷物和植物油的需求将基本保持不变，但对用于生物燃料生产的甘蔗的需求量将保持增长。⑤ 就重点关注的地区而言，《2018~2027年农业展望》聚焦中东和北非。报告显示，在中东和北非地区，仅有三分之一的土地是农业用地，其中只有5%是耕地，而剩余三分之二的土地是城市用地和沙漠。⑥ 不利的自然条件和持续膨胀的人口、长期的冲突和战乱以及贫穷等因素的叠加，导致中东和北非地区粮食供需矛盾尖锐，对国际市场的依赖性日益加深。据报告预测，总体来看，在中东、北非地区，小麦、玉米和稻谷等三大主粮在2027年的人均消费量基

---

① OECD and FAO, *OECD-FAO Agricultural Outlook 2017-2026*, OECD/FAO, 2017, pp. 60-61.
② OECD and FAO, *OECD-FAO Agricultural Outlook 2017-2026*, p. 85.
③ OECD and FAO, *OECD-FAO Agricultural Outlook 2017-2026*, p. 86.
④ 《经合组织和粮农组织年度展望报告：解决全球粮食安全挑战需要可预测的农业贸易条件》，粮农组织网站，http://www.fao.org/news/story/zh/item/1143881/icode/，最后访问日期：2020年10月21日。
⑤ 《经合组织和粮农组织年度展望报告：解决全球粮食安全挑战需要可预测的农业贸易条件》，粮农组织网站，http://www.fao.org/news/story/zh/item/1143881/icode/，最后访问日期：2020年10月21日。
⑥ OECD and FAO, *OECD-FAO Agricultural Outlook 2018-2027*, OECD/FAO, 2018, p. 70.

179

本与2015/2017年度持平。① 此外，由于在西亚、北非地区的饮食结构中，蔬菜类食物占比较大，到2027年，该地区居民89%的卡路里摄入量将来自蔬菜。②

2019年发布的《2019~2028年农业展望》预测，未来十年，在农产品价格方面，谷物、肉、奶制品以及油菜籽等农产品价格年均下降1%~2%，这主要是受农产品生产率提高影响。③ 在农产品消费层面，谷物的年均消费率将增加1.2%，动物产品的年均消费率将增加1.7%，蔗糖和植物油的年均消费率将增加1.8%，豆类、根块作物的年均消费率将增加1.9%。④ 总体来看，主粮消费量的提高主要是受人口增长的驱动，高附加值农产品需求的增加主要受人均使用量和人口增长的双重驱动，因此，高附加值农产品的需求增幅预计将超过主粮的需求增幅。⑤ 在农产品产量层面，谷物将增加3.84亿吨，油菜籽将增加8400万吨，根块作物将增加4100万吨，豆类将增加1900万吨，棉花将增加300万吨。⑥ 就重点关注的地区而言，《2019~2028年农业展望》聚焦拉丁美洲和加勒比地区。报告显示，农业是多数拉丁美洲和加勒比地区国家的重要经济部门，2015~2017年，平均占GDP的4.7%，与1996~1998年相比，下降了1.4%。⑦ 据报告预测，未来十年，谷物产量的增长率将有所放缓，到2028年，拉丁美洲和加勒比地区将生产玉米2.3亿吨（占世界总产量的18%），稻谷2140万吨（占世界总产量的4%），小麦3730万吨（占世界总产量的11%）。⑧

2020年发布的《2020~2029年农业展望》预测，2020~2029年，在谷物方面，人口增长仍然是促使谷物需求量增加的主要原因，人均需求量

---

① OECD and FAO, *OECD-FAO Agricultural Outlook 2018-2027*, p. 92.
② OECD and FAO, *OECD-FAO Agricultural Outlook 2018-2027*, p. 91.
③ OECD and FAO, *OECD-FAO Agricultural Outlook 2019-2028*, OECD/FAO, 2019, p. 26.
④ OECD and FAO, *OECD-FAO Agricultural Outlook 2019-2028*, p. 30.
⑤ OECD and FAO, *OECD-FAO Agricultural Outlook 2019-2028*, p. 30.
⑥ OECD and FAO, *OECD-FAO Agricultural Outlook 2019-2028*, p. 26.
⑦ OECD and FAO, *OECD-FAO Agricultural Outlook 2019-2028*, p. 71.
⑧ OECD and FAO, *OECD-FAO Agricultural Outlook 2019-2028*, p. 86.

第五章 联合国粮农组织与非国家行为体的农业合作　Food and Agriculture Organization of the United Nations

的增长则是次要原因。与 2010～2019 年相比，上述两个因素助推谷物年需求量增长的幅度有所下降。在肉类方面，与 2010～2019 年相比，人口增长促使肉类需求量增加的幅度有所下降，但人均需求量的增加助推肉类需求量增加的幅度有所提升。在鱼类方面，与 2010～2019 年相比，人口增长成为促使鱼类需求量增加的主要原因，人均需求量的增长则变为次要原因，同时，两个因素助推鱼类年需求量增长的幅度有所下降。在新鲜奶制品方面，与 2010～2019 年相比，人口增长成为促使新鲜奶制品需求量增加的主要原因，人均需求量的增长则变为次要原因，同时，前者促使新鲜奶制品需求量增加的幅度基本平稳，后者促使新鲜奶制品需求量增加的幅度有所下降。在糖类方面，与 2010～2019 年相比，人口增长仍然是促使糖类需求量增加的主要原因，但其促使糖类需求量增加的幅度有所下降，人均需求量的增长虽是次要原因，但其促使糖类需求量增加的幅度有所上升。在植物油方面，与 2010～2019 年相比，人口增长成为促使植物油需求量增加的主要原因，但提升幅度有所下降，人均需求量的增长则变为次要原因，且其促使植物油需求量增加的幅度大大下降。[1] 此外，报告还分析了新冠肺炎疫情对农业发展的影响，指出 2020～2021 年度，全球小麦、稻谷、植物油、奶制品、鱼、家禽以及猪肉等需求量均将有所减少。[2]

2021 年发布的《2021～2030 年农业展望》预测，到 2030 年，全球 GDP 仍会低于新冠肺炎疫情之前，应新冠肺炎疫情而造成的经济损失难以完全恢复。2021～2030 年，全球人均食物消耗量预计将增加 4%，到 2030 年将达到人均 3025 卡路里。其中中等收入国家食物摄入量的增幅将最为显著，低收入国家食物摄入量将没有明显变化，如撒哈拉以南非洲到 2030 年，人均卡路里摄入量预计将仅增长 2.5%。在饲料作物方面，预计低收入和中等收入国家的需求量将大幅上涨，而高收入国家的需求量增幅

---

[1] OECD and FAO, *OECD-FAO Agricultural Outlook 2020 – 2029*, OECD/FAO, 2020, p. 26.
[2] OECD and FAO, *OECD-FAO Agricultural Outlook 2020 – 2029*, p. 68.

联合国粮食及农业组织

将较为缓慢。①

2022年发布的《2022~2031年农业展望》预测，尽管全球经济有望复苏，但俄乌冲突的爆发增加了全球经济复苏的不确定性。全球食品消费（尤以农产品为主）预计在2022~2031年，增加1.4%，这主要是因人口持续增长所致。增加的食品消费主要源于低收入和中等收入国家，而高收入国家由于人口增长缓慢和部分食品的人均消费进入饱和状态，其粮食消费增幅趋缓。同时，随着牲畜和家禽业的快速发展，低收入和中等收入国家对饲料作物的需求在2022~2031年也将有所增加，而高收入和中高收入国家的饲料作物需求量将增长缓慢。同时，报告还预测2022~2031年，全球农产品产量将增加1.1%。②

可见，联合发布农业展望已经成为联合国粮农组织和经合组织的常规性合作项目，报告对农业产量、消费量、需求量、农产品价格以及地区农业发展和粮食安全的分析和展望，为国家、非政府组织、粮商、农业生产者和消费者以及农业科研人员等了解全球和地区粮农形势提供了借鉴。

第二，与伊斯兰开发银行的合作。伊斯兰开发银行（Islamic Development Bank，IDB，IsDB）成立于1974年8月12日，1975年10月20日正式开始运作，是伊斯兰会议组织下为加强区域经济合作而成立的国际金融机构。其主要职能是为促进成员国经济和社会发展提供金融服务，向私人及公共部门提供贷款，设立特别基金用以援助非成员国的穆斯林共同体以及对基础设施建设进行投资等。农业和粮食安全作为推动经济发展和保障社会稳定的重要领域，是伊斯兰开发银行对外投资与合作的重要关切。对农业发展和粮食安全的共同认知，促使伊斯兰开发银行与粮农组织开展并强化双边合作。

2009年11月15日，在世界粮食安全首脑会议召开前夕，粮农组织与伊斯兰开发银行共同签署了价值10亿美元的合作协议，为同属于两个组织的贫穷国家提供资金援助，以促进其农业发展和保障粮食安全。该协议签

---

① OECD and FAO, *OECD–FAO Agricultural Outlook 2021–2030*, pp. 17–18.
② OECD and FAO, *OECD–FAO Agricultural Outlook 2022–2031*, pp. 17–18.

第五章　联合国粮农组织与非国家行为体的农业合作

署时正值全球粮食危机时期，加快农业发展、抑制粮食价格和保障粮食安全是国际社会共同关注的主要议题。根据协议规定，从2010年到2013年，伊斯兰开发银行主要为项目的实施提供资金支持，它将在其董事会于2008年6月批准的《吉达宣言》的框架内为组织内经济最不发达的26个成员国的重点农业项目提供支持，粮农组织则主要为项目的开展提供技术支持。①

2020年7月22日，受新冠肺炎疫情的影响，两大组织在线上签署了合作协议，旨在开展联合行动，以加深双边伙伴关系，共同促进农企发展、技术援助和能力建设。联合行动计划在2020~2022年实施，将在全球、地区和国家等三个层面同时开展，重点关注气候变化、农业用水、农企价值链、粮农等相关数据统计、减贫以及女性赋权等议题。② 同时，两大组织所开展的联合行动也将助推机制合作，如南南合作等。此外，为提升合作绩效，粮农组织和伊斯兰开发银行将该协议确定为动态性协议，将根据对行动计划的评估，对该协议进行完善和补充。

第三，与世界贸易组织的合作。世界贸易组织（World Trade Organization，WTO）成立于1995年1月1日，是独立于联合国的永久性国际组织，其目标是实现贸易自由化和公平化。推动农产品贸易发展是世贸组织的重要关切之一，也是粮农组织和世贸组织合作的重要领域。2015年4月17日，粮农组织和世贸组织达成共识，将在农产品贸易、粮食安全以及国际粮食市场运作等领域加强合作。由于全球粮食市场开放对实现粮食安全具有重要作用，世贸组织总干事罗伯托·阿泽维多和时任粮农组织总干事若泽·格拉齐亚诺·达席尔瓦还专门讨论了如何能够通过增加贸易机会和强化多边贸易体系来营造更有利于保障粮食安全和实现农业可持续发展的全球环境。③ 同年11月2日，世贸组织和粮农组织再次就强化双边

---

① 《粮农组织与伊斯兰开发银行签署10亿美元协议》，粮农组织网站，http://www.fao.org/news/story/zh/item/37368/icode/，最后访问日期：2020年10月23日。
② 《粮农组织与伊斯兰开发银行签署新合作协议，加强伙伴关系》，粮农组织网站，http://www.fao.org/news/story/zh/item/1300399/icode/，最后访问日期：2020年10月23日。
③ 《世贸组织和粮农组织宣布将在贸易和粮食安全领域加强合作》，粮农组织网站，http://www.fao.org/news/story/zh/item/284066/icode/，最后访问日期：2020年10月23日。

合作达成共识，双方表示将共同促进国际食品贸易与安全，改善人们的营养状况，并努力帮助小生产者增加进入国际农产品市场的机会。① 此外，世贸组织还将参与由粮农组织出版的《农产品市场》的编写工作。

第四，与上海合作组织的合作。上海合作组织（Shanghai Cooperation Organization）成立于2001年6月15日，是永久性的政府间国际组织，其宗旨是加强各成员国之间的相互信任与睦邻友好；鼓励各成员国在政治、经贸、科技、文化、教育、能源、交通、环保及其他领域的有效合作；共同致力于维护和保障地区的和平、安全与稳定；建立民主、公正、合理的国际政治经济新秩序。② 农业始终是上合组织的重要关注领域，自2001年9月首次提出加强农业合作之后，成员国不仅对内拓展农业合作领域和构建农业合作机制，还对外开展农业双多边合作。③ 2019年11月1日，粮农组织和上海合作组织在乌兹别克斯坦塔什干签署谅解备忘录，两大组织将进一步加强双边伙伴关系，并在粮食安全、环境和农业可持续发展、自然资源可持续管理、农业数字化等一系列领域开展合作，以期推动联合国2030年可持续发展目标的实现。④

第二节 粮农组织与政府间区域组织的合作

一 粮农组织与欧盟的合作

欧盟作为全球第一个超国家联合体，长期以来与粮农组织保持着密切且有效的合作伙伴关系。1991年，欧共体正式成为联合国粮食及农业组

---

① 《粮农组织和世贸组织：食品安全与贸易应有助于改善营养和促进发展》，粮农组织网站，http://www.fao.org/news/story/zh/item/341803/icode/，最后访问日期：2020年10月23日。
② 《"上海合作组织"成立宣言》，中华人民共和国中央人民政府网站，http://www.gov.cn/govweb/gongbao/content/2001/content_60959.htm，最后访问日期：2020年10月23日。
③ 参见张宁、杨正周、阳军《上海合作组织农业合作与中国粮食安全》，社会科学文献出版社，2015，第404~411页。
④ 《粮农组织与上海合作组织加强粮食安全和可持续发展领域的合作》，粮农组织网站，http://www.fao.org/news/story/zh/item/1244798/icode/，最后访问日期：2020年10月21日。

第五章 联合国粮农组织与非国家行为体的农业合作

织第 161 个成员，这也是粮农组织第一次制度性的突破——接纳非主权国家为其组织成员。1993 年，粮农组织和欧盟的双边合作协议得到进一步完善和发展，合作领域包括资金援助和技术援助。2003 年 7 月 17 日，欧盟和粮农组织在布鲁塞尔再次签署合作协议，旨在加强战略伙伴关系，共同推动农业发展和人道主义援助。从 1993 年到 2003 年，欧盟和粮农组织共开展了 95 项技术合作，总金额约 8900 万欧元，其中多数项目涉及发展中国家的粮食安全、农业、林业和渔业等各领域。若从地域分配来看，52% 的项目在撒哈拉以南非洲和中东，32% 在亚洲，11% 在拉丁美洲及加勒比地区，剩余 5% 是在地区间开展。[1] 2004 年 12 月 21 日，粮农组织和世贸组织共同宣布建立新的伙伴关系，以提高决策者解决粮食安全问题和保障脆弱人群的能力，进而采取有效措施减少饥饿人数。根据伙伴协议规定，三年内，总价值 1500 万欧元的项目将在世界上 20 个国家实施，其目的是明确这些国家所面临的粮食安全问题，并据此提出减少饥饿的有效对策和建议。[2] 此外，粮农组织和欧盟还希望通过项目的实施，提高公众对粮食安全的重视程度并推动全球粮食安全对话，以期共同抗击饥饿。

当前，欧盟已经成为粮农组织最重要且最活跃的成员和贡献者之一。更为重要的是，欧盟与粮农组织的关系发展也为粮农组织多边合作机制的构建提供了有效范式和宝贵经验。

（一）粮农组织经费的主要贡献者

欧盟是粮农组织主要的自愿捐款成员国和投资伙伴，为粮农组织在世界各地实施的诸多计划提供资金支持。2015 年 7 月 15 日，粮农组织和欧盟签署一项新的合作协议，该协议主要包括两项发展规划，一是通过在政策和能力建设两方面的支持，提高政府和地区机构改善粮食安全和营养状况以及促进农业可持续发展的能力；二是通过向决策者提供及时有效的信

---

[1] FAO, "European Commission and FAO Strengthen Partnership," http://www.fao.org/english/newsroom/news/2003/20406-en.html, access time: 2020-10-24.

[2] FAO, "European Commission and FAO Extend Food Security Programme," http://www.fao.org/newsroom/en/news/2004/52521/index.html, access time: 2020-10-24.

息帮助其提高抵御粮食危机的能力。① 根据协议规定，粮农组织和欧盟将分别投资 2350 万欧元和 5000 万欧元，帮助至少 35 个国家保障粮食和营养安全，促进农业可持续发展以及增强应对粮食危机的能力。② 2016 年 5 月 13 日，粮农组织和欧盟共同签署了一项金额为 3000 万美元的融资协议，旨在支持粮农组织"森林执法、治理和贸易"（Forest Law Enforcement, Governance and Trade, FLEGT）计划的下一阶段工作。③ 该计划将在新的阶段致力于强化木材生产国和消费国私营部门之间的合作，共同解决合法生产木材所面临的困难。同时，该计划还将赋权亚洲、非洲、拉丁美洲及加勒比地区的中小林业企业，以便使它们合法经营，获得进入绿色市场的机会，并逐渐成为森林资源可持续管理的积极参与者。④

2018 年 11 月 23 日，为扩大合作规模和提高合作效率，欧盟与粮农组织、国际农业发展基金和世界粮食计划署共同签署了价值 1200 万欧元的合作协议。根据协议规定，欧盟将资助三个发展项目：第一个项目价值 500 万欧元，由粮农组织、国际农业发展基金和世界粮食计划署联合制定方案，其重点在于赋权农村妇女并使其成为推动农业发展和保障粮食安全的主要力量；第二个项目价值 300 万欧元，将支持由粮农组织设立的世界粮食安全委员会的工作；第三个项目价值 400 万欧元，旨在加强粮农组织和欧盟委员会在投资领域的合作，鼓励私营部门投资可持续的农业发展和粮食安全。⑤ 2019 年 10 月 23 日，欧盟和非洲、加勒比和太平洋地区国家

---

① FAO, "European Union and FAO Launch New Programmes to Boost Food and Nutrition Security, Sustainable Agriculture and Resilience," http://www.fao.org/news/story/en/item/298350/icode/, access time: 2020 - 10 - 24.
② FAO, "European Union and FAO Launch New Programmes to Boost Food and Nutrition Security, Sustainable Agriculture and Resilience," http://www.fao.org/news/story/en/item/298350/icode/, access time: 2020 - 10 - 24.
③ FAO, "European Union and FAO to Step up Efforts to Combat Illegal Timber Trade," http://www.fao.org/news/story/en/item/414279/icode/, access time: 2020 - 10 - 24.
④ FAO, "European Union and FAO to Step up Efforts to Combat Illegal Timber Trade," http://www.fao.org/news/story/en/item/414279/icode/, access time: 2020 - 10 - 24.
⑤ 《欧盟提供 1200 万欧元资金，用于支持全球粮食安全》，粮农组织网站，http://www.fao.org/news/story/zh/item/1171674/icode/，最后访问日期：2020 年 10 月 24 日。

集团（非加太集团）与粮农组织共同签署了一项金额为 4000 万欧元的合作项目，该项目计划期为五年，由欧盟资助，非加太集团制定，粮农组织负责实施，以期促进非洲、加勒比和太平洋地区渔业和水产养殖业的可持续发展，推动农业包容性增长，保障粮食安全。[1] 2020 年，沙漠蝗虫肆虐东非，为支持粮农组织抗击蝗灾，欧盟于 2 月和 7 月先后向粮农组织捐赠 1100 万欧元和 1500 万欧元，为粮农组织开展治蝗提供了资金援助。[2]

据数据统计，2010~2020 年，欧盟累计为粮农组织提供了约 19.71 亿美元的资金支持，其中在 2018~2020 年，欧盟向粮农组织主导的 250 多个项目捐款共约 6.35 亿美元，支持粮农组织的可持续发展目标的实现（见图 5-1）。[3] 其中大部分款项用于提高人类生存能力以及抗风险和危机的能力，部分被用于提高世界欠发达地区的农业、林业和渔业生产力水平和可持续发展能力以及推动全球范围内高效的农业和粮食系统建设。此外，按照区域划分标准，部分资金被用于资助区域间项目的实施和保障非洲、亚太等地区的弱势群体的基本生活。[4]

此外，欧盟还资助了粮农组织实施的索马里项目（1600 万美元）：推动该国渔业、畜牧业产业链的可持续发展，推动索马里和平进程和促进社会稳定，创造经济机会以及保护弱势群体；哥伦比亚项目（1000 万美元）：推动该国的生物多样性保护、自然遗产可持续开发以及国土综合治理等工作的开展；防治蝗灾项目（2900 万美元）：支持粮农组织牵头的沙

---

[1] 《欧盟提供 4000 万欧元资金，用以促进非洲、加勒比和太平洋地区的可持续渔业和水产养殖业》，粮农组织网站，http://www.fao.org/news/story/zh/item/1241209/icode/，最后访问日期：2020 年 10 月 24 日。

[2] 《粮农组织欢迎欧盟捐款 1100 万欧元，用于抗击沙漠蝗虫疫情》，粮农组织网站，http://www.fao.org/news/story/zh/item/1263988/icode/，最后访问日期：2020 年 10 月 24 日；《粮农组织欢迎欧盟额外捐赠 1500 万欧元用于抗击沙漠蝗灾害及其对粮食安全的影响》，粮农组织网站，http://www.fao.org/news/story/zh/item/1297171/icode/，最后访问日期：2020 年 10 月 24 日。

[3] SDG targets and indicators included in the 2018-21 Strategic Objective (SO) results framework, as per FAO Director-General's Medium-term Plan (2018-21), FAO, *FAO + European Union: Investing in a Sustainable and Food Secure Future*, Rome: FAO, 2021, p. 16.

[4] FAO, *FAO + European Union: Investing in a Sustainable and Food Secure Future*, p. x.

漠蝗虫防控工作，保障东非受灾国家灾民的粮食安全与营养；东南亚/南亚项目（500万美元）：改善罗兴亚人和孟加拉国科克斯巴扎尔社区的生存环境。①

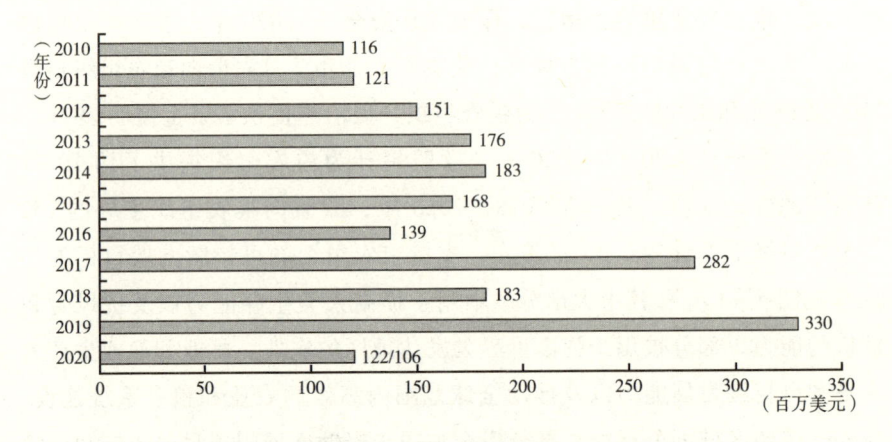

年份	金额（百万美元）
2010	116
2011	121
2012	151
2013	176
2014	183
2015	168
2016	139
2017	282
2018	183
2019	330
2020	122/106

图 5-1　2010~2020 年欧盟对粮农组织的总贡献额

资料来源：http://www.fao.org/3/cb2372en/CB2372EN.pdf。

（二）粮农组织的最佳合作伙伴

欧盟不仅为联合国粮农组织提供了强大的资金支持，也积极地参与粮农组织的各项计划和活动。

第一，积极参与解决全球粮食和营养问题。自 2010 年以来，欧盟就是世界粮食安全委员会主要的自愿捐助者。当前欧盟与世界粮食安全委员会下属的世界粮食安全委员会秘书处、粮食安全和营养问题高级别专家小组等机构合作，联合制定并实施"世界粮食安全委员会加强粮食安全和营养治理（2019~2022）"项目。自 2015 年以来，欧盟出资 5200 万美元帮助粮农组织推行粮食和营养安全可持续发展转型计划，与 30 多个国家的政府携手合作，推动具有可持续性的农业和粮食系统变革。欧盟和粮农组织有意将粮食和营养安全可持续发展转型计划打造成一个学习网络，使

---

① FAO, *FAO + European Union: Investing in a Sustainable and Food Secure Future*, pp. 1-3.

第五章　联合国粮农组织与非国家行为体的农业合作

决策官员、政府工作人员、合作伙伴、学术界、民间社会和私营部门聚集在一起，共同推进粮食和营养安全、农业食品领域的可持续发展。如在该计划下，欧盟加大了对危地马拉和西非地区的可持续粮食系统的经费支持。

2015年4月16日，粮农组织和欧盟在布鲁塞尔召开一系列会议，双方一致认为应将粮食、营养、气候变化和土壤等列为未来合作的重点议题。[①] 2017年9月29日，粮农组织和欧盟签署合作意向书，双方承诺将共同应对粮食浪费、粮食安全和抗生素耐药性问题，并力争到2030年将人均粮食浪费量减半。[②] 具体而言，双方合作的领域包括：共同量化食物链各环节的损失和浪费；加强在食品生产中使用抗生素和抗生素管理等方面的信息互换与交流；联合开展宣传教育，促使抗生素得到合理使用，并积极改善农场卫生条件以从根本上减少对抗生素的需求；支持各国拟定抗生素使用法规；开展联合培训和能力塑造活动，以提高国家追踪和查明食品中存在的抗生素的能力。[③] 2020年，欧盟资助世界粮食安全委员会制定关于粮食营养系统的自愿准则以及可持续农业和农业生态粮食系统建设。按照欧盟和粮委会2021~2022年计划安排，粮食安全和营养问题将进一步涵盖性别平等和妇女赋权领域；促进青年在农业和粮食系统中的就业；减少粮食安全和营养方面的不平等以及促进相关数据收集和分析系统的建设。

第二，应对粮食危机和进行人道主义援助。应对粮食危机和进行人道主义援助，一直以来都是粮农组织工作的重中之重。欧盟和粮农组织共同致力于消除地球上的贫困、饥饿和解决营养不良问题，并由此展开广泛的人道主义援助活动。近年来，欧盟和粮农组织加强对战乱地区和欠发达地区以及农村弱势群体的人道主义援助，包括参加联合国的伊拉克重建复兴计划，成立欧盟叙利亚危机应对基金，协助粮农组织解决叙利亚难民与人

---

① 《粮食和营养安全、气候变化和土壤问题成为粮农组织与欧盟议程的优先重点》，粮农组织网站，http://www.fao.org/news/story/zh/item/283765/icode，最后访问日期：2020年10月24日。

② "EU and FAO Bring Combined Weight to Bear on Food Waste, Antimicrobial Resistance," http://www.fao.org/news/story/zh/item/1040713/icode/, access time: 2020-10-24.

③ "EU and FAO Bring Combined Weight to Bear on Food Waste, Antimicrobial Resistance," http://www.fao.org/news/story/zh/item/1040713/icode/, access time: 2020-10-24.

道主义危机,参加粮农组织在东非和波斯湾地区的抗击沙漠蝗虫行动,参与粮农组织在也门建立供水设施的活动和农业复兴计划等。2018年9月25日,基于粮农组织和欧盟之前共同应对粮食危机所取得的成效,两个组织还签署了合作伙伴协议,以期共同推进应对粮食危机的网络建立并促进可持续的粮食危机解决方案的制定。① 在新冠肺炎疫情暴发后,欧盟与粮农组织及其合作伙伴一起参与到保护弱势群体、促进经济复苏和加强风险管理的工作中。欧盟和粮农组织希望通过重建这些国家的农业体系,从根本上缓解或解决难民与人道主义危机。

此外,欧盟还通过政策创新和变革来解决粮食危机。在2016年世界人道主义峰会上,欧盟、粮农组织和世界粮食计划署成立了全球应对粮食危机网络。基于该网络构建的协调框架和战略,粮农组织可有效利用资源来预防和应对粮食危机。具体体现在:粮农组织通过该网络能够为相关地区和国家提供必要的信息技术支持,帮助其构建粮食危机的预防、响应、恢复和干预机制。通过该计划,粮农组织得以在古巴、埃塞俄比亚、马达加斯加、缅甸等12个受粮食危机威胁的国家开展试点工作,并取得预期效果。

而在具体的合作地域上,欧盟重视与粮农组织在非洲的合作。长期以来,非洲人道主义危机呈现出复杂化、跨区域性等特点。为有效解决非洲人道主义危机,欧盟为粮农组织提供了资金援助,其开展的项目包括加快南苏丹与农业和粮食安全有关的政策的制定、在边境提供牲畜疾病监控服务、提高当地家庭的生产能力、促进畜产品商业贸易、加强自然资源管理、对专业人员开展培训、建立农作物和牲畜市场信息收集系统、开展动物疫苗接种和治疗运动、建设疫苗冷链设施等。②

第三,应对气候变化和加强自然资源管理。在应对气候变化方面,欧盟积极参与粮农组织的防治荒漠化行动。2014年,欧盟资助粮农组织实施防止荒漠化计划。目前,该计划已帮助布基纳法索、埃塞俄比亚、冈比

---

① FAO, "EU and FAO Scale up Efforts to Boost Resilience to Food Crises," http://www.fao.org/news/story/en/item/1153604/icode/, access time: 2020-10-24.

② FAO, *FAO + European Union: Investing in a Sustainable and Food Secure Future*, pp. 21-33.

亚、尼日尔、尼日利亚和塞内加尔等国恢复旱地森林和牧场，提高了这些国家对资源的可持续管理能力。同时，该计划还同"绿色长城"计划和《联合国防治荒漠化公约》协同合作，推动全球荒漠化治理。

在加强自然资源管理层面，欧盟是粮农组织在应对气候变化和加强自然资源可持续管理等领域的主要支持者。其一，欧盟始终是粮农组织渔业可持续性发展项目的合作伙伴。在地中海地区渔业发展问题上，欧盟通过支持学术研讨会的召开、渔业信息共享以及资助粮农组织设立区域渔业管理组织等方式，改善地中海地区的渔业发展和贸易环境。2020年，欧盟出资4400万美元，推动非洲、加勒比和太平洋地区的可持续渔业和水产养殖，旨在提高当地渔业经济回报和社会效益，同时减少对海洋野生动物自然栖息地的破坏。此外，欧盟还积极与粮农组织推动《港口国措施协定》的制定和实施，以打击非法捕鱼，保障全球渔业贸易，推动全球渔业的可持续发展。其二，欧盟与粮农组织共同制定了"森林执法、治理和贸易行动计划"，用以打击对全球性森林资源的非法采伐和非法贸易。该计划最先由欧盟于2003年发布，并在2008年进一步完善，用于全球森林治理。为推进该计划的实施，粮农组织已在全球25个热带木材生产国开展了280多个项目，用以保障森林资源的合理开发和国际木材交易市场的合法运作。[①]其三，针对野生动物多样性保护问题，欧盟与粮农组织制定了"可持续野生动物管理计划"，在保证民众生活条件和肉类正常获取的前提下，减少对野生动物的捕杀，保护野生动物生态系统。该计划于2019年正式实施，涉及马达加斯加、加蓬以及圭亚那等多个国家。

第四，解决农业生产所面临的性别不平等问题。欧盟和相关国际组织已经认识到，持续存在的男女不平等现象已然成为欠发达国家和地区粮食安全和农业农村可持续发展的主要障碍。为此，欧盟资助粮农组织、国际农业发展基金和世界粮食计划署的性别变革方案（Gender Transformative Approaches，GTAs），积极寻求改变欠发达地区性别歧视和男女不平等的

---

① FAO, *FAO + European Union: Investing in a Sustainable and Food Secure Future*, p.36.

社会现状的方法,并推动相关国家的立法工作。[①]

除上述合作外,粮农组织和欧盟还开展了诸多国别合作项目。如表5-1所示,从2016年至2021年,粮农组织和欧盟共开展了136项国别项目,其中亚洲太平洋地区13项,非洲地区69项,拉丁美洲及加勒比地区29项,近东北非地区19项,欧洲中亚6项。可以看出,两个组织联合开展的国别项目都集中在发展中国家,这主要是因为发展中国家农业发展整体滞后,粮食安全问题仍是国家治理的短板,需要国际社会给予资金、技术以及政策等多方面的扶持,以期减少饥饿人数,提高膳食营养,增强抵抗粮食危机的能力,促进农业经济可持续发展。

表5-1 粮农组织和欧盟开展的国别合作项目(2016~2021年)

国家	所属区域	开始时间	结束时间	总预算(美元)
朝鲜	亚洲太平洋	2021年6月1日	2022年5月31日	303398
喀麦隆	非洲	2021年6月1日	2022年11月30日	1815981
蒙古	亚洲太平洋	2021年5月1日	2024年4月30日	1934349
阿富汗	亚洲太平洋	2021年4月1日	2022年9月30日	10480805
尼日利亚	非洲	2021年4月1日	2022年3月31日	1113717
中非	非洲	2021年3月25日	2022年1月24日	2262597
萨尔瓦多、危地马拉、洪都拉斯	拉丁美洲及加勒比	2021年1月1日	2023年12月31日	6075434
亚美尼亚	欧洲中亚	2020年11月16日	2024年9月30日	1878883
越南	亚洲太平洋	2020年11月2日	2021年3月1日	590146
索马里	非洲	2020年10月1日	2024年9月30日	16193520
厄瓜多尔	拉丁美洲及加勒比	2020年10月1日	2025年9月30日	5599104
索马里	非洲	2020年9月1日	2024年8月31日	352526
莱索托	非洲	2020年8月1日	2021年7月31日	1658769
玻利维亚、巴西、哥伦比亚、厄瓜多尔、圭亚那、秘鲁、苏里南、委内瑞拉	拉丁美洲及加勒比	2020年7月1日	2021年11月30日	1131887

① FAO, *FAO + European Union: Investing in a Sustainable and Food Secure Future*, pp. 15-20.

第五章 联合国粮农组织与非国家行为体的农业合作

续表

国家	所属区域	开始时间	结束时间	总预算（美元）
索马里	非洲	2020年6月1日	2021年5月31日	3532009
南苏丹	非洲	2020年5月1日	2021年4月30日	1085776
苏丹	非洲	2020年5月1日	2021年12月31日	982533
尼日利亚	非洲	2020年4月1日	2021年3月31日	1411509
巴基斯坦	亚洲太平洋	2020年3月23日	2021年2月28日	7202447
巴布亚新几内亚	亚洲太平洋	2019年12月1日	2024年11月30日	54024571
阿塞拜疆	近东北非	2019年12月1日	2021年11月30日	1320132
索马里	非洲	2019年11月20日	2021年5月19日	2144894
土耳其	近东北非	2019年11月1日	2022年4月30日	10940919
阿塞拜疆	近东北非	2019年11月1日	2022年1月31日	1777778
黎巴嫩	近东北非	2019年10月1日	2021年9月30日	1086608
古巴	拉丁美洲及加勒比	2019年9月13日	2025年3月12日	6428571
柬埔寨	亚洲太平洋	2019年9月1日	2024年8月31日	19944109
突尼斯	非洲	2019年8月1日	2023年7月31日	6715200
埃塞俄比亚	非洲	2019年7月1日	2020年6月30日	2229655
伊拉克	近东北非	2019年6月1日	2022年3月31日	16827085
玻利维亚	拉丁美洲及加勒比	2019年6月1日	2020年8月31日	2013422
南苏丹	非洲	2019年4月15日	2022年4月14日	2277200
莫桑比克	非洲	2019年4月1日	2022年3月31日	1141552
玻利维亚	拉丁美洲及加勒比	2019年4月1日	2021年4月30日	1560759
古巴	拉丁美洲及加勒比	2019年3月15日	2022年3月15日	2415459
莫桑比克	非洲	2019年3月1日	2024年2月29日	32335036
喀麦隆	非洲	2019年3月1日	2021年4月30日	1118837
津巴布韦	非洲	2019年2月1日	2022年4月30日	3990869
索马里	非洲	2019年2月1日	2022年1月31日	7970900
也门	近东北非	2019年2月1日	2021年1月31日	6757860
赞比亚	非洲	2019年1月7日	2023年12月31日	13655042
委内瑞拉	拉丁美洲及加勒比	2019年1月5日	2020年12月31日	3623189
叙利亚	近东北非	2019年1月1日	2021年12月31日	—
索马里	非洲	2018年11月30日	2021年11月29日	3639040
乌干达	非洲	2018年11月12日	2023年10月10日	9109600
埃塞俄比亚	非洲	2018年11月12日	2019年9月12日	349650
缅甸	亚洲太平洋	2018年10月1日	2021年4月30日	4830919

续表

国家	所属区域	开始时间	结束时间	总预算(美元)
埃塞俄比亚	非洲	2018年10月1日	2020年10月31日	4830918
乍得	非洲	2018年10月1日	2020年1月31日	1116382
巴勒斯坦	近东北非	2018年10月1日	2020年10月14日	3623189
南苏丹	非洲	2018年10月1日	2021年6月30日	3623188
南苏丹	非洲	2018年10月1日	2020年9月30日	4830918
布基纳法索	非洲	2018年10月1日	2021年3月31日	10869566
布隆迪	非洲	2018年8月15日	2021年8月24日	4402696
海地	拉丁美洲及加勒比	2018年7月1日	2020年3月31日	1157408
喀麦隆	非洲	2018年7月1日	2020年12月31日	2414000
哥伦比亚	拉丁美洲及加勒比	2018年6月1日	2020年5月31日	2460200
哥伦比亚	拉丁美洲及加勒比	2018年6月1日	2020年5月31日	3173658
哥伦比亚	拉丁美洲及加勒比	2018年5月19日	2020年1月18日	2479600
哥伦比亚	拉丁美洲及加勒比	2018年5月1日	2020年5月31日	1427756
伊拉克	近东北非	2018年5月1日	2020年4月30日	7380595
尼日利亚	非洲	2018年4月1日	2020年3月31日	4250483
索马里	非洲	2018年3月16日	2020年3月31日	10693155
中非	非洲	2018年3月15日	2020年3月14日	—
老挝	亚洲太平洋	2018年3月13日	2019年12月12日	1803617
尼日利亚	非洲	2018年2月1日	2021年1月31日	13867621
吉布提	非洲	2018年2月1日	2022年1月31日	7453409
马达加斯加	非洲	2018年1月10日	2020年10月31日	3623189
也门	非洲	2018年1月10日	2021年3月31日	6038647
苏里南	拉丁美洲及加勒比	2018年1月1日	2021年9月30日	15138560
斐济	亚洲太平洋	2018年1月1日	2020年10月31日	3263975
苏丹	非洲	2018年1月1日	2018年12月31日	621117
格鲁吉亚	欧洲中亚	2018年1月1日	2022年11月30日	14192400
刚果(金)	非洲	2017年11月4日	2020年11月3日	3773900
巴勒斯坦	近东北非	2017年9月1日	2021年8月31日	29932736
南苏丹	非洲	2017年8月1日	2020年7月31日	14848313
冈比亚	非洲	2017年8月1日	2021年7月31日	14848313
苏丹	非洲	2017年8月1日	2018年12月31日	645540
古巴	拉丁美洲及加勒比	2017年7月24日	2018年3月23日	87967
佛得角	非洲	2017年7月15日	2021年6月14日	—

第五章 联合国粮农组织与非国家行为体的农业合作

续表

国家	所属区域	开始时间	结束时间	总预算（美元）
乍得	非洲	2017年7月1日	2018年9月30日	236312
马拉维	非洲	2017年7月1日	2022年6月30日	27247983
卢旺达	非洲	2017年6月1日	2018年10月31日	499000
马拉维	非洲	2017年6月1日	2022年5月31日	31311210
乍得	非洲	2017年5月1日	2018年8月31日	708617
玻利维亚	拉丁美洲及加勒比	2017年5月1日	2018年12月31日	1302931
尼日利亚	非洲	2017年4月1日	2018年3月31日	4539089
越南	亚洲太平洋	2017年4月1日	2019年3月31日	904923
埃及	近东北非	2017年3月15日	2019年9月14日	960516
埃及	近东北非	2017年3月15日	2020年2月29日	960516
中非	非洲	2017年3月15日	2018年3月14日	—
海地	拉丁美洲及加勒比	2017年3月10日	2018年4月30日	2806791
格鲁吉亚	欧洲中亚	2017年3月1日	2019年2月28日	1600854
北马其顿	欧洲中亚	2017年3月1日	2020年8月31日	2653928
索马里	非洲	2017年2月25日	2020年2月24日	1432938
东帝汶	亚洲太平洋	2017年2月6日	2019年9月5日	2185801
冈比亚	非洲	2017年2月1日	2021年1月31日	4456714
也门	近东北非	2017年2月1日	2020年1月31日	12691161
哥伦比亚	拉丁美洲及加勒比	2017年2月1日	2018年1月31日	216947
索马里	非洲	2017年1月16日	2018年3月14日	14841672
坦桑尼亚	非洲	2017年1月6日	2020年7月13日	1710004
孟加拉国	亚洲太平洋	2017年1月1日	2020年12月31日	8492569
阿富汗	近东北非	2017年1月1日	2020年12月31日	2736382
布隆迪	非洲	2016年12月21日	2020年3月31日	5500000
津巴布韦	非洲	2016年12月20日	2019年12月19日	1027912
苏丹	非洲	2016年12月16日	2020年12月15日	1130308
几内亚比绍	非洲	2016年12月1日	2021年8月31日	3450000
肯尼亚	非洲	2016年9月30日	2021年9月29日	9936487
索马里	非洲	2016年9月28日	2020年7月27日	5978226
索马里	非洲	2016年9月28日	2019年5月14日	2234108
刚果（金）	非洲	2016年8月19日	2020年8月18日	438094
肯尼亚	非洲	2016年7月21日	2019年10月31日	2682148
洪都拉斯	拉丁美洲及加勒比	2016年6月7日	2019年6月6日	6707026

195

续表

国家	所属区域	开始时间	结束时间	总预算(美元)
哥伦比亚	拉丁美洲及加勒比	2016年5月27日	2020年3月26日	3628118
几内亚比绍	非洲	2016年5月23日	2018年11月22日	396376
莫桑比克	非洲	2016年5月16日	2019年6月30日	558999
苏丹	非洲	2016年5月6日	2020年11月6日	—
几内亚比绍	非洲	2016年5月1日	2019年10月31日	396376
埃及、摩洛哥、突尼斯	近东北非	2016年4月28日	2020年4月27日	81646
叙利亚	近东北非	2016年3月3日	2018年9月2日	6558001
阿尔及利亚、利比亚、毛里塔尼亚、摩洛哥、突尼斯	近东北非	2016年1月18日	2020年1月17日	103425
约旦	近东北非	2016年1月1日	2020年6月30日	3287809
土耳其	欧洲中亚	2016年1月1日	2018年12月21日	3525711
布隆迪	非洲	2016年1月1日	2019年6月30日	—
乍得	非洲	2016年1月1日	2020年12月31日	1097482
也门	近东北非	2016年1月1日	2019年2月28日	8537195
塔吉克斯坦	欧洲中亚	2016年1月1日	2020年12月31日	5600000

资料来源：FAO, "FAO and EU Partnership: Projects List," http://www.fao.org/europeanunion/eu-projects/search-results/en/?page=1&ipp=15&tx_dynalist_pil[par]=YToxOntzOjE6IkwiO3M6MToiMCI7fQ==。

二 粮农组织与非盟的合作

非洲是世界粮食安全体系的短板，据粮农组织发布的《2022年世界粮食安全和营养报告》，非洲重度粮食不安全人数已从2014年1.92亿人增加到2021年的3.22亿人，其中东非重度粮食不安全人数最多，已从2014年的8160万人增加到2021年的1.31亿人。① 脆弱的粮食安全体系导致非洲国家在重大危机出现时往往首当其冲。例如，新冠肺炎疫情的蔓延使非洲粮食安全问题雪上加霜。联合国粮农组织和世界粮食计划署联合发布的

---

① FAO et al. eds., *The State of Food Security and Nutrition in the World: Repurposing Food and Agricultural Policies to Make Healthy Diets More Affordable*, Rome: FAO, 2022, p.26.

第五章 联合国粮农组织与非国家行为体的农业合作

《重度粮食不安全热点预警分析报告》显示，受新冠肺炎疫情影响，在27个处于粮食危机的风口浪尖上的国家中，非洲占15个，居各大洲之首。[①] 因此，如何有效地治理非洲粮食安全问题已成为非洲国家的共同关切。

非盟作为非洲地区的国家集团，始终致力于促进非洲地区发展和维护非洲地区安全，农业作为助力经济发展和保障粮食安全的重要产业，是非盟对内谋发展和对外促合作的主要领域。如非盟《2063年议程》明确提出，到2063年，非洲将完全消除饥饿和粮食不安全障碍，减少粮食进口并将非洲内部的粮农贸易占比提高到非洲整体粮农贸易的50%，扩大对现代化农业系统、农业技术以及农业培训的引进，发展并实施积极的农业政策，提升妇女对土地的占有量并确保妇女享有至少30%的农业资金支持，通过增加投资资金的获取途径，在经济上赋予妇女和青年更多的权能。[②] 但由于非洲地区整体发展动能不足、农业技术水平有限以及农业基础设施相对落后，需开展对外合作，以期借助域外资金和技术提升农业综合实力。粮农组织作为联合国内部的粮农专门机构，是非盟开展对外农业合作的主要伙伴。

2012年11月21日，粮农组织、非盟委员会和巴西卢拉研究所共同承诺，将加强三方合作，共同助力非洲解决饥饿和营养不良等问题。此次合作将集聚非盟委员会的地区领导力、粮农组织的技术优势以及巴西前总统卢拉的政治支持，努力提升非洲人民的粮食安全感，扭转非洲饥饿人数持续上升的趋势。[③] 三方一致认为，应加强国家间成功经验的分享，推动高级别对话，增加对抗击饥饿、粮食不安全和营养不良等问题的政治承诺。[④] 经协商，三方同意于2013年3月4日至5日在非盟总部亚的斯亚贝巴共同召开有关消除非洲饥饿的高级别国际会议。

2018年10月，粮农组织和非盟联合发布《可持续农业机械化：非洲

---

① FAO and WFP, *FAO-WFP Early Warning Analysis of Acute Food Insecurity Hotspots*, pp. 4 – 23.
② African Union Commission, *Agenda 2063: The Africa We Want*, April 2015, p. 16.
③ 《非盟、粮农组织和卢拉研究所携手抗击非洲饥饿》，粮农组织网站，http://www.fao.org/news/story/zh/item/164912/icode/，最后访问日期：2020年10月24日。
④ 《非盟、粮农组织和卢拉研究所携手抗击非洲饥饿》，粮农组织网站，http://www.fao.org/news/story/zh/item/164912/icode/，最后访问日期：2020年10月24日。

框架》,旨在帮助非洲国家制定农场可持续机械化战略,提高非洲国家的农业机械化水平和农业生产效率,逐步减少人力劳作。该文件是由非盟成员国、非盟委员会、粮农组织和其国际合作伙伴共同商议而定,确定了非盟成员国国家发展计划的十个优先议题,如稳定供应机器配件、创新融资机制、开展区域合作和允许跨境招聘等。[1] 文件指出,可持续农业机械化应涵盖农业食品价值链的所有环节,以期减少粮食损失,促进农业就业并增加农民和消费者之间的联系。[2] 该文件的发布也表明粮农组织和非盟的农业合作更加多元化,双方将共同努力,为实现联合国2030年"零饥饿"的发展目标而做出应有的贡献。

2020年4月16日,为应对新冠肺炎疫情对粮农领域造成的冲击,粮农组织、非盟以及国际合作伙伴共同召开线上会议,讨论新冠肺炎疫情对非洲农业和粮食安全所造成的消极影响以及相应的解决对策。此次会议促使各方达成共识并发布联合声明,与会各方在声明中承诺,将帮助非洲地区最脆弱的国家和人民获取粮食和营养,为非洲人民提供社会保护,尽量减少对人员流动和出行以及对货物和服务销售与运输的阻碍,保持非洲各国边境对粮食和农业贸易的开放。[3]

综合来看,粮农组织与欧盟的合作项目要多于非盟,且非洲是粮农组织和欧盟开展农业国别合作的重要地区(见表5-1)。从合作方式来看,欧盟作为粮农组织的成员组织,主要通过提供资金援助等方式与粮农组织就地区或国家开展合作;非盟由于农业发展整体滞后,主要通过粮农组织在资金、技术、人才等方面的援助为地区农业发展注入动力。无论是提供援助还是接受援助,都表明地区国家集团作为重要的非国家行为体,正逐渐成为全球粮农治理的主要力量。

---

[1] 《粮农组织和非洲联盟推动通过使用机械提高非洲农场的生产力》,联合国新闻网站,https://news.un.org/zh/story/2018/10/1019892,最后访问日期:2020年10月24日。
[2] 《粮农组织和非洲联盟推动通过使用机械提高非洲农场的生产力》,联合国新闻网站,https://news.un.org/zh/story/2018/10/1019892,最后访问日期:2020年10月24日。
[3] "COVID-19: FAO and African Union Commit to Safeguarding Food Security Amid Crisis," http://www.fao.org/news/story/en/item/1271446/icode/, access time: 2020-10-24。

第三节　粮农组织与基金/基金会的合作

一　粮农组织与绿色气候基金的合作

绿色气候基金（Green Climate Fund）[1]成立于 2010 年，旨在帮助发展中国家积极应对全球气候变化。粮农组织开展的多个国别项目都受益于绿色气候基金的资金扶持。2018 年 2 月 27 日，绿色气候基金批准了由粮农组织提交的首个资金申请提案，并于 2019 年 4 月 12 日与粮农组织正式签署协议，将支持总金额约为 9000 万美元的名为"贫困、重新造林、能源和气候变化"的巴拉圭农业项目。[2] 该项目由粮农组织和巴拉圭政府共同发起，项目实施期为五年，其中绿色气候基金将资助 2500 万美元，巴拉圭政府将出资 6520 万美元。项目目标共包括四个方面：帮助巴拉圭减少气候变化对农业生产的不利影响；保护森林资源；减少温室气体的排放；改善巴拉圭农村家庭的生活质量。[3]

2018 年 10 月 19 日，继巴拉圭项目之后，绿色气候基金又批准了由粮农组织规划的总价值约为 1.27 亿美元的萨尔瓦多农业项目，并于 2019 年 4 月 18 日与粮农组织正式签署协议，其中绿色气候基金将资助约 3500 万美元，萨尔瓦多政府和美洲倡议基金将拨款约 9180 万美元。[4] 该项目的总体目标是增强萨尔瓦多干旱走廊地区农业系统的气候抵御力。具体而

---

[1] 绿色气候基金也是联合国内部的一个机构，但为了使粮农组织与基金/基金会的合作归在一起，遂将绿色气候基金纳入本节。

[2] 《绿色气候基金拨款 2500 万美元，支持粮农组织在巴拉圭的气候抵御力项目》，粮农组织网站，http://www.fao.org/news/story/zh/item/1190373/icode/，最后访问日期：2020 年 10 月 24 日。

[3] 《绿色气候基金批准首个粮农组织资金申请提案：批准项目总金额为 9000 万美元，用于在巴拉圭抗击气候变化、饥饿和贫困》，粮农组织网站，http://www.fao.org/news/story/zh/item/1104426/icode/，最后访问日期：2020 年 10 月 24 日。

[4] 《绿色气候基金向粮农组织捐款 3500 万美元，用于应对气候变化对萨尔瓦多农业的影响》，粮农组织网站，http://www.fao.org/news/story/zh/item/1191130/icode/，最后访问日期：2020 年 10 月 25 日。

联合国粮食及农业组织

言,该项目将联合家庭农民共同实施,帮助他们改善农业基础设施,提高农业技能,改善家庭用水状况,从而帮助其建立可持续的且具有抵御能力的粮食生产体系,同时还将助力农业生态系统的改善。①

2019年11月13日,绿色气候基金批准了1.61亿美元资金,用于支持智利、吉尔吉斯斯坦和尼泊尔的农业项目。其中智利项目由粮农组织和智利政府共同规划,总价值约6300万美元,主要用于恢复和保护智利约25000公顷的原始森林,并计划植树造林至少7000公顷,有望减少110万吨温室气体的排放;吉尔吉斯斯坦项目将获得绿色气候基金资助的约3000万美元,用于提高森林覆盖率和牧场生产能力,同时,绿色气候基金还将追加一个约2000万美元的项目;尼泊尔项目除尼政府拨款800万美元之外,绿色气候基金也将资助约4000万美元,这将使粮农组织和尼泊尔政府的合作惠及20万户家庭,从而帮助它们增强对气候变化的抵御能力。②

2020年3月12日,绿色气候基金批准了由粮农组织参与规划的总价值约为1.19亿美元的古巴农业项目,这也是继巴拉圭、萨尔瓦多和智利之后,绿色气候基金支持的第四个由粮农组织参与规划的拉丁美洲及加勒比地区的国别项目。根据资金分配,绿色气候基金拨款3820万美元,古巴政府拨款8170万美元,预计将有24万人受益于该项目,同时,这也是古巴获得的首个由绿色气候基金资助的项目。③ 该项目的实施期为7年,将通过与古巴5.2万名家庭农民的合作(约50%为妇女),减少约270万吨温室气体的排放,并在3.5万公顷的土地上推广农林业。④ 同时,该项

---

① 《绿色气候基金批准价值1.27亿美元的项目,以期提高萨尔瓦多干旱走廊地区的抵御力》,粮农组织网站,http://www.fao.org/news/story/zh/item/1158689/icode/,最后访问日期:2020年10月25日。

② 《绿色气候基金批准1.61亿美元支持智利、吉尔吉斯斯坦和尼泊尔应对气候变化》,联合国新闻网站,https://news.un.org/zh/story/2019/11/1045591,最后访问日期:2020年12月25日。

③ 《绿色气候基金批准了一项1.19亿美元的古巴气候抵御力项目》,粮农组织网站,http://www.fao.org/news/story/zh/item/1265764/icode/,最后访问日期:2020年10月25日。

④ 《绿色气候基金批准了一项1.19亿美元的古巴气候抵御力项目》,粮农组织网站,http://www.fao.org/news/story/zh/item/1265764/icode/,最后访问日期:2020年10月25日。

目还将帮助当地农民改善农业生产环境，增强应对气候变化的能力，进而保障其粮食安全和膳食营养。

二 粮农组织与比尔和梅琳达·盖茨基金会的合作

比尔和梅琳达·盖茨基金会成立于2000年，其目标是减少卫生和发展等领域的不平等。2020年，蝗虫肆虐东非，给当地农业生产带来了极大损失。为遏制蝗灾蔓延，粮农组织呼吁国际社会积极捐款，共同抗击蝗灾。2020年2月24日，比尔和梅琳达·盖茨基金会向粮农组织捐款1000万美元，用来帮助粮农组织在埃塞俄比亚、肯尼亚和索马里抗击蝗灾。

三 粮农组织与全球环境基金的合作

全球环境基金成立于1991年10月，管理着全球环境基金信托基金、最不发达国家信托基金、气候变化特别基金和名古屋议定书执行基金，其重点关注领域为生物多样性、全球气候变化、国际水域、土地退化、可持续森林管理等。粮农组织自2006年成为全球环境基金的一员以来，已支持130多个国家的政府实施了200多个项目，而全球环境基金则为这些项目累计出资近10亿美元。2020年6月4日，全球环境基金理事会决定向粮农组织拨款1.76亿美元，用于支持24个旨在协调农业和环境关系的项目，受资助的项目将计划解决全球环境危机，并减轻其对五大洲陆上及水上农业系统的生产力和可持续性造成的冲击。[1] 在这些项目中，尼加拉瓜、几内亚、肯尼亚和乌兹别克斯坦的项目重在推动和落实全球环境基金的粮食体系、土地利用和灾后恢复的计划；坦桑尼亚项目将对应全球环境基金的旱地可持续景观计划；巴西、乌拉圭、柬埔寨和越南的项目重在水域保护。[2] 截至2020年6月，粮农组织和全球环境基金共同开展的项目

---

[1] 《全球环境基金资助粮农组织牵头项目，三十个国家将因此受益》，粮农组织网站，http://www.fao.org/news/story/zh/item/1279156/icode/，最后访问日期：2020年10月25日。

[2] 《全球环境基金资助粮农组织牵头项目，三十个国家将因此受益》，粮农组织网站，http://www.fao.org/news/story/zh/item/1279156/icode/，最后访问日期：2020年10月25日。

已使近 500 万人受益，在农村地区创造了 35 万多个就业岗位，在近 200 个脆弱的海洋生态系统中开展了生物多样性保护工作，并拯救了约 1000 个农作物品种和动物物种等。① 2021 年 6 月 8 日，由全球环境基金出资、粮农组织牵头实施的"可持续森林管理对旱地可持续景观的影响"计划正式启动，总金额为 1.04 亿美元，旨在帮助 11 个非洲和中亚国家保护旱地、生物多样性和生态系统。②

四 粮农组织与万事达卡基金会的合作

万事达卡基金会（Matercard Foundation）在 2006 年由万事达卡国际组织成立，其目标是使世界上所有人都有学习和富裕的机会。③ 2020 年 4 月 17 日，万事达卡基金会向粮农组织捐赠 1000 万美元，用于协助粮农组织在东非抗击蝗灾，推动可持续和负责任的灭蝗行动。万事达卡基金会将重点关注吉布提、厄立特里亚、埃塞俄比亚、肯尼亚、索马里和乌干达六个受蝗灾影响的国家，总涉及面积为 5 万公顷。④ 万事达卡基金会的资助是对粮农组织在全球发起募捐抗击蝗虫倡议的积极响应，为粮农组织开展蝗虫监测和药物喷洒等工作提供了物质保障。

五 粮农组织与宜家基金会的合作

宜家基金会（IKEA Foundation）主要支持专业组织或合作伙伴在其最熟悉的领域开展项目，其目标是解决现存体系中的不公平，从而为人们创造更好的生活。⑤ 农业是宜家基金会对外合作的重要领域之一。2020 年

---

① 《全球环境基金资助粮农组织牵头项目，三十个国家将因此受益》，粮农组织网站，http://www.fao.org/news/story/zh/item/1279156/icode/，最后访问日期：2020 年 10 月 25 日。
② 《总额达 1.04 亿美元的计划针对非洲和中亚的退化土地立下宏伟目标》，粮农组织网站，http://www.fao.org/news/story/zh/item/1411118/icode/，最后访问日期：2021 年 7 月 1 日。
③ "Mastercard Foundation," https://mastercardfdn.org/，access time：2020 - 10 - 25。
④ 《粮农组织欢迎万事达卡基金会捐赠 1000 万美元，用于在东非抗击沙漠蝗虫》，粮农组织网站，http://www.fao.org/news/story/zh/item/1271742/icode/，最后访问日期：2020 年 10 月 25 日。
⑤ "IKEA Foundation," https://ikeafoundation.org/about/，access time：2020 - 10 - 30。

7月30日，宜家基金会捐赠350万美元，支持粮农组织解决难民问题。据统计，东非是世界上面临难民问题最严重的地区之一，仅肯尼亚和乌干达两国的难民人数就多达190多万人①，加重了国家的经济负担。粮农组织一直是参与全球难民治理的重要国际组织，主要通过促进农业发展帮助难民接收国创造更多的就业机会，减轻国家经济负担。宜家基金会的资助将通过使用有助于保护环境的耕种方法种植高质量的农产品，从而帮助粮农组织与联合国难民署合作救助的17000名难民和东非当地居民获得可观的收入。②

六 粮农组织与洛克菲勒基金会的合作

洛克菲勒基金会（Rockefeller Foundation）最初设立于1904年，教育、卫生、农业、城市和农村等一直是其重点关注的领域。2016年，粮农组织与洛克菲勒基金会签署合作协议，通过在减少粮食损失和浪费、农业增值与加工、农业市场联系等领域开展信息共享和能力建设，助力撒哈拉以南非洲地区的农业小生产者实现粮食安全和农业发展。③在该协议框架下，2017年2月，粮农组织与洛克菲勒基金会和非盟共同开展了一项旨在帮助非洲减少粮食损失的合作项目。减少粮食损失和浪费是联合国可持续发展的目标之一，各国承诺将在2030年前将粮食损失和浪费减少一半，而非盟成员国则在2014年制定的《马拉博宣言》（*Malabo Declaration*）框架下，为其制定了在2025年前将粮食损失和浪费减少一半的宏伟目标。④粮农组织与洛克菲勒基金会和非盟开展

---

① "IKEA Foundation Contributes $3.5 Million to Support FAO's Work with Refugees and Host Communities in Eastern Africa," http：//www.fao.org/news/story/en/item/1300750/icode/, access time：2020 – 10 – 30.
② "IKEA Foundation Contributes $3.5 Million to Support FAO's Work with Refugees and Host Communities in Eastern Africa," http：//www.fao.org/news/story/en/item/1300750/icode/, access time：2020 – 10 – 30.
③ 《洛克菲勒基金会和粮农组织支持非洲国家将食物损失减半》，粮农组织网站，http：//www.fao.org/news/story/zh/item/1142121/icode/，最后访问日期：2020年10月30日。
④ 《洛克菲勒基金会和粮农组织支持非洲国家将食物损失减半》，粮农组织网站，http：//www.fao.org/news/story/zh/item/1142121/icode/，最后访问日期：2020年10月30日。

的合作项目将助力非盟成员国实现上述目标。该项目实施周期为18个月，重点关注肯尼亚、坦桑尼亚、赞比亚和津巴布韦等试点国家的主要农作物在收获之后的减损问题，并给予非盟委员会政策支持。通过实施此项目，已经有100多名利益相关者和技术人员接受了粮食收获后如何进行管理的培训，同时，项目还试行了一些简单实用的方法，如使用能使谷物储存更久的密封袋，用可循环利用的板条筐运送新鲜果蔬等。①

基金/基金会作为国际社会主要的非国家行为体，正积极参与全球多个领域的治理议题，农业作为关系国计民生的重要领域，是基金/基金会参与全球治理的主要关切。总体来看，粮农组织与基金/基金会的合作主要是通过前者提供技术和政策支持，后者提供资金支持，来推动项目的实施和运转。从上文可以看出，粮农组织和基金/基金会联合开展的农业项目已取得了显著成效，双方宜在此基础上继续扩大合作领域，拓展合作议题，以期助力全球农业可持续发展和2030年"零饥饿"目标的实现。

第四节　粮农组织与私营部门的合作

农业作为国民经济的基础，不仅是国家重点关注的领域，也是私营部门②开展对外合作的重要议题。私营部门与粮农组织在农业领域也开展了诸多合作，以期推动国家、地区和全球的农业发展。

一　粮农组织与INCATEMA公司的合作

2019年12月10日，粮农组织与INCATEMA公司达成合作协议，双方将支持加勒比小岛屿发展中国家在其农业和粮食系统中推广和使用可再

---

① 《洛克菲勒基金会和粮农组织支持非洲国家将食物损失减半》，粮农组织网站，http://www.fao.org/news/story/zh/item/1142121/icode/，最后访问日期：2020年10月30日。
② 基金/基金会单列为一节，故私人创办的基金会未列入私营部门。

生能源。根据合作协议，双方将共同探讨如何在加勒比小岛屿发展中国家的粮食生产、加工和储藏等领域扩大可再生能源的使用范围。[1] 同时，粮农组织和 INCATEMA 公司将根据双方共同制订的"小岛屿发展中国家粮食安全与营养全球行动计划"为具体方案的实施提供支持。此外，为拓展合作领域，粮农组织和 INCATEMA 公司还将在农业食品价值链、新鲜食品的供应与消费、减少粮食供应链中的损失和浪费、现代化食品加工业的发展等领域开展合作。[2]

二 粮农组织与达能公司的合作

达能总部位于法国巴黎，是一个业务极为多元的跨国食品公司。2019年10月11日，粮农组织和达能达成合作协议，将携手改变国际社会对营养和粮食安全的认识，并推动建立农业价值链，以构建更加可持续的粮食体系。[3] 根据协议，双方将交流有关新出现的粮食安全问题的信息；分享有关粮食消费和营养摄入量的数据，以改变人们对营养和粮食安全的认识并使其养成更健康的饮食习惯；推动国际社会在全球农业供应链中秉承可持续的发展目标和负责任的商业态度；粮农组织通过向达能公司员工提供线上学习课程和数字认证，和他们交流与粮食体系和营养安全有关的知识。[4] 此外，双方还将合作，一起保护粮食和农业生物的多样性并促进对它们的可持续利用与管理。

三 粮农组织与"种子和芯片"的合作

"种子和芯片"（Seeds & Chips）是意大利的全球创新平台，旨在推

---

[1] 《粮农组织和 INCATEMA 公司联手支持加勒比小岛屿发展中国家》，粮农组织网站，http://www.fao.org/news/story/zh/item/1255027/icode/，最后访问日期：2020年11月10日。

[2] 《粮农组织和 INCATEMA 公司联手支持加勒比小岛屿发展中国家》，粮农组织网站，http://www.fao.org/news/story/zh/item/1255027/icode/，最后访问日期：2020年11月10日。

[3] "FAO and Danone Team up to Foster Sustainable Diets and Food Systems," http://www.fao.org/news/story/en/item/1237744/icode/, access time: 2020-11-10.

[4] "FAO and Danone Team up to Foster Sustainable Diets and Food Systems," http://www.fao.org/news/story/en/item/1237744/icode/, access time: 2020-11-10.

进全球知名的创新活动并注重突出青年人才和世界各地的尖端创新方案。2019年6月13日,粮农组织与"种子和芯片"达成合作协议,双方将共同推进粮食创新与教育,并注重提升年轻人在抗击饥饿和营养不良以及实现可持续发展方面的参与度。① 在2018年5月举办的第5届"种子和芯片"峰会上,粮农组织相关负责人表示,农业创新是实现"零饥饿"的重要手段。② 粮农组织与"种子和芯片"的合作将有助于制定更多实现农业可持续发展和保障粮食安全的新举措和新方案。

四 粮农组织与谷歌的合作

谷歌与粮农组织的合作内容主要是将先进的科学技术运用到农业发展中。2015年12月1日,谷歌和粮农组织达成合作意向,决定开展一项为期三年的合作项目。该项目将通过数字技术在卫星图像中的运用,帮助各国监测森林覆盖率和土地使用情况,从而使其更好地应对气候变化。③ 时任粮农组织总干事若泽·格拉齐亚诺·达席尔瓦认为,对于粮农组织而言,与谷歌的合作不仅加深了双边伙伴关系,更建立了一种发展战略联盟,双方合作将促使粮农组织应对气候变化的举措与谷歌的气候科学数据相结合,④ 有助于制定应对全球气候变化的新举措。

与私营部门开展合作已成为粮农组织对外合作的重要一环。2020年11月30日,粮农组织总干事公布了《2021～2025年联合国粮农组织私营部门合作战略》,该战略面向的合作伙伴包括金融机构、大型企业和跨国企业、中小微企业、农民和农民组织、行业和贸易协会、慈善基金会、生

---

① "FAO and Seeds & Chips Join Forces to Promote Youth's Active Engagement in Sustainable Development," http：//www.fao.org/news/story/en/item/1198030/icode/, access time：2020 - 11 - 10.

② "FAO and Seeds & Chips Join Forces to Promote Youth's Active Engagement in Sustainable Development," http：//www.fao.org/news/story/en/item/1198030/icode/, access time：2020 - 11 - 10.

③ 《谷歌与粮农组织的伙伴关系将使遥感数据更高效且更易于获取》,粮农组织网站,http：//www.fao.org/news/story/zh/item/356727/icode/,最后访问日期：2020年11月10日。

④ 《谷歌与粮农组织的伙伴关系将使遥感数据更高效且更易于获取》,粮农组织网站,http：//www.fao.org/news/story/zh/item/356727/icode/,最后访问日期：2020年11月10日。

产者组织及合作社。① 粮农组织总干事屈冬玉表示:"进一步完善加强与私营部门更密切的合作是其工作的重点之一,该战略的关键目标是加强粮农组织与私营部门的战略伙伴关系。尽管与私营部门的合作存在风险,但有效管理风险而非完全回避风险,是建立与私营部门之间信任的重要条件。"②

小　结

综上所述,国际组织、地区组织、基金/基金会和私营部门都是粮农组织开展对外农业合作的重要伙伴,表明非国家行为体已成为全球粮农治理的重要力量。粮农组织和上述非国家行为体开展的双多边农业合作,既有助于实现各方资源的优势互补,也有助于提升粮农组织参与全球粮农治理的综合绩效。从上述合作项目中可以看出,粮农组织开展农业合作不仅关注全球农业生产所面临的共性问题,如气候变化等,也注重解决地区农业生产面临的突出性问题,如非洲等发展中地区存在的妇女耕地占有量少且资源获取有限等,还有针对性地弥补每个国家的农业生产短板,以期从全球、地区和国家三个维度,推动农业可持续发展和保障粮食安全。

---

① 《总干事向理事会报告联合国粮农组织过去16个月的工作与对外合作情况》,粮农组织网站,http://www.fao.org/news/story/zh/item/1334410/icode/,最后访问日期:2020年11月10日。

② "A Statement by FAO Director-general Qu Dongyu," http://www.fao.org/director-general/speeches/detail/en/c/1333865/, access time: 2020 - 11 - 10.

第六章
联合国粮农组织与中国的农业合作

新中国成立初期,百废待兴,农业作为关乎国计民生的基础产业,成为新中国对内谋发展和对外促合作的重要领域。为振兴和恢复国内农业生产,中国把"有计划地积极开展农业对外技术交流与经济合作"列为农业整体工作中的重要内容。① 随着国家对外关系的发展,中国农业对外交往也逐渐拓展合作伙伴,既积极与已经建立外交关系的国家开展政府间农业合作,也努力争取同尚未建立外交关系的国家开展民间农业交流。② 为配合农业对外交流,中国农业部和林业部等还专门设立了管理外事工作的机构,并根据不同时期的农业发展诉求,按照"平等互利、互通有无、取长补短、共同提高"的原则,开展农业对外交流。③

综合来看,在20世纪50年代,中国主要与东欧和亚洲等地区的社会主义国家开展农业合作,如苏联向中国派遣农业专家帮助加快中国农业教育科技的发展;中国先后与匈牙利、波兰、捷克斯洛伐克、保加利亚、罗马尼亚、阿尔巴尼亚和民主德国等签订了农业科技协定,有的还签订了农作物检疫和防治病虫害协议,相互交换了农作物种子和技术资料等。④ 在60年代,随着中苏关系破裂,中国与匈牙利、波兰、捷克斯洛伐克、保加利亚、民主德国、蒙古人民共和国、罗马尼亚和南斯拉夫等国,也因外

---

① 朱丕荣:《国际农业与中国农业对外交往》,中国农业出版社,1997,第265页。
② 朱荣、郑重、张林池、王连铮编著《当代中国的农业》,当代中国出版社、香港祖国出版社,2009,第470页。
③ 朱丕荣:《国际农业与中国农业对外交往》,第265页。
④ 朱荣、郑重、张林池、王连铮编著《当代中国的农业》,第471~472页。

联合国粮食及农业组织

交关系的转变而逐渐减少或中断农业合作。① 但中国与阿尔巴尼亚、越南民主共和国、朝鲜和古巴等国的农业往来仍较为频繁,如1960年中国和古巴签署科学技术协定,1961年中国派出4名林业专家到越南民主共和国对林业进行调研,1962年朝鲜派农业代表团访问中国,1963年中国与阿尔巴尼亚签署农作物检疫和防治病虫害协定等。② 同时,中国在中东、撒哈拉以南非洲和大洋洲等地区也拓展了新的农业合作伙伴。

20世纪五六十年代,中国对外农业合作的对象主要是主权国家,而在1971年中国恢复联合国合法席位之后,中国对外农业合作逐渐从以主权国家为主向以主权国家和国际组织等非国家行为体并重转变。粮农组织作为联合国内部的粮农专门机构,成为中国对外农业合作的重要对象。1971年11月2日,联合国粮农组织第57届理事会一致通过了关于"邀请中国加入组织和出席第16届大会"的决议。11月25日,时任粮农组织总干事阿德克·亨德里克·布尔马在第16届粮农组织大会上提议,希望大会同意,中国若有需要,可不经任何程序直接加入粮农组织。该提议以68票赞成、3票弃权、0票反对的结果获得通过,大会授权总干事在中国表达重返意愿之时,可采取一切适当措施恢复中国在粮农组织的合法权利,并在有关财政事宜上采取必要措施,给予支持。③

1973年2月,阿德克·亨德里克·布尔马应邀访华。他向中国表示,联合国粮农组织已和台湾当局断绝了所有关系。对此,中国研究后宣布,中国将在1973年4月1日正式恢复在联合国粮农组织的合法席位。9月,中国在罗马设立了常驻联合国粮农组织代表处,并派人员到该机构任职。1974年11月,中国农林部副部长郝中士率中国代表团参加第17届联合国粮农组织大会,这是中国恢复合法席位后首次参会。为表示与中国的友好关系,粮农组织于1985年在罗马总部办公大楼专设中国厅,以供接待贵宾。④

---

① 朱荣、郑重、张林池、王连铮编著《当代中国的农业》,第474页。
② 朱荣、郑重、张林池、王连铮编著《当代中国的农业》,第474页。
③ 朱丕荣:《环球农业与中国农业对外合作》,第276页。
④ 朱丕荣:《环球农业与中国农业对外合作》,第277页。

第六章 联合国粮农组织与中国的农业合作

第一节 粮农组织对中国的农业援助

就粮农组织而言，其援助的对象主要是一些农业生产水平低且依靠自身能力无法提高营养水平和生活水平的国家。中国自1973年4月恢复在粮农组织的合法席位之后，由于农业经济正处于恢复时期，农业生产力相对落后，需要国际社会的帮助以提高农业发展水平。粮农组织作为联合国内部的粮农专门机构，对中国农业发展起到了积极的促进作用。中国通过接受粮农组织的援助，推动农业经济发展，改善农村面貌和提高农民生活水平。具体而言，粮农组织对中国的援助领域主要包括粮食安全、气候变化、贫困、自然资源与环境保护、生物多样性、动物传染病、林业、渔业等，其援助方式主要包括技术援助、经济援助、项目实施以及人员培训等，以期多措并举，提高中国农业的综合实力并保障粮食安全。综合来看，联合国粮农组织对中国的援助主要通过技术合作计划（粮农组织+中国）、信托基金项目（粮农组织+中国+第三方）和多边与区域项目（粮农组织+中国+国际组织/区域组织）来实施。

技术合作计划是粮农组织在1976年发起的项目，粮农组织将拿出正常预算中的12%～17%用于满足发展中国家所提出的最迫切的农业需求。需要强调的是该计划只提供技术援助，不包括资金援助，主要涉及人员培训、智力开发、技术咨询服务、农业投资咨询、帮助研究制订农业建设与发展项目计划、支持发展中国家间技术合作项目、支持有关农业发展的项目以及满足抗灾防灾时期的紧急需要，除紧急需要属于紧急援助外，其余内容均属于发展援助。[1] 综合来看，技术合作计划的特点主要包括七点：第一，由发展中国家根据本国农业发展中的迫切需求提出项目申请，申请内容具有灵活性；第二，批准时间较快，一般一年内就可批准，且项目落实速度快，一经批准就可实施，周期较短；第三，项目目标明确，重在解决关键性技术问题；第四，援助类型为无偿援助，但援助额度不大，要求以高效且省钱的方式

---

[1] 朱丕荣：《环球农业与中国农业对外合作》，第279页。

实施；第五，除紧急需要之外，粮农组织提供的设备和实物的费用一般不能超过预算经费（项目费）的一半；第六，项目注重软件建设、智力投入、聘请专家、开展技术培训、进行实地参观考察、提供技术服务、促进国内外专家的沟通与交流；第七，发展中国家要提供国家机构人员和配套资金方面的支持，需有物质条件和技术力量，参与监督项目实施并促使项目顺利完成，项目完成后要采取措施将成果进行推广。[①]

从 1978 年到 2004 年，粮农组织共批准中国技术合作计划项目 136 项，援助总金额达 2300 多万美元，平均每年大约有 5 个项目，每个项目平均约 16.9 万美元，且多数项目都取得了显著成效，对中国农业的发展、农村面貌的改善和农民生活水平的提高都起到了促进作用。[②] 具体而言，在技术合作计划框架下，粮农组织在中国开展的农业项目主要包括技术开发、农产品储藏与加工销售及农业管理培训和社会服务三大类（见表 6-1）。

表 6-1 技术合作计划框架下粮农组织在中国开展的农业项目

项目类别	项目内容或名称
技术开发	种子加工；种质评价；种质资源的收集与保存；改进硬粒小麦；加强种子检验（山东）实验室；青海种子检测服务体系；油菜籽、水稻生产机械化；粮棉抗病育种及病害防治培训；农药残留速检技术；农户集约经营；改善自然资源管理和耕作系统发展；西北干旱地区灌溉新技术试验中心；雨育耕作系统发展；甜瓜研究中心；椰子中心；果树矿物营养研究；橡胶技术合作交流；农业遥感培训与应用中心；新疆水资源管理技术改进与盐碱地改良示范；干旱盐碱地生产甜高粱用于粮食；食糖、饲料等高附加值产品；黑龙江盐碱地改良管理；山区无公害优质蔬菜生产；支持环境监测与可持续农业发展；山东花生线虫病综合防治；控制四川鼠害；浙江水葫芦综合利用和控制；加强血吸测试；提高北京四座奶厂实验室能力；新疆畜牧业生产综合发展；热带和亚热带饲料资源开发；肉牛育肥；牲畜饲养秸秆利用；秸秆氨化；新疆饲草种子生产能力建设；西藏两季作物及饲料生产；江西万年县养殖场废弃物综合治理；亚洲珍珠生产；水库渔业研究技术开发；广西牡蛎生产与加工；复合鱼饲料试点示范与发展；海藻生产和利用；海虾养殖与管理；河北虾病防治；林业研究与教育；油橄榄生产；辽宁防护林设计管理；改良园木潜在病虫害识别与管理培训；桉树无性育苗新技术；治沙培训；森林存量遥感培训；森林火灾预防管理及造林规划；板栗病虫害综合防治与储藏；宁夏"三北"防护林管理及亚洲天牛防治；等等

[①] 朱丕荣：《环球农业与中国农业对外合作》，第 280 页。
[②] 朱丕荣：《环球农业与中国农业对外合作》，第 280 页。

续表

项目类别	项目内容或名称
农产品储藏与加工销售	广西菠萝加工；海南芒果储存与加工技术；甜橙保鲜；香蕉处理运输和催熟；改进松香质量；橡胶木保存与加工；湖北淡水鱼储存技术；甜橘处理储存和运输；褐藻胶加工；福建食品辐照中心；渔业工业销售信息；谷物分发与市场发展；改进粮食销售体制；粮食储藏培训；改进四川农户储粮系统；建设木材工业测试中心；河南猕猴桃冷藏；山西小规模油脂工业发展；改进蔬菜果品销售体系计划；发展奶业综合设施；应用营养培训教材的改进；渔业市场信息体系建设；加强食品安全检测能力；荔枝、龙眼的生产及产后加工处理；江苏秸秆综合利用技术；加强肉产品及其他动物原食品中有毒化学残留的检测；山东无棣县冬枣储藏及处理方法改良；等等
农业管理培训和社会服务	农业计划培训；农业计划与农业数据加工软件应用；电子计算机在农业中应用；持续农业和农村发展政策与计划；农业发展项目规划；农业发展人口项目；农业普查；在中国农业银行建立信息管理系统；加强国家食品质量控制系统；加强中央农业广播电视学校能力建设、营养食品计划管理培训；渔业管理培训；贫困地区农林技术人员培训；中国对非洲农业管理培训；青海牧区风险管理及可持续发展能力建设；自然资源管理和农作制改进；加强农村远程教育、禽流感防治紧急援助；对黑龙江、湖南、江西、浙江、河北、安徽、云南和四川等灾后恢复农业生产的援助；粮农组织提供种子、化肥及技术咨询与培训服务；等等

注：表中内容为不完全统计。

资料来源：朱丕荣：《环球农业与中国农业对外合作》，第 280~283 页。

从表 6-1 中可以看出，在技术合作计划框架下，粮农组织在中国开展的援助项目涵盖农林牧副渔等多个领域，是在"大农业"的范畴下对中国给予多方面支持，不仅帮助中国提高粮食产量，保障粮食安全，也助力中国农产品销售和加工，促进农业经济发展和农业科技水平的提升，还在中国开展农业培训，培养农业人才，推动农业可持续发展。除项目领域呈现全面化和多元化的特点之外，从表 6-1 中还可以看出，粮农组织在中国开展的援助项目还具有分布地区广泛的特征。新中国成立之后，改善农村面貌、恢复农业生产和提高农民生活水平成了中国各省、直辖市和自治区的主要任务，但由于经济发展缓慢、农业科技水平有限和农业人才不足，各地方的农业生产都面临着不同的挑战，需要外界的支持以改善农业生产现状。粮农组织在中国开展的农业援助项目重点针对各地方农业发展的现实困境，帮助其弥补农业生产的短板，提高地方农业的治理水平。同时，粮农组织还对受灾的地区给予生产性援助，帮助其恢复农业生产系统，体现了粮农组织在参与国家农业治理中的人道主义精神。

在表6-1的诸多项目中，成效较为显著的是种质资源的收集与保存、农业遥感项目、四川鼠害控制项目、改进四川农户储粮系统、山西小规模油脂工业发展、加强食品安全检测能力、加强中央农业广播电视学校能力建设、禽流感防治等。[1]

1996~1997年实施的种质资源的收集与保存项目，旨在抢救三峡地区丰富且珍贵的种质资源。由中国农业科学院组建的专家考察队，在湖北、重庆和贵州三地共收集种质资源4075份，制作腊叶标本200余份，其中包括耐寒质优的"背子糯"水稻、免耕免栽的"越年稻"和矮秆高粱等名贵稀有品种。考察队还在国际专家的指导下提出了改进国家中期种质资源库的方案。[2]

1980~1990年，粮农组织与联合国开发计划署共同向中国提供了技术支持，推动农业遥感项目在中国的实施。在项目支持下，北京农业大学还建立了遥感应用与培训中心并在哈尔滨、成都和南京三地建立分中心，配备了设备和实验室，推动遥感技术在耕地动态监测，草地资源、红壤资源和森林资源调查、冬小麦估产等领域的运用。[3] 此外，1980年4月28日，粮农组织还帮助中国林业部在哈尔滨东北林学院举办为期一个多月的林业遥感技术培训班。负责授课的五位国际知名专家均由粮农组织聘请，其培训内容涵盖航天遥感应用技术、航空正射影像的应用技术、高空摄影技术及土地分类技术、现代遥感技术的发展、陆地卫星兼容磁带进行有监督和无监督的森林分类方法、森林资源清查方法、低空摄影技术及小像幅摄影技术应用等，课程讲授提高了培训者的遥感理论基础和应用技术能力，推动了中国林业遥感技术的发展。[4]

---

[1] 朱丕荣：《环球农业与中国农业对外合作》，第280~284页。
[2] 朱丕荣：《环球农业与中国农业对外合作》，第281页。
[3] 朱丕荣：《环球农业与中国农业对外合作》，第281页。
[4] 李留瑜：《联合国粮农组织在我国举办林业遥感技术训练班》，《林业科学》1980年第A1期，第140页。

第六章 联合国粮农组织与中国的农业合作

四川鼠害控制项目在 2000 年由粮农组织立项，四川省农业厅植保站负责实施，该项目在四川 16 个县示范推广，共举办 20 期农民技术员培训，培训农民 3.6 万多名，制作毒饵站 14.42 万个，推广面积 16 万亩，每户农民每年节支增收约 65 元。① 具体而言，该项目共在五个方面取得了成就：一是对四川鼠害进行了详细分析，改进了鼠害监测方法，形成了适用于基层的鼠害监测技术；二是将社区灭鼠由季节性灭鼠改为鼠害持续防控；三是将灭鼠毒饵的投放方式由裸露放置改为置放在竹筒毒饵站，起到了灭鼠和保护环境的双重作用；四是在药物选择上，用一批对人畜毒性较低的抗凝血杀虫剂代替剧毒鼠药；五是通过粮农组织对农民进行培训的方式，较好地解决了技术入户的问题，提高了基层民众对正确灭鼠的认识。② 由于成绩突出，该项目被联合国粮农组织授予"爱德华·萨乌马"奖。③

1995 年，为减少粮食损失，四川省率先在全国发起农户安全储粮项目，粮农组织为该项目提供 21 万美元的技术援助资金，并派遣两名专家提供技术指导。在该项目的支持下，四川省农户搭建了新式粮仓，这种粮仓高约 2 米，容积为 3~4 立方米，用砖依墙而砌，离地面约 2.5 厘米，靠墙面和靠地面都采用了隔潮的处理方式，以防止粮食霉变，同时，为减少害虫滋生，粮仓顶部用水泥预制板取代了土仓用的竹泥结构。④ 此外，粮仓还设了一个封闭性能良好的外门，粮仓的下方设置了一个直径 0.25 米的出粮口，每个粮仓造价是 500~600 元，可装粮食 2000 公斤左右。为在农户中间推广，政府还为每个粮仓补贴 100~200 元。⑤

---

① 《"四川农村鼠害控制项目"通过联合国粮农组织验收》，《四川农业科技》2002 年第 2 期，第 33 页。
② 《"四川农村鼠害控制项目"通过联合国粮农组织验收》，《四川农业科技》2002 年第 2 期，第 33 页。
③ 《为世界鼠害控制技术创新作出重要贡献——四川省农业厅植保站荣获联合国粮农组织爱德华·萨乌马奖》，《四川农业科技》2004 年第 1 期，第 1 页。
④ 罗春华：《农民放心的新粮仓——记四川省安全储粮技术项目》，《人民日报》1998 年 7 月 16 日，第 2 版。
⑤ 罗春华：《农民放心的新粮仓——记四川省安全储粮技术项目》，《人民日报》1998 年 7 月 16 日，第 2 版。

联合国粮食及农业组织

1995~1998年，小规模油脂工业发展项目在山西吕梁实施，在国际专家的指导和支持下，当地政府开始引进油用向日葵良种并在相关产业中推广。在该项目的支持下，山西吕梁建立了日处理量为10吨的炼油厂，每年可增产2000吨油料，年加工优质食用向日葵油920吨，生产油粕饲料1820吨，为当地畜牧业发展创造了有利的条件。同时，该项目的实施还缓解了当地的就业压力，为1000人提供了工作岗位，既推动了农产品加工业的发展，也创造了良好的社会效益。①

由湖北省农业科学院农产品质量检测中心负责的加强食品安全检测能力项目，采用了德国、荷兰和美国等国的农药残留快速检测先进技术和国际标准，推动了农产品质量安全检测技术水平的提升，并通过组织培训各地重点检测中心技术人员、农企经营者和农民，提高了湖北省整体的农产品质量安全水平，对推动湖北省农产品"走出去"和增强其在国际市场的综合竞争力起到了积极的作用。②

中央农业广播电视学校（简称"农广校"）能力建设项目分两个阶段实施，第一阶段由粮农组织提供音响设备和培训，帮助学校提高生产和复制音像教材的能力；第二阶段是将数字授课方式带入农业和农村的发展教育中，对学校各岗位的2800多名管理人员进行集中培训，以提高系统课程设计和开发生产数字式学习资源的能力。③ 通过该项目的实施，农广校的生源质量和数量都有所提高，其培养的学生也遍布全国各农业相关单位，全国乡镇农技推广人员和农村基层干部中有三分之一是农广校学员，约有400万名农民学员成为专业户和科技示范户，带动了全国农业和农村的发展。④

2004年1月27日，中国国家禽流感参考实验室确诊发生在广西隆安县丁当镇的禽只死亡是H5N1亚型高致病性禽流感所致后，农业部和卫生部分别于当天紧急会见粮农组织驻华代理代表布朗和世界卫生组织驻华代表贝汉卫，通报了禽流感疫情和防控举措。布朗表示，粮农组织十分关注

---

① 朱丕荣：《联合国粮农组织与中国的合作项目》，《世界农业》2001年第11期，第46页。
② 朱丕荣：《环球农业与中国农业对外合作》，第283页。
③ 朱丕荣：《环球农业与中国农业对外合作》，第283页。
④ 朱丕荣：《环球农业与中国农业对外合作》，第284页。

第六章 联合国粮农组织与中国的农业合作

包括中国在内的亚洲地区的禽流感情况，并愿意全力支持中国防治禽流感。① 同年2月，粮农组织驻华助理代表徐及和粮农组织专家劳伦斯·格利森还专门对广西和云南高致病性禽流感疫区进行了考察，这也是中国暴发禽流感疫情以来粮农组织首次派专家赴疫区考察，其间，粮农组织专家还就疫情防控与当地官员进行了沟通。② 除考察之外，粮农组织还在中国专门实施了高致病性禽流感紧急控制项目，其目的是帮助中国提高实验室诊断监测能力，使用质量有保障的疫苗进行预防接种，同时开展对防疫人员和养殖户的培训。该项目所涉及的安徽、湖南、福建和广东4省均根据项目协议要求，结合国家禽流感监测计划，加强了对农村散养禽、水禽、死亡禽和活禽交易市场的禽流感监测工作。③

上述项目作为在技术合作计划框架下粮农组织援助中国的典型案例，对中国农业经济发展、农业技术创新、农业人才培养和粮食安全保障等诸多领域的发展都起到了十分积极的促进作用。此外，在技术合作计划框架下，粮农组织还对中国农业政策的制定和决策的实施提供了帮助。

政策是否具有可行性、是否符合国家农业生产现状以及是否能够引导农业产业发展，既直接影响国家农业生产水平的高低，也直接关系到一国的粮食安全程度。作为联合国内部的粮农专门机构，粮农组织基于对全球和地区农业发展的监测所做出的有关全球和区域粮食安全与农业发展等问题的专业分析，对各国农业政策的制定都具有一定的指导和借鉴意义。粮农组织向中国提供政策指导主要有三种方式：其一，在对粮农领域的既有问题进行分析和评估的基础上提出建议，进而对采取建议的行动过程进行指导；其二，直接提出建议，包括向中国提供有关粮食安全和农业发展方面的政策

---

① 《联合国粮农组织、世界卫生组织支持中国政府防治禽流感》，中华人民共和国农业农村部网站，http://www.moa.gov.cn/ztzl/fzqlg/gwdt/200402/t20040211_2496543.htm，最后访问日期：2020年11月10日。
② 《粮农组织专家认为中国有能力控制禽流感》，国际在线，http://news.cri.cn/gb/321/2004/02/20/141@73407.htm，最后访问日期：2020年11月11日。
③ 《联合国粮农组织高度评价中国的禽流感防控工作》，中国新闻网，https://www.chinanews.com/news/2005/2005-05-13/26/573909.shtml，最后访问日期：2020年11月10日。

咨询和决策参考；其三，提供有利于农业国际化发展的政策和举办战略合作论坛，支持中国与粮农组织成员国和其他合作者达成合作共识。①

2011年10月25日，在粮农组织和中国农业部的共同推动下，粮农组织技术合作计划项目"加强中国农产品市场监测和农业展望能力"在北京正式启动。该项目的主要目标是加强中国中短期农产品市场监测和分析能力，围绕农产品信息采集与加工、农产品预测数据库和国家商品平衡表建设、农产品供需走势研判、贸易政策分析和预测模型等，完善中国的农业信息监测预警系统，为保障中国粮食安全提供科学决策。②

除上述已经完成的项目之外，还有一些近期结项或正在实施的项目。如表6-2所示，当前正在实施的农业项目主要以生态保护和应对突发性危机对三农的影响为主，一是体现了农业项目的可持续性和环保性，二是反映了技术合作计划框架下的农业项目的时效性，即在该计划框架下，农业项目的实施可及时应对突发性公共危机。

表6-2 技术合作计划框架下近期结项或正在实施的项目

项目名称	起始时间（年）	结束时间（年）	总预算（万美元）
以电子商务为导向的安徽省订单农业扶贫开发项目	2019	2021	23.5
上海市崇明岛农业技术集成与绿色稻米开发示范项目	2019	2021	22.3
缓解新型冠状病毒对中国农村地区最脆弱人群影响的应急响应项目	2020	2021	20
基于"畜牧-沼气-作物"循环模型的海南绿色农业发展项目	2020	2021	21.1
支持糖业作物残渣的可持续利用和管理，以实现可持续生产和自然资源保护项目	2020	2022	20
青海藜麦可持续大规模绿色生产与价值提升项目	2020	2022	21

资料来源：《粮农组织项目——中国：技术合作计划》，粮农组织网站，http://www.fao.org/country profiles/index/zh/? iso3 = CHN。

---

① 刘晴：《中国与联合国粮食及农业组织合作方式的转型》，《粮食科技与经济》2016年第6期，第13页。
② 《农业部与粮农组织启动农业展望合作项目》，《粮食与饲料工业》2011年第12期，第1页。

第六章 联合国粮农组织与中国的农业合作

　　信托基金项目是指一些国家或国际机构将对外援助资金委托给联合国粮农组织，请其代理执行的一种对外援助项目，包括政府间合作项目（发达国家或国际援助机构以提供资金的方式在发展中国家开展的技术援助项目，是信托基金项目的主体）、单边信托基金项目（利用世界银行或区域发展银行等国际金融机构或受援国本身的资金实施的技术援助项目）、助理专业官项目（在粮农组织高级官员和专家指导下，培训青年专业人才）和特别援助项目（提供短期紧急援助和开展重建工作，以应对天灾人祸造成的危害）。[1] 信托基金项目一般要经过明确问题—找出解决方案—起草项目文件—通过小规模试验检验解决方案—实施项目五个步骤，其中项目文件起草最为关键，它凝聚了各方智慧和经验。[2] 在这五个步骤中，粮农组织的技术合作部主要负责前三个，若拟开展的项目符合粮农组织的优先发展领域要求和受援国的实际需求，粮农组织便开始寻找愿意为该项目捐助的第三方，一旦找到，三方将在草拟的文件基础上进行商讨。通过该项目的实施，援助国可充分利用粮农组织在各领域的经验、人才和国际网络等优势，在它们认为重要的领域给受援国提供技术援助。[3] 信托基金项目起始于20世纪50年代，其在粮农组织诸多项目中的重要性自70年代开始逐渐增强，项目总量几乎占粮农组织所有实地项目的一半，如在1994年，粮农组织执行的实地项目约为1900个，其中750个为信托基金项目，总金额超过20亿美元。[4]

　　粮农组织在中国开展的信托基金项目包括技术开发、产后处理和经营管理三类。从表6-3中可以看出，信托基金项目所涉及的不仅包括农林牧副业在内的"大农业"范畴，还涉及和农业领域密切相关的卫生领域和教育领域，以期多管齐下，帮助中国实现农业可持续发展。

---

[1] 远海鹰：《联合国粮农组织的信托基金项目》，《世界林业研究》1997年第1期，第72~73页。
[2] 远海鹰：《联合国粮农组织的信托基金项目》，《世界林业研究》1997年第1期，第73页。
[3] 远海鹰：《联合国粮农组织的信托基金项目》，《世界林业研究》1997年第1期，第72页。
[4] 远海鹰：《联合国粮农组织的信托基金项目》，《世界林业研究》1997年第1期，第72页。

表6-3 粮农组织在中国开展的信托基金项目

项目类别	项目内容或名称
技术开发	油橄榄生产与发展;区域种子生产改良;水稻病虫害综合防治;棉花病虫害综合防治;蔬菜病虫害综合防治;黄红麻综合防治体系的开发应用;黄麻浸泡改良;援助黄麻和苎麻种子;农药利用和分配采用国际代码支持;生物固氮木材品种;中国"三北"造林;亚太林业研究;热带雨林林业持续保护与管理;家畜遗传资源的保护和利用;全球疾病信息交换与诊断服务体系的建立;饲料资源的开发利用;等等
产后处理	建立粮食流通管理培训中心;建立水果蔬菜流通开发培训中心;木材开发区域林业能源项目;区域木质能源开发;等等
经营管理	建立中国粮食及农业统计中心,开展农业普查;发展中国粮食及农业统计中心;农村妇女技能培训;四川分散型开发计划的培训;亚太区域乳业开发与培训;亚太流域管理培训;亚太农林技术员技术与推广培训的研讨;亚太林业计划与政策援助;渔业信息网络的建立

注:表中内容为不完全统计。
资料来源:朱丕荣:《环球农业与中国农业对外合作》,第284~286页。

在技术开发领域,"三北"(东北、西北、华北)造林项目和病虫害综合防治项目较为突出。从1989年至2002年,由比利时政府出资、粮农组织负责执行的"三北"造林项目在中国逐渐开展,总援助金额近700万美元,其主要任务包括探索防护林建设工程沙地造林技术,开展杨树长期选育规划工作,建立小叶杨基因库,开展人工杂交育种工作(从国外引进600多个杨树品种,100多个针叶树种质资源),研制新型深栽造林样机,开展内蒙古科尔沁沙地林牧和林果模式研究。[①] 病虫害综合防治项目涉及水稻、棉花、麻和蔬菜等多种农作物,由多个国家共同出资,粮农组织负责提供技术支持,全国农业技术推广总站组织实施,在山东、河南、四川、湖北等18个省市区开展,历时十多年,建立了上千所农民田间学校,提高了众多农民的科学文化水平,传授了正确的病虫害防治理

---

① 朱丕荣:《环球农业与中国农业对外合作》,第285页。

第六章 联合国粮农组织与中国的农业合作

念，为农业可持续和生态可持续做出了积极的贡献。[1]

在产后处理领域，中国粮食流通管理培训中心由世界银行提供资金，粮农组织提供技术。该项目在1997年实施后，共举办了15期培训班并承担了多项研究课题。[2] 水果蔬菜流通开发培训中心由比利时资助（220多万美元），粮农组织提供技术支持，中华全国供销合作总社管理干部学院（原北京商业管理干部学院）负责项目实施。该项目分为两个阶段（1988年到1995年），共举办各类培训班40期，培训了2000多名学员，编写和翻译了24本培训教材，并在东莞市成立了南方分中心，既推动了果蔬批发市场的建设和管理，也通过课程讲授提高了相关人员的技术水平，还推进了技术咨询等服务工作。[3]

在经营管理领域，由意大利政府出资（1600余万美元）、粮农组织提供技术援助的中国粮食及农业统计中心和农业普查项目最为突出。该项目（1987年到2000年）分为三个阶段，培训农业统计人员12000多名，外派出国访学者70名，出国考察80多人次，在全国16个县设立农业普查试点，并在此基础上开展全国农业普查，邀请国际专家来华讲学咨询500多人次，在全国23个省市区建立粮食及农业统计中心，并建立农业普查数据库，共翻译出版书籍资料26册，极大地提高了中国的农业统计和普查水平。[4] 除上述已经完成的项目外，还有一些正在实施的信托基金项目。如表6-4所示，当前刚结项和正在实施的项目多以保护生物多样性为主，表明信托基金项目更重视农业和其他领域的议题联系。这些项目既有利于防止其他领域的不安全或发展滞后阻碍农业生产，也推动了农业、生态和生物等多领域同步发展。

多边与区域项目包括国际组织/区域组织、粮农组织和中国三方，其中粮农组织收取一定的手续费，提供技术支持，但与技术合作计划和信托基金项目框架下的项目相比，多边与区域项目的援助额度较低，其具体开展的项目如表6-5所示。

---

[1] 朱丕荣：《环球农业与中国农业对外合作》，第285页。
[2] 朱丕荣：《环球农业与中国农业对外合作》，第285页。
[3] 朱丕荣：《环球农业与中国农业对外合作》，第285~286页。
[4] 朱丕荣：《环球农业与中国农业对外合作》，第286页。

表6-4 刚结项和正在中国实施的粮农组织信托基金项目

项目名称	起始时间（年）	结束时间（年）	总预算（万美元）
黄山生物多样性保护和可持续利用项目	2014	2021	260.7
中国洞庭湖保护区的生物多样性和可持续利用项目	2014	2021	295
将生物多样性保护的目标和实践纳入中国的水资源管理政策和规划实践	2016	2022	263.9
增强森林对气候变化适应性的可持续管理项目	2016	2022	715.2
吉林省西部苏打盐碱湿地农业牧区景观的生物多样性保护与土地可持续管理项目	2016	2022	262.7
江西省试行省级湿地保护体系	2017	2022	528.9
中国河口生物多样性保护修复和保护区网络示范	2017	2022	351.6
中国粮食生产体系和农业生态景观的创新转型	2019	2021	16
中国农场保护和农作物基因多样性的可持续利用	2020	2025	272.5
可持续发展村庄项目	2019	2022	970

资料来源：《粮农组织项目——中国：信托基金项目》，粮农组织网站，http://www.fao.org/country profiles/index/zh/? iso3 = CHN。

表6-5 粮农组织+国际组织/区域组织在中国开展的农业项目

项目类别	项目内容或名称
技术开发	北京蔬菜研究中心；柑橘黄龙病防治；害虫综合防治；农药生产；亚洲雨区农作系统；亚洲水利和农耕系统的综合开发；亚太流域管理问题研究；发展中国家流域管理技术合作；土壤保持；农业遥感技术；黄麻、苎麻种子计划；应用农业研究；小规模食品工业；亚洲热带和亚热带地区食用豆类和粗粮研究开发国家间合作；亚洲水牛开发网络技术合作；家畜生产生物技术网络；喜马拉雅山牧场和饲料研究网络；西北干旱地区农业可持续发展；西北黄土高原土地资源利用；冷冻精液与人工授精技术；渔品保鲜；农业机械测试中心与工业技术服务；黑龙江大豆研究；建设中国水稻研究所；江苏、山东海水养殖，上海食品检测技术，加强华南热带作物测试中心建设；陕西果品研究与推广中心；山东棉花研究中心；木材综合利用研究中心；家畜生长激素研究与开发中心；稻米精加工技术研究与开发；森林普查与规划；复合胶木板示范；橄榄油提炼；等等
教育培训	成都沼气研究与培训中心；亚洲水产养殖中心网络；无锡淡水鱼研究培训中心；亚太区域桑蚕培训中心；山东黄县农村综合发展示范中心；林业教育；农业遥感培训与应用中心；提水工具区域培训；农业技术推广与普及人口教育；食品检验技术培训；椰林培训计划；区域侵蚀和泥积培训计划；亚洲粮食管理培训网络；农村制度分析和应用农业技术研究培训；等等

第六章　联合国粮农组织与中国的农业合作

续表

项目类别	项目内容或名称
农村社会服务	亚太森林工作开发；粮食收获后技术和质量控制的国家间合作；改进食品销售体制和加强粮食安全；林业的区域能源开发；亚洲能源与环境合作计划；以农民为中心的农业资源管理计划；农业合作支持；全民参与可持续发展；等等

资料来源：朱丕荣：《环球农业与中国农业对外合作》，第 286～288 页。

中国农业的发展和粮食安全的保障受益于上述项目的实施，在联合国粮农组织的帮助下，中国农业逐渐摆脱了基础设施落后、科技水平有限、农业人才短缺、粮食损失等诸多困境，为实现农业现代化和推进农业可持续发展奠定了坚实的基础。中国接受粮农组织和第三方的农业援助也是中国加入国际粮农体系并开展双多边农业交往的开端，表明中国的农业发展和粮食安全与世界农业和全球粮食安全的联系更加紧密，随着中国农业经济的快速发展和农业科技实力的显著提升，中国与粮农组织的农业合作项目也逐渐增多。

第二节　粮农组织与中国的双边合作

联合国粮农组织和中国的双边合作涉及多个领域，综合来看，主要包括以下几个方面。

一　推动农业文化遗产保护

农业文化体系反映了人类的发展与演变以及人与自然的和谐相处。农业文化体系不仅能体现美学价值，保护全球农业生物的多样性、农业文化遗产以及恢复农业生态系统，还能够维持贫穷和偏远地区的食品、粮食、营养、服务以及为保障民生安全所需的必要供给。[1] 但是，制度的缺失、缺少对农业文化体系进行管理的社会组织、经济生存能力低下、市场准入竞争激烈、传统农耕方式被遗弃、土地和生态栖息地的转变、土著居民的外迁、外来

---

[1] FAO, *FAO + China: Partnering for Sustainable Food Security*, Rome: FAO, 2019, p. 14.

物种对传统物种的冲击等因素，都威胁着农业文化系统的生存和发展。①

为保护农业文化体系，联合国粮农组织于 2002 年正式发起"全球重要农业文化遗产体系"倡议（Globally Important Agricultural Heritage Systems, GIAHS），该倡议是一个综合性的实施计划，将通过保护农业文化体系，增强国家的文化自信和乡村社区的文化自豪感。随着该倡议的实施，有 80 多个国家受益于项目的能力培训活动，这些活动包括由中国组织的"全球重要农业文化遗产"高级别培训班和国家"全球重要农业文化遗产"研讨会。通过相互学习和知识经验的交流，联合国粮农组织成员国提高了对农业文化体系的认知，有一半以上的成员国已开始参与该倡议的实施。粮农组织报告显示，入选全球农业文化遗产的农业文化遗产数量已从 14 个国家的 32 项增加至 21 个国家的 57 项，其中包括首次获批的北美和欧洲农业文化遗产。② 此外，随着该倡议在全球范围内推广，国际社会也逐渐认识到了保护农业文化遗产的重要性，甚至有些国家还将保护农业文化遗产纳入国家政策和国家机制，如一些国家制定了保护国家重要农业文化遗产的规划，并成立了"全球重要农业文化遗产专家委员会"，负责确定国家重要农业文化遗产并对其实施保护。③

中国是"全球重要农业文化遗产体系"倡议的主要支持者，一方面，中国为该倡议的实施提供资助，中国和粮农组织共同签署了《"南南合作"框架下全球重要农业文化遗产工作合作协议》，旨在通过南南合作框架下开展的能力建设项目推动"全球重要农业文化遗产体系"计划的实施，并且粮农组织-中国南南合作信托基金还将提供 200 万美元的资助，用于传播农业文化遗产的相关知识和推动发展中国家间的交流和互动。④ 另一方面，中国还帮助举办各类培训班（见表 6-6）。

---

① FAO, *FAO + China: Partnering for Sustainable Food Security*, p. 14.
② FAO, *FAO + China: Partnering for Sustainable Food Security*, p. 14.
③ FAO, *FAO + China: Partnering for Sustainable Food Security*, p. 14.
④ 《中国与粮农组织共同致力于保护全球重要农业文化遗产地》，粮农组织网站，http://www.fao.org/partnerships/news-achive/news-article/zh/c/278812/，最后访问日期：2020 年 11 月 1 日。

表6-6 在中国举办的"全球重要农业文化遗产"高级别培训班

培训名称	培训内容	参与培训的人员
粮农组织"全球重要农业文化遗产"首期培训班	介绍农业文化遗产保护理念;分享中国农业文化遗产保护的经验;帮助各国代表制订农业文化遗产保护计划;到中国农业文化遗产保护基地进行实地考察	亚太地区12个国家农业相关部门的23名代表
粮农组织"全球重要农业文化遗产"三期培训班	GIAHS的开展背景、理念、申报流程,以及农业文化遗产保护与管理中的产品开发、现代农业与传统农业、旅游发展和生态补偿、肯尼亚、日本、坦桑尼亚、摩洛哥和意大利等国代表分析农业文化遗传保护经验;实地调研了中国"贵州从江侗乡稻鱼鸭系统"、"江苏兴化垛田传统农业系统"和全球重要农业文化遗产候选项目"山东夏津黄河故道古桑树群"	来自亚太、欧洲和非洲等地区的18个国家、粮农组织以及粮农组织全球重要农业文化遗产体系专家咨询小组的30多位代表
第五届联合国粮农组织南南合作框架下"全球重要农业文化遗产"高级培训班	赴浙江绍兴、福州等地进行考察	来自坦桑尼亚、秘鲁、智利、阿尔及利亚、菲律宾、西班牙、葡萄牙等国的40多名学员
第六届联合国粮农组织南南合作框架下"全球重要农业文化遗产"高级培训班	GIAHS的实施与最新进展;传统农耕智慧对当代农业发展的作用;粮农组织-中国南南合作项目及对GIAHS的支持;实地考察全球重要农业文化遗产之一——"浙江湖州桑基鱼塘系统"	来自肯尼亚、缅甸、白俄罗斯和巴拉圭等16国的代表

资料来源:中国农业部国际交流服务中心:《联合国粮农组织首届"全球重要农业文化遗产"培训班在我国成功举办》,《休闲农村与美丽乡村》2014年第10期,第97页;《联合国粮农组织第三届全球重要农业文化遗产高级别培训班举行》,农业农村部网站,http://www.moa.gov.cn/xw/zwdt/201611/t2016111 6_ 5365764. htm;《第六届联合国粮农组织"南南合作"框架下全球重要农业文化遗产高级培训班》,浙江省农业农村厅网站,http://www.zjagri.gov.cn/art/2019/9/25/art_ 1589296_ 38390134.html;《全球重要农业文化遗产高级别培训班成员来福州考察》,福州新闻网,http://news.fznews.com.cn/dsxw/20180921/5ba42 d41ccaaf.shtm。

同时,中国还是该倡议的积极践行者。2005年6月,浙江省青田"稻鱼共生系统"被粮农组织列为全球首批重要农业文化遗产保护试点之一,它也是中国第一个世界农业文化遗产。在青田"稻鱼共生系统"保护项目实施期间,中国探索并完善了"政府主导、分级管理和多方参与"

的管理机制,既推动了地方经济的可持续发展,又促进了稻鱼综合种养产业的发展。同时,该项目还推动了中国农业文化遗产的保护工作:原农业部于 2012 年开展了重要农业文化遗产的发掘和保护工作,现已发布了 5 批共 118 个项目,涵盖除上海、青海和西藏以外的 28 个省、自治区和直辖市;2014 年,成立全球重要农业文化遗产专家委员会,并启动全球重要农业文化遗产工作交流和监测评估工作;2015 年,农业部发布了《重要农业文化遗产管理办法》;2016 年,开展全国第一次农业文化遗产普查,共发布了 418 项具有保护价值的农业文化遗产项目。[1] 此外,福建省福州茉莉花和茶文化、陕西省佳县古枣园和江苏省兴化垛田(2014 年 5 月),扎尕那农林牧复合系统和湖州桑基鱼塘系统(2017 年 11 月),云南红河哈尼族彝族自治州的梯田和贵州从江侗族的稻鱼鸭系统(2018 年 4 月)等,也都被粮农组织认定为全球重要农业文化遗产。[2]

二 推动农业创新发展

创新贯穿于农业发展的各个阶段,粮农组织通过与成员国合作,挖掘该国农业创新的潜能,以帮助其推动社会经济发展、保障粮食安全、解决营养不良问题、减少贫困人数、提高对气候变化的适应能力,从而实现可持续发展目标。[3] 中国作为一个创新型国家,与联合国粮农组织在农业创新领域也开展了诸多合作。2012 年,粮农组织和中国签署谅解备忘录,旨在加强合作并加大中国在相关领域的研究和培训力度,同时,还在中国设立了五个机构作为粮农组织的参考中心:南南合作协调及研究培训参考中心(FAO RC for South-South Cooperation Coordination, Research and Training)、水产养殖和内陆

---

[1] 闵庆文:《为世界农业文化遗产保护贡献"中国方案"》,《农民日报》2020 年 6 月 5 日,第 4 版。

[2] 《全球重要农业文化遗产系统》,联合国网站,https://news.un.org/zh/search/%E5%85%A8%E7%90%83%E9%87%8D%E8%A6%81%E5%86%9C%E4%B8%9A%E6%96%87%E5%96%96%E9%81%97%E4%BA%A7%E7%B3%BB%E7%BB%9F,最后访问日期:2020 年 11 月 1 日。

[3] "FAO's Role in Agricultural Innovation," http://www.fao.org/innovation/en/, access time: 2020-11-11.

渔业研究培训参考中心（FAO RC for Aquaculture and Inland Fishery Research and Training）、杂交水稻研究培训参考中心（FAO RC for Hybrid Rice Research and Training）、热带农业研究培训参考中心（FAO RC for Tropical Agriculture Research and Training）和沼气研究培训参考中心（FAO RC for Biogas Research and Training）。① 这五个中心将作为国际培训中心，支持粮农组织和中国的创新合作，并为其他发展中国家提供技术援助。

此外，粮农组织还与基金会和科研院校开展农业创新合作。2018年11月，粮农组织还和中华农业科教基金会签署谅解备忘录，双方同意为与农业农村部和其他利益攸关方开展的农业合作项目提供资助。② 广发证券是谅解备忘录签署后的首家捐赠企业，将支持粮农组织的农业发展项目和中国国别规划框架。根据捐赠协议规定，未来三年内，广发证券将捐赠100万美元用于具体项目的实施，同时，项目将运用"农业+金融+电商"的创新农业扶贫模式，在中国打造乡村振兴示范试点，助力中国乡村振兴战略的实施和发展。③ 2019年7月，"粮农组织-清华大学农业创新联合实验室创新孵化活动"在中国扶贫基金会举办，农业创新联合实验室将粮农组织在农业领域的专长和清华大学的设计专长相结合，并在扶贫基金会的支持下，以云南省红河县哈尼梯田为对象，提出了稻田认养、生态博物馆、文化生态旅游、红米开发、文化保护与推广等五项创新方案，这些方案将根据当地情况做出调整，为帮助红河哈尼族农民增加收入和实现农业可持续发展提供切实可行的创新方案。④

三 制定《中国-联合国粮农组织国别规划框架》

《中国-联合国粮农组织国别规划框架》（简称《国别规划框架》）是

---

① FAO, *FAO + China: Partnering for Sustainable Food Security*, p. 4.
② FAO, *FAO + China: Partnering for Sustainable Food Security*, p. 4.
③ 《联合国粮农组织引入更多合作伙伴，创新农业扶贫模式》，人民网，http://world.people.com.cn/n1/2018/1219/c1002-30475029.html，最后访问日期：2020年11月11日。
④ 《联合国粮农组织-清华大学农业创新联合实验室创新孵化活动在京举行》，新华网，http://www.xinhuanet.com/world/2019-07/05/c_1210180913.htm，最后访问日期：2020年11月11日。

联合国粮食及农业组织

对联合国粮农组织和每个国家开展战略合作的总体指导,旨在将粮农组织的优势、目标国的农业发展规划和现实需求相结合,并确立粮农组织与目标国开展合作的重点领域和所要实现的目标。当前,以中国为主的《国别规划框架》共包括《中国-联合国粮农组织国别规划框架(2012~2015)》和《中国-联合国粮农组织国别规划框架(2016~2020)》两份文件。

《中国-联合国粮农组织国别规划框架(2012~2015)》是集体智慧的结晶,听取了中国各利益攸关方、联合国驻华机构、粮农组织驻罗马总部和驻曼谷区域办公室以及其他发展伙伴的建议,并最终确定四个重点合作领域。第一,改善粮食安全和营养。当前,中国粮食安全状况相对稳定,总体粮食供给能满足民众的基本消费需求,但维持长期的粮食安全仍然面临农业生产成本逐年增高、东西部地区发展不平衡、可用土地持续减少、作物单产增长趋缓、气候变化压力加大、生态资源遭受侵蚀、社会弱势群体粮食购买力低等问题。第二,改善农村贫困人口的生活状况。中国农村的贫困状况有了巨大改善,已经提前完成了联合国千年发展目标提出的减贫任务,但按照中国政府2011年新确定的人均年收入2300元的贫困线标准,中国贫困人口数量仍高达1.28亿人,其中大部分生活在农村和偏远地区。第三,加强农产品质量和安全管理能力。农产品质量与安全问题日益受到中国政府的重视。综合来看,当前造成中国农产品质量与安全问题不断出现的因素是多方面的,大致包括农产品和渔产品及其加工产品质量标准体系不健全、不科学,食品监管制度不完善,执法不力,消费者保护措施缺失,基础设施贫乏,训练有素的人力资源不足等。第四,促进农业生态可持续发展和农业文化遗产保护与利用。耕地退化、水土流失、草原退化、水资源短缺与污染等问题叠加,导致中国生物多样性面临巨大的威胁,中国缓解和解决这些问题的能力亟待提升。[①]

《中国-联合国粮农组织国别规划框架(2016~2020)》也是在征求中国有关部门、学术研究机构以及其他发展伙伴的意见基础上制定的,结

---

① 《粮农组织在中国》,粮农组织网站,http://www.fao.org/china/httpwwwfaoorgdocumentscardencb282bba7-bf29-4bc7-9c2d-56c764ccbd1d/zh/,访问时间:2020年11月11日。

合了中国农业发展规划和粮农组织的比较优势，旨在突破中国农业发展所遭遇的瓶颈，支持农业供给侧结构性改革，尤其是在"一带一路"倡议背景下支持中国参与区域和全球农业发展议程的制定，从而推动联合国2030年可持续发展目标的实现。在这些目标的推动下，《中国-联合国粮农组织国别规划框架（2016~2020）》确立了2016年到2020年中国和粮农组织重点合作的四个领域：推动可持续和具备气候抵御力的农业发展；减少农村贫困，改善农村粮食不安全和营养不良状况；推动并实施"同一健康"方针，改善公共卫生状况；支持中国开展区域和国际农业合作。[①]

四 开展农作物保护

粮农组织数据显示，每年全球农作物产量20%~40%的损失是由害虫侵蚀所致，植物疾病和害虫入侵每年造成的经济损失分别约2200亿美元和700亿美元。[②] 伴随气候改变，病虫害发生率越来越高，其对农作物的侵蚀也越发严重，这在发展中国家表现得尤为明显。为保护农作物免受害虫侵蚀，中国共向粮农组织提供了200万美元的支持，用于粮农组织所实施的全球农作物保护项目。[③] 该项目将增强发展中国家的作物检疫能力，促进"一带一路"沿线国家双边和区域间作物检疫合作，推动中国、《国际植物保护公约》秘书处和其他发展中国家的人力资源合作，支持2020"国际植物健康年"的重要活动。[④] 同时，该项目还形成了一套行之有效的机制，推动"一带一路"沿线国家在植物检疫资源、技术、创新和知识等领域的合作，以提高沿线国家抵御病虫害的能力。2018年9月，粮农组织还在南京举办了有关植物检疫合作的IPPC高水平研讨会，来自亚太、拉丁美洲及加勒比地区的14个国家和3个地区植物保护组织参加

---

① 钟欣：《〈中国-联合国粮农组织国别规划框架（2016~2020）〉在京发布》，《农民日报》2017年6月7日，第4版。
② FAO, *FAO + China: Partnering for Sustainable Food Security*, p. 25.
③ FAO, *FAO + China: Partnering for Sustainable Food Security*, p. 25.
④ FAO, *FAO + China: Partnering for Sustainable Food Security*, p. 25.

了研讨会，共同商议如何在植物检疫领域开展合作。① 此外，粮农组织也和中国农业科研机构开展合作。2019 年 11 月，粮农组织和中国农业科学院植保所签订合作协议，双方共同制定 2020 年合作专项"全球小农户十大病虫害综合治理方案"。2020 年 5 月 11 日，该项目正式启动，它是联合国粮农组织实现第二项战略目标"提高农业、林业、渔业生产率和可持续性"的一项重要举措，对于向全球分享中国农作物病虫害绿色防控经验和成果以及提升中国农业科学院的国际影响力，都具有重要意义。②

从上述项目中可以看出，中国和粮农组织的双边合作并未局限于农业，还包括文化、卫生和生态等多个领域，以构建中国和粮农组织"全方位、多层次"的合作模式。同时，从项目实施过程中也可以看出，中国对粮农组织的支持包括物质和精神两个层面，前者旨在为项目实施提供资金保障，后者旨在分享经验和智慧，为农业问题的解决贡献中国方案。

第三节 粮农组织与中国的南南多边合作

随着中国农业发展水平的提升，粮农组织对中国援助的农业项目也逐渐减少，中国与粮农组织的关系逐渐从受援者和援助者转变为战略合作伙伴，国际社会需要中国为全球农业发展和粮食安全治理提供公共产品，贡献中国智慧和中国方案。作为负责任大国，中国对粮农组织的支持度也日益提高。从 2014 年到 2018 年，中国共向粮农组织资助了 11.79 亿元（包括分摊会费和自愿捐款），从区域来看，中国的自愿捐款有 17% 用于亚洲农业生产，24% 用于非洲农业生产，59% 用于地区间农业合作；从具体领域来看，4% 用于帮助解决饥饿、粮食不安全和营养不良问题，52% 用于提高农业、林业和渔业的生产率和实现可持续发展，3% 用于减少农村贫困人数，24% 用于保障具有包容性和有效的粮农体系，17% 用于提高在重

---

① FAO, *FAO + China: Partnering for Sustainable Food Security*, p. 25.
② 《植保所承担并启动 2020 年度联合国粮农组织项目》，中国农业科学院网站，http://www.caas.cn/xwzx/hzjl/gjhz/303609.html，最后访问日期：2020 年 11 月 11 日。

第六章 联合国粮农组织与中国的农业合作

大灾难和危机来临时的民生抵御力。① 此外，从 2008 年到 2018 年，中国对粮农组织的会费缴纳额度也大幅提升。② 在诸多农业合作项目中，南南合作是中国与粮农组织开展合作治理的典范，极大地推动了广大发展中国家的农业发展，保障了粮食安全。

南南合作是粮农组织于 1996 年在"粮食安全特别计划"框架下提出的旨在帮助发展中国家保障粮食安全和推动农业发展的合作项目。中国是最早加入南南合作的国家之一，也是首个与粮农组织建立南南合作战略联盟的国家。中国开展南南合作，一是因为中国有一套成功的发展经验，以不到世界 10% 的耕地养活了世界近四分之一的人口，创造了人类农业发展史上的奇迹，中国的经验为世界所推崇；二是因为中国有一套成熟的实用技术，依靠科技创新，极大地提高了农业综合生产力，这些技术受到发展中国家的青睐；三是因为中国有一批实干、专业的农业技术专家，凡派往国外执行南南合作项目的中国专家，都是生产一线的技术骨干，既具有专业素养，又有敢于拼搏、创新的精神，他们受到了受援国政府和农民的高度称赞；四是因为中国参与南南合作项目始终秉承平等相待、真诚帮助的原则，从未附加任何政治条件，这种大国责任与担当受到多数受援国的认可。③ 自 1996 年以来，中国政府一直坚定支持南南合作项目在发展中国家中的实施。

2006 年 5 月 18 日，为继续推进南南合作，粮农组织与中国签署合作协议，根据规定，中国将在 6 年内向其他发展中国家提供 3000 名农业、畜牧业、渔业和其他相关领域的专家和技术人员，帮助其提高小型农庄和渔场的技术水平。④ 2008 年 9 月 25 日，时任国务院总理温家宝在联合国千年发展目标高级别会议上表示，中国将采取一些行动帮助实现到 2015 年世界饥饿人数减半的目标，其中包括向粮农组织捐款 3000 万美元设立

---

① FAO, *FAO + China: Partnering for Sustainable Food Security*, p. 1.
② FAO, *FAO + China: Partnering for Sustainable Food Security*, p. 1.
③ 农业部对外经济合作中心：《积极开展"南南合作"，促进实施"走出去"战略》，笔者与有关省份农业厅工作人员访谈时所得，2018 年 1 月 25 日。
④ 邹德浩：《中国与联合国粮农组织签署协议》，《人民日报》2006 年 5 月 20 日，第 3 版。

信托基金，以提高发展中国家的粮食安全水平和农业生产水平。[①] 2009 年 3 月 24 日，中国与粮农组织签署关于信托基金的总协定，标志着中国与粮农组织间的合作上升到一个新水平。根据协定，中国将在未来三年（2009~2011 年）内向粮农组织捐赠 3000 万美元设立信托基金，支持"粮食安全特别计划"框架下的南南合作。[②] 由于非洲地区在实现粮食安全和减贫方面面临诸多困难，该信托基金将适当给予非洲更多的支持。2012 年，时任粮农组织总干事若泽·格拉齐亚诺·达席尔瓦访问中国，并与中国签署合作协定，共同抗击饥饿，提高农业生产水平和改善农村的民生状况。2013 年，粮农组织和中国在尼日利亚联合举办高级别论坛，15 个致力于南南合作的国家、粮农组织合作伙伴和捐助机构参加，论坛发布了有关南南合作的《阿布贾宣言》，以探索多边农业南南合作的新领域和新方式。[③] 2014 年，粮农组织在中国建立了 5 个负责南南合作协调、研究和培训的基准中心，以促进中国向其他发展中国家的技术和知识转移。2014 年 10 月 15 日，李克强总理在粮农组织总部发表演讲时宣布，中国将在未来五年内向粮农组织捐助 5000 万美元用于农业南南合作。[④] 2015 年，中国和粮农组织再次签署合作协议，根据规定，中国将向粮农组织捐助 5000 万美元，用于推动农业可持续发展和改善发展中国家的粮食安全现状。

2015 年 6 月，由于中国在减少饥饿方面成绩突出，粮农组织向中国授予了"实现世界粮食首脑会议减少饥饿目标"证书，这是中国自 2014 年获得联合国千年发展目标中减少饥饿目标证书之后，在粮农领域获得的又一项殊荣，也是国际社会对中国农业发展、粮食安全保障和减贫事业的肯定。[⑤] 此后，伴随中国 - 粮农组织南南合作项目的持续推进，双边伙伴关

---

① 宁启文、李海涛：《我国与联合国粮农组织签署关于信托基金总协定》，《农民日报》2009 年 3 月 25 日，第 1 版。
② 张意轩：《中国将向联合国粮农组织捐赠巨资支持"南南合作"》，《人民日报》（海外版）2009 年 3 月 25 日，第 5 版。
③ FAO, *FAO + China: Partnering for Sustainable Food Security*, p. 3.
④ 《中国将向粮农组织捐赠 5000 万美元》，《新京报》2014 年 10 月 16 日，第 A06 版。
⑤ 李慧：《中国获颁联合国粮农组织表彰证书》，《光明日报》2015 年 6 月 11 日，第 1 版。

系得以加强。2016 年,中国与联合国粮农三机构发表关于加强和拓展南南合作伙伴关系的联合声明,并与粮农组织签署《中华人民共和国农业部与联合国粮食及农业组织关于建立全面战略合作伙伴关系的谅解备忘录》。①

2017 年 2 月 24 日,中国和粮农组织共同举办南南合作第六次年度磋商会议,双方共同回顾了中国 - 粮农组织南南合作 2016 年总体工作的进展情况,总结了项目实施过程中的经验和教训,探讨了如何完善南南合作项目指南等工作,审议批准了 2017 年工作计划,双方还共同签署了《中华人民共和国政府与联合国粮食及农业组织关于通过立项支持中国与粮农组织南南合作项目管理团队的协议》《中华人民共和国政府与联合国粮食及农业组织关于在粮农组织 - 中国南南合作框架下加强发展中国家缔约方履行〈国际植物保护公约〉能力建设项目的协议》《中华人民共和国政府与联合国粮食及农业组织关于通过南南合作支持发展中国家全球能力建设项目的协议》等合作协议和《中国 - 联合国粮农组织南南合作第六次年度磋商会议纪要》。②

2018 年,中国和粮农组织共同举办全球农业南南合作部长级高级别论坛,总结了中国 - 粮农组织南南合作所取得的成绩,对中国为全球农业发展所做的贡献给予肯定和称赞。③ 同时,论坛还发表了共识性文件《长沙宣言》,该宣言宣布中国、联合国粮农组织及其他伙伴方将共同致力于扩大农村地区投资、促进包容性农村转型,在农业和粮食安全领域构建并发展互信、经济上合作共赢、国家间交流互鉴、守望相助、团结协作的全面战略性南南合作合作伙伴关系,以实现联合国 2030 年可持续发展目标。④

---

① 宁启文、白雪妍、吕珂昕:《中国 - 联合国粮农三机构南南合作圆桌会议在西安召开》,《农民日报》2016 年 6 月 6 日,第 1 版。
② 《中国 - 联合国粮农组织南南合作第六次年度磋商会议在罗马成功举行》,中国常驻联合国粮农机构代表处网站,http://www.cnafun.moa.gov.cn/news/ldcxw/201703/t20170301_5500290.html,最后访问日期:2020 年 11 月 11 日。
③ 《全球农业南南合作高层论坛发布长沙宣言》,中华人民共和国农业农村部网站,http://www.moa.gov.cn/xw/zwdt/201811/t20181102_6162244.htm,最后访问日期:2020 年 11 月 11 日。
④ 《全球农业南南合作高层论坛举行 通过〈长沙宣言〉》,中国常驻联合国粮农机构代表处网站,http://www.cnafun.moa.gov.cn/news/ldcxw/201811/t20181108_6162574.html,最后访问日期:2020 年 11 月 11 日。

联合国粮食及农业组织

2019年，粮农组织和中国联合举办高级别会议，庆祝中国-粮农组织南南合作信托基金成立10周年，并对未来南南合作和三方合作做出展望。2020年9月22日，习近平主席在第75届联合国大会一般性辩论上宣布，中国将设立规模为5000万美元的第三期中国-联合国粮农组织南南合作信托基金。①

从上述中国-粮农组织南南合作发展的时间脉络中可以看出，中国对粮农组织的支持力度在不断增加，双边伙伴关系也随着合作项目的增加和合作规模的扩大而不断加强。自2009年中国-粮农组织南南合作信托基金设立以来，中国政府共向亚洲和非洲的12个发展中国家派遣了350多名农业专家和技术人员，与当地农民分享农业生产知识和农业技术，帮助对象国在农林牧副渔等多个领域提高了可持续发展水平，并有来自100多个国家的1000名学员参加了40多场能力建设活动，当地农村地区有七万多名基层直接受益人和数十万名间接受益人。② 在农业南南合作框架下，中国始终以负责任大国的身份贡献智慧和经验，平等对待每一个接受援助的发展中国家，通过自身发展带动发展中国家的群体性发展，这从南南合作的诸多项目中便可管窥。

第一，中国-加纳南南合作。2000年8月，中国政府和加纳在粮农组织"粮食安全特别计划"框架下签署三边协议，中国将为加纳提供为期三年的技术援助。根据协议规定，中国将分批向加纳派遣4名专家、47名技术人员和1名翻译，并根据加纳的农业生产现状，提供合适的技术和设备，与加纳开展多领域农业合作，以解决加纳农村贫困、农民生活水平较低和农业发展缓慢等诸多问题。③

---

① 习近平：《在第七十五届联合国大会一般性辩论上的讲话》，《人民日报》2020年9月23日，第3版。
② 数据统计截止到2020年9月，《中国设立第三期中国-FAO南南合作信托基金》，中国常驻联合国粮农机构代表处网站，http：//www.cnafun.moa.gov.cn/news/ldcxw/202009/t20200925_6353306.html，最后访问日期：2020年10月30日。
③ FAO, "China, Ghana Sign Agricultural Assistance Accord as Part of FAO's Special Programme for Food Security," http：//www.fao.org/WAICENT/OIS/PRESS_NE/PRESSENG/2000/pren0048.htm, access time：2020-11-01。

第二，中国-尼日利亚南南合作。2003年3月，中国农业部与尼日利亚政府签署了南南合作计划三方协议书，帮助尼日利亚推动农业综合发展。在协议签署之前，为确保项目顺利实施，根据已经对尼日利亚进行了考察的粮农组织代表团的建议，由12名中国专家组成的团队于2002年9月15日抵达尼日利亚，开展为期一个月的南南合作项目考察，12名来自尼日利亚政府的技术专家和3名来自粮农组织的专家也加入了此团队。[①] 根据要求，从2003年4月到2007年10月，中国政府将分两批向尼日利亚派遣专家，第一批由5名专家和108名技术人员组成，其中团长需在当地工作四年，4名专家和108名技术人员需在当地工作三年，第二批工作三年的团队包括15名专家和396名技术人员[②]，这些专家和技术人员将根据需要被派到尼日利亚不同的州和行政区。在项目实施期间，中国专家和技术人员在尼水坝建设与修复、水井开发、水节约灌溉、水土保持、谷物和果蔬的生产栽培、农产品加工、农业机械化发展、养蜂、乡村能源、水产、家禽养殖等诸多领域提供技术指导，并且还和伊巴丹林业研究机构、伊巴丹国家遗传和生物中心、巴耶萨州国家生物发展中心、宙斯大学、哈科特港大学、阿姆戴克阿拜州国家块根农作物研究机构等农业科研单位开展合作研发。[③]

由于中国-尼日利亚首次南南合作项目成果显著，双方于2008年10月再次签署南南合作协议，中国将再派遣190名专家和技术人员，赴尼日利亚提供为期五年（2009~2014年）的技术援助。从2003年到2013年，中国政府从21个省（自治区、直辖市）选拔了数百名专家和技术人员赴尼日利亚开展工作，其中湖北省144人、四川省67人、河南省43人、贵州省31人、甘肃省29人、安徽省27人、江西省27人、山西省26人、

[①] 《2007年南南合作考察团报告》，笔者与有关省份农业厅工作人员访谈时所得，2018年1月25日。

[②] 《2007年南南合作考察团报告》，笔者与有关省份农业厅工作人员访谈时所得，2018年1月25日。

[③] 《2007年南南合作考察团报告》，笔者与有关省份农业厅工作人员访谈时所得，2018年1月25日。

辽宁省 25 人等①，共在尼日利亚示范推广实用技术 226 项，举办工业培训班 198 次，培训人员 1.5 万人，项目直接受益人达 32 万人，提高了尼日利亚的农业发展水平，改善了粮食生产现状。②

第三，中国-加蓬南南合作。2006 年，中国、加蓬和粮农组织在加蓬首都利伯维尔签署南南合作项目三方协议，重点帮助加蓬提高农业生产水平，并向其传授中国蔬菜生产、谷物种植和家禽养殖等方面的农业技术，项目首先在占加蓬人口 80% 的城市和郊区开展，而后再向农村推进。根据协议规定，北京将派出 8 名农业专家和 36 名农业技术人员赴加蓬开展为期三年的农业援助。③ 中国的农业技术提振了加蓬政府发展农业的决心，在 2008 年对项目进行评估之后，加蓬政府表示将继续实施"国家粮食安全计划"，并提出 8 年发展规划，希望继续与中国开展南南合作，以推动加蓬农业综合发展。④

第四，中国-塞拉利昂南南合作。2006 年 11 月，中国政府、塞拉利昂政府和联合国粮农组织共同签署了南南合作项目三方协议，中国将在农作物耕种、蔬菜生产、水产养殖和畜牧业生产等领域给予塞拉利昂技术支持，以帮助其实施"国家粮食安全计划"。根据协议要求，中国从 2007 年 3 月到 2009 年 1 月，向塞派遣 18 名专家和农业技术人员，在莫亚巴、马卡里、卡巴拉、科隆等四个项目区开展农业援助，专家组成员不仅在当地指导农民开展农业生产 800 余次，传授水稻种植、蔬菜生产、水产养殖、养蜂和小型动物繁育以及农机操作等技术 58 项，还开办了 32 个小型农业示范点，进行了 20 多项农业生产技术的推广与示范。⑤ 2011 年，中

---

① 《中国-尼日利亚南南合作项目概述》，《世界农业》2013 年第 8 期。
② 《中国-尼日利亚南南合作项目 10 周年成果集锦》，《世界农业》2013 年第 8 期。
③ 《联合国粮农组织、加蓬、中国签署三方农业合作协议》，中国驻加蓬共和国大使馆经济商务处网站，http://ga.mofcom.gov.cn/article/jmxw/200605/20060502216051.shtml，最后访问日期：2020 年 11 月 24 日。
④ 《"南南合作"显成效，农业外交谱新篇》，中华人民共和国农业农村部网站，http://www.cicos.agri.cn/gzdt/200903/t20090327_4046979.htm，最后访问日期：2020 年 11 月 15 日。
⑤ 《中国-塞拉利昂农业"南南合作"》，中国驻联合国粮农机构代表处网站，http://www.cnafun.moa.gov.cn/zx/xmxx/201305/t20130509_3456141.html，最后访问日期：2020 年 11 月 15 日。

国-塞拉利昂南南合作项目二期开始实施,中国又向塞派遣了22名农业专家和技术人员,帮助塞提高粮食产量和农业生产水平。中国专家组对塞拉利昂农业生产所做的贡献得到了塞政府和人民的称赞和肯定。在中-塞南南合作二期项目结束时,塞拉利昂政府、粮农组织和中国驻塞大使馆专门为专家组举办了欢送仪式,塞农业部副部长还以塞政府、粮农组织和中国政府的名义向每位专家组成员颁发了荣誉证书和奖牌。①

第五,中国-蒙古国南南合作。2010年1月,时任中国农业部部长韩长赋、蒙古国农业食品轻工业部部长巴达木朱萨和联合国粮农组织驻华代表塞奇托莱科共同签署了《中华人民共和国政府、蒙古国政府与联合国粮农组织为支持蒙古国国家粮食安全计划而实施"南南合作"项目的三方协议书》,这是中国与粮农组织在2009年签署信托基金总协定后的首个项目。根据协议要求,中国将从2010年2月开始向蒙古国派遣7名农业专家和15名技术人员,助力蒙古国畜牧业、种植业、农产品贮藏加工和食品安全等多领域技术水平的提升。② 从2010年到2012年,中国不仅在农业技术方面给予蒙古国援助,还邀请蒙方相关人员到中国实地学习和调研,并向蒙方人员分享了中国在蔬菜种植、蛋鸡养殖、家畜品种改良和饲料生产等方面的经验。据中-蒙南南合作负责人表示,该项目共在四个方面取得了显著的成绩:一是将理论培训和现场实地培训同步推进,共在蒙古国6个省份举办了30多期项目资助培训班,并协助蒙古国在当地举办了40多次培训班,共培训了700多名技术人员;二是组织蒙古国200多名专业人员来华实地学习9次,并派技术人员为蒙古国28个单位提供技术服务,创造约7000万元人民币的经济价值;三是向蒙古国提供了价值约30万美元的62套农技设备,帮助其提升了农业机械化水平;四是为9家中蒙企业创造了合作机会,其中6家签署合作协议,为中蒙企业走出

---

① 《"南南合作"显成效,农业外交谱新篇》,中华人民共和国农业农村部网站,http://www.cicos.agri.cn/gzdt/200903/t20090327_4046979.htm,最后访问日期:2020年11月15日。
② 《中国-蒙古国"南南合作"项目〈三方协议〉签署》,中华人民共和国中央人民政府网站,http://www.gov.cn/gzdt/2010-01/12/content_1508304.htm,最后访问日期:2020年11月15日。

去开展农业多领域合作创造了条件。① 此外，中蒙南南合作还推动了蒙古国畜牧业发展。例如，中国畜牧专家与蒙古国当地企业在家畜改良技术领域的合作，为胡日嘎养牛基地的98头母牛进行了冷冻精液人工授精，受胎率达89.7%，所产出的牛犊初生、三月龄和六月龄的平均体重分别比蒙古国当地牛犊重11公斤、29公斤和41.5公斤。②

由于前期成效突出，2014年3月，应蒙古国请求，中蒙两国农业部门和粮农组织签署南南合作二期项目三方合作协议，中国将和蒙古国在养蜂、水产、饲料、园艺、家畜、畜牧等多领域开展为期两年的合作，大力支持蒙古国"国家粮食安全计划"和"国家畜牧发展计划"。③ 根据协议要求，中国将向蒙古国派遣12名专家和5名技术人员，并由中国信托基金提供近100万美元的资助。④ 中国农业农村部对外经济合作中心发布的中蒙南南合作二期项目工作简报显示，温室蔬菜和植物保护培训班、饲料作物种植技术培训班已在蒙古国成功举办，中国专家和农业培训师向当地农业人员介绍了中国的无土栽培技术、果树栽培技术以及太阳能温室的建立、温室育苗、草场利用和保护及玉米栽培等情况，旨在帮助当地农业人员提高农业科技水平，提升农业生产效益。⑤

第六，中国－利比里亚南南合作。2011年11月，中国政府、利比里亚政府和联合国粮农组织共同签署了南南合作项目三方协议书，该项目由

---

① 转引自《中蒙"南南合作"项目成果丰硕》，网易新闻，https：//news.163.com/13/0411/23/8S7GFSIA0 0014JB5.html，最后访问日期：2020年11月15日。
② 转引自《中蒙"南南合作"项目取得显著成效》，中国新闻网，https：//www.chinanews.com/cj/2012/ 03－13/3740899.shtml，最后访问日期：2020年11月15日。
③ 转引自《中蒙签署"南南合作"二期项目合作协议》，人民网，http：//world.people.com.cn/n/2014/0315/ c157278－24643612.html，最后访问日期：2020年11月15日。
④ 《蒙古国、中国、联合国粮农组织准备实施南南合作协议》，中国日报网，http：//cn.chinadaily.com.cn/ 2014－05/21/content_ 17531807.htm，最后访问日期：2020年11月15日。
⑤ 《中国－蒙古国南南合作二期项目专家组工作简报（第10期）》，中华人民共和国农业农村部网站，http：//www.fecc.agri.cn/ nnhz/201603/t20160328_ 248154.html，最后访问日期：2020年11月15日；《中国－蒙古国南南合作二期项目专家组工作简报（第11期）》，中华人民共和国农业农村部网站，http：//www.fecc.agri.cn/nnhz/201606/t20160629_ 248158.html，最后访问日期：2020年11月15日。

湖南省负责实施。根据协议要求，中国将向利比里亚派遣24名专家和农业技术人员，帮助利提高在水稻种植、牲畜饲养和渔业养殖等领域的能力。① 2014年3月，该项目顺利完成，利代理农业部部长威尔斯和粮农组织驻利代表斯卡哥利亚在欢送仪式上均对中国专家组对利农业发展所做的贡献给予肯定与称赞，认为中国不仅向利比里亚传授了农业技术，还培训了当地农业技术人员，对利比里亚农业可持续发展起到了促进作用。此外，专家组还深入利基层进行调研和指导，与当地农民结下了深厚的友谊，推动了两国民间交流与发展。中国驻利比里亚大使张越表示，中国将继续通过双边和多边渠道，帮助利推动农业发展，应对粮食安全问题和助力经济社会重建。②

第七，中国-纳米比亚南南合作。中国和纳米比亚的农业南南合作项目共包括两个阶段。2014年，中国和纳米比亚及联合国粮农组织共同签署了一份价值150万美元的农业合作协议，项目实施期为三年（2015～2017年），旨在帮助纳米比亚提高水稻和园艺作物产量。③ 根据协议规定，中国政府已经向纳米比亚派遣了15名专家，帮助纳米比亚实施第四个国家发展计划、绿色计划政策和发展计划，以提高纳米比亚农业生产率和加强粮食安全。④

在中国、纳米比亚和粮农组织三方的共同努力下，中-纳南南合作第一阶段取得了显著成绩：卡里姆贝萨的稻米产量增加了10%，来自中国的15个新的稻米品种和1个谷子品种也在纳开展试验；⑤水稻机械化插秧示范技术使卡林贝泽水稻研究与生产基地的种植面积从40公顷增加

---

① 《驻利比里亚大使张越出席"南南合作"农业专家组送行仪式》，中华人民共和国外交部网站，https://www.mfa.gov.cn/zflt/chn/jlydh/sjzs/t1144176.htm，最后访问日期：2020年11月15日。
② 《驻利比里亚大使张越出席"南南合作"农业专家组送行仪式》，中华人民共和国外交部网站，https://www.mfa.gov.cn/zflt/chn/jlydh/sjzs/t1144176.htm，最后访问日期：2020年11月15日。
③ 《纳米比亚和中国签署农业合作协议》，国际在线，http://news.cri.cn/gb/42071/2014/06/19/5931s4582367.htm，最后访问日期：2020年11月18日。
④ FAO, *FAO + China: Partnering for Sustainable Food Security*, p. 16.
⑤ FAO, *FAO + China: Partnering for Sustainable Food Security*, p. 16.

到 100 公顷；①Etunda 项目试验种植的长豆角、白萝卜、丝瓜和黄瓜等品种获得全面成功，甜玉米部分成功，搭架技术、合理密植技术、各种蔬菜的合理施肥技术、病虫害综合防治技术和水分管理技术获得当地农民好评；②农户堆肥示范取得成功，改善了农村生态环境；Mashare 项目为当地大学生创造了实习机会，并向其传授了蔬菜移栽实操技术。③在项目实施期间，双方共召开了 13 场南南合作研讨会，434 名农民和政府官员接受了稻米、土壤和害虫管理以及谷子与园艺生产等方面的培训，促使农业人员改善了其耕作技术并掌握了耕作经验。④纳米比亚当地的农民反映，他们通过学习滴管技术，既节约了农业用水，又减少了土壤中植物养分的流失，还节约了生产成本。⑤此外，中国还为纳方提供了赴华考察的机会。例如，2016 年 5 月，纳米比亚南南合作项目能力建设代表团赴华培训考察。代表团认为，应借鉴中国农业生产经验，加大对农业的支持力度，参照中国种子行业体制和运行模式，构建种子生产、加工和销售体系，申请两国南南合作二期项目，持续推进双边农业发展。⑥

2017 年 2 月，纳米比亚农林水利部长约翰·穆托尔瓦宣布，中国－纳米比亚南南合作项目成功实施并实现预期效果，他表示中国专家帮助纳

---

① 《中国－纳米比亚南南合作项目工作简报（第 5 期）》，中华人民共和国农业农村部网站，http：//www.fecc.agri.cn/nnhz/ 201602/t20160205_ 248150.html，最后访问日期：2020 年 11 月 15 日。
② 《中国－纳米比亚南南合作项目工作简报（第 6 期）》，中华人民共和国农业农村部网站，http：//www.fecc.agri.cn/nnhz/ 201602/t20160219_ 248151.html，最后访问日期：2020 年 11 月 15 日。
③ 《中国－纳米比亚南南合作项目工作简报（第 8 期）》，中华人民共和国农业农村部网站，http：//www.fecc.agri.cn/nnhz/ 201605/t20160516_ 248155.html，最后访问日期：2020 年 11 月 15 日。
④ FAO, *FAO + China*: *Partnering for Sustainable Food Security*, p.16.
⑤ FAO, *FAO + China*: *Partnering for Sustainable Food Security*, p.18.
⑥ 《中国－纳米比亚南南合作项目工作简报（第 9 期）》，中华人民共和国农业农村部网站，http：//www.fecc.agri.cn/nnhz/ 201606/t20160622_ 248157.html，最后访问日期：2020 年 11 月 15 日。

实现了在农业生产和粮食安全等领域的目标。① 第一阶段取得的突出成就助推了第二阶段项目的实施。2018年1月，农业部副部长屈冬玉在访问纳米比亚期间，与纳农林水利部部长穆托尔瓦签署了《中国农业部和纳农林水利部加强"南南合作"谅解备忘录》，标志着中国、纳米比亚和粮农组织在纳开展的南南合作进入第二阶段。②

第八，中国-乌干达南南合作。中国-乌干达南南合作项目包括两期。2011年11月，中国、乌干达和粮农组织签署南南合作三方协议，根据协议规定，从2012年到2014年，中国共向乌干达派遣31名专家和技术人员，重点为乌干达"发展战略和投资计划"的实施提供技术支持，到第一期项目结束，共使用中国信托基金约186万美元。③ 在中乌相互配合和粮农组织的支持下，中-乌南南合作项目第一阶段的实施取得了诸多成果：在双边交流层面，推动中国农业"走出去"，四川省农业厅和乌干达农业部签署了农牧业合作会商纪要，双方企业在农技推广、畜牧业生产、农机研发销售和农业综合开发等领域共签署意向性合作协议29份，乌干达马萨卡区和四川省宜宾市结为友好城市；在谷物生产方面，中国专家为乌干达"杂交育种研发中心项目"编制了调研报告，并为其引进中国优良杂交品种2吨，其中引进的杂交水稻和杂交玉米产量分别为当地优质品种产量的3倍和1.5倍；在园艺生产方面，帮助乌干达实施坡改梯及天然集雨工程示范项目，完成坡改梯1400平方米，每年培育柑橘、芒果等优质嫁接苗5万余株，创造约4万美元的收益，从中国引进的两个苹果砧木品种，可实现两年内成苗24万株的目标；在水产养殖方面，根据中国专家提出的方案，乌干达胡子鲶的人工授精率从36%提升至80%，鱼苗成活率从8%提升至19.2%，

---

① 《中国-纳米比亚南南合作项目工作简报（第14期）》，中华人民共和国农业农村部网站，http://www.fecc.agri.cn/nnhz/201703/t20170315_263616.html，最后访问日期：2020年11月15日。
② 《中国农业部屈冬玉副部长率团访问纳米比亚，中纳南南合作进入新阶段》，中国驻纳米比亚共和国大使馆网站，https://www.fmprc.gov.cn/ce/cena/chn/sgxw/t1529014.htm，最后访问日期：2020年11月18日。
③ 转引自《中国与乌干达签署"南南合作"项目协议》，人民网，http://world.people.com.cn/n/2015/1001/c157278-27654413.html，最后访问日期：2020年11月18日。

鱼苗运输成活率达99.5%；在畜牧业发展方面，中国专家根据乌当地养殖业发展现状，设计并制作了适合当地蛋鸡饲养的蛋鸡笼。①

2015年9月，中国驻粮农组织大使牛盾在罗马与粮农组织代表、乌干达政府代表签署中－乌南南合作二期项目三方协议及谅解备忘录，重点帮助乌干达实施《农业发展规划（2015~2020）》《粮农组织乌干达城市项目（2015~2019）》以及其他旨在强化国家粮食安全和提高家庭收入的农业发展政策。② 2016年1月，中－乌南南合作二期项目的16名专家和技术人员抵达乌干达，标志着二期项目（2016~2018）正式进入实施阶段。③ 根据粮农组织报告和中国农业农村部对外经济合作中心发布的中国－乌干达南南合作二期项目工作简报，二期项目中的布达卡项目、卡贝拉项目、姆贝拉拉项目等均取得了丰硕的成果。具体而言，在示范中心的建设方面，中国在乌干达建立了7个农业技术示范中心，并以示范中心为平台向乌展示了中国在园艺发展、牲畜饲养、谷物耕作、水产养殖、可再生能源、农业机械附加值和可持续商业模式等方面的先进技术；④ 在技术培训方面，共帮助乌干达培训了3000多名农民和80名农业推广人员，并在中国开展了三期针对乌干达政策和技术人员的培训；⑤ 在产业园区的发展方面，建立了中乌农业合作产业园区，并推动园区水稻种植的机械化发展；⑥ 在民间投资方面，在项目的指导和支持下，有七家中国企业对乌干达进行了投资；在农产品生产方面，帮助当地农民将水稻产量从每公顷2.5吨提高到10吨，谷物产量达到每公顷5吨，牛奶产量从每头奶牛每天产奶2升提

---

① 于浩淼：《中国－乌干达南南合作项目的成效、问题与对策》，《世界农业》2015年第10期，第178页。
② FAO, *FAO + China: Partnering for Sustainable Food Security*, p. 18.
③ 《中国－乌干达南南合作二期项目工作简报（第1期）》，中华人民共和国农业农村部网站，http://www.fecc.agri.cn/nnhz/201602/t20160205_248149.html，最后访问日期：2020年11月19日。
④ FAO, *FAO + China: Partnering for Sustainable Food Security*, p. 18.
⑤ FAO, *FAO + China: Partnering for Sustainable Food Security*, p. 18.
⑥ 《中国－乌干达南南合作二期项目工作简报（第7期）》，中华人民共和国农业农村部网站，http://www.fecc.agri.cn/nnhz/201702/t20170222_249976.html，最后访问日期：2020年11月19日。

第六章 联合国粮农组织与中国的农业合作

高到 7 升,单个农场的年蘑菇产量从 1.5 吨提高到 1.8 吨;① 在技术使用方面,Kabale 专家组通过使用室内嫁接和大树高接技术,指导当地农民完成了 4 个品种梨枝和葡萄枝的嫁接,成活率达 86%②,水稻小米示范、氨化饲料技术示范、稻田养鱼示范、可再生能源技术示范、蔬菜技术示范、人工种植饲草技术示范等均成效显著。③ 可见,中-乌南南合作二期项目,在一期项目的基础上,扩大了合作领域,助力乌干达农业全方位综合发展。

第九,中国-刚果(金)南南合作。2017 年 7 月,由江西、安徽、广西和贵州等地的 13 名专家和技术人员组成的中国农业专家组赴刚果(金)开展为期两年的南南合作项目。根据项目要求,专家组将在浙江华友刚果(金)现代农业示范园开展工作,充分利用中资企业在当地的资源,与当地农业技术人员协调合作,开展试验示范工作,并将示范成果向当地农民推广,同时,为当地卢本巴希大学提供培训并为学生提供实习场所。④ 为详细了解刚果(金)的农业生产现状,专家组专门考察了浙江华友刚果(金)现代农业示范园,位于卡沙马塔、基桑加和卡图巴的三个蔬菜种植合作社以及卢本巴希的农产品交易市场,并与粮农组织驻卢本巴希办事处和上加丹加省的农业专家实现了对接,共同制订了农业试验和示范计划。⑤ 为有针对性地开展工作,专家组划分出三区一室:种植业区(蔬菜组、水稻组、

---

① FAO, *FAO + China: Partnering for Sustainable Food Security*, p. 18.
② 《中国-乌干达南南合作二期项目工作简报(第 2 期)》,中华人民共和国农业农村部网站,http://www.fecc.agri.cn/nnhz/201603/t20160328_248153.html,最后访问日期:2020 年 11 月 19 日。
③ 《中国-乌干达南南合作二期项目工作简报(第 5 期)》,中华人民共和国农业农村部网站,http://www.fecc.agri.cn/nnhz/201610/t20161024_248163.html,最后访问日期:2020 年 11 月 19 日;《中国-乌干达南南合作二期项目工作简报(第 6 期)》,中华人民共和国农业农村部网站,http://www.fecc.agri.cn/nnhz/201612/t20161208_248165.html,最后访问日期:2020 年 11 月 19 日。
④ 《中国-联合国粮食及农业组织南南合作工作简报(2017 年第 8 期)》,中华人民共和国农业农村部网站,http://www.fecc.agri.cn/nnhz/201708/t20170821_295388.html,最后访问日期:2020 年 11 月 19 日。
⑤ 《中国-FAO 南南合作工作简报(2017 年第 11 期)(总第 235 期)》,中华人民共和国农业农村部网站,http://www.fecc.agri.cn/nnhz/201710/t20171016_297397.html,最后访问日期:2020 年 11 月 19 日。

旱作组)、养殖业区(畜牧组、水产组)、农机区和办公室,其中蔬菜组对当地的蔬菜种植面积、大棚数量、土壤结构和气候特点等做了调查,畜牧组对当地牛、羊、生猪、蛋鸡和鸭的数量以及当地饲养管理的方式进行了调查,农机组对当地农场的机械化水平进行了考察,水产组对当地水产生产和加工等工作做了调研,各组根据实地考察的情况制定了相应的对策,促使中国-刚果(金)南南合作项目取得了显著成果(见表6-7)。[①]

表6-7 中国-刚果(金)南南合作成果

领域	成果
技术培训	2017年9月到12月,在水稻、旱作、蔬菜、畜牧、水产和农机等领域开展培训,共有100多人参与培训;2018年3月,在卢本巴希-华友刚果(金)现代农业示范园开展培训交流
畜牧业发展	引入循环农业生产模式,将废弃的蔬菜、玉米等叶茎收集加工成青饲料,提高资源利用率,可节省精饲料约150公斤/天,每月可节省饲料开支3600美元;喂养青饲料的母猪的产仔率由平均每窝6头左右上升至8头以上;哺乳仔猪存活率由70%左右提升至96%以上,仔猪断奶时平均体重提高1.5公斤;降低蛋鸡死亡淘汰率,产蛋率由58%提高至87%;改造猪舍66间,面积近500平方米
果蔬种植	培育出具有"自主技术产权"的西瓜,平均每个西瓜重16斤,亩产可达11200余斤;项目实施半年后,蔬菜产量环比增长20%,经济效益环比增长30%;采用高产栽培模式种植的冬瓜产量达117吨/公顷,单产量比常规种植模式提高了40%,单瓜均重20公斤左右,最大重量达36公斤;成功开展反季节蔬菜种植,开创当地雨季露地种植蔬菜的先例
谷物种植	开展玉米机械化播种试验;开展水稻旱育秧播期试验;开展水稻育秧化控试验;开展水稻育秧对比试验;开展水稻塑料软盘旱育秧试验;开展水稻播种试验示范;开展谷子试验示范,其中谷子18#和谷子4170#在华友刚果(金)现代农业示范园试种成功;在华友刚果(金)现代农业示范园繁育了1.05亩高产常规稻种,共收获种子675.9公斤;将0.44公顷长满杂草的田块变成一片丰收的稻田;水稻单产达560公斤/亩,创当地水稻产量新高;专家组用5个月的时间完成2个中国旱稻品种试验种植,开创了上加丹加省旱稻种植的历史,也探索了保障当地粮食安全的新出路

[①]《中国-FAO南南合作工作简报(2017年第11期)(总第235期)》,中华人民共和国农业农村部网站, http://www.fecc.agri.cn/nnhz/201710/t20171016_297397.html,最后访问日期:2020年11月19日。

续表

领域	成果
农机发展	开展机械化播种试验，比人工播种减少用工 2/3，时间节省一半，出苗率提高 5%；完成对手摇玉米脱粒机、鼓舞脱粒机、摘果器和中国式锄头等样品的制作
农业教材	专家组完成《农业实用技术手册》的编写

资料来源：《中国-FAO 南南合作工作简报（2017 年第 14 期）（总第 238 期）》，《开展南南合作，促进刚果（金）农业发展——刚果（金）南南合作项目半年工作回顾》，《中国-FAO 南南合作工作简报（总第 240 期）》，《中国-FAO 南南合作工作简报（总第 241 期）》，《中国-FAO 南南合作工作简报（总第 242 期）》，农业农村部网站，http：//www.fecc.agri.cn/nnhz/index_1.html。

第十，中国-马达加斯加南南合作。2018 年 12 月，中国政府、马达加斯加政府和粮农组织共同签署了南南合作三方协议，旨在帮助马达加斯加提高农业综合实力。2019 年 9 月，由 9 名专家和技术人员组成的专家组赴马达加斯加，标志着中国-马达加斯加南南合作项目正式进入实施阶段，中国将在马达加斯加的马义奇、扎卡、迪戈等项目点，为杂交水稻、畜牧业生产和农业综合经营等领域提供技术援助。[1] 为充分了解当地农业的生产状况并有针对性地提供技术指导，专家组不仅在马义奇袁氏种业基地先后考察了杂交水稻水产用地、马达加斯加农业畜牧业渔业培训基地、三个杂交水稻种植示范基地以及马义奇 Antanetibe Mahazaza 规模化养鸡场，并到马义奇农业局和宏远农机市场进行调研，[2] 还实地考察了 2 个迪戈和 2 个扎卡示范点。2019 年 11 月 21 日，迪戈项目的专家组专门召开了项目协调会，明确了"中方主导开展技术援助，当地政府密切配合并做好后勤保障工作及提出相关意见"的合作方式，确定了 4 公顷扎卡杂交

---

[1] 张陆彪、于浩淼：《中非农业南南合作：为"中国种子"点个赞》，中国日报网，https://cn.chinadaily.com.cn/a/202012/09/WS5fd0adcfa3101e7ce9734515.html，最后访问日期：2020 年 11 月 22 日。

[2] 《中国-FAO 南南合作工作简报（2019 年第 6 期）（总第 250 期）》，中华人民共和国农业农村部网站，http://www.fecc.agri.cn/nnhz/201912/t20191202_343801.html，最后访问日期：2020 年 11 月 22 日。

水稻示范点和 1 公顷杂交水稻制种基地的位置。① 11 月 23 日到 29 日，马义奇、扎卡项目点专家在塔娜农业局、马义奇和 Mahazaza 等地开展培训，其中农业技术人员 39 人，示范农户 41 人，为项目推进提供了技术保障。②

2020 年，面对突如其来的新冠肺炎疫情，中国专家组在做好疫情防护工作的同时，也有序开展农业生产。迪戈项目专家组在克服了停水停电等诸多困难后，组织当地牧民和合作伙伴，成功抢收牧草；马义奇项目专家组积极组织杂交水稻生产基地和示范农户开展稻田水稻收割，为避免群体聚集，专家组通过视频会议的方式与当地农民和合作伙伴进行沟通并对其开展培训，确保培训计划如期进行。在中国专家组的支持和帮助下，马达加斯加水稻产量喜获丰收，马义奇基地面积达 10 公顷，种植的杂交水稻惟楚902-3新品种，产量达 10.5 吨/公顷，经指导的示范农户种植的杂交水稻产量也达到了每公顷 9 吨以上。对此，马达加斯加农业部部长吕西安·拉那利维鲁表示，受新冠肺炎疫情的冲击，很多国家都面临着粮食进口困难，中国的杂交水稻帮助马缓解了粮食供应问题，为马粮食安全的保障提供了极大的支持，双方将继续推动中国杂交水稻在马达加斯加的种植。③

第十一，中国-斯里兰卡南南合作。2018 年 12 月，中国驻粮农组织大使牛盾、粮农组织副总干事丹尼尔·古斯塔夫森和斯里兰卡农业部秘书鲁旺钱德拉分别代表本国政府和粮农组织，共同签署了南南合作三方协议，标志着中-斯南南合作正式进入准备阶段。④ 中国-斯里兰卡南南合

---

① 《中国-FAO 南南合作工作简报（2019 年第 7 期）（总第 251 期）》，中华人民共和国农业农村部网站，http：//www.fecc.agri.cn/nnhz/202001/t20200103_344539.html，最后访问日期：2020 年 11 月 22 日。
② 《中国-FAO 南南合作工作简报（2019 年第 7 期）（总第 251 期）》，中华人民共和国农业农村部网站，http：//www.fecc.agri.cn/nnhz/202001/t20200103_344539.html，最后访问日期：2020 年 11 月 22 日。
③ 《抗疫无殇，廪实满仓 中国-FAO-马达加斯加专家组海外抗疫，水稻丰收助力非洲粮食安全》，中华人民共和国农业农村部网站，http：//www.fecc.agri.cn/nnhz/202005/t20200518_352508.html，最后访问日期：2020 年 11 月 22 日。
④ 中国常驻联合国粮农机构代表处、农业农村部对外经济合作中心：《牛盾大使出席中国-斯里兰卡-FAO 南南合作项目签字仪式》，《世界农业》2019 年第 1 期。

作项目是在中国向粮农组织捐助的第二期南南合作信托基金的支持下实施的，其目的是促进斯里兰卡香蕉、菠萝和芒果等重点水果价值链的生产和商业化，提高当地农民的生活水平和保障斯里兰卡粮食安全。2019年12月，中国-斯里兰卡南南合作项目启动会在中国热带农业科学院召开，农业农村部对外经济合作中心和中国热带农业科学院共同签署"中国-FAO-斯里兰卡南南合作项目外派人员培训班"协议书，中国热带农业科学院作为实施南南合作项目的协办单位，拟在滴灌施肥、农艺与栽培、增值与加工处理、水果组织营养、良好农业规范、病虫害综合治理，以及香蕉、芒果和菠萝等价值链生产和农业经营等领域选派10位专家和技术人员，赴斯里兰卡开展为期两年的农业援助。① 此外，为提高援斯人员的项目执行能力，中国热带农业科学院还于2020年4月在海口举办了"中国-FAO-斯里兰卡南南合作项目"培训班，针对英语能力、项目管理以及斯里兰卡国情等内容进行了培训。②

第十二，中国-马拉维南南合作。2011年3月，由17名农业专家组成的中国专家组前往马拉维，开展为期两年的中马南南合作项目。该项目由山西、河南、广西、贵州、湖南和江西等六个省份派遣农业专家，相互配合，共同推动项目实施。③ 山西作为技术援助马拉维的主要省份之一，为马农业生产做出了突出贡献：①为确保项目顺利实施，专家组做了大量的调研工作；②根据项目需要，专家组成员编制了培训资料，以保证当地农民对技术的掌握和运用；③设计并制作了符合当地需求的农业机具，降低农民的耕种强度；④专家组申报的有关渔场和大棚施工、低产果园改造、水稻生产和再生水稻试验示范、保护性农业生产技术、棉花田间管理等26个项目获得批准并实施；⑤组织马拉维负责农业的主要官员赴中国

---

① 《中国-FAO-斯里兰卡南南合作项目启动会在中国热带农业科学院召开》，《世界热带农业信息》2020年第1期。
② 《中国-FAO-斯里兰卡南南合作项目培训班开班仪式在海口举办》，中华人民共和国农业农村部网站，http://www.fecc.agri.cn/nnhz/202004/t20200422_350740.html，最后访问日期：2020年11月22日。
③ 转引自《中国"南南合作"项目大幅提高受援国粮食产量》，中新网，http://www.chinanews.com/cj/2013/07-27/5092036.shtml，最后访问日期：2020年11月22日。

学习、考察，实地了解中国农业生产经验和种业技术创新；⑥组织召开关于加强南南合作项目的经验交流会；⑦推广农业实用技术62项，引进培育新品种49个，举办各种培训班85期，共培训2600多人，惠及6800多个农户，涵盖面积1.6万公顷，完成项目报告80多篇、调查报告100多篇。① 除山西之外，江西省农业专家在马拉维推广了中国节能灶，贵州农业专家在当地制作了农机模型。

第十三，中国－苏丹南南合作。2020年11月，在中国－联合国粮农组织第二期南南合作信托基金的支持下，中国农业农村部副部长张桃林、粮农组织副总干事伊丽莎白·贝克多、苏丹农业和自然资源部部长阿卜杜勒·加迪尔·图尔卡维共同签署了中国－FAO－苏丹南南合作项目三方协议，将支持苏丹"国家农业投资规划"和"国家规划框架"的实施。苏丹是中国－联合国粮农组织南南合作计划所支持的第13个国家，项目资金约为138万美元，项目实施期为两年，中国将帮助苏丹提高在农作物生产、动物健康和农业综合经营等领域的技术水平并提供相应的物资和设备。②粮农组织驻苏丹代表巴巴加纳·艾哈迈杜称赞中国政府长期致力于帮助苏丹改善农业生产环境，保障粮食安全，降低贫困率和改善营养不良，苏丹农业和自然资源部部长阿卜杜勒·加迪尔·图尔卡维认为，此项目体现了中苏两国的友好关系。③中国－苏丹南南合作协议的签署将为苏丹农业发展注入更多动力，也将为中国农业"走出去"创造更多机遇。

---

① 《农业部马拉维"南南合作"项目总结会在省城召开》，山西省农业农村厅网站，http://nynct.shanxi.gov.cn/was5/web/detail?record=1&primarykeyvalue=DOCID2%3D%2736965%27&channelid=234439&searchword=%E9%A9%AC%E6%8B%89%E7%BB%B4&keyword=%E9%A9%AC%E6%8B%89%E7%BB%B4&token=16.1442975927773.20&was_custom_expr=%28%E9%A9%AC%E6%8B%89%E7%BB%B4%29，最后访问日期：2020年11月22日。

② 《中国－FAO－苏丹南南合作项目三方协议正式签署》，中华人民共和国农业农村部网站，http://www.fecc.agri.cn/nnhz/202012/t20201204_366248.html，最后访问日期：2020年11月22日。

③ 《中国－FAO－苏丹南南合作项目三方协议正式签署》，中华人民共和国农业农村部网站，http://www.fecc.agri.cn/nnhz/202012/t20201204_366248.html，最后访问日期：2020年11月22日。

第六章 联合国粮农组织与中国的农业合作

除上述项目之外，在中国－粮农组织信托基金框架下，中国政府还资助了 600 万美元，用于南南合作的一个七年（2010～2017 年）项目。该项目在实施期间，共举办了两次高级别政策对话、11 次高级别研讨会和 10 次培训，有来自亚非拉 100 多个国家的 800 名代表参加这些活动，有 400 多名代表参加高级别会议，就发展中国家普遍关心的全球和区域粮农问题进行探讨。[1] 此外，粮农组织罗马总部和粮农组织驻中国代表处还招募了 7 名国际和 18 名国家项目官，以保障项目协调、管理、实施和合作开发工作。[2] 2017 年，在七年项目取得成功的基础上，中国又资助了 500 万美元，用于南南合作的一个五年发展项目，既要在全球、地区和国家三个层面提高政策制定者和技术专家的能力，又要制定更加灵活的实施方案以应对南南合作不断增加的发展需求。[3] 为推动项目实施，中国在福州召开了海鲜市场准入研讨会，在成都召开了有关沼气的培训与研讨会，在上海开启了杀虫剂风险管理项目。

同时，粮农组织也和中国在次区域开展南南合作。粮农组织－中国在大湄公河次区域（Greater Mekong Subregion, GMS）开展的跨境动物疾病预防南南合作项目，帮助大湄公河次区域国家减少跨境动物疾病的威胁，确保区域贸易安全，改善民生、粮食安全和营养状况。[4] 该项目的稳步推进还为次区域国家在动物疾病管控等领域协调合作提供了平台，其中应对非洲猪瘟就是典型案例。通过该项目的实施，中国将应对非洲猪瘟的经验和疾病信息与大湄公河次区域国家分享。例如，和越南分享在鉴定疾病传播的风险、兽体处理和去污等方面的经验；支持缅甸和老挝的紧急任务，以确保其在受非洲猪瘟波及时能够将经济损失降到最低。[5]

农业南南合作已成为中国、粮农组织和发展中国家共同开展三方合作的典范，对国际社会、第三方国家和中国都产生了积极作用。首先，从国

---

[1] FAO, *FAO + China: Partnering for Sustainable Food Security*, p. 11.
[2] FAO, *FAO + China: Partnering for Sustainable Food Security*, p. 11.
[3] FAO, *FAO + China: Partnering for Sustainable Food Security*, p. 11.
[4] FAO, *FAO + China: Partnering for Sustainable Food Security*, p. 28.
[5] FAO, *FAO + China: Partnering for Sustainable Food Security*, p. 28.

际层面来看，粮食安全既是联合国"千年发展目标"（2000~2015年）和"可持续发展目标"（2015~2030年）的共同关切，也是全球治理的重要议题。当前，全球粮食安全治理仍面临气候变化、贫困、人口持续增长、战争与冲突、水资源短缺、农业资源分配不均衡等诸多因素的制约，需要国际社会共同合作，以提升全球粮食安全治理的综合绩效。中国通过设立南南合作信托基金，帮助弥补全球粮食安全的短板，促进各地区，尤其是发展中地区的粮食供给安全、获取安全、使用安全并增强其稳定性，从而助力联合国2030年"零饥饿"目标的实现。

其次，从第三方国家层面来看，发展中国家一直处于世界粮食体系的边缘，粮食不安全人数居多（见表6-8和表6-9），国际粮食话语权较弱，并且受自然、经济和社会等多重因素的影响，难以促进农业经济的发展，需要借助域外国家之力，提升农业科技水平和减少粮食不安全人数。中国在联合国粮农组织框架下实施的南南合作为广大发展中国家提供技术援助，帮助其开发农业资源，提高粮食生产率，增加当地农民的经济收入，以实现粮食安全和农业经济的双向发展。同时，为帮助发展中国家早日实现农业可持续发展并逐渐减少对外界的依赖，中国还举办了大量技术培训班，促使当地农业从业者掌握更多农业技术，早日实现农业自主发展。

表6-8 各区域重度粮食不安全人数

单位：百万人

地区	2014年	2016年	2018年	2019年	2020年	2021年
非洲	192.1	232.8	246.8	264.1	300.5	322.1
北非	22.4	23.7	22.0	21.1	23.4	28.3
撒哈拉以南非洲	169.7	209.1	224.8	243.0	277.1	293.8
东非	81.6	101.7	102.5	108.6	125.3	131.2
中非	—	—	—	—	64.5	69.7
南非	5.5	5.8	6.6	6.2	7.4	7.5
西非	35.1	47.1	56.8	65.1	79.9	85.4
亚洲	310.0	284.8	368.0	376.8	451.6	489.1

续表

地区	2014年	2016年	2018年	2019年	2020年	2021年
中亚	1.1	1.4	1.6	1.6	3.5	3.7
东亚	13.2	24.6	31.3	21.7	33.8	17.4
东南亚	15.2	16.1	17.1	16.9	22.4	28.0
南亚	260.3	220.6	293.5	312.9	366.4	412.9
西亚	20.4	22.2	24.5	23.7	25.6	27.2
西亚北非	42.8	45.9	46.5	44.8	49.0	55.4
拉丁美洲和加勒比	46.5	55.5	60.4	64.0	83.7	93.4
加勒比	—	—	—	—	15.9	13.3
拉丁美洲	32.9	41.9	45.2	49.4	67.8	80.1
中美	10.9	10.5	12.1	13.0	13.1	14.5
南美	22.0	31.3	33.1	36.5	54.7	65.6
北美和欧洲	15.2	14.1	10.7	10.3	13.2	17.2
世界	564.9	588.5	687.4	716.9	850.1	923.7

资料来源：FAO et al eds., *The State of Food Security and Nutrition in the World: Repurposing Food and Agricultural Policies to Make Healthy Diets More Affordable*, Rome: FAO, 2022, p.26。

表6-9 各区域重度粮食不安全人数所占比例

单位：%

地区	2014年	2016年	2018年	2019年	2020年	2021年
非洲	16.7	19.2	19.3	20.2	22.4	23.4
北非	10.2	10.4	9.3	8.7	9.5	11.3
撒哈拉以南非洲	18.2	21.2	21.6	22.8	25.3	26.2
东非	21.5	25.4	24.3	25.0	28.1	28.7
中非	—	—	—	—	35.9	37.7
南非	8.9	9.1	9.2	9.2	11.0	11.0
西非	10.2	13.0	14.9	16.6	19.9	20.7
亚洲	7.1	6.4	8.1	8.2	9.7	10.5
中亚	1.6	2.0	2.2	2.3	4.7	4.9
东亚	0.8	1.5	1.9	1.3	2.0	1.0
东南亚	2.4	2.5	2.6	2.6	3.4	4.1
南亚	14.4	11.9	15.5	16.3	18.9	21.0

续表

地区	2014年	2016年	2018年	2019年	2020年	2021年
西亚	8.0	8.5	9.0	8.6	9.1	9.6
西亚北非	9.1	9.3	9.1	8.7	9.3	10.4
拉丁美洲和加勒比	7.5	8.8	9.4	9.9	12.8	14.2
加勒比	—	—	—	—	36.6	30.5
拉丁美洲	5.7	7.1	7.5	8.2	11.1	13.0
中美	6.5	6.2	6.9	7.3	7.3	8.0
南美	5.4	7.5	7.8	8.5	12.7	15.1
北美和欧洲	1.4	1.3	1.0	0.9	1.2	1.5
世界	7.7	7.9	9.0	9.3	10.9	11.7

资料来源：FAO et al eds., *The State of Food Security and Nutrition in the World: Repurposing Food and Agricultural Policies to Make Healthy Diets More Affordable*, Rome: FAO, 2022, p.25。

最后，从中国层面来看，中国参与实施南南三方合作并设立南南合作信托基金，对推动中国农业发展和加强外交伙伴关系都起到了积极的作用。其一，农业南南合作助力中国农业"走出去"，中国采取的"以省份对接国家"的方式，帮助地方扩大了其农业技术的海外影响力，也为农企开展海外农业经营创造了平台，极大地增强了目标国对中国农业技术的认同感，这从多数发展中国家寻求与中国开展南南合作二期项目便可管窥。其二，农业是中国对外交往的重要领域，是中国加强双多边关系的重要资源。中国通过帮助目标国提升农业经济发展水平和保障粮食安全，展现了中国负责任大国的国际形象，获得了目标国政府的称赞，为加强双边关系积累了无形资产，也为其他领域合作奠定了基础。此外，中国农业专家组在目标国工作时，不仅多次深入基层调研，与当地农民和农业技术人员沟通，了解当地农业的发展现状和气候条件，还帮助当地农民解决一些生活问题，这种民间的非正式交往提升了农业专家组与受援国合作伙伴间正式合作的融洽度和有效性，[1] 有助于加深两国人民的友谊和构建民心相

---

[1] 陆继霞、李小云：《中国援非农技专家角色分析——以中国援非农技组派遣项目为例》，《外交评论》2017年第4期，第99页。

通的桥梁，为中国与对象国发展双边关系奠定了群众基础。可见，不论是在目标国政府层面，还是在目标国人民层面，南南合作项目都为中国伙伴外交的开展营造了积极友善的国际环境，为推动多领域务实合作打下了坚实的基础。

小　结

中国是联合国粮农组织的重要合作伙伴，中国参与联合国粮农组织全球、地区和国别项目的实施，既是对联合国粮农组织在新中国成立初期给予帮助的回馈，也是中国履行大国义务、参与国际发展合作的重要路径。随着中国农业生产水平的提高和农业技术创新实力的增强，联合国粮农组织项目的开展愈加需要中国方案和中国力量。中国和联合国粮农组织将在双多边合作机制下，扩大合作领域，创新合作议题，探索新的合作模式，从而提升全球粮食安全治理的综合绩效。

附录一

联合国粮农组织成员*及其加入时间

A	
阿富汗 1949 年 12 月 1 日	安道尔 2007 年 11 月 17 日
阿尔及利亚 1963 年 11 月 19 日	安提瓜和巴布达 1983 年 11 月 7 日
安哥拉 1977 年 11 月 14 日	亚美尼亚 1993 年 11 月 8 日
阿根廷 1951 年 11 月 21 日	奥地利 1947 年 8 月 27 日
澳大利亚 1945 年 10 月 16 日	埃及 1945 年 10 月 16 日
阿塞拜疆 1995 年 10 月 20 日	埃塞俄比亚 1948 年 1 月 1 日
爱沙尼亚 1991 年 11 月 11 日	爱尔兰 1946 年 9 月 3 日
阿曼 1971 年 11 月 8 日	阿联酋 1973 年 11 月 12 日
阿尔巴尼亚 1973 年 11 月 12 日	

B	
巴哈马 1975 年 11 月 8 日	巴林 1971 年 11 月 8 日
巴巴多斯 1967 年 11 月 6 日	白俄罗斯 2005 年 11 月 19 日
比利时 1945 年 10 月 16 日	伯利兹 1983 年 11 月 7 日
贝宁 1961 年 11 月 9 日	不丹 1981 年 11 月 7 日
玻利维亚 1945 年 10 月 16 日	波黑 1993 年 11 月 8 日
博茨瓦纳 1966 年 11 月 1 日	巴西 1945 年 10 月 16 日
保加利亚 1967 年 11 月 6 日	布基纳法索 1961 年 11 月 9 日
布隆迪 1963 年 11 月 19 日	巴基斯坦 1947 年 9 月 7 日
巴布亚新几内亚 1975 年 11 月 8 日	巴拉圭 1945 年 10 月 30 日
秘鲁 1952 年 6 月 17 日	波兰 1957 年 11 月 9 日
巴拿马 1945 年 10 月 16 日	冰岛 1945 年 10 月 16 日
北马其顿 1993 年 11 月 8 日	

---

* 成员的名称以现在的名称为主。

续表

C	
朝鲜 1977 年 11 月 14 日	赤道几内亚 1981 年 11 月 7 日

D	
丹麦 1945 年 10 月 16 日	多米尼克 1979 年 11 月 12 日
多米尼加 1945 年 10 月 16 日	东帝汶 2003 年 11 月 29 日
多哥 1960 年 5 月 23 日	德国 1950 年 11 月 27 日

E	
厄瓜多尔 1945 年 10 月 16 日	厄立特里亚 1993 年 11 月 8 日
俄罗斯 2006 年 4 月 11 日	

F	
佛得角 1975 年 11 月 8 日	斐济 1971 年 11 月 8 日
芬兰 1947 年 8 月 27 日	法国 1945 年 10 月 16 日
菲律宾 1945 年 10 月 16 日	法罗群岛(准成员)2007 年 11 月 17 日

G	
哥伦比亚 1945 年 10 月 17 日	刚果(金)1961 年 11 月 9 日
哥斯达黎加 1948 年 4 月 7 日	古巴 1945 年 10 月 19 日
冈比亚 1965 年 11 月 22 日	格鲁吉亚 1995 年 10 月 20 日
格拉纳达 1975 年 11 月 8 日	圭亚那 1966 年 8 月 22 日

H	
海地 1945 年 10 月 16 日	洪都拉斯 1945 年 10 月 16 日
哈萨克斯坦 1997 年 11 月 7 日	黑山 2007 年 11 月 17 日
荷兰 1945 年 10 月 16 日	韩国 1949 年 11 月 25 日

J	
柬埔寨 1950 年 11 月 11 日	加拿大 1945 年 10 月 16 日
捷克 1993 年 11 月 8 日	吉布提 1977 年 11 月 14 日
加蓬 1961 年 11 月 9 日	加纳 1957 年 11 月 9 日
几内亚 1959 年 11 月 5 日	几内亚比绍 1973 年 11 月 26 日
基里巴斯 1999 年 11 月 15 日	吉尔吉斯斯坦 1993 年 11 月 8 日
津巴布韦 1981 年 11 月 7 日	

K	
喀麦隆 1960 年 3 月 22 日	科摩罗 1977 年 11 月 14 日
库克群岛 1985 年 11 月 11 日	克罗地亚 1993 年 11 月 8 日
科特迪瓦 1961 年 11 月 9 日	肯尼亚 1964 年 1 月 27 日
科威特 1961 年 11 月 9 日	卡塔尔 1971 年 11 月 8 日

附录一　联合国粮农组织成员及其加入时间

续表

L	
老挝 1951 年 11 月 21 日	拉脱维亚 1991 年 11 月 11 日
黎巴嫩 1945 年 10 月 27 日	罗马尼亚 1961 年 11 月 9 日
莱索托 1966 年 11 月 7 日	利比里亚 1945 年 10 月 16 日
利比亚 1953 年 11 月 24 日	立陶宛 1991 年 11 月 11 日
卢森堡 1945 年 10 月 16 日	卢旺达 1963 年 11 月 19 日
M	
美国 1945 年 10 月 16 日	孟加拉国 1973 年 11 月 12 日
密克罗尼西亚联邦 2003 年 11 月 29 日	马达加斯加 1961 年 11 月 9 日
马拉维 1965 年 11 月 22 日	马来西亚 1957 年 11 月 9 日
马尔代夫 1971 年 11 月 8 日	马里 1961 年 11 月 9 日
马耳他 1964 年 10 月 5 日	马绍尔群岛 1999 年 11 月 12 日
毛里塔尼亚 1961 年 11 月 9 日	毛里求斯 1968 年 3 月 12 日
墨西哥 1945 年 10 月 16 日	摩尔多瓦 1995 年 10 月 20 日
摩纳哥 2001 年 11 月 2 日	蒙古国 1973 年 11 月 12 日
摩洛哥 1956 年 9 月 13 日	莫桑比克 1977 年 11 月 14 日
缅甸 1947 年 9 月 11 日	
N	
纳米比亚 1977 年 11 月 14 日	瑙鲁 2001 年 11 月 2 日
尼泊尔 1951 年 11 月 21 日	尼加拉瓜 1945 年 10 月 26 日
尼日尔 1961 年 11 月 9 日	尼日利亚 1960 年 10 月 11 日
纽埃 1999 年 11 月 12 日	挪威 1945 年 10 月 16 日
南非 1993 年 11 月 9 日	南苏丹 2013 年 6 月 15 日
O	
欧盟（成员组织）1991 年 11 月 26 日	
P	
葡萄牙 1946 年 9 月 11 日	帕劳 1999 年 11 月 12 日
R	
日本 1951 年 11 月 21 日	瑞典 1950 年 2 月 13 日
瑞士 1946 年 9 月 11 日	
S	
塞浦路斯 1960 年 9 月 14 日	萨尔瓦多 1947 年 8 月 19 日
圣基茨和尼维斯 1983 年 11 月 7 日	圣文森特和格林纳丁斯 1981 年 11 月 7 日
萨摩亚 1979 年 11 月 12 日	圣马力诺 1999 年 11 月 12 日

续表

圣卢西亚 1979 年 11 月 26 日	圣多美和普林西比 1977 年 11 月 14 日
沙特阿拉伯 1948 年 11 月 23 日	塞内加尔 1961 年 11 月 9 日
塞尔维亚 2001 年 11 月 2 日	塞舌尔 1977 年 11 月 14 日
塞拉利昂 1961 年 11 月 9 日	斯洛伐克 1993 年 11 月 8 日
斯洛文尼亚 1993 年 11 月 8 日	所罗门群岛 1985 年 11 月 11 日
索马里 1960 年 11 月 17 日	斯里兰卡 1948 年 5 月 21 日
苏丹 1956 年 9 月 13 日	苏里南 1975 年 11 月 26 日
斯威士兰 1971 年 11 月 8 日	
T	
塔吉克斯坦 1995 年 10 月 20 日	泰国 1947 年 8 月 27 日
汤加 1981 年 11 月 7 日	特立尼达和多巴哥 1963 年 11 月 19 日
突尼斯 1955 年 11 月 25 日	土耳其 1948 年 4 月 6 日
土库曼斯坦 1995 年 10 月 20 日	图瓦卢 2003 年 11 月 29 日
坦桑尼亚 1962 年 2 月 8 日	托克劳群岛(准成员)2011 年 6 月 25 日
W	
委内瑞拉 1945 年 10 月 16 日	文莱 2013 年 6 月 15 日
危地马拉 16 1945 年 10 月	乌干达 1963 年 11 月 19 日
乌克兰 2003 年 11 月 29 日	乌拉圭 1945 年 11 月 30 日
乌兹别克斯坦 2001 年 11 月 2 日	瓦努阿图 1983 年 11 月 7 日
X	
希腊 1945 年 10 月 16 日	匈牙利 1967 年 11 月 6 日
新西兰 1945 年 10 月 16 日	新加坡 2013 年 6 月 15 日
西班牙 1951 年 4 月 5 日	叙利亚 1945 年 10 月 27 日
Y	
印度 1945 年 10 月 16 日	印度尼西亚 1949 年 11 月 28 日
伊朗 1953 年 12 月 1 日	伊拉克 1945 年 10 月 16 日
以色列 1949 年 11 月 23 日	意大利 1946 年 9 月 12 日
牙买加 1963 年 3 月 13 日	约旦 1951 年 1 月 23 日
英国 1945 年 10 月 16 日	越南 1950 年 11 月 11 日
也门 1990 年 5 月 22 日	
Z	
中国 1945 年 10 月 16 日	中非 1961 年 11 月 9 日
乍得 1961 年 11 月 9 日	智利 1946 年 5 月 17 日
赞比亚 1965 年 11 月 22 日	

附录二

联合国粮农组织法定机构[*]

中亚和高加索区域渔业及水产养殖委员会	中部地区沙漠蝗虫防治委员会
中东部大西洋渔委会	专用饮食营养和食品规范委员会
亚太区域植物保护委员会	亚洲及太平洋区域家畜生产及卫生委员会
亚洲及太平洋农业统计委员会	亚洲及太平洋林业委员会
亚洲-太平洋渔业委员会	争端解决附属机构
印度洋金枪鱼委员会	可可制品和巧克力规范委员会
可持续森林产业咨询委员会	天然矿泉水规范委员会
奶及奶制品规范委员会	地中海渔业总委员会
区域渔业委员会	北美洲林业委员会
加工水果和蔬菜规范委员会	加勒比植物保护委员会（取消）
分析和抽样方法规范委员会	农委畜牧业分委员会
农药残留规范委员会	盛业产品处理磋商小组委员会
国际杨树和维护人类与环境的其他速生树种委员会	国际植物保护公约
国际稻米委员会（暂停）	标准委员会
森林基因资源专家组	森林遗传资源政府间技术工作组
植物检疫措施委员会	植物蛋白规范委员会
欧洲口蹄疫防治委员会	欧洲农业委员会
欧洲农业委员会妇女和家庭参与乡村发展工作组	欧洲内陆渔业和水产养殖咨询委员会
欧洲林业委员会	油脂法典委员会
渔业委员会水产养殖分委员会	渔业委员会鱼品贸易分委员会
渔业研究咨询委员会	渔业统计协调工作组

[*] 参见联合国粮农组织网，http://www.fao.org/unfao/govbodies/gsb-subject-matter/gsb-alphabet/zh/。

联合国粮食及农业组织

续表

新鲜水果和蔬菜规范委员会	政府间油籽、油及油脂小组
政府间柑橘类水果小组	政府间硬纤维小组
政府间稻米小组	政府间粮食和农业动物遗传资源技术工作组
政府间粮食和农业植物遗传资源技术工作组	政府间谷物小组
政府间茶叶小组	政府间肉类和乳制品小组
政府间香蕉及热带水果小组	政府间黄麻、槿麻及同类纤维小组
拉丁美洲及加勒比内陆渔业和水产养殖委员会	拉丁美洲及加勒比林业委员会
拉丁美洲及加勒比畜牧业发展委员会	粮农组织/世卫组织亚洲协调委员会
粮农组织/世卫组织北美洲和西南太平洋协调委员会	粮农组织/世卫组织欧洲协调委员会
粮农组织/世卫组织拉丁美洲及加勒比协调委员会	粮农组织/世卫组织近东协调委员会
粮农组织/世卫组织非洲协调委员会	粮农组织/世卫组织农药管理联席会议
粮农组织/世卫组织农药规范联席会议	粮农组织/世卫组织关于农药残留物的联席会议
粮农组织/世卫组织食品添加剂联合专家委员会	粮农组织沙漠蝗虫防治委员会
粮农组织/欧洲经济委员会（联合国）/欧洲统计会议合办的欧洲粮食和农业统计研究小组（取消）	粮农组织/美洲国家组织/美洲教育委员会/美洲水产养殖研究所合办的拉丁美洲及加勒比农业统计工作组
粮食和农业伦理著名专家小组	粮食和农业植物遗传资源国际条约
粮食和农业植物遗传资源国际条约管理机构	粮食和农业水生遗传资源政府间特设技术工作组
粮食和农业遗传资源委员会	粮食和农业遗传资源获取和利益分享特设技术工作组
糖类规范委员会	西南亚沙漠蝗虫分布区东部地区防治委员会
西南印度洋渔业委员会	西部中大西洋渔业委员会
西部地区沙漠蝗虫防治委员会	谷类和豆类规范委员会
近东农业/土地及水利用委员会	近东林业及牧业委员会
肉类卫生规范委员会	非洲农业统计委员会
非洲内陆渔业和水产养殖委员会	非洲林业及野生生物委员会
非洲林业及野生生物委员会/欧洲林业委员会/近东林业委员会合办的地中海林业问题委员会"地中海林业"	非洲锥虫病防治计划
食品中兽药残留规范委员会	食品卫生规范委员会
食品标签规范委员会	食品污染物法典委员会
食品法典委员会	食品法典委员会执行委员会
食品法典总原则委员会	食品添加剂规范委员会
食品进出口检验和认证系统法典委员会	香料、厨用香草法典委员会
鱼和渔产品规范委员会	

附录三

《世界粮食首脑会议行动计划》

（1996年11月13日）

1.《罗马宣言》和《世界粮食首脑会议行动计划》（简称《行动计划》）为从不同途径通往共同目标——在个人、家庭、国家、区域和全球各级实现粮食安全——奠定了基础。只有当所有人在任何时候都能够在物质上和经济上获得足够、安全和富有营养的粮食来满足其积极和健康生活的膳食需要及食物喜好时，才实现了粮食安全。在这方面，需要各级采取协调一致的行动。每一个国家必须采取符合其资源和能力的战略，实现各自的目标，同时开展区域和国际合作，组织起来集体解决全球粮食安全问题。在各种机构、社会和经济的相互联系日益密切的世界上，做出协调一致的努力并分担责任至关重要。

2. 消除贫困对增加获得粮食的机会至关重要。绝大多数营养不良者不是无力生产便是无力购买足够的粮食。他们得不到足够的生产资料，如土地、水、投入物、改良种苗、适用技术和农业贷款。此外，战争、内乱、自然灾害和与气候有关的生态变化以及环境退化也对千百万人产生了不利影响。虽然可以提供粮食援助来缓解他们的困境，但这并非是消除粮食不安全根源的长久之计。重要的是，国际社会应能保持足够的能力，提供应付紧急情况随时需要的粮食援助，必须保证公平地获得稳定的粮食供应。

3. 各国和平和稳定的环境是实现可持续粮食安全的一个基本条件。各国政府有责任创造有利的环境，使个人和群体为实现人人享有粮食的共同目标主动贡献他们的技能、力量和资源，尤其是投资。这项工作应当在社会所有成员的合作和参与下进行。在实现粮食安全方面，农民、渔民、林农以及其他粮食生产者和供应者具有极为重要的作用,他们的充分参与和获得权力对取得成功至关重要。

4. 贫困、饥饿和营养不良是发展中国家农村人口加速流入城市的主要原因。目前正在发生历史上规模最大的人口流动。这些问题除非得到妥善、及时地处理,否则很可能严重影响许多国家和区域的政治、经济和社会稳定,甚至可能危及世界和平。必须以遭受饥饿和营养不良最严重的人们和地区为目标,查明原因,采取补救行动,改善情况,在各级建立一个比较完整、方便用户的信息来源将能够实现这一目的。

5. 向所有人提供足够粮食的目标能够实现。当今世界58亿人的人均粮食比20年前全球40亿人时增加了15%。然而,为了向不断增加的人口提供粮食并改善膳食,需要通过自然资源的可持续管理进一步大幅度提高世界粮食产量。增加生产,包括增加传统作物及其产品的生产,并与粮食进口、储备和国际贸易有效地结合起来,能够加强粮食安全,解决区域之间的差异。粮食援助是有助于促进粮食安全的多种手段之一。对科研和对遗传资源的分类编目及保存进行长期投资至关重要,在国家一级尤其如此。必须保证充足的粮食供应与家庭粮食安全之间的联系。

6. 粮食供应不利的季度和年度不稳定性可以减少。应该在尽量减少气候波动和病虫害的危害及影响方面取得进展。为了向缺粮地区及时转运供应,并对生物多样性进行保护和可持续利用,应当有效地综合利用气候预警系统、农业[①]、渔业和林业适用技术的转让和利用、生产以及可靠的贸易、储存和金融机制。自然灾害和人为灾害往往可以预测,甚至可以预防,必须做出及时有效的反应并为恢复提供援助。

7. 除非各国政府和国际社会解决造成粮食不安全的多方面根源,否则发展中国家尤其是非洲撒哈拉以南国家饥饿和营养不良的人数仍将很多;将无法实现可持续粮食安全。这种状况是不能接受的。本《行动计划》旨在不断努力消除所有国家的饥饿,近期目标是在2015年之前将营养不良的人数减至目前人数的一半,并进行一次中期回顾,以确定到

---

① 本文件中"农业"一词包含畜牧业。

2010年能否实现这一目标。

8. 投资所需要的资金将主要从国内、私人和公共来源筹集。在支持采取适当的国家政策以及在必要和适当的情况下提供技术和财政援助帮助发展中国家和经济处于过渡阶段的国家促进粮食安全方面，国际社会应发挥关键作用。

9. 世界粮食首脑会议后续行动的多面性包括在国家、政府间和机构间各级采取行动。国际社会和包括粮农组织在内的联合国系统，以及其他机构应根据其职责对《行动计划》的实施做出重大贡献。粮农组织世界粮食安全委员会有责任监测《行动计划》的落实。

10. 实现可持续世界粮食安全是实现最近召开的国际会议商定的社会、经济、环境和人类发展目标的重要组成部分。《行动计划》借鉴了这些论坛达成的共识并基于这种信念：虽然世界面临粮食严重不安全问题，但是解决这些问题的办法是存在的。如果地方、国家、区域和国际各级所有方面做出果断和持续的努力，则所有人在任何时候都享有粮食的总体目标必将实现。

11. 《行动计划》符合《联合国宪章》和国际法的宗旨和原则，并力求巩固自1990年以来联合国其他对粮食安全有影响的会议的成果。

12. 落实本《行动计划》中的建议是各国通过国家法律的主权和责任。制定符合包括发展权在内的普遍人权和基本自由的战略、政策、计划和发展重点以及强调和全面尊重个人及其社区的各种宗教和道德价值、文化背景以及哲理信念应有助于所有人充分享有其人权，从而实现人人享有粮食安全的目标。

承诺一

我们将确保一种以男女全面平等参与为基础、最有利于实现所有人可持续粮食安全的政治、社会和经济环境，为消除贫困并为持久和平创造最佳条件。

联合国粮食及农业组织

行动依据

日益增加的世界人口及消除饥饿和营养不良的迫切性,要求采取果断的政策和有效的行动。一个和平、稳定和有利的政治、社会和经济环境是必要的基础,将使各国能够充分重视粮食安全和可持续农业、渔业、林业及乡村发展以及消除贫困。促进和保护包括发展权在内的普遍人权和基本自由,逐步实现人人享有足够粮食的权利以及男女全面平等参与对实现人人享有可持续粮食安全的目标也不可缺少。

目标和行动

目标1.1

防止及和平解决冲突,并通过尊重普遍人权和基本自由、民主、透明及有效的法律体制、国家及国际公共和私营机构透明及负责任的良政和管理以及各级所有人员有效平等参与影响他们粮食安全的决定和行动,创造稳定的政治环境。

为此,各国政府酌情与民间社会所有行动者结为伙伴关系,如尚未实现上述目标,将:

(a) 适当与国际社会合作,通过制定预防冲突的机制、利用和平的手段解决争端以及通过促进容忍、非暴力和尊重多样性,确保并促进和平。

(b) 发展民主、透明、大众参与、赋予权力、适应情况变化以及最有利于实现人人享有可持续粮食安全的决策、立法和执行过程。

(c) 促进和加强法律和司法制度的运作,保护所有人的权利。

(d) 承认并支持土著人及其社区寻求经济和社会发展的方法,充分尊重其特性、传统、社会组织形式及文化价值观念。

此外,各国政府与民间社会所有行动者结为伙伴关系并在国际机构的支持下,将酌情加强国际和区域组织现有规则和机制的执行,按照联合国宪章努力预防和解决造成或加剧粮食不安全问题的冲突，以及通过和平手段解决争端，提倡包容、非暴力、尊重多样性并遵守国际法。

目标1.2

确保稳定的经济条件，执行发展战略，鼓励充分发挥私人和公共、个人和集体的积极性，促进可持续、公平的经济和社会发展，并将人口和环境问题结合起来。

为此，各国政府与民间社会所有行动者结为伙伴关系，将酌情：

（a）促进旨在创造一个更加有利的国家和国际环境的政策，以利于可持续、公平的经济和社会发展。

（b）适当建立法律和其他机制，促进土地改革，承认并保护产权、水和使用者的权利，增加穷人和妇女获得资源的机会。这种机制还应促进自然资源（如土、水和森林）的保存和可持续利用，降低风险并鼓励投资。

（c）将人口问题，包括影响移居的因素充分纳入发展战略、计划和决策；制定符合《国际人口与发展会议行动计划》（1994年，开罗）的适当的人口政策、计划并建立计划生育服务机构。

目标1.3

确保男女平等并赋予妇女权利。

为此，各国政府将：

（a）支持和实施在1995年北京第四届世界妇女大会上做出的承诺，把性别问题纳入所有政策的主要内容。

（b）促进妇女充分、平等参与经济建设，并为此采纳和实施考虑到妇女问题的法律，保障妇女平等获得和支配信贷、土地、水等生产资源。

（c）确保各机构向妇女提供平等的机会。

（d）在粮食生产、加工和销售方面提供男女平等获得教育和培训的机会。

（e）使推广和技术服务适应女性生产者的需要，增加女性顾问和女性工作人员的人数。

（f）在农业、渔业、林业和乡村发展中，改进按性别分类的资料的收集、分发和利用的方法。

（g）把劳动分工和家庭内部收入的获得及支配作为研究工作的重点。

（h）收集有关妇女在农业、渔业、林业和自然资源管理方面的传统知识和技能的信息。

目标 1.4

鼓励全国团结一致并为各级人员，特别是易受害和处境不利的群体和个人，提供社会、经济和政治生活的平等机会。

为此，各国政府与民间社会所有行动者结为伙伴关系，将酌情：

（a）支持对包括农业、渔业、林业和乡村发展在内的可持续发展至关重要的卫生、教育、扫盲和其他技能培训等人力资源的开发进行投资。

（b）制定或强化政策，防止歧视社会上易受害和处境不利的群体中的成员以及属于少数民族的个人，特别注意他们的土地权和其他产权以及他们获得贷款、教育和培训、商业市场及参加粮食安全计划的机会。

（c）制定法律并建立机构，为青年提供机会并明确妇女可以做出的特殊贡献，确保家庭和儿童营养，适当强调母乳育婴的重要性。

（d）按照1990年纽约世界儿童问题首脑会议宗旨及《儿童权利公约》，在粮食计划安全中特别注意保护儿童，特别要重视女童的利益和需要。

承诺二

我们将执行旨在消除贫困和不平等并增加所有人在任何时候都能在物质上和经济上获得足够、营养充分和安全的粮食及有效利用这些粮食的政策。

行动依据

根据《世界营养宣言》（国际营养会议，罗马，1992年），保障获得营养充分和安全的粮食对个人福祉及国家、社会和经济发展至关重要。世

附录三 《世界粮食首脑会议行动计划》 Food and Agriculture Organization of the United Nations

界上每一个国家都有不能满足其自身需要的易受害和处境不利的个人、家庭和群体。在筹备消除贫困的行动时应当考虑到 70% 的穷人是妇女。即使当地和当时总的粮食供应量充足，贫困仍然阻碍人人均能获得满足人们需要的粮食数量和种类的目标的实现。人口迅速增长和乡村贫困造成过多的人口移居城区，对社会、经济、环境和营养带来严重不利的影响。除非做出特别的努力，否则到 2010 年多得无法承受的世界人口，特别是发展中国家的人口可能仍然长期营养不足，周期性粮食严重短缺将使更多的人遭受苦难。粮食利用不充分，即人体对食物中的养分吸收不充分会造成营养不良，因此需要提供足够的膳食、水，以及卫生、保健服务和健康教育。

目标和行动

目标 2.1

将消除城乡贫困及实现人人享有可持续粮食安全作为政策重点，通过稳妥的国家政策促进可靠和有报酬的就业并使人人都能公平和平等地获得土地、水和信贷等生产资源，尽量增加穷人的收入。

为此，各国政府与民间社会所有行动者结为伙伴关系，将酌情：

（a）审议并落实政策，将在家庭和国家两级消除饥饿和实现可持续粮食安全作为最优先政策重点，尽一切努力消除失业和缺乏获得生产资料的机会等对实现粮食安全造成的不利影响，履行它们在 1995 年哥本哈根社会发展问题世界首脑会议上所做的有关承诺。

（b）通过基础教育和职前及在职培训开发人的技能和能力。

（c）制定政策，鼓励在乡村地区创造稳定的就业岗位，包括非农业就业的机会，以便提供足够收入，用于购买基本必需品，并酌情鼓励采用劳动力密集型技术。

（d）推行适宜的经济、农业、渔业、林业和土地改革政策，使农民、渔民、林农和其他粮食生产者，尤其是妇女能够以其劳动力、资本和管理获得公平的收入，并鼓励对自然资源，包括边际地区自然资源进行保护和

可持续管理。

（e）增加男女平等获得土地和其他自然及生产资源的机会，特别是在必要时通过有效实施土地改革，并在可行时促进有效利用自然资源和农业资源以及在新土地上移民定居来增加这种机会。

（f）增加农民和农业社区获得粮食和农业遗传资源的机会。

目标2.2

使粮食不安全的家庭和个人能够满足其粮食和营养需要，努力帮助那些不能满足其粮食和营养需要的家庭和个人。

为此，各国政府与民间社会所有行动者结为伙伴关系，将酌情：

（a）制定并在必要时定期更新国家一级的粮食不安全和易受害信息及绘图系统，标明已经受到或有可能受到饥饿和营养不良影响的地区和人口，包括地方一级的人口，以及造成粮食不安全的因素，尽量利用现有资料和其他信息系统，避免工作重复。

（b）在粮食不安全地区酌情为失业者和就业不足者实施经济有效的公共工程计划。

（c）在现有资源限度内建立受益对象明确的社会福利和营养安全网络，满足粮食不安全人口，特别是穷人、儿童和体弱者的需要。

目标2.3

确保粮食供应的安全，在物质上和经济上能够获得适当并足以满足人民的能量和营养需要。

为此，各国政府与民间社会所有行动者结为伙伴关系，将酌情：

（a）监测粮食供应量和储备库存量的情况及营养是否充足，特别注意粮食不安全的高风险地区、营养方面易受害的群体和季节性波动产生重大营养影响的地区。

（b）按照《关于执行植物卫生检疫措施的协定》和其他有关国际协定，尤其是通过加强人和动植物健康及安全领域的常规和防治活动，采取措施确保粮食供应的质量和安全。

（c）在适当的情况下，鼓励在文化上适宜和利用不足的传统粮食作物的生产和利用，其中包括谷类、油菜籽、豆类、块根作物、水果和蔬

附录三 《世界粮食首脑会议行动计划》

菜,促进庭院农业并在适当的情况下促进学校园地和城区农业,利用可持续技术,并鼓励对未加利用或利用不足的鱼类资源进行可持续利用。

(d) 开发和发展先进的粮食加工、保存和储藏技术,减少收获后粮食损失,特别是在当地一级减少收获后粮食损失。

(e) 鼓励农户和社区采用低成本技术和创新做法。

(f) 促进并支持以社区为基础的粮食安全和营养计划,鼓励大众参与规划和实施过程。

(g) 按国际营养会议商定的意见,实现预防和控制特殊微量营养缺乏症的目标。

目标 2.4

促进所有人,尤其是低收入者和易受害及处境不利的群体获得基础教育和初级保健,以便加强他们自力更生的能力。

为此,各国政府与民间社会所有行动者结为伙伴关系,将:

(a) 促进所有人尤其是低收入者、易受害和处境不利的群体获得初级保健,包括与国际人口与发展会议(1994 年,开罗)的报告和《行动纲领》相一致的生育保健服务。

(b) 促进所有人,尤其在贫穷社区和农村地区的所有人获得清洁的水和卫生环境。

(c) 促进获得并支持完成初级教育,制订学校供膳计划,特别注意农村地区儿童尤其是女童。

(d) 向公众提供营养、卫生和健康教育,制订营养、家政、环境保护、粮食供应及健康方面的技术规范和培训计划。

承诺三

我们将考虑到农业的多功能特点,在高潜力和低潜力地区推行对家庭、国家、区域和全球各级获得充足和可靠的粮食供应不可缺少的参与性和可持续粮食、农业、渔业、林业及乡村发展的政策和做法,并同病虫害、干旱和荒漠化作斗争。

联合国粮食及农业组织

行动依据

迫切需要提高粮食产量,特别是提高低收入缺粮国的粮食产量,以满足营养不足者和粮食不安全者的需要、因人口增长引起的额外粮食需要和因生活水准提高及消费方式变化对新的粮食产品的需要。增加生产不得进一步加重妇女的负担,同时确保生产能力、自然资源的可持续管理和环境保护。

在世界上许多地方,不可持续且在其他方面不适当的政策及计划、不适宜的技术、乡村基础设施和机构不足以及病虫害,造成自然资源和人力资源、投入物和产品效率低下和浪费。粮食、农业、渔业和林业资源基础因荒漠化、毁林、渔业中的过度捕捞、能力过剩和抛弃、生物多样性丧失以及用水效率低、气候变化和臭氧层消失等问题而面临压力和威胁。这对粮食安全和环境均产生不利影响。1992年里约热内卢联合国环境与发展会议(环发会议)的《可持续发展行动纲要》(《21世纪议程》)详细拟订了与粮食安全有关的可持续农业、渔业、林业和乡村发展纲领,该纲领最近在1995年《京都宣言》和《渔业对粮食安全可持续贡献行动计划》及1996年《莱比锡宣言》和《全球粮食和农业植物遗传资源保存和可持续利用行动计划》中均得到充实。

低收入缺粮国扩大生产往往是增加穷人粮食供应量和收入的主要手段之一。这些国家和较发达区域粮食产量增长的大部分预计将来自那些具有农业气候潜力、在良好的经济和环境条件下可以生产足够剩余粮食的地区,特别是具有潜力养活人数不断增长的城市消费者的地区。创造就业和收入将提高这些地区的有效需求,从而促进生产、经济多种经营和乡村发展。在潜力低、环境脆弱的贫瘠地区和沿海社区,也需要通过提供投入物和适当技术增加粮食产量,减少农村人口外流,但是这必须以资源和环境的可持续管理为基础。许多地区为可持续农业活动有效地利用土地也将大大有助于减轻将森林变为农业土地的压力。

粮食安全还依赖对鱼类、森林和野生动物的可持续管理。在许多土著

附录三 《世界粮食首脑会议行动计划》 Food and Agriculture Organization of the United Nations

社区,这些资源是膳食蛋白质的主要来源。土著社区的传统知识在实现这些社区和其他社区的粮食安全方面也发挥重要的作用。

制定可持续和多种经营的生产方式应考虑到人民目前和今后的需要以及自然资源的潜力和局限。为自然资源的可持续管理提供有效鼓励措施的政策,将有助于确保以整体方法制订和实施有关国家农业、渔业、林业和自然资源的计划。

小岛屿发展中国家面临因气候变化和海平面上升引起的土地丧失和侵蚀的威胁,特别需要全面的可持续发展计划。贸易、运输、通信、人力资源、收入稳定等方面的改善和出口收入的增加将加强这些国家的粮食安全。

粮食生产和乡村发展,特别是粮食安全严重不足国家的粮食生产和乡村发展,需要适当的最新技术,根据可持续发展标准和当地粮食传统促进当地生产方法的现代化并促进技术转让。这些技术充分发挥效益将需要地方人力资源的培训、教育和技能开发计划。国家加强地方能力的努力与加强国际合作相结合有助于在情况类似的地区应用专门知识和技术并应用新技术。这可以通过积极的国际合作,特别是面向发展中国家的北南和南南合作加以促进。

农业、林业和渔业方面的研究对日益增长的世界人口短期和长期粮食安全所依赖的粮食生产率实现可持续增长至关重要。这种研究与有利环境相结合可以加强国家和家庭的粮食安全。在确定今后的研究日程时应适当考虑男女之间的平等和公平问题。研究工作应明确将重点放在消除贫困和建立环境上更加可持续的农业、渔业、林业和粮食生产制度方面。这项研究应当根据各地区的具体研究需要既针对低潜力地区,也针对高潜力地区。应当加紧努力吸收农民、渔民、林农及其组织参与确定研究重点和方向,并使他们都能利用试验结果。

农业部门的经济和社会发展是实现人人享有粮食安全的关键性先决条件。农村贫困是一种复杂现象,在各国之间和各国内部有很大的差异。发展中国家的农村地区在技术和财政资源以及教育基础设施方面一般来说条件较差。在这些地区,农村粮食安全方面需要考虑的所有根本问题是:缺少获得收入机会,作物歉收和无法保持生产制度,产品、投入物和消费品分配网络不健全，获得公共服务的机会有限，以及这些服务的质量差。人口增长率高和人口在国内流动及向其他国家外流反映了这些问题的主要后果。

目标和行动

目标 3.1

通过大众参与方式进行可持续的集约化、多样化粮食生产，提高生产率、效率和安全性，加强病虫害防治，并减少浪费和损失，同时充分考虑到需要保护自然资源。

为此，各国政府与民间社会所有行动者结为伙伴关系并在国际机构的支持下，将酌情：

（a）制定政策并执行计划，以经济、社会和环境方面稳妥的方式，优化旨在实现粮食安全的可持续农业、渔业和林业生产，尤其是主要粮食的生产。

（b）制定政策和计划，鼓励适宜的投入技术、耕作技术和有机耕作等其他可持续方法，协助耕作活动获得利润，以便达到减缓环境退化，同时在耕作活动中创造财政资源的目的：这类计划应适当利用农民自己的经验和本地知识。

（c）主要通过支持 1992 年联合国《生物多样性公约》，促进陆地和海洋生态系统中生物多样性及其组成部分的保存和可持续利用，以便加强粮食安全。

（d）促进混合耕作制度的可持续发展，并促进各种粮食产品和副产品的加工和销售，满足消费者对适宜膳食的需要。

（e）在必要时以及在生态上和经济上可行时，通过普遍使用优良种子和优良品种及综合植物营养系统提高作物和家畜的生产率；此外，努力持久提高热带土壤的肥力。

（f）通过改良放牧地、饲料作物和利用多种家畜饲料来源促进更加有效和可持续的畜牧业生产。

附录三 《世界粮食首脑会议行动计划》

(g) 促使环境上稳妥的可持续水产养殖的发展与农村、农业和沿海地区的发展很好地结合起来。

(h) 促进粮食、饲料、燃料和其他森林产品的可持续生产和利用，以加强粮食安全；这种行动还将导致农村收入和就业的增加，从而通过提高森林的价值助力可持续森林管理。

(i) 努力确保有效预防和逐步控制动植物病虫害，特别包括诸如牛瘟、具环方头蜱、口蹄疫和沙漠蝗虫等会造成主要粮食短缺、市场不稳和引起贸易问题的跨界病虫害；同时促进在动植物病虫害防治方面的区域合作以及病虫害综合治理方法的广泛开发和利用。

目标 3.2

与对粮食安全产生威胁的因素，尤其是干旱和荒漠化、病虫害、生物多样性丧失、土地和水生自然资源退化作斗争，恢复和重建已经枯竭和过度开发地区包括水和集水区在内的自然资源，增加这些地区粮食产量。

为此，各国政府与民间社会所有行动者结为伙伴关系并在国际机构的支持下，将酌情：

(a) 在粮食产区以及附近林地、非耕地和集水区监测和促进自然资源的恢复和保护，必要时提高这些资源的生产能力；制定政策，提供经济和社会鼓励，减少资源退化。

(b) 查明国家水土资源的潜力并改进其生产性利用方式，促进粮食产量的可持续增加，同时考虑到自然气候波动和气候变化对雨量和温度的影响。

(c) 制定适宜的国家和区域水资源和集水区政策和计划以及用水管理规则，促进在经济上、社会上和环境上稳妥的灌溉技术改进，特别是小型灌溉技术改进和雨育农业的可持续集约化，以期提高作物复种指数，减少旱灾和水灾对粮食产量的影响并恢复自然资源，同时为其他目标，尤其是人们的消费保护水的质量并保持水的供应。

(d) 促进早日批准并实施《关于实施1982年12月10日联合国海洋法公约有关养护和管理跨界鱼类资源和高度洄游鱼类资源的文书的协定》(《联合国跨界鱼类资源和高度洄游鱼类资源协定》) 和《粮农组织促进公

联合国粮食及农业组织

海渔船遵守国际养护和管理措施的协定》。实行可持续渔业管理，特别是实施《负责任渔业行为守则》，对渔业资源进行负责任和可持续的利用及养护，使渔业资源对粮食安全做出长期可持续贡献，并在《联合国海洋法公约》① 中《国际法》的有关规定范围内，充分认识《21 世纪议程》及《京都宣言》和《行动计划》，特别是在必要时通过建立和加强适当的区域和分区域渔业管理组织和安排，尽量减少渔业浪费，减少过剩的捕鱼行为，并按照《联合国跨界鱼类资源和高度洄游鱼类资源协定》和《负责任渔业行为守则》使用谨慎的捕鱼方法；建立和加强海洋和沿海地区综合管理；保护并持续利用海洋和淡水生物多样性；在《联合国海洋法公约》和《21 世纪议程》有关规定范围内研究多品种管理的效益。在实现上述目标的工作中，应当充分认识到发展中国家，尤其是最不发达国家和小岛屿发展中国家的特殊情况和要求。

（e）通过适当的原生境和非原生境保存方法、系统调查登记、扩大作物遗传基础的植物育种方法以及公平合理地分享利用这些资源产生的利益，促进粮食和农业植物遗传资源的保存和可持续利用。

（f）促进动物遗传资源的保存和可持续利用。

（g）降低森林砍伐速度并增加森林覆盖面积，保持和发展森林、树木和林业对粮食安全的多种贡献，促进土地和水资源的保护和可持续利用，包括集水区保护，丰富生物多样性保护库；为此目的，落实联合国环发会议与森林有关的成果。

（h）努力进一步了解全球环境威胁，尤其是气候变化和变异、臭氧层消失、生物多样性丧失以及各种形式的环境污染对粮食安全的影响。

（i）实施 1996 年《莱比锡宣言和全球行动计划》。

（j）促进及早批准和实施 1994 年《联合国关于在发生严重干旱和（或）荒漠化的国家特别是在非洲防治荒漠化公约》，实施 1992 年《生物

---

① 在本《行动计划》中提到《联合国海洋法公约》、《联合国跨界鱼类资源和高度洄游鱼类资源协定》和其他国际协定并不影响任何国家有关签署、批准或参加该公约或其他此类协定的立场。

附录三 《世界粮食首脑会议行动计划》

多样性公约》、1987年《关于消耗臭氧层物质的蒙特利尔议定书》和1992年《联合国气候变化框架公约》。

（k）努力预防和控制资源贫乏和生态压力大的地区自然资源的退化和过度开发。在对发展中国家实现粮食安全至关重要的地区，提供并加强因地制宜的机构、基础设施和技术支持。

目标 3.3

推动落实关于转让和使用适合发展中国家粮食安全需要，并符合可持续发展的技术、技能开发和培训的稳妥的政策和计划，尤其是在农村和处境不利地区推动落实此类政策和计划。

为此，各国政府与民间社会所有行动者结为伙伴关系并在国际机构的支持下，将酌情：

（a）加强农业、渔业和林业教育、培训、技能开发和推广系统建设，确保男女机会均等，与研究系统、农民、渔民和林农别是小农、小渔民、小林农、其他粮食生产者及其代表组织，在粮食生产技术和转让方面密切互动，并启动提高妇女在这些领域中占比的计划。国家能力建设工作，主要是低收入缺粮国的能力建设工作应得到教育、推广及研究机构之间北南和南南合作的支持。

（b）促进符合当地实际需要的可行的技术转让和加强推广服务；制订有助于确定双边和区域合作的计划，以便能够在南南和北南一级交流经验和分享技术资料。

（c）通过支持和推进获得适当的生产技术和节约家务劳力的技术，减少女农民工作负担。

（d）为技术开发和利用制定政策及计划，提供经济和生态效益，并保护消费者和环境。

目标 3.4

对公共部门与私营部门之间的合作采取决定性行动，加强和扩大农业、渔业和林业方面的研究和科学合作，支持政策和国际、区域、国家和地方的行动，增加农业、渔业和林业的生产潜力，保持其自然资源基础，并支持消除贫困和促进粮食安全方面的努力。

联合国粮食及农业组织

为此，各国政府与公共部门和私营部门的国际科技界合作，将酌情：

（a）加强国家研究系统，以便制订协调一致的计划，支持对促进粮食安全的研究。这种计划应当将重点放在学科间研究方面，为保持自然资源基础的政策和行动提供科学依据，同时增加农业、渔业（包括水产养殖）和林业的生产力潜力。适当注意自然资源条件较差的地区。更多地与私营部门合作。

（b）加强国际研究系统，特别是国际农业研究磋商小组，并促进国际、发达国家和发展中国家机构之间的协调与合作。

（c）积极支持并参加在研究方面的国际合作，促进粮食安全尤其是发展中国家的粮食安全，特别重视这些国家利用率较低的粮食作物。

（d）加强体制机构，以便有关各方，包括土著人及其社区、当地人民、消费者、农民、渔民、林农及其组织和私营部门充分参与研究需要的确定工作。

（e）加强传播和推广研究成果的适当系统，尤其是参与性系统。

（f）确保在研究规划和实施过程中考虑到性别问题。

（g）推动制定方法和标准，加强与政策有关的综合科学知识方面的培训。

（h）促进研究和开发，在区域、国家和地方各级采用适当技术、有关收获后技术和加工技术以及选用符合当地需要的植物和家畜品种。

（i）加强必要的研究，以通过持续性的国际努力，发展、传播和应用那些能够提升可持续农业、渔业、林业生产率并造福发展中国家的气候预报信息。

目标3.5

制定和执行低潜力和高潜力地区综合农村发展战略，促进农村就业、技能发展，提供基础设施、机构和服务，支持农村发展和家庭粮食安全，提高农民、渔民和林农以及粮食部门的其他积极参与者，包括易受害和处境不利的群体、妇女和土著人及其代表组织的生产能力，确保其有效参与。

为此，各国政府与民间社会所有行动者结为伙伴关系并在国际机构的支持下，将酌情：

（a）把促进农业部门社会和经济振兴的行动纳入国家社会和经济发展政策、计划和方案，特别是有关促进充分利用农村劳动力的投资和就业的行动以及促进政治、经济和行政方面权力下放的行动。

（b）加强农村地区的地方政府机构，为这些机构提供充足的经费、决策权和基层参与机制。

（c）通过加强组织机构，明确它们的责任并保护它们的权利以及消费者的权利，对农民、渔民、林农及其他粮食生产者和提供者及其组织，特别是小农和手工渔民予以鼓励并赋予他们权利。

（d）促进农村市场的发展和多样化，减少收获后损失，确保粮食储存、加工、分配及运输系统的安全。

（e）加强1979年世界农村改革和乡村发展会议的后续行动。

（f）制订并鼓励自然资源可持续管理方面的培训计划。

各国政府与私营部门和非政府组织合作，将：

（g）发展农村地区技术及教育基础设施。

（h）酌情促进农村金融、信贷和储蓄计划的发展，包括男女平等获得贷款的机会、为穷人提供小额贷款以及适当的保险机制。

（i）加强粮食生产、加工和销售系统，增加粮食和农业部门稳定、有收益、平等和公平的就业机会；酌情开展农村地区的非农业活动，使农业、渔业和林业生产与加工和销售活动、家庭工业和旅游业结合起来，在边远地区和城市周围地区应尤其如此。

（j）发展农村人口的社会和经济组织，特别重视发展小规模农民、渔民和林农的合作社、社区组织和开发协会，以便农村居民可以积极参与决策、监测和评价或乡村发展计划。

（k）承认地方、国家、区域和国际各级的农民、渔民、林农、农业工人和消费者组织，促进其就可持续农业、渔业和林业以及自然资源的可持续管理与其各自政府进行经常对话并建立伙伴关系，加深其与所有有关机构和部门在上述方面的联系。

（l）赋予小规模家庭男女农民、渔民和林农以权利，以便其建立自己的合作社和商务企业以及农民和渔民的金融及互利机构。

（m）在发展中国家、工业化国家和经济处于过渡时期的国家内部和在这些国家之间鼓励农民、渔民、林农及其代表组织之间的合作和交流。

各国政府与国际社会合作，将：

（n）制订南南国际技术合作计划，促进实施在其他发展中国家已经证明是成功的营养计划。

（o）履行在联合国环发会议上所做的承诺，特别是关于《21世纪议程》第14章的承诺。

承诺四

我们将努力确保粮食、农产品贸易政策和整个贸易政策有利于通过公平和面向市场的世界贸易系统促进所有人的粮食安全。

行动依据

贸易是实现世界粮食安全的关键因素。贸易促使对资源进行有效的利用，刺激对加强粮食安全至关重要的经济增长。贸易可以使粮食消费量超过粮食产量，有助于减少产量和消费量波动，减轻部分库存负担。贸易对经济增长、收入和就业有积极影响，因而对获得粮食有重大影响。适当的国内经济和社会政策将更好地保证所有人，包括穷人，从经济增长中受益。适当的贸易政策会促进持续增长和实现粮食安全目标。世界贸易组织所有成员重视并履行乌拉圭回合所有约定极为重要。为此，必须制止与世界贸易组织的义务不一致的单方面措施。

乌拉圭回合协定规定了一种新的国际贸易框架，使发达国家和发展中国家有机会从适当的贸易政策和自力更生战略中受益。总的来说，逐步落实乌拉圭回合将增加贸易扩大和经济增长的机会，使所有参与者受益。因此，必须在执行期间按照各种协定的条款做出调整。一些最不发达和粮食净进口发展中国家在按合理条件从外部来源获得充足的基本食物供应量方

附录三　《世界粮食首脑会议行动计划》

面可能会受到短期不利影响，包括为基本食物正常商业进口量提供资金方面的短期困难。应全面执行 1994 年马拉喀什《关于改革计划对最不发达国家和粮食净进口发展中国家可能产生消极影响的措施的决定》。

目标和行动

目标 4.1

应对最近全球和区域贸易谈判中确定的新的国际贸易框架提出的挑战并利用由此而带来的机遇。

为此，各国政府与民间社会所有行动者结为伙伴关系，将酌情：

（a）努力建立，尤其是在发展中国家建立完善的内部销售和运输系统，以利于加深国内市场、区域市场和世界市场内部和其之间的联系，实现贸易多样化。

（b）努力确保与国际和区域贸易协定有关的国家政策对妇女为实现粮食安全开展的新的和传统的经济活动不产生有害影响。

世界贸易组织成员将继续贯彻乌拉圭回合协定，增加有效的粮食、农业、渔业和林业生产者和加工者，特别是发展中国家的生产者和加工者的市场机遇。

国际社会与各国政府和民间社会合作，将酌情：

（a）继续协助各国根据粮食安全和卫生需要调整其内外贸易的机构和标准。

（b）充分考虑提供财政和技术援助来提高发展中国家，尤其是低收入缺粮国的农业生产率并改进其基础设施，以便国际贸易环境带来的机遇得到最佳利用。

（c）按照国际贸易规则，促进技术援助并鼓励技术转让，尤其向有需要的发展中国家提供技术援助和转让技术，以使这些国家达到国际标准，能够利用新的市场机遇。

（d）努力确保贸易政策与环境政策在支持可持续粮食安全方面相互促进，期望世贸组织按照乌拉圭回合协定中关于贸易与环境的部长级决定的条款，为环境目的处理世贸组织规定与贸易措施之间的关系，并竭尽全力保证环境措施不会不公平地影响发展中国家粮食和农产品出口的市场准入。

（e）适当按照《世界贸易组织协定》、《联合国跨界鱼类资源和高度洄游鱼类资源协定》、《负责任渔业行为守则》和其他有关国际协定中规定的原则、权利和义务，以可持续的方式进行国际鱼类和渔业产品贸易。

目标4.2

满足所有国家基本的粮食进口需要，同时考虑到世界价格和供应波动情况，特别考虑到发展中国家易受害群体的粮食消费水平。

为此，各国政府和国际社会将酌情承认世界价格波动的影响，研究与世界贸易组织一致的方案，采取任何适当措施维护进口的发展中国家，尤其是低收入缺粮国以合理的条件从外部购买足够的基本食物的权利。

粮食出口国家应：

（a）对其贸易伙伴起到作为可靠供应来源的作用并对进口国，尤其是低收入缺粮国的粮食安全给予适当考虑。

（b）在世贸组织不断进行的农业改革的过程中，按照乌拉圭回合协定减少粮食出口补贴。

（c）以负责任的方式执行与出口有关的所有贸易政策和计划，以免干扰世界粮食和农产品进出口市场，从而改善环境，加强供应、生产和粮食安全，尤其是发展中国家的供应、生产和粮食安全。

世界贸易组织成员将：

（a）通过世界贸易组织农业委员会全面执行《关于改革计划对最不发达国家和粮食净进口发展中国家可能产生消极影响的措施的决定》，酌情鼓励国际金融机构在为基本粮食进口提供资金方面帮助最不发达国家和粮食净进口发展中国家解决短期困难。

（b）按照世贸组织《农业协定》第12条，制止采用出口限制。

国际组织，特别是粮农组织将继续密切监测世界粮食价格和库存的情况并将此情况通知成员国。

目标4.3

根据乌拉圭回合协定尤其是《农业协定》第20条，支持继续推进改

附录三 《世界粮食首脑会议行动计划》

革进程。

为此，各国政府将酌情：

（a）推动落实发展中国家的国家和区域粮食安全政策及计划，特别是关于其主粮供应的政策和计划。

（b）按照乌拉圭回合协定支持继续推进改革进程，确保发展中国家在这一过程中充分了解情况并且成为平等的伙伴，研究改善它们市场准入并有利于其实现可持续粮食安全的有效解决办法。

国际组织，包括粮农组织，将根据各自的职责，通过研究、分析和培训，继续帮助发展中国家为包括农业、渔业和林业在内的多边贸易谈判做准备。

承诺五

我们将努力预防和准备应付自然灾害和人为紧急情况，并满足暂时和紧急粮食需要，以便鼓励恢复、重建、发展和提高满足未来需要的能力。

行动依据

虽然受自然灾害影响的人数每年都有变动，但是内部冲突受害者人数急剧增加。这种状况需要紧急援助，并表明了及早采取行动缓解紧张局势，为尽量减少今后的危机风险和预防粮食紧急情况做好准备的重要性。

国家和国际救济行动往往是解决饥民紧迫饥饿问题的唯一办法，应继续将其作为一项重点工作，应在充分尊重国家主权和遵守《联合国宪章》及联合国大会（联大）第46/182号决议规定的指导原则的情况下，以公正而非政治的方式提供救济，尊重国家主权。然而，紧急粮食援助并不是可持续粮食安全的基础。预防并解决冲突以及加强恢复和发展活动，防止粮食紧急情况再次发生并降低容易导致粮食紧急情况的脆弱性，是粮食安全的基本要素。应急准备是尽量减少粮食紧急情况和饥荒不利影响的一项中心工作。

联合国粮食及农业组织

目标和行动

目标5.1

通过加强预防并解决人为紧急情况，特别是国际、国家和地方冲突，减少对应急粮食援助的需要。

为此，各国政府与民间社会所有行动者结为伙伴关系，将单独或集体：

（a）利用适当的国际、区域和国家机制，预防或减少那些引发人为紧急情况的问题，尤其是战争和国内冲突，并减少对包括粮食援助在内的紧急援助的需要。

（b）协调政策、行动及法律手段和措施，以便同恐怖主义和其他侵犯人权和人类尊严的活动做斗争。

（c）促进继续就杀伤人的地雷的各个方面进行国际讨论和合作。

目标5.2

尽快为低收入缺粮国和容易出现紧急情况的其他国家和地区制定防灾和备灾战略。

为此，各国政府与民间社会所有行动者结为伙伴关系并在必要时与国际组织合作，将酌情：

（a）为每一个低收入缺粮国和其他易发生紧急情况的国家和地区提供受害信息并绘制易受害图，尤其是利用已建立的粮食不安全和易受害信息及绘图系统，分析易受害的主要根源及其后果，尽可能利用现有的数据和信息系统，避免工作重复。

（b）适当与非政府组织和其他组织合作，保持、促进并尽快制定1992年罗马国际营养会议商定的备灾战略及机制，其中包括编制和应用气候预报资料，以便对旱灾、水灾以及其他自然灾害和病虫害进行监测并发出早期警报。

（c）支持国际上为编制和应用气候预报资料所做的努力，提高备灾和应急活动的效率及效益，并特别努力形成协同作用，避免重复。

（d）促进适当的社区和区域监测系统的发展，收集和评估信息并实施防灾和备灾计划。

目标 5.3

加强并在必要时发展国际、区域、国家和地方各级有效应付紧急情况的机制。

为此，国际组织与各国政府和民间社会密切合作，将酌情加强对国际紧急援助的协调并提高援助效率，特别是通过改进国际社会之间的联络方式，确保迅速做出协调一致的适当反应。

各国政府与民间社会所有行动者结为伙伴关系，将酌情：

（a）确保对紧急行动的充分指导，推动社区、地方政府和机构以及基层救济活动和机构参与实施紧急行动，更好地查明处境最危险的民众和地区的情况并实施帮助。应当充分吸收妇女参与对需要的评估和对救济行动的管理及评价。

（b）在地方和国家两级落实适当且经济有效的战略性应急粮食安全储备政策和计划。

（c）促进三角粮食援助行动。

（d）在发生冲突时保护平民的生命，包括人道主义援助人员的生命。

（e）在紧急情况期间努力确保获得粮食，对妇女单亲家庭给予特别关注。

（f）考虑在"白盔部队"的基础上，建立联合国大会第 49/139B 号和第 50/19 号决议中规定的、联合国志愿者已经发起的国家自愿队，以便在认为恰当时按照联大第 46/182 号决议载明的人道主义援助指导方针支持紧急救济和恢复行动。

目标 5.4

加强救济行动与发展计划之间的联系，在必要时结合排雷活动，使它们相辅相成并促进从救济向发展过渡。

为此，国际组织、各国政府和民间社会将酌情：

（a）经常对灾民的粮食援助营养标准进行审查。

（b）确保紧急行动的目标能够实现从救济到恢复再到发展的转型。

283

（c）制订和执行周密的灾后恢复和发展计划，以恢复家庭（包括女性当家的单亲家庭）能力，长期满足这些家庭的基本需求，并恢复国家生产力，尽快恢复可持续的经济发展和推动社会进步。必要时这些应包括排除地雷的行动。

承诺六

我们将促进公共和私人投资的最佳分配和利用，加强高潜力和低潜力地区人力资源、可持续粮食和农业系统以及乡村发展。

行动依据

许多发展中国家需要扭转最近忽视农业和乡村发展投资的趋势并筹措足够的投资资金，支持可持续粮食安全和农村多样化发展。创造一个使这种与粮食有关的投资能够发挥其潜力的良好的政策环境至关重要。所需要的大部分投资资金将从国内的私营和公共来源筹集。各国政府应提供一个促进有效市场的经济和法律环境，鼓励私营部门储蓄、投资和资本形成。各国政府还应把适当比例的开支用于加强可持续粮食安全。

国际社会应在支持采用适宜的国家政策并在必要和适当的情况下提供技术和财政援助，帮助发展中国家和经济处于过渡时期的国家在促进粮食安全方面发挥关键作用。最近外国直接投资和其他私营资金流量已大大增加，提供了一种重要的外部资金来源。官方发展援助近年来呈下降趋势。在粮食安全方面，官方发展援助特别重要，对于没有其他外部资金来源的国家和部门尤其重要。

包括投资者和捐助者在内的所有发展伙伴应将重点放在发展中国家与粮食安全有关的经济部门。为此，各国政府应采取促进国内外直接投资和有效利用发展援助的政策。

鉴于其特殊情况，小岛屿发展中国家已经确定了为实现它们可持续发展需要投资的关键部门。

附录三 《世界粮食首脑会议行动计划》

目的和行动

目标 6.1

创造政策框架和条件，鼓励以促进粮食安全所需要的规模对公平和可持续粮食系统、乡村发展和人力资源进行最适当的公共和私人投资。

为此，各国政府与民间社会所有行动者、国际和私营金融机构以及技术援助机构合作，将酌情：

（a）推动落实增加粮食安全投资流量和提高效率的政策与措施。

（b）重视人力资源开发并加强公共机构，尤其是低收入缺粮国的人力资源和公共机构，包括通过配置设备和人员培训，增强它们在增加对粮食安全投资方面的支持和推动作用。

（c）在促进利用国内和国外资源进行对社会和环境负责任的投资和再投资方面鼓励发展公共－私人伙伴关系和其他机构，推动当地社区参与投资。

（d）在区域和国际两级加强合作，通过合作研究和转让，分担在适当技术的开发等共同感兴趣领域的投资费用，并分享投资经验和最佳做法。

目标 6.2

努力从各种来源筹措技术和财政资源并对这些资源进行最佳利用，以便将对发展中国家有关可持续农业、渔业、林业和粮食生产活动的投资提高到促进粮食安全所需要的水平。

为此，各国政府与国际社会和民间社会所有行动者以及国际和私人金融机构合作，将酌情：

（a）为实现并保持粮食安全努力从私人和公共、国内和国外来源筹措足够和稳定的资金。

（b）鼓励投资，建立便于对水资源进行可持续利用和管理的基础设施及管理系统。

（c）支持对有助于可持续粮食安全和包括土地、水、集水区、渔业和森林在内的自然资源的进一步保护及可持续利用和管理的投资。

(d) 努力保障在需要时向与粮食安全有关的部门提供适当的国际财政援助。

(e) 加强努力,实现官方发展援助占国民生产总值0.7%这一商定的目标。在努力促进可持续粮食安全时,发展伙伴应当努力寻求帮助实现这一目标所需要的技术和财政资源并对这些资源进行最佳利用,还应当确保这些优惠资金用于在经济上和环境上可持续的活动。

(f) 将官方发展援助的重点放在真正需要的国家,尤其是低收入国家,并加强它们有效利用这种援助的能力。

(g) 探索为粮食安全筹集公共和私人资金的新办法,特别是通过适当减少过多的军事开支,包括全球军事开支和军火贸易,并减少对生产和获得武器的投资,同时考虑到国家安全需要。

(h) 促进建立国内储蓄,包括农村储蓄的机制。

(i) 促进建立向男女平等提供用于粮食部门活动的足够贷款,包括小额贷款的机制。

(j) 促进对粮食小生产者,尤其是妇女及其组织的粮食安全计划进行投资,加强他们制订和执行这些计划的能力。

(k) 优先重视在教育、保健和营养方面以人为中心的投资,促进广泛的经济增长和可持续粮食安全。

(l) 查明国际上现有财政、物质和技术资源,并鼓励在适当的情况下向发展中国家和经济处于过渡时期的国家转让这些资源,同时也创造一种有利的环境,尤其是通过加强包括人力资源在内的国家能力来创造这种环境。

(m) 加强寻找解决发展中国家债务问题的切实有效的办法,支持国际金融机构(国际货币基金组织和世界银行)最近的倡议,减少债务累累的贫穷国家的外债负担。

(n) 探索各国把债务转换腾出的资金用于实现粮食安全的可能性。

承诺七

我们将与国际社会合作,在各级实施、监测和落实本《行动计划》

附录三 《世界粮食首脑会议行动计划》 Food and Agriculture Organization of the United Nations

行动依据

世界粮食安全是国际社会所有成员关心的问题，因为它与以下一些问题日益相互依存：政治稳定及和平、消除贫困、对危机和灾害的预防及反应、环境退化、贸易、对粮食安全持续性的全球性威胁、世界人口日益增长、跨边界人口流动，以及技术、科研、投资和金融合作。

国家、区域和国际政治、金融和技术合作机制应将重点放在尽早实现可持续世界粮食安全方面。

各国政府对创造经济和政治环境，确保其国民的粮食安全，并为此吸收民间社会所有成员参加负有首要责任。国际社会和包括粮农组织在内的联合国系统及其他许多机构，根据其职责，对实现人人享有粮食安全的目标应做出重要贡献。

世界粮食首脑会议后续行动的多面性包括在国家、政府间和机构间各级采取行动。除了必须动员国家努力之外，《行动计划》的有效实施还需要利用现有机制和论坛，大量开展国际合作，并在国家、区域和全球各级进行监测。为了改进合作，在适当的情况下需要改进有关粮食安全、农业、渔业、林业和乡村发展领域的各行动者及其活动和资源的资料。确定切实可行的目标和监测在实现这些目标方面的进展需要可靠的有关资料和分析，而这些资料和分析在国家和国际两级往往缺乏。包括布雷顿森林机构在内的联合国系统内的协调和合作，对世界粮食首脑会议的后续工作极为重要，应考虑到粮农组织和其他有关组织的职责。考虑到联大第50/109号决议，世界粮食首脑会议的结果应纳入联合国主要国际会议和首脑会议的后续行动，包括按照联大第50/227号决议和经社理事会第1996/36号决议实施各自的行动纲领，以便促进人人享有可持续的粮食安全，作为联合国系统消除贫困活动的一个基本内容。在这种情况下，《行动计划》的实施需要特别通过世界粮食安全委员会在政府间一级和通过联合国行政协调委员会在机构间一级采取行动。在实

287

地，所有联合国机构的代表均应在联合国驻地协调员系统内开展工作，支持国家一级实施《行动计划》。

目标和行动

目标7.1

在各国加强粮食安全的框架内采取行动，并履行《行动计划》的承诺。

为此，各国政府将酌情：

（a）在适当的情况下，审查并修改其国家计划、纲领和战略，以期根据世界粮食首脑会议的承诺实现粮食安全。

（b）建立或加强国家机制，根据国家和地方需要，在规定的时间范围内确定重点，拟订、执行和监测粮食安全行动的各个组成部分，并为其运作提供必要的资金。

（c）与民间社会合作，组织和发起人人享有粮食运动，动员各国社会各阶层所有有关人员及其资源支持实施《行动计划》。

（d）在解决粮食安全问题方面，积极鼓励民间社会组织发挥更大的作用并与之结成联盟。

（e）努力筹集公共和私人资源，支持社区粮食安全行动。

（f）建立机制，收集有关社区所有成员，尤其是贫困人口、妇女、儿童和易受害及处境不利的群体营养状况的资料，监测并加强其家庭的粮食安全。

（g）对作为营养会议的后续行动而制订的现有国家营养行动计划辅以有关粮食安全方面的行动，或在必要时根据本次首脑会议和营养会议的建议，与民间社会所有行动者结为伙伴关系，制订这类计划。

（h）以协调一致的方式对联合国所有会议旨在消除贫困和改进粮食安全和营养状况的有关建议的实施进行规划和监测。

目标7.2

改进分区域、区域和国际合作，筹集现有资源并对这些资源进行最佳利用，支持各国为尽早实现可持续世界粮食安全所做的努力。

为此，各国政府相互并与国际机构合作，利用包括绘图在内的粮食安全和易受害情况的资料，将酌情：

（a）加强消除贫困战略并在发展中国家的广泛参与下调整联合国系统国际机构的发展援助政策，为粮食安全将资金用于包括农业在内的可持续发展，并对改善粮食不安全家庭的状况做出有效贡献。

（b）鼓励联合国系统内有关机构尤其在联合国行政协调委员会的框架内对粮食安全的进一步详细阐述和定义以及有待制定的易受害信息及绘图系统进行磋商；成员国及其机构和其他组织在适当的情况下应参加该系统的制定、操作和利用；粮农组织应当在联合国会议后续行动机构间特设工作组的范围内，在这项活动中发挥促进作用。这项工作的结果应通过行政协调委员会向联合国经济及社会理事会报告。

（c）通过确定共同标准，加强收集、分析、传播和利用指导及监察实现粮食安全方面所需要的资料和数据，特别是按性别分类的资料和数据；在这方面，非政府组织的贡献得到了承认。

（d）在联大第50/120、50/227号决议和联合国系统1990年以来实施联合国各次重要会议和首脑会议协调一致的后续行动的框架内，继续审议联合国系统，包括专门机构、计划署和基金在粮食安全方面的职能和能力；这一审议旨在减少重复，填补工作空白，规定各机构在其职责范围内的任务，对加强和改进它们与各国政府的协调提出具体建议，避免有关机构之间的工作重复，并将实施这些建议作为一项紧急任务。

（e）从1997年开始，审查为确保人人享有粮食而需要采取的行动分配和利用的资金和人力资源是否充足有效，作为世界粮食首脑会议的一项后续行动，从而重新分配现有资源；特别注意面临粮食安全、营养、保健和资源退化日益恶化情况的国家的需要。

（f）审查并精简现有机制，在发展中国家之间及与发达国家加强合作，分享知识和经验，加强所有有关伙伴之间的协调，以便为实现粮食安全最大限度地发挥协同作用。

（g）将技术援助重点放在更加有效地建立和动员国家能力、专业力

量和当地机构方面。

(h) 请行政协调委员会通过其主席和联合国秘书长按照联大第50/227号决议确保的适当的机构间协调，并在考虑行政协调委员会为世界粮食首脑会议机构间后续行动设立的任何机构的主席时，本着经济及社会理事会第1996/36号决议的精神，承认粮农组织在其职责范围内在粮食安全领域的重要作用。

请粮农组织和联合国系统其他有关组织，以及国际金融、贸易机构和其他国际、区域技术援助组织，在联合国各次会议协调一致的后续行动范畴内根据联大第50/120号决议，明确在各自职责范围内和全系统协调过程中担负的任务：

(a) 应要求协助各国审议和制订实现粮食安全的国家行动计划，包括指标、目标和时间表。

(b) 通过驻地协调员与国家政府充分磋商，并与国际金融机构协调，在实地一级促进联合国系统协调一致地实施世界粮食首脑会议的后续行动。

(c) 向成员国提供技术援助，促进实施粮食安全计划，从而实现政府确定的目标。

(d) 助力各国在粮食安全领域建立经济和技术合作伙伴关系。

(e) 通过联合国全系统的宣传提高全球对粮食安全问题的认识，保持世界粮食首脑会议对世界粮食安全的承诺。

各国政府和国际金融机构相互合作，将：

(a) 尽力确保在经济过渡、预算紧缩和结构调整的困难时期推进针对粮食安全和消除贫困的计划。

(b) 鼓励多边开发银行加强对发展中国家努力加强粮食安全的支持，在非洲尤其如此。

目标7.3

积极监测《行动计划》的实施工作。

为此，各国政府酌情与民间社会所有行动者结为伙伴关系，与有关国际机构协调，并依照关于联合国主要国际会议和首脑会议后续行动的经济

附录三 《世界粮食首脑会议行动计划》

及社会理事会第 1996/36 号决议,将:

(a) 通过世界粮食安全委员会制定国家、分区域、区域实施《行动计划》的时间表、各种程序和标准报告格式,并不得与向联合国、粮农组织及其他机构提交的类似的报告重复。

(b) 若国家和全球粮食安全目标和可核实的指标尚未制定,则在世界粮食安全委员会内开展制定这些目标和指标的工作。

(c) 粮食不安全和易受害信息及绘图系统一旦建立,即作为一种分析手段,向世界粮食安全委员会报告各国、各分区域和区域实施《行动计划》的情况。

(d) 请联合国秘书长要求行政协调委员会按照既定程序,向经社理事会报告联合国各机构实施世界粮食首脑会议后续行动的进展情况。

(e) 利用各国政府的报告、联合国机构后续行动和机构间协调情况的报告以及其他有关国际机构提供的信息,通过世界粮食安全委员会监测各国、各分区域、区域和国际实施《行动计划》的情况。

(f) 通过世界粮食安全委员会、经粮农组织理事会向经社理事会定期提交关于《行动计划》实施情况的报告。

(g) 鼓励民间社会有关行动者有效参与世界粮食安全委员会的监测过程,承认它们在加强粮食安全方面的关键作用。

(h) 到 2006 年,在世界粮食安全委员会内并在可获得的资源限度内,对《行动计划》的实施工作进行一次重要而广泛的进展情况评价,并对实现在 2015 年以前将营养不良的人数减少到目前人数的一半的指标进行一次中期审查。这次进展情况评价和中期审查应在世界粮食安全委员会某届例会的专门论坛上进行,并吸收各国政府、有关国际组织和民间社会行动者积极参加。

目标 7.4

澄清《经济、社会和文化权利国际公约》和其他有关国际及区域文书中规定的获得足够粮食的权利和人人享有免于饥饿的基本权利的内容,并特别注意落实并逐步全面实现这项权利,作为实现人人享有粮食安全权利的手段。

为此，各国政府与民间社会所有行动者结为伙伴关系，将：

（a）竭尽全力落实《经济、社会和文化权利国际公约》第 11 条的条款和其他国际及区域文书的有关条款。

（b）敦促尚未成为《经济、社会和文化权利国际公约》缔约方的国家尽早加入公约。

（c）请经济、社会及文化权利委员会在其活动范畴内特别注意本《行动计划》，并对公约第 11 条规定的特别措施的实施继续进行监测。

（d）请有关条约的缔约机构和联合国适当的专门机构在联合国系统实施联合国主要国际会议和首脑会议，包括世界人权会议（1993 年，维也纳）协调一致的后续活动的框架内考虑如何在其职责范围内对这项权利的进一步落实做出贡献。

（e）请联合国人权高级专员与有关条约的缔约机构磋商，与联合国系统有关专门机构及计划署和适当的政府间机构进行合作，完善公约第 11 条中与粮食有关的权利的定义，并提出落实和实现这些权利的方法，作为履行世界粮食首脑会议承诺和实现其目标的手段，同时考虑到制定人人享有粮食安全权利自愿性指导方针的可能性。

目标 7.5

分担实现人人享有粮食安全权利的责任，从而尽可能在最低层面实施《行动计划》，在这一层面其目标可以得到最佳实现。

在实施本《行动计划》时，认识到：

（a）个人和家庭在影响其粮食安全的决定和行动中发挥关键的作用。必须鼓励并使他们能够通过生产者、消费者和其他民间社会组织单独或集体积极参与。

（b）各国政府有责任确保有利于实现粮食安全的良好环境。

（c）区域合作应利用区域内部的地域互补性及规模经济。

（d）鉴于各国和各区域之间的相互依存日益加强，为实现人人享有粮食安全权利，处于不同发展水平的地区之间必须开展国际合作并相互声援。

附录四
《世界粮食安全罗马宣言》
（1996年11月13日）

我们，各国国家元首和政府①首脑或我们的代表，应联合国粮食及农业组织的邀请，汇集于世界粮食首脑会议，按照获得充足食物的权利和人人享有免于饥饿的基本权利，重申人人有权获得安全而富有营养的粮食。

我们保证有政治意愿，并作出共同承诺和各国承诺，实现人人享有粮食安全，并不断努力消除各国的饥饿，近期目标是在2015年之前将营养不良的人数减少到目前人数的一半。

我们认为，全世界特别是发展中国家有8亿多人没有足够的粮食来满足其基本营养需要这种状况是不能容忍和不能接受的。虽然粮食供应量有了大幅度增加，但是由于获得粮食方面的制约性因素，家庭和国家仍然没有足够的收入购买粮食，供需不稳以及天灾人祸等均有碍基本的粮食需要得到满足。饥饿和粮食不安全问题波及全球，鉴于世界人口及对自然资源的压力将要增加，除非采取紧急、果断和协调一致的行动，否则这些问题很可能持续下去，在一些地区甚至会大大加剧。

我们重申，和平、稳定及有利的政治、社会和经济环境是必要的基础，可使各国能够充分重视粮食安全和消除贫困。民主、促进和保障包括发展权在内的普遍人权和基本自由，男女全面平等参与对实现人人享有可持续粮食安全至关重要。

贫困是粮食不安全的一个主要根源，在消除贫困方面取得可持续的进展是增加获得粮食机会的关键所在。冲突、恐怖主义、腐败和环境退化也

---

① 凡涉及欧洲共同体权限范围内之事项，"政府"一词亦指欧洲共同体。

联合国粮食及农业组织

使粮食不安全大大加剧，必须增加包括主粮在内的粮食生产。增加生产应在持续管理自然资源，消除尤其是在工业化国家消除非持续性的消费和生产方式以及尽早稳定世界人口的范畴内进行。我们承认妇女，特别是发展中国家的农村妇女对粮食安全的根本性贡献，并承认必须确保男女平等，还必须将振兴乡村地区也作为一项重点工作，以便加强社会稳定并帮助解决许多国家面临的农村人口过快流入城市的问题。

我们强调现在采取行动的紧迫性，以便履行我们对当代和子孙后代实现粮食安全的责任。实现粮食安全是一项复杂的任务，其主要责任在于各国政府。各国政府必须创造有利的环境，制定政策，确保和平与社会、政治、经济稳定和公平以及男女平等。持续存在如此规模的饥饿现象是对国家社会的威胁，并通过各种途径对国际社会本身的稳定构成威胁，我们对此深表关切。在全球范围内，各国政府还应在相互之间并与联合国各组织、各金融机构、政府间和非政府组织、公共和私营部门积极合作，实施旨在实现人人享有粮食安全的计划。

粮食不应作为一种施加政治和经济压力的手段。我们重申国际合作和声援的重要性，必须制止违反国际法和《联合国宪章》并危害粮食安全的单方面措施。

我们认识到，实现粮食安全需要采取有利于在人力资源开发、科研和基础设施方面进行投资的政策。我们必须鼓励创造就业和收入，并促进公平获得生产资源和财政资源。我们一致认为，贸易是实现粮食安全的一个关键因素。我们同意执行粮食贸易和总的贸易政策，鼓励生产者和消费者以经济上合理和可持续的方式利用现有资源。我们认识到高潜力地区和低潜力地区的可持续农业、渔业、林业和乡村发展对粮食安全的重要性。我们承认农民、渔民、林农、土著人及其社区和粮食部门的所有其他人员及其组织在有效科研和推广工作的支持下对实现粮食安全的根本性作用。我们的可持续发展政策将促进人民充分参与，赋予人民特别是妇女以权利，公平分配收入，使青年获得保健、教育和机会。应特别关注那些没有能力生产或购买足够粮食的人们，包括受战争、内乱、自然灾害或与气候有关的生态变化影响的人们。我们认识到需要采取紧急行动，与病虫害、干旱

附录四 《世界粮食安全罗马宣言》

以及包括荒漠化、过度捕捞和生物多样性丧失在内的自然资源退化作斗争。

我们决心努力从包括减免发展中国家外债在内的各种来源筹集技术和财政资源,并对这些资源进行最佳分配和利用,以便加强各国执行可持续粮食安全政策的行动。

我们深信,鉴于粮食安全具有多面性的特点,需要采取协调一致的国家行动,并需要有效的国际努力来补充和加强国家行动,我们作出以下承诺:

我们将确保一种以男女全面平等参与为基础、最有利于实现所有人可持续粮食安全的政治、社会和经济环境,为消除贫困并为持久和平创造最佳条件;

我们将执行旨在消除贫困和不平等并增加所有人在任何时候都能在物质上和经济上获得足够、营养充分和安全的粮食及有效利用这些粮食的政策;

我们将考虑到农业的多功能特点,在高潜力和低潜力地区推行对家庭、国家、区域和全球各级获得充足和可靠的粮食供应不可缺少的参与性和可持续粮食、农业、渔业、林业及乡村发展的政策和做法,并同病虫害、干旱和荒漠化作斗争;

我们将努力确保粮食、农产品贸易政策和整个贸易政策有利于通过公平和面向市场的世界贸易系统促进所有人的粮食安全;

我们将努力预防和准备应付自然灾害和人为紧急情况,并满足暂时和紧急粮食需要,以便鼓励恢复、重建、发展及提高满足未来需要的能力;

我们将促进公共和私人投资的最佳分配和利用,加强高潜力和低潜力地区的人力资源、可持续粮食和农业系统以及乡村发展;

我们将与国际社会合作,在各级实施、监测和落实本《行动计划》。

我们保证为实施《行动计划》采取行动并提供支持。

附录五

联合国粮农组织《2022~2031年战略框架》

（2021年6月18日）

内容提要

1. 根据《基本文件》的要求，自2010年以来，粮农组织的所有工作都以为期10~15年的战略框架为指导，每4年审查一次。《2022~2031年战略框架》（简称《战略框架》）是在本组织职责领域面临全球和区域重大挑战，包括新冠肺炎疫情的背景下制定的。

2. 世界面临的威胁不断加剧，要求我们果断采取行动来保障生计，适应地球未来变化，并锁定可持续成果。《2030年可持续发展议程》（简称《2030年议程》）是一盏指路明灯，虽然议程在历史性共识下获得了通过，但必须拿出政治决心才能实现相关目标。当前，《2030年议程》中的许多目标进展不足，我们更加迫切需要让所有主体进一步参与进来。面对今天的挑战，不仅需要开展跨境合作，还需要社会各界的参与。

3. 本组织《战略框架》旨在支持落实《2030年议程》，着力推动转型，建设更高效、更包容、更有韧性且更可持续的农业粮食体系，实现更好生产、更好营养、更好环境和更好生活，不让任何人掉队。

4. 这"四个更好"是本组织为实现可持续发展目标1（无贫困）、目标2（零饥饿）和目标10（减少不平等），以及支持实现更广泛的可持续发展目标议程所遵循的组织原则，对于实现本组织的总体愿景至关重要。"四个更好"表明粮食农业体系中的经济、社会和环境层面是相互关联的。因此，还鼓励在本组织的所有干预措施中采取系统性战略举措。

5. 20个计划重点领域将指导本组织填补关键缺漏，为推动变革创造必要条件，最终促进实现选定的可持续发展具体目标。本组织致力于全面促进实现可持续发展目标，而不是某个特定目标和指标，并采用统一的口径措施。

6. 本组织将在所有计划干预措施中应用四个跨领域/跨部门"加速因素"，即技术、创新、数据和互补因素（治理、人力资本和制度），以加快产生影响，最大限度减少权衡取舍。

7. 本文件还强调了本组织转变工作模式以确保转型变革的重要性。本组织采用了契合目的的业务模式，使组织面貌焕然一新。此举旨在将粮农组织打造成包容、敏捷、透明、开放、创新、负责、有效和有影响力的组织，为成员国实现"四个更好"服务。本组织将深化和扩大伙伴关系，确保最有效地利用自身规范性优势，寻求创新的融资机制和来源，在统一的愿景（"同一个粮农组织"）下开展工作，采用高效创新举措，并在风险和变数与日俱增的大背景下，时刻做好准备，支持改进后的计划方法。

8. 《战略框架》是包容、透明进程的产物，是开展广泛内部和外部磋商、领导机构会议及非正式磋商的结果。本组织的战略前瞻工作也为《战略框架》的制定提供了指导。该活动旨在为实现《2030年议程》做好准备工作，提高效力，并探讨促进粮食农业体系向更高效、更包容、更有韧性且更可持续方向转型将面临的挑战、威胁和机遇。

总干事屈冬玉前言

我谨在此介绍本组织《2022~2031年战略框架》。《战略框架》阐述了本人提出的愿景，即打造活力粮农，建设美好世界，同时不忘初心，牢记使命，恪尽职守。

我相信，粮食和农业是实现《2030年议程》的关键，而且农业更是消除贫困并为所有人保障粮食安全的最具包容性的工具。我坚信，凭借自身在可持续发展方面的优势、独特的专业知识和丰富的经验，本组织完全有能力支持所有国家实现《2030年议程》的各项目标。

附录五 联合国粮农组织《2022~2031年战略框架》

自2019年上任以来，我推出了多项创新举措，推动本组织变得更具活力，更加高效、透明、包容。因此，《战略框架》是在本组织如火如荼地推进统一转型的大背景下制定的。我们开展了结构改革，推出了新的管理模式以及多项旗舰工作，包括"手拉手"行动计划和新型冠状病毒性肺炎综合应对和全面恢复计划。

为了编制《战略框架》，开展了充分包容、完全透明的磋商进程——计划委员会、计财委联席会议、理事会、区域会议和各技术委员会举行了多次会议。在磋商进程中，还与成员国举行了多次非正式会议，并征询了本组织各部门的意见。

《战略框架》着力推动转型，建设更高效、更包容、更有韧性且更可持续的农业粮食体系，实现"四个更好"，即更好生产、更好营养、更好环境和更好生活，不让任何人掉队。

《战略框架》立足于《2030年议程》，并以可持续发展目标1（无贫困）、目标2（零饥饿）和目标10（减少不平等）为指南。这些目标相辅相成，因此《战略框架》还凸显了各项可持续发展目标在实现本组织总体愿景方面的重要性。

我们提出了20个计划重点领域。这些领域都是本组织能够发挥比较优势的领域，将指导我们开展工作，同时也反映了本组织对可持续发展目标的战略贡献。

《战略框架》是在新冠肺炎疫情这场全球危机带来空前挑战的背景下制定的。疫情凸显了本组织关键职责的重要性，即确保农业粮食体系的正常运作和可持续发展，保障充足的粮食生产和消费。我们在疫情期间实现了提质增效，推动数字粮农蓬勃发展，打破各自为政的积弊，消除行政层级障碍，创新工作流程。本组织的面貌焕然一新。我们将继续沿着改革的道路不断前行，以创新的业务模式努力创造更多切实成果，完善成果交付。

《战略框架》顺势而成，阐明了本组织下一个十年的努力方向。我期待着与所有成员国和伙伴合作，实现全球粮食安全，造福地区的每一个人。

引 言

1. 本文件介绍了《2022~2031年战略框架》,该文件是根据全球近况、全球和区域趋势,以及本组织职责领域的主要挑战制定的。

2. 根据《基本文件》的要求,自2010年以来,本组织的所有工作都以为期10~15年的《战略框架》为指导,每4年审查一次,内容包括:粮食、农业和农村发展分析,以及包括消费者在内的相关人群面临的挑战;战略愿景;成员国在本组织任务领域的目标;成员国和国际社会将在本组织支持下实现的战略目标。

3. 《战略框架》是包容、透明进程的产物,是广泛内部和外部磋商、领导机构会议及非正式磋商的结果。本文件汇集了多份文件和多场会议的精神,包括《2022~2031年战略框架纲要》和《2022~2025年中期计划纲要》计划委员会、财政委员会联席会议和理事会在2020年11月至12月会议上提供的指导,以及2020年各区域会议和技术委员会及与成员国举行的各种非正式会议提供的指导。

4. 《战略框架》是在中期经济前景不确定的情况下制定的。国际货币基金组织强调,新冠肺炎疫情引发了几十年来最严重的全球衰退,预计2020年全球GDP将萎缩3.5%。疫情导致发达国家、绝大多数新兴市场(-2.4%)和发展中经济体(拉丁美洲-7.4%、中东和中亚-3.2%、撒哈拉以南非洲-2.6%)的GDP增长萎缩,并对产出损失、劳动生产率和就业造成持久性损害。受其影响,2020年极端贫困人口数量有可能增加8800万~1.15亿,2021年还可能再增加2300万~3500万。

5. 在这种情况下,全球必须开展协调合作,加强对出台可持续政策的承诺,并进行必要改革,以支持长期前景。

6. 《战略框架》以本组织的愿景和成员国的三大全球目标为指导,并牢牢扎根于可持续发展目标。本文件还强调了本组织作为高效、灵活的现代化组织和变革推动机构的重要性,并概述了本组织建设最佳有利环境的重点领域。

7. 在制定《战略框架》过程中，参考的其他指导要素包括：①研究未来几十年将影响粮食和农业的全球趋势和挑战，以深入了解农业、农村发展和农业粮食体系现在和未来面临的挑战，并确保本组织在开展工作时妥善应对这些挑战。②总干事提出的新愿景。当今世界，挑战错综复杂且相互关联，粮食和农业、人们的生计和福祉以及自然资源保护问题都绝不能孤立地看待。因此总干事提出，要打造充满活力、不断创新的粮农组织。③"四个更好"（更好生产、更好营养、更好环境和更好生活）组织原则。"四个更好"概括了本组织支持实现可持续发展目标议程的宗旨，表明农业粮食体系经济、社会和环境维度相辅相成，同时鼓励采取战略性和系统性举措。④进一步细化的结果框架。在《2030年议程》的总体框架下，基于可持续发展目标，以及与其职责最相关的目标，本组织提出20个计划重点领域。⑤全球疫情肆虐、未来风险和变数不断的"新常态"。在"新常态"下，必须确保本组织条理清晰地发挥技术专长，促成、支持并影响国际社会现在和未来的应对措施，以应对全球不断变化的形势。

A.《2030年可持续发展议程》和未来的重大挑战

1. 自成立以来的75年间，本组织取得了巨大成就，我们也生产了足够养活全世界人口的粮食。但尽管如此，在新冠肺炎疫情之前，全球仍有6.9亿人挨饿。亿万民众缺乏微量营养素，而且令人担忧的是，所有年龄、阶层和国别的超重人数都在以惊人的速度增长。疫情导致食物不足人数增加了1.32亿人，凸显了世界农业粮食体系的重要性和脆弱性。正如联合国秘书长最近在联合国大会的讲话中所强调的那样，在许多地方，疫情、冲突和混乱正严重威胁粮食安全，千百万民众面临饥荒的风险。

2. 由于经济增长前景疲软，粮食市场依然变数重重。除了气候变化的威胁和冲击外，非洲猪瘟和沙漠蝗灾也是重大灾害。农业粮食体系提供超过10亿个就业岗位，并为另外35亿人提供生计。如今，正遭受冲击，至少会暂时导致150万人收入断流，进而缺粮少食。

3. 这一前所未有的情况为本组织及成员国提供机会，重申本组织作为联合国专门机构的领导地位，牢记战胜饥饿、实现全球粮食和营养安全、保护地球资源、减少不利的环境影响的使命。人们日益认识到农业粮食体系在实现《2030年议程》方面的根本作用。《2019年全球可持续发展报告》将建立可持续粮食体系和健康的营养模式确定为6个关键的"切入点"之一，其中，各利益相关方的重点合作行动可以加快实现可持续发展目标的进展。即将召开的联合国粮食体系峰会等重大全球倡议为我们提供了一个重建得更好的历史机遇。健康的地球是我们生存的基石，也是《2030年议程》的核心，让我们的农业粮食体系可持续地为所有人提供健康膳食。

改变我们的世界：《2030年可持续发展议程》

1. 世界面临的威胁不断加剧，这要求我们果断采取行动来保障生计，实现农业粮食体系转型，适应地球未来变化，并锁定可持续成果。《2030年议程》为我们提供指导。虽然议程在历史性共识下被接受，但必须拿出政治决心才能实现相关目标。

2. 2015年9月，联合国会员国一致签署了一份人类新愿景。《2030年议程》及其17项可持续发展目标以及相关的具体目标和指标将广泛的原则与详细的基准联系起来，描绘了一条雄心勃勃的道路，明确要求国际社会致力于消除贫困、饥饿和营养不良。《2030年议程》致力于建设欣欣向荣的生态系统，创造健康、富足和有尊严的生活，这就是"不让任何人掉队"的愿景。

3. 《2030年议程》包含五条促进各项可持续发展目标的基本原则，即"5P"：人类（people）、地球（planet）、繁荣（prosperity）、和平（peace）、伙伴关系（partnership）。这五个方面突出表明，各项可持续发展严丝合缝，环环相扣，任何一个"P"的进展必须平衡并支持另一个"P"的进展。

4. 目前，许多地区正在取得进展，但总体而言，实现可持续发展目标的行动速度或规模尚不达标。2020 年迎来了到 2030 年实现这些目标所需的雄心勃勃的"行动十年"。"行动十年"进一步确定了本组织为支持成员国而努力的方向，呼吁加快可持续解决全球所有最严峻的挑战，包括贫困、性别问题、气候变化、不平等、金融鸿沟等。《2030 年议程》是我们所有人都期待的世界发展路线图，其落实关乎我们的生存。

5. 正如《纪念联合国成立 75 周年宣言》所强调的那样，我们所有的努力必须以人为本，并特别关注弱势群体。"我们人民"的精神要求在所有领域实现妇女和女童的充分参与和对她们的赋权，并实现青年这一"和平与发展缺失的一环"的参与。

通过粮食和农业实现世界转型变革

1. 《2030 年议程》和可持续发展目标呼吁开展变革，采取综合举措，消除可持续发展面临的结构性障碍，并确认可持续农业在人类、地球和繁荣三者联系中发挥着根本性作用。

2. 粮食安全（人人享有安全、有营养的食物）是《2030 年议程》的基础，在可持续发展目标 2（"零饥饿"）中明确提出，同时贯穿于所有目标之中。消除极端贫困、应对气候挑战、建设社区抵御能力和负责任地管理自然资源和丰富的生物多样性刻不容缓，确保粮食安全与这些任务密不可分。简而言之，为了实现《2030 年议程》，必须从根本上改变我们的农业粮食体系。

3. 如今，《2030 年议程》中的许多目标进展不足，因此更加迫切需要更有效地让国际、区域和国家各级的所有行为主体进一步参与进来。面对今天的挑战，不仅需要开展跨境合作，还需要整个社会齐心协力，包括与区域和次区域组织、非政府组织、民间社会组织、私营部门、研究机构、学术界和议员等利益相关方合作。

4. 正如《2019 年全球可持续发展报告》所强调并经 2019 年可持续发展目标峰会审议确认的那样，开展行动落实可持续发展目标 2，建立可持续农业粮食体系，可加快大多数其他目标和具体目标的进展，并有助于最大限度地扩大成果，同时也有助于了解潜在的权衡取舍问题并加以解决。简而言之，为了通过粮食和农业改变世界，我们必须：①让饥饿重回快速下降通道；②促进农业粮食体系转型，以满足人类粮食需求，养护地球，建设有韧性的生计和生态系统；③致力于推动农村转型，明确投资弱势群体，以减少不平等，不让任何国家和个人掉队。

联合国粮食体系峰会

1. 联合国秘书长召集的粮食体系峰会将为我们开启新进程，更好地阐述粮食体系举措，并促进粮食体系主体进一步协调支持粮食体系提高可持续性的行动计划。此次峰会是农业粮食体系转型的催化剂。

2. 本组织将作为变革的促进者和推动者发挥作用。本组织支持设立粮食体系峰会秘书处罗马分部，重点关注与科学委员会（粮农组织首席科学家与首席经济学家均为其中成员）密切合作，确保提供关于农业粮食体系的实证、知识和数据，支持关于行动路径和国家层面粮食体系的对话。本组织也是直接支持行动路径1（"确保所有人都能获得安全、有营养的食物"）的联合国核心机构，并参与所有其他行动路径。科学小组在本组织的支持下，正就每个行动路径编写简短的科学文件，并就定义、概念以及一个"一般均衡模型"（供衡量峰会建议的不同行动的利弊）等编写系列文件。

3. 在确定和制定《战略框架》优先计划领域过程中，参考了联合国粮食体系峰会的5大行动路径：①确保所有人都能获得安全、有营养的食物；②向可持续消费模式转型；③促进对自然具有积极效应的生产；④促进公平生计；⑤增强抵御脆弱性、冲击和压力的能力。

4. 2021年联合国粮食体系峰会筹备进程为本组织进一步发挥其对成员支持的辐射带动作用提供了重要机会，同时会议产生的支持更高效、更包容、更有韧性和更可持续的农业粮食体系的成果和后续行动将指导本组织在《战略框架》下的工作。

B. 全球挑战和机遇

1. 为推进对全球挑战和机遇的战略思考，本组织正在开展一项"全组织战略前瞻活动"，为实现《2030年议程》做好准备工作，提高效力，并探讨促进粮食农业体系向可持续未来转型将面临的挑战、威胁和机遇，以推动农业粮食体系的可持续发展。

2. 这项工作包括四个阶段：①内部专家磋商；②工作人员抽样调查；③外部专家磋商；④编写关于农业粮食体系主要趋势和新挑战的技术文件。本文件介绍了全组织战略前瞻活动迄今的成果。这项活动还将产生一份旗舰报告，纳入本组织"粮食和农业未来"系列。

农业粮食体系的关键驱动因素

如表1所示，内部专家磋商确定了影响粮食和农业体系的18个关键的当前和新出现的相互关联的社会经济和环境驱动因素。其中6个是总体驱动因素[①]，另外12个尤其影响粮食获取和生计、粮食和农业生产及流通过程以及环境系统。

表1　农业粮食体系和相关趋势的关键驱动因素

A. 系统性（总体）驱动因素
1. 人口增长和城市化，预计将增加和改变粮食需求
2. 经济增长、结构转型和宏观经济展望，这些并不总是带来包容性社会经济转型的预期结果
3. 跨国相互依存，将全球农业粮食体系联系在一起
4. 大数据的生成、控制、使用和拥有，使得实施创新技术和决策成为可能，在农业领域也是如此
5. 地缘政治不稳定和冲突增加，包括基于资源和能源问题的冲突
6. 不确定性，表现为在许多情况下无法预测的突发事件

---

① 有关驱动因素的更多详细信息，参见本《战略框架》的附件，http://www.fao.org/3/ne577zh/ne577zh.pdf。

续表

B. 直接影响粮食获取和生计的驱动因素
1. 农村和城市贫困,很大一部分农村人口生活在贫困或极端贫困之中
2. 不平等,其特点是收入高度不平等、就业机会、性别、获得资产、基本服务不平等和不公平的财政负担
3. 粮食价格*实际上比20世纪70年代低,但比80年代和90年代高,尽管事实上它们未能反映粮食的全部社会和环境成本
C. 直接影响粮食和农业生产及流通过程的驱动因素
1. 创新和科学,包括更多创新性技术(包括生物技术和数字技术)和系统性举措(特别是生态农业、保护性和有机农业)
2. 对农业粮食体系的公共投资,往往投入不足
3. 生产的资本/信息密集度,由于生产的机械化和数字化,包括在粮食和农业生产中,这种密集度正在提高
4. 粮食和农业投入和产出市场集中,这是对农业粮食体系的抵御能力和公平性的挑战
5. 消费和营养模式,由消费者的行为变化导致,消费者越来越多地需要针对他们所食用食物的营养成分和安全性做出复杂的选择,其中将消费者需求转向更健康的膳食模式是关键
D. 影响环境系统的驱动因素
1. 自然资源的稀缺和退化,包括土地、水、生物多样性、土壤
2. 疫病和生态系统退化,由跨境植物病虫害增加、农业侵入野生地区和森林、抗微生物药物耐药性、动物产品生产和消费的增加导致
3. 气候变化,包括极端天气、气温变化以及降雨规律变化,已经影响到农业粮食体系和自然资源,预计将等加剧农村地区的饥饿和贫困
4. 在"蓝色经济"中,与渔业和水产养殖部门相关的经济活动在全球范围内不断增加,而越来越多的权衡取舍需要健全的决策,对技术、社会和经济解决方案,生产系统的生态系统恢复原则以及跨部门利益相关方的参与在推动农业粮食体系的转型背景下予以整合

* 按照粮农组织食品价格指数(FFPI)衡量。粮农组织食品价格指数是衡量一揽子食品国际价格月度变化的指标,由五组商品价格指数的平均值组成,并按2014年至2016年每一组商品的平均出口份额加权。

农业粮食体系转型:推动变革的优先触发因素

1. 要实现《2030年议程》和本组织的全球目标,就必须对当前的农业粮食体系进行分析,了解如何启动或加快农业粮食体系的转型进程,从而实现全组织目标。

2. 从初级生产、加工、销售、消费、处置等,到与社会经济和环境系统的相互作用，几乎农业粮食体系的所有核心活动都存在关键的方面、弱点和缺陷。农业粮食体系主要"驱动因素"的某些趋势、机构设置的弱点和治理过程的不足都会催生出一些关键的方面。人们认识到，受并发因素影响，农业粮食体系会产生多种风险和不确定因素。

3. 下文介绍了一些"优先重点触发因素"，这些因素被认为是启动变革进程，摆脱"一切照旧"思维的有效起点或推动因素。预计这些触发因素将相互作用，对农业粮食体系产生系统性影响。

机构和治理

1. 为了推动转型进程，先决条件（上游推动因素）是建立更强大、更透明、更负责的机构和治理体系，包括适应性强且行之有效的监管治理架构。农业粮食体系内外都是如此，因为治理架构和机构会影响到连接农业粮食体系各要素与其他体系的所有驱动因素和渠道，包括应对气候变化与其他灾害和危机风险及紧急情况的流程和规则、各级农业粮食体系的治理（粮食生产和加工、粮食贸易、食品安全、粮食质量和粮食消费等）、促进持续和平和冲突预防机制，以及消除贫困和饥饿的机构。鉴于问题涉及面广泛，且关系交互错杂，需要建立明确、具体、设计合理的机构机制，并制定有效的合规规则。

2. 总体而言，在一些全球重大问题上，机构真空尤其明显，包括国际资本流动、全球气候问题、国际冲突或由外部动态引发的地方冲突、大数据的生成、存储、使用和控制。此外，大多数主权国家对这些问题的治理能力越来越薄弱。除了少数例外，大多数国家国小力弱，至少在一定程度上无法影响这些全球动态。

消费者认识

1. 要让消费者深入认识消费食品的类型、数量和安全问题，以及粮食浪费和消费选择的其他更广泛影响。消费者认识是直接影响农业粮食体系某些成果的触发因素，并能通过反馈效应影响某些驱动因素。年轻一代日益渴望变革，例如在气候行动方面。青年认为他们的前途岌岌可危，更有可能追求道德理想，逐步引领发展和政策落实进程，因此可能成为触发变革的力量，包括应对某些食品生产过程带来的环境问题和社会问题，也包括解决上一节所述的结构性问题。粮食消费具有跨部门和跨国相互依存的特点，因此，提高消费者对粮食以及非粮食消费的认识也很重要。

2. 社交媒体也越来越多地影响着消费者的观点和行为。一方面，社交媒体可以促进政府和公民之间的沟通，包括在疫情等紧急情况下的沟通；另一方面，社交媒体大量发布有针对性的商业广告，日益影响着消费者的偏好。

收入和财富分配

1. 改善社会和各阶层之间的收入和财富分配刻不容缓，这是减少包括城市和农村贫困在内的不平等现象的渠道之一。如果不改善收入和财富分配，就难以改善粮食安全和营养状况。例如，数十亿人难以负担营养膳食，而全球财富却集聚在一小部分人手中。减少国与国之间和各国内部的不平等，也可能有助于降低地缘政治的不稳定性。

2. 提供更多的收入机会，就是要在整个经济体系中扩展收入分配渠道，并在经济下行期间让分配渠道保持活跃。应确保工薪族在各经济部门的公平就业机会，同时要求资本方公平分享利润。

创新技术和方法

1. 在很大程度上，需要借助"技术"创新解决方案：以较少的成本生产更多的产品（水、土地退化、粮食损失和投入、生物多样性的丧失等），降低粮食价格和农业成本，包括营养食品的成本，并减少流行病和大流行病的风险。创新技术还可望提高交易的透明度，提供新的创收机会，推动整体技术进步，同时促进社会包容。保护性农业、综合农业、农林兼业和生态农业等系统性方法是支持"蓝色经济"等新兴部门发展的切入点。除了改善治理外，还需要进一步研究解决结构性问题，如大数据所有权、使用权和控制权过度集中问题，并通过更好的利润分配方式来改善收入分配状况。

2. 人们日益认识到,"数字化"和"新技术"贯穿所有可用的方法、系统、工具和创新,包括一套生物技术,如基因组编辑,特别是CRISPR-Cas[①]或合成生物学(合成生物体的遗传物质)。食品和医药研究在基因组学、食品加工和药物设计/配方领域的进展,可能会越来越多地催生出"个性化食品",解决特定的健康问题。这个领域发展迅猛,需要监管指导和监督。

3. 必须指出的是,技术是一种推动因素,但也可能造成技术鸿沟,进而影响小农。由于初始投资成本高,需要培训和教育,小农可能无法获得收益。然而,若能战略性地应用技术和创新,则有望解决并最大限度减少可持续发展目标之间的权衡取舍问题。

当前和新出现的挑战和机遇

1. 在上文介绍的驱动力和趋势背景下,管理并促进农业粮食体系转型面临一系列挑战,分别为:①与本组织全球目标直接相关的总体挑战[②];②与农业粮食体系转型变化的触发因素有关的挑战。

2. 将驱动因素和相关趋势与挑战对应提出,可确保厘清影响农业粮食体系的所有关键驱动因素,尽管由于粮食和农业及其环境的系统性,所有驱动因素都是相互关联的。

3. 尽管农业粮食体系转型方面的挑战是不利因素,但也为促进经济和社会全球转型带来了机遇。例如,尽管当前疫情威胁到数十亿人的生计,并夺去了大量生命,但也凸显了"建设更美好未来"的机会。现在也可以实行过去行不通的结构性变革,推动农业粮食体系转型。同时,像鱼制品这样的商品越来越被认为是摄取蛋白质、微量营养素和"优质"脂肪的重要来源,因此为提供可负担的健康膳食创造了新机遇。

[①] CRISPR-Cas 是一套相对较新的技术,可以在不跨界转移转基因的情况下精确改变生物体的基因构成。

[②] 《粮食和农业的未来》"2017年趋势和挑战"部分已经确定了部分挑战。例如,对于农业粮食体系是否有能力养活不断增加的人口,人们提出了关切。

与本组织全球目标直接相关的总体挑战

1. 与其他机构合作，通过大幅减少全球农业粮食体系和整个经济社会的温室气体排放，应对气候变化和不断加剧的自然灾害。
2. 使农业粮食体系更能抵御冲击和气候灾害。
3. 确保自然资源的可持续利用和自然资源基础的恢复。
4. 确保所有发展进程都有助于最终消除极端贫困和长期贫困。
5. 确保所有战略和政策都有助于消除饥饿，消除一切形式的营养不良，并长期保持这些成果。应对与变革触发因素有关的挑战。
6. 解决各级机构薄弱、缺乏跨部门协调、治理流程和法律框架的问题，解决其可执行性问题，并消除其对农业粮食体系的影响。
7. 支持各国和全球发展团体提高消费者对变革性消费选择的认识。
8. 处理国与国之间和各国内部的收入和财富分配不均问题，包括对农业粮食体系的影响。
9. 管理创新技术和系统性办法及其对可持续提高粮食和农业生产力的潜在风险。

C. 本组织的特征和核心职能

本组织的基本特征

粮食和农业面临全球性挑战。考虑到《2030年议程》所设想的方法，可清楚地认识到，仅靠本组织单枪匹马，难以解决这些问题。应根据本组织的基本属性考虑其未来作用和工作。一个与组织最相关的基本属性是其固有且独特的属性且定义了其基本特征。本组织有若干固有和独特的基本属性：

①本组织是联合国在粮食和农业领域的专门机构，致力于帮助全体成员国就粮食和农业（包括渔业、林业和自然资源管理）的方方面面，包括在粮食安全和营养等领域开展全球性工作，涵盖人道主义发展的各个环节。

②凭借自身在政府间的地位、中立性和权威性，本组织可提供中立平台，供各国开展对话和知识交流。

③本组织有权要求任何成员国提交与本组织宗旨有关的信息。

④正常预算来自分摊会费，为开展各成员国在领导机构中商定的重点工作提供最低资源保障，并辅之以自愿捐款，用于利用本组织的知识并加强外联工作。

⑤本组织的职工在职责领域拥有广泛的专业知识，以跨学科的方式开展工作。

⑥驻国家代表处在区域和全球专家小组的支持下响应各国和各区域提出的要求。

核心职能

核心职能是本组织借以实现目标的关键行动手段。因此，核心职能系指本组织在行动计划中优先采取的各类干预措施。在这些领域中，本组织未必是唯一的负责机构，但预期将发挥主导作用。在此情况下，本组织需与伙伴开展合作，加倍努力，建立战略伙伴关系并推动其运作：①整理、分析、监测与组织职能相关领域的数据和信息，并改进其获取方式，同时与各国和其他发展伙伴合作，确定消费驱动因素、政策和投资缺口，推广共同平台，并使用新兴技术工具。②促进和支持各国和其他伙伴制定并实施规范和标准制定文书，如国际协定、行为守则、技术标准和相关技术、数字工具、良好做法等，促进建立更高效、更包容、更有韧性且更可持续的农业粮食体系。③促进、推动、支持全球、区域和国家层面的农业粮食体系政策对话，包括明确承认和进行权衡取舍。④通过能力建设等方式支持各级机构制定、实施、监测、评估基于实证的政策和计划，并利用投资。⑤促进建立伙伴关系和联盟，包括与政府、发展伙伴、民间社会组织和私营部门建立伙伴关系和联盟，推动建立更高效、更包容、更有韧性且更可持续的农业粮食体系，解决不平等问题，不让任何人掉队。⑥建议并支持与本组织职责相关领域内知识、技术和良好做法的整理、推广和采用工作。⑦在国家、区域和全球层面，利用本组织的知识、数据、作为联合国专门机构的地位以及作为中立机构的可靠信誉，向包括消费者在内的受众展开宣传。

D. 本组织的变革理论–战略结果框架

1. 《战略框架》确立了本组织未来的议程，从本组织对全球、区域和国家各级转型变革和结构性变革的贡献角度，界定了本组织的战略愿景。这不仅需要审查适合可持续发展目标的计划方法的制定和落实情况，还需要审查本组织如何跨越组织层级，与合作伙伴合作，促进形成可持续结果，并形成最大影响力。

2. 本节概述了本组织如何重新制定结果框架，以确保最大限度地利用自身作为联合国专门机构的比较优势，对国家、区域和全球各级发展进程做出贡献。

3. 下文（E部分）进一步介绍了本组织焕然一新的业务模式，包括计划举措，以及本组织如何跨组织层级与合作伙伴合作，以促进达成可持续成果，并形成最大的影响力。

粮农组织的愿景和全球目标

1. 《战略框架》以本组织的愿景和成员国的三大全球目标为指导。本组织的愿景：建设一个没有饥饿、没有营养不良的世界，粮食和农业以经济、社会和环境可持续的方式促进提高所有人，特别是最贫困人口的生活水平。

2. 成员国的三项全球目标：①消除饥饿、粮食不安全及营养不良，逐步确保建设一个所有人在任何时候都能获得充足、安全和富有营养的食物，满足其过上积极、健康生活的膳食需要和饮食偏好的世界；②通过增加粮食产量、加强农村发展及改善可持续生计，消除贫困，推动惠及所有人的经济和社会进步；③为了当代和子孙后代的利益，可持续管理和利用自然资源，包括土地、水、空气、气候和遗传资源。

附录五 联合国粮农组织《2022~2031年战略框架》

本组织的战略表述与可持续发展目标

1. 《战略框架》以着力推动转型，建设更高效、更包容、更有韧性且更可持续的农业粮食体系，实现更好生产、更好营养、更好环境和更好生活，不让任何人掉队的战略表述为指引。

2. "四个更好"是本组织为直接促进实现三个指导性的可持续发展目标，即目标1（无贫困）、目标2（零饥饿）和目标10（减少不平等①），以及支持实现更广泛的可持续发展目标议程所遵循的组织原则，对于实现本组织的总体愿景至关重要。"四个更好"表明农业粮食体系的经济、社会和环境维度相辅相成，同时鼓励在本组织所有干预措施中采取战略性和系统性举措。

3. 可持续发展目标是本组织总体变革理论的核心。关键的可持续发展目标及其指标，包括本组织作为监管机构或促进机构的所有指标，都用于突出重点，跟踪进展情况，并在中／长期结果／影响层面表达愿景。

4. 本组织具备得天独厚的优势，能够围绕"四个更好"（更好生产、更好营养、更好环境和更好生活）促进实现若干可持续发展目标。例如，可持续发展目标14（水下生物）贯穿"四个更好"，尤其在于支持水产养殖生产可持续集约化，大力实行转型性和创新性渔业管理，推动鱼品价值链转型和升级，并使鱼品成为粮食安全和营养战略不可或缺的组成部分。

5. 本组织将围绕"四个更好"开展多项计划，根据结果框架实施其《战略框架》并交付成果，同时使用系统方法，尽量减少在实现可持续发展目标方面的权衡取舍。本组织还将采用粮食体系举措，重点关注超越生产和宏观经济目的的农业概况，以确保粮食安全和有韧性的生计，促进创新，并更好地促进投资和伙伴关系。

6. 《2030年议程》和可持续发展目标是《战略框架》的核心，这有

---

① 包括减少贫富国家、城乡、男女之间的不平等现象。

助于本组织以统一表述在所有组织层面阐述其所负责的具体目标和相应结果,无须另行自定具体目标和指标。

计划重点领域

1. 计划重点领域将指导本组织在"四个更好"的指导下执行各项计划,以便填补关键缺漏,为推动变革创造必要条件,最终促进实现部分可持续发展具体目标。计划重点领域直接针对全组织战略前瞻活动、区域会议、技术委员会,以及其他正式和非正式磋商进程提出的问题和挑战。计划重点领域彰显了本组织作为联合国专门机构在推进《2030年议程》方面的比较优势,同时凝聚本组织广泛渊博的技术专长和知识。

2. 计划重点领域是作为跨学科的技术专题(即基于问题)而被确定的,彰显本组织对可持续发展的具体目标和指标做出的战略贡献。这与本组织战略结果框架评价相符。该评价建议"更新结果框架所依据的变革理论,以确定更具体、基于问题的计划目标"。计划重点领域体现了可持续发展目标的相互联系和不可分割性。

3. 推行基于问题的计划重点领域,也与2020年7月理事会批准的总部组织结构的目标20相一致,即打造一个模块化的灵活结构,确保效率、成效和跨部门协作。

4. 表2概述了《战略框架》中提出的20个计划重点领域。

表2 20个计划重点领域

计划重点领域	成果表述	对应可持续发展目标具体编号
更好生产	在地方、区域和全球层面建立高效、包容的粮食和农业供应链,确保可持续消费和生产模式,让粮食体系在多变的气候和环境中保持韧性和可持续性	—
更好生产之一:绿色创新	通过创新、技术和有利政策,在可持续种植业、畜牧业和林业生产体系各环节创造并支持综合性绿色创业和商业机会,同时包容小规模和弱势生产者	2.3、2.4、6.4、15.2

续表

计划重点领域	成果表述	对应可持续发展目标具体编号
更好生产之二：蓝色转型	完善政策和计划，推动综合科学管理、技术创新和私营部门合作，促进更高效、更包容、更有韧性和更可持续的蓝色食物体系	2.1、2.2、14.2、14.4、14.6、14.7、14.b、14.c
更好生产之三：同一个健康	改进病虫害预防、早期预警以及包括抗微生物药物耐药性在内的国家和全球健康风险管理，加强和更好运作国家和国际"同一个健康"综合体系，促进人类、动物、植物和环境健康	1.5、3.d、15.8
更好生产之四：小规模生产者公平获取资源	完善政策、战略和计划，确保加强小规模生产者和家庭农民公平获取经济及自然资源、市场、服务、信息、教育和技术	1.4、2.3、2.4、9.3
更好生产之五：数字农业	便利的数字信息通信技术，提升市场机遇、生产水平和韧性，纳入农业粮食体系政策和计划，重点关注确保面向农村贫困和弱势群体的可负担性和公平获取	1.4、5.b、9.c、17.8
更好营养	消除饥饿，实现粮食安全，改善一切形式的营养，包括推广营养食物，增加健康膳食的获取渠道	—
更好营养之一：人人享有健康膳食	营造综合性制度、政策和法律环境，确保并激励消费者和私营部门参与，优先关注为国民实现充足食物权，带动向健康膳食过渡	1.3、2.1、2.2、3.1、3.2、3.4、12.8、14.b
更好营养之二：保障最弱势群体营养	各国制定和实施针对性政策、战略和计划，特别关注确定并消除最弱势个人各方面粮食不安全和营养不良状况	1.3、2.1、2.2、3.1、3.2
更好营养之三：人人享有安全食品	政府通过和实施涵盖本国农业粮食体系的综合性多部门食品安全政策和立法，提升价值链经营者和消费者能力与意识	2.1、2.2、3.2
更好营养之四：减少粮食损失和浪费	政府和政府间组织制定和实施明确、具体、因地制宜的路线图，促进并带动食物供应链、食物环境和消费者层面有关各方减少粮食损失和浪费	2.1、2.2、12.3

315

续表

计划重点领域	成果表述	对应可持续发展目标具体编号
更好营养之五：市场和贸易透明	开展政策协调及人员和机构能力建设，提升循证决策水平，从而提高市场透明度，促进公平参与市场、全球价值链和国际贸易	2.b、2.c、10.a、17.11
更好环境	通过更高效、更包容、更有韧性和更可持续的农业粮食体系，保护、恢复和促进可持续利用陆地和海洋生态系统，应对气候变化（减轻影响、重复使用、循环利用、残留管理）	—
更好环境之一：减缓和适应气候变化的农业粮食体系	制定和实施气候智能型农业实践、政策和计划，带动农业粮食体系转型和韧性，实现可持续发展和《巴黎协定》目标	2.4、13.1、13.2、13.b、14.3
更好环境之二：发展生物经济，促进可持续粮食和农业	利用技术、组织和社会创新，制定综合性循证微观及宏观政策并实施，从而促进生物经济，兼顾经济价值和社会福利与环境可持续性	12.2、12.4、12.5
更好环境之三：生物多样性和生态系统服务促进粮食和农业	采取针对性政策和实践方法，维持粮食和农业生物多样性，促进海洋、陆地和淡水生态系统可持续利用、保护和恢复及其服务	2.5、14.4、15.1、15.3、15.4、15.6
更好生活	减少（城乡间、贫富国家间和性别间）不平等，促进包容性经济增长	—
更好生活之一：性别平等和农村妇女赋权	通过促进性别平等的政策、战略、计划和法律框架，确保妇女平等享有、获取和控制资源、服务、技术、制度、经济机会和决策，消除歧视性法律和习俗	2.3、5.4、5.a、5.c
更好生活之二：包容性农村转型	实施针对性政策、战略和计划，加快包容性农村转型和乡村振兴，确保贫困、弱势和边缘群体平等参与并受益	1.1、8.3、8.5、10.1、10.2、10.7、14.b
更好生活之三：实现可持续城市粮食体系	国家和地方利益相关方采用扶持性政策和计划，启动并扩大行动和投资，从而推动更高效、更包容、更有韧性和更可持续的城市及城郊农业粮食体系转型，解决城市贫困、粮食不安全和营养不良问题，促成健康膳食，带动包容和可持续的农村转型	1.1、2.1、11.a、12.1

续表

计划重点领域	成果表述	对应可持续发展目标具体编号
更好生活之四：应对农业和粮食紧急状况	为面临或可能发生急性粮食不安全状况的国家提供紧急生计和营养援助，并围绕人道主义、发展与和平纽带，使其民众掌握更好抵御和管理未来冲击和风险的适当能力	1.5、2.1、2.2、2.3、16.1
更好生活之五：打造有韧性的农业粮食体系	深入认识多重风险，完善有效治理机制，促进实施减少脆弱性的措施，从而增强农业粮食体系和生计抵御社会经济和环境冲击和压力的韧性	1.3、1.5、2.4
更好生活之六："手拉手"行动计划	通过分析和建立伙伴关系，瞄准最贫困和饥饿群体，因地施策，汇聚农业粮食体系所有相关方面，从而加快农业转型和农村可持续发展	1.1、1.2、2.1、2.2、2.a、10.1、10.2
更好生活之七：扩大投资	增加公共和私营投资，提高善用未来投资的能力，从而加快可持续农业粮食体系转型，对减少不平等及消除贫困和饥饿产生广泛影响	1.b、2.a、10.1、10.2、10.b、17.5

5.《2022~2025年中期计划》和《2022~2023年工作计划和预算》更详细地介绍了计划重点领域及其结果框架，包括正在解决的主要差距、这些差距与可持续发展目标和指标的关系、本组织将如何利用加速因素来加快进展、主要专题组成部分（包括规范方面和与本组织核心职能有关的方面），以及主要风险和权衡取舍。

本组织利用的加速因素

1. 为了加快工作进展和做出最大努力，实现可持续发展目标和我们的愿望——实现"四个更好"，本组织将在所有计划干预措施中应用四个跨领域/跨部门"加速因素"：技术、创新、数据和互补因素（治理、人力资本和制度）。到2050年以可持续方式养活近100亿人是一项空前的挑战。这也说明了加快发挥计划干预措施的影响，同时尽量减少权衡取舍的重要性。四个加速因素有助于实现这两个目标。技术、创新和数据必须具有包容性，对性别问题敏感，并用于促进发展，这一点至关重要。

2. 新兴技术已经在改变粮食和农业部门，然而，大多数政府或农业粮食体系主体尚未利用新兴技术的潜力。帮助农民充分利用数字农业、生物技术、精准农业、农业生态学创新、5G和人工智能等新技术，在尊重环境的同时提高粮食产量，是至关重要的。加速因素旨在满足减少物理投入的需求，并改善我们优化使用物理投入的方式，即更有效地分配物理投入，提高单位投入的回报率。

3. 举例来说，粮食和农业部门可以利用各种数字工具，包括：电子商务和区块链交易分类账，使用人工智能改进有害生物防治，作物遗传，以及优化自然资源管理和粮食安全威胁预警的工具。

4. 无论从一般意义上说，还是就农业领域而言，创新都是让世界免于饥饿和营养不良的核心驱动力。基于科学和实证的创新，包括社会、政策、体制、金融和技术创新，是影响粮食和农业生产和分配过程的重要驱动力。

5. 采用创新举措对于建设更美好家园十分关键，需要从最广范围考虑创新，包括技术、管理、业务模式和有利政策的创新。

6. 纵观全球，粮食和农业能从第四次工业革命中获益良多（具体可称为农业4.0），这场革命的主要动力则是大数据集（大数据）以及创新数字技术与科学技术的融合。这带来了前所未有的机遇，推动农业部门提高效率，减少用水、土地和能源需求，保护生物多样性，并降低碳排放。农业创新比技术的外延更广，是指个人或组织在特定情况下首次使用新的或现有的产品、工艺或组织方式，提高效益、竞争力和复原力，达到解决问题的目的。创新还包括农业粮食体系政策和商业模式的现代化。

7. 在数据方面，粮农组织的"手拉手"地理空间信息平台和大数据实验室是创新的范例，展示了如何将粮食、农业、社会经济和自然资源方面的数据结合起来，以加强粮食和农业部门基于实证的决策。此外，数据有助于监测农业水资源生产率，包括监测农业体系因人类对土地和水资源的压力而面临的风险，确定水生物种的分布，并分析降水趋势，进而通过采取促进平等、包容、可持续粮食和营养安全的区域办法，设计有针对性的农业干预措施和投资计划。

8. 互补因素是指确保包容性农业粮食体系转型所需的治理、人力资本和制度。为了推进转型进程，先决条件（上游推动因素）是建立更强大、更透明、更负责的制度和治理体系，包括适应性强且行之有效的监管治理架构。

9. 随着技术的革新，机会不平等和排斥的风险也在增加。需要通过能力建设进行人力资本投资，并制定政策和法规，最大限度地降低这种风险。劳动力供给必须响应新技术和创新带来的新劳动力需求，使这个过程更加包容。技术必须具有可负担性，确保人人可以获得和使用，且必须确定和解决应用技术的其他结构性障碍，包括教育和培训。

10. 影响本组织战略结构框架并属于其组成部分的主要内容，包括：影响农业粮食体系的驱动因素（见表1和附件1[①]）；五条促进各项可持续发展目标的基本原则，即"5P"；支持农业粮食体系转型的独特系统举措和加快实现《2030年议程》进展的四个因素（见上文）；本组织根植于可持续发展的"四个更好"奋斗目标（见表2）；填补关键缺漏，并将本组织工作不同方面（包括农业、渔业、林业、畜牧业、土地和水、减贫以及改善获得投资和资金的机会）联系起来的计划；可持续发展目标1（无贫困）、目标2（零饥饿）和目标10（减少不平等）的指导性视角。

跨领域主题

1. 本组织跨领域主题属于重要问题，需要全组织各项计划工作加以考虑，需要引起特别关注。

2. 就《战略框架》而言，建议将跨领域主题集中在对《2030年议程》至关重要的几个关键问题上，并支持战略表述。根据这一逻辑，本组织确定了性别、青年和包容（减少不平等和不让任何人掉队）这三个主题，以促进在本组织的所有工作中更系统地将这些问题纳入主流并付诸

[①] 见本《战略框架》的附件，http://www.fao.org/3/ne577zh/ne577zh.pdf。

实施。

3. 在这方面，注意到一些跨领域关键技术主题（气候变化、营养和生物多样性）在计划重点领域中明确可见，并根据领导机构的要求制定了专门的跨组织战略，对成员国具体负责。

4. 附件2载列了本组织结构框架的图示①，将可持续发展目标置于本组织工作的中心。附件3则介绍了这一架构在国家层面如何发挥作用，其中可持续发展目标为将国家优先重点与总体结果框架联系起来提供了统一口径。

E. 本组织的变革行动——契合目的、焕然一新的业务模式

1. 明确的成果链和架构对于阐明最终目标、中期里程碑和立即行动，并明确说明优先重点和附加值至关重要。然而，《2030年议程》的挑战还要求转变工作模式，以确保实现所要求的转型变革。本组织和所有联合国实体都需要重新审视自己的工作方式，以确保最有效地利用有限的资源，并充分利用自身的全球知识、中立地位和号召力。简而言之，我们既要注重"做好工作"，也要注重"做对工作"。

2. 更明确地阐述本组织的业务模式以及战略表述、加速因素和基于可持续发展目标的结果框架是《战略框架》的关键基础要素。本组织致力于打造一个包容、敏捷、透明、开放、创新、负责、有效和有影响力的组织，为成员实现"四个更好"服务。

3. 本组织将利用自身作为联合国专门机构的相对优势，围绕粮食、农业和农业粮食体系问题，推动和促进建立更广泛的伙伴联盟，以支持全球、区域、次区域和国家各层面的进程。本组织将从较为传统的业务模式转变为更具前瞻性的业务模式，以促进科学、技术和创新。

---

① 附件2、附件3和粮农组织战略结构框架图，见 http://www.fao.org/3/ne577zh/ne577zh.pdf。

4. 为此，本组织将调整工作，更好地扶持其他主体，提供坚实的信息和分析基础，以吸引大量可持续投资，并利用创新融资机制。这将意味着重新定位本组织的分析、技术、政策和投资资产，借助由伙伴关系带动的服务，以重点更突出的计划性方法将规范性工作和项目工作结合起来，产生更精准、更有影响力的成果。

5. 这种计划性方法将确保本组织充分利用相对优势，促进规模工作，实现更大的可持续性和长期影响。这种方法要求本组织各层级围绕既定目标和行动手段的共同愿景进行调整，满足成员国的需求。

6. 将通过以下方式为改进后的计划性方法提供支持：强化具有变革性和扩大的伙伴关系；确保最大限度地利用本组织的规范性优势；寻求创新筹资机制和来源，补充传统筹资模式；在统一愿景（"同一个粮农组织"）下开展工作；采用高效创新的举措；为在风险和变数不断增加的情况下开展工作做好准备。① 下文将进行更详细的介绍。建设更高效、更现代、更加以服务为导向的行政管理体系，将支持在新业务模式下开展工作。

7. 为确保继续发展成为灵活的变革推动者，本组织正在制定《变革管理战略》与《战略框架》相匹配，推出契合目的、焕然一新的业务模式。

转型性伙伴关系

1. 伙伴关系是达成《2030 年议程》各项目标的关键；伙伴关系是被突出强调的可持续发展"5P"之一，并被纳入第十七项可持续发展目标，该项目标呼吁有关各方联手落实各项可持续发展目标。尽管伙伴关系本身并非目的，但却是战胜今后复杂挑战的关键手段。

2. 正如总干事在《竞选纲领》中所指出的那样，需要发展新型伙伴关系，以推进《2030 年议程》，包括重振南北伙伴关系和南南及三角合作。这些新伙伴包括与本组织及成员国开展协作的企业、学术机构、区域组织和民间社会组织。

---

① 参见 http://www.fao.org/3/ne577zh/ne577zh.pdf。

3. 本组织正在设法全面加强各类伙伴关系。首先，本组织力求加强与成员国的伙伴关系，合力支持各国落实可持续发展目标。本组织还设法加强与联合国其他机构和金融机构的伙伴关系，包括在本组织的组织结构中设立了多个"中心"。本组织还将继续设法扩大、深化与生产者组织、学术研究机构和民间社会组织的伙伴关系。

4. 由于私营部门是实现可持续发展目标伙伴关系的一个关键领域，本组织制定了与私营部门合作的新战略，该战略在2020年11月理事会第165届会议上获得批准。新战略的总体目标是在本组织的工作中加强与私营部门合作，包括以"同一个粮农组织"为统一愿景在权力下放层面加强合作，推动更可持续解决方案的形成。本组织设想通过与私营部门合作，建立战略伙伴关系，扩大多个利益相关方的集体努力，形成国家自主决策、自愿实施的创新解决方案，以帮助成员国实现可持续发展目标，并最终最大限度地扩大对本组织支持的受益者的积极影响。

5. 联合国发展系统重新定位持续推进，加强并扩大了本组织与罗马常设机构及区域和国家层面其他联合国实体之间的合作。提高抵御能力的伙伴关系不断增加，本组织/粮食署共同牵头的全球粮食安全集群正在支持粮食危机国家的粮食安全协调工作。本组织计划强化与联合国实体，特别是与驻罗马粮农机构的伙伴关系。

6. 本组织与其他驻罗马粮农机构及联合国其他实体的密切关系也体现在计划重点领域中，例如，《农业和粮食紧急情况计划》为本组织与粮食计划署的合作提供了直通渠道；《扩大投资优先重点计划领域》突出了本组织与农发基金的合作；"同一个健康"计划重点领域则包括与世卫组织和动物卫生组织的联合工作。

7. 其他主要新伙伴包括以下几个。

（1）国际农业研究磋商组织：国际农业研究磋商组织已从单纯的研究组织转变为"全球最大的农业创新网络"，现在与本组织在同一发展领域开展业务。现在应把握契机，与统一的"国际农业研究磋商组织一体网络"结成伙伴关系，最大限度地发挥集体影响、双方的比较优势以及机构实力。

（2）学术机构和其他研究机构：本组织历来与各大学和其他研究组

织合作，有的是单独合作（如国家农业研究系统），有的则是通过其联合会进行合作（如全球农业和生命科学高等教育协会联合会、全球农业研究和创新论坛等）。本组织与各大洲的国家、区域和国际机构的伙伴关系对于改善知识传播方式、开发由地方所有的创新方法至关重要。将研究结果纳入实际政策和做法的主流正变得越来越重要，对本组织作为一个知识型组织也很重要。

（3）议员：粮农组织与若干区域的议员联盟合作，对各国的立法议程产生了重要影响。应复制、推广成功案例。

8. 今后伙伴关系特别聚焦的领域可能包括粮食农业体系议程，确保健康膳食、消除一切形式营养不良（包括肥胖）的伙伴关系，以及消除饥饿和农村贫困、应对粮食危机的伙伴关系。此外，新的重点领域包括壮大科学、技术和创新，以实现可持续发展目标，增加和改进公共和私营部门投资以推广技术专长，利用数据、非传统数据源和数据科学。

本组织的规范性工作

1. 本组织的规范性工作[①]是其作为联合国专门机构的一大比较优势，为在全球、区域和国家层面的公约、宣言、监管框架、协定、准则、行为守则和其他标准制定文书中制定规范和标准提供了支持。此外，本组织以知识产品、数据和统计数字的形式生产全球公共产品，以支持规范和标准的制定及其在不同层面的落实。

2. 本组织的规范性工作与业务工作不仅普遍相互依存，而且相辅相成：实地工作的质量正因不断从本组织规范性资料中汲取营养而得到保证。同样，本组织的规范性工作也因从实地总结经验教训而不断得到加强。正是这种搭配让本组织获得了比较优势，并阐明了给成员国创造的独特"增值"。

3. 为提高规范性工作的相关性、可见性和影响力，本组织将支持成员国

[①] 联合国评价小组在 2013 年发布的《联合国评价小组联合国系统规范性工作评价手册》中对本组织规范工作做了界定。

联合国粮食及农业组织

和合作伙伴进行能力建设，以制定、调整并使用实现与粮食和农业有关的可持续发展目标所需的规范、标准、知识产品、数据和统计数字，同时努力确保以科学实证为基础，通过透明、参与、包容的流程制定规范和标准。

4. 规范性工作将有助于阐明本组织在国家一级的增值比较优势，包括更好地将规范性工作纳入联合国共同国家分析、联合国可持续发展合作框架以及衍生的国别规划框架。为确保在整个组织内最好地利用本组织的规范性工作，将更加注重：确保将规范性工作适当地纳入本组织的国别计划和项目；加大努力调动资源，促进实施规范性工作；加强各级工作人员的能力，以促进规范性工作的开发和利用；推动整个组织的知识共享。最后，根据本组织战略结果框架评价的经验、教训和建议，将确保规范性工作在本组织结果框架和优先计划中处于更加突出的位置，包括制定绩效指标。

创新供资和筹资

1. 本组织的全新业务模式需要纳入创新融资机制和融资渠道，配合传统的供资模式，从而达成《2030年议程》要求实现的发展目标。落实各项可持续发展目标每年所需资金估计从2.5万亿到5万多亿美元不等。官方发展援助依旧重要，但数量还不够。为取得进展，需要利用额外的资金流和资本。

2. 本组织的资源筹集模式一直非常零散，重点放在权力下放办事处的业务上。大多数主要资源伙伴的支持活动也发生在这一层面——他们已将大部分供资下放到国家或区域办事处。本组织总部牵头为主要的全球计划、人道主义供资、与私营部门的互动、国际金融机构和纵向基金（如绿色气候基金和全环基金）筹集资源。同时，还为国家一级的资源筹集工作提供关键的支持职能和有利环境。

3. 近年来，本组织显著扩大了合作伙伴的类型。传统的经合组织-发展援助委员会资源伙伴库在过去五年中的绝对值保持稳定。来自全球南方的新捐助方以及本组织与国际金融机构和垂直型基金的合作有所增加，目前约占总数的一半。

灵活的供资和计划办法

1. 目前,在本组织收到的预算外捐款中,95%以上专门用于实现项目层面的特定成果。因此很难根据不断变化的需求重新分配资源,或资助资金不足的优先重点。为了鼓励采取计划方法,减少交易成本,确保计划受益人直接获得更高比例的捐款,本组织目前向资源伙伴提供了四个专门的集中供资机制。

(1) 灵活多伙伴机制。这是本组织的主要集中供资机制,用于接收灵活、自愿的多年期捐款,促进实现《战略框架》中的目标,并发挥催化作用。

(2) 紧急和恢复活动特别基金,用于为人道主义紧急情况提供快速救济资金。

(3) 发展融资活动特别基金,用于撬动发展筹资资源,这有助于支持绿色气候。

(4) 非洲团结信托基金。这是一个创新、灵活、具有催化性的供资工具,旨在为非洲的粮食和农业行动计划供资。

2. 这些供资机制在试行新模式和新方法方面取得了重大成功,但迫切需要增加这些机制调动的资金数量和比例,以实现更大的影响。

应急和韧性建设供资

本组织一直在努力帮助人们塑造生计韧性,以应对越来越多的威胁和危机,重点是人数超过1亿的严重缺乏粮食保障的群体,以及面临粮食链紧急情况和自然灾害的社区。到2023年,本组织力争每年向6000万人提供应急和韧性建设援助,并通过投资预见性行动,减少未来的人道主义需求。虽然目标宏大[①],但考虑到人道主义需求的规模,加上急需通过更高效、更包容、更具韧性和更可持续的农业粮食体系增强弱势群体和社区的

---

① 2019年,本组织的各项计划保护并改善了全球约3500万人的生计。

能力，实现可持续发展，这只是最基本的目标。为实现这一目标，本组织需要大幅提高目前的供资水平。

气候和环境融资

1. 全球环境基金是五个多边环境协定的财务机制，其计划编制反映了这些主要公约的优先重点，即保护和可持续利用生物多样性、减缓并适应气候变化、防治荒漠化，以及消除危险农业化学品。本组织的项目组合包括对所有这些领域的投资，许多项目将几个领域合并为一项多重点综合举措。

2. 粮农组织－全环基金计划是帮助本组织实现战略重点的关键工具和催化剂。在此背景下，第一份《粮农组织－全环基金战略和行动计划》已于2020年完成。计划的重点之一是使双方合作重点与本组织的《战略框架》保持一致。

3. 绿色气候基金是《巴黎协定》的主要筹资机制，其目标是每年调动和利用1000亿美元来实现《巴黎协定》的目标。本组织与绿色气候基金合作的核心目标，是支持成员国投资农业、林业和其他土地利用部门抵御气候变化的可持续、低排放发展道路，通过可持续性的创新，减少贫困（可持续发展目标1）、饥饿（目标2）和不平等（目标10），并帮助成员国应对气候变化的挑战（目标13）。

4. 绿色气候基金项目经专门设计，旨在帮助成员国实现其国家自主贡献，确保本组织与绿色气候基金的合作为《2030年议程》做出有意义的贡献。颠覆式的创新、可持续性、可扩展性和可复制性是绿色气候基金项目的重要标志。凭借这些核心性质，绿色气候基金项目在各国因地制宜地采取行动，促进转型变革，改善农业生产和生态系统健康，减少排放，增加碳固存，改善生计，发展有韧性的价值链，从而促进实现"四个更好"。展望未来，本组织与绿色气候基金的合作正在演变成计划性举措，发挥公私合作伙伴的比较优势，精简并扩大农业、林业和土地利用部门的气候变化干预措施。

投资支持

1. 为了实现可持续发展目标，估计每年需要投入 2.5 万亿美元，而每年的官方发展援助金额约为 1530 亿美元。显然，所需的大部分资金缺口需要由私营部门投资填补，包括农民和其他发展主体本身的投资，以及通过公共和私营部门金融投资。本组织在这方面的作用是支持、促进、降低风险和利用规模投资，以帮助各国实现可持续发展目标。

2. 本组织投资中心与国际金融机构签订了长期合作协议，并在国家一级建立了发展伙伴关系和实现成果的专业文化；投资中心通过由政府、国际金融机构和本组织参与的独特业务模式，支持成员国的公共和私人投资。根据费用分担和其他合作安排，本组织和国际金融机构合作伙伴的预算分担比例约为 4∶6，从而产生了 1.5 倍的总杠杆效应。

作为统一的机构开展工作

1. 《战略框架》为重新定位本组织的资源和运作模式提供了统一的战略愿景。因此，本组织能更好地支持成员国为实现可持续发展目标而做出的集体和国家努力。根据《战略框架》，本组织将作为统一的组织开展行动。按照联合国发展系统重新定位的精神，本组织各级采取的任何行动，都是为了在国家层面实现《2030 年议程》和可持续发展目标。

2. 为了促进本组织的统一，需要采取计划性方法，并在国家层面更有效地交付成果。这就需要本组织在国家层面参与编制《联合国共同国家分析》和《联合国可持续发展合作框架》，以确保本组织作为联合国的一部分，及时为各国做出战略性贡献。

3. 合作框架旨在成为所有联合国国家层面活动的核心，并作为结果框架，据此对做出贡献的联合国实体进行集体和单独问责。因此，本组织国别规划框架正式源自《联合国可持续发展合作框架》，并与其进程和周期无缝衔接。

4. 根据这些一致的努力和协调的行动，《联合国可持续发展合作框架》国家/联合国联合指导委员会也将作为国家一级国别规划框架的主要监督机制。

5.《国别规划框架》从《联合国可持续发展合作框架》正式衍生而来，被纳入在该框架范围内确定的国家一级成果，并与实现可持续发展目标和指标挂钩。这将有助于本组织所有部门统一口径，并通过汇总和整合国家、区域和全球各级结果，推动衡量本组织各层面干预措施的成效。

效率和创新举措

1. 为了将本组织打造成契合目的、行动灵活、注重成果的组织，就必须减少内部官僚主义，提高效率，改进服务定位。本组织将在人力资源、采购、财务、信息技术、信息管理和行政服务等工作领域深化改革，继往开来，让业务流程、程序和系统变得更精简、更合理。

2. 面向未来，就是要把握创新和数字化带来的机遇，无论是在知识管理、跨学科合作、计划、伙伴关系、业务流程和系统，还是其他方面。无论是在内部还是与其他各方合作，数字革命都将促进工作方式与履职形式的变革，为加强本组织对可持续发展目标的贡献带来巨大潜力。事实证明，工作空间的数字化可使空间结构扁平化，并极大地改善信息的获取和决策方式，对办公室文化和关系产生了深远的影响。本组织将继续采取创新方法，推动数字工作场景和文化变革。

在风险和不确定性增加的背景下开展工作

1. 本组织致力于对内实行强有力的机构风险管理。近年来，本组织在将风险因素纳入计划实施和流程设计方面，取得了重大进展。然而，为了产生充分的效益，本组织从形成战略思路，到制详细的工作计划，对组织管理进程的所有阶段都必须开展风险管理。因此，在进行战略规划的同时，还对风险进行了分析，包括影响进程本身的风险和影响实现正在制订的目标和计划的风险。

2. 本组织的《战略框架》以十年为周期。当今世界，瞬息万变，这是很长的时间框架。《战略框架》的重要组成部分是多种假设和依赖因素，它们受到外部政治、经济和社会环境的波动，以及合作伙伴和其他利益相关方优先重点动态的影响。随着时间的推移，一些作为框架基础的假设不太可能成立，这将带来风险和不确定性。因此，战略规划需要被纳入周密的风险管理，以便促进实现相关目标。

3. 已确定的可能影响《战略框架》制定进程的主要风险（即可能发生但未来结果可以预测的负面事件）见表3。

表3　可能影响《战略框架》制定进程的主要风险

风险	减缓行动
《战略框架》未显著推动实现本组织的总体目标,包括相关的可持续发展目标,也未充分反映本组织的职责	制订有效的变革计划是制定拟议的《战略框架》的核心
《战略框架》未能充分反映成员、主要贡献方和捐助方的优先重点	为确保领导机构和成员国参与《战略框架》不同阶段的制定工作,采取了深思熟虑的程序
《战略框架》不聚焦本组织的比较优势及其在联合国大家庭和全球发展背景中的地位	计划重点领域是在分析本组织的比较优势并考虑其他主体的基础上确定的
《战略框架》无助于制定有意义的结果框架,或进行高质量的监测和报告	认真确定了计划重点领域,以期建立结构合理的结果框架,并基于与区域会议及区域和驻国家办事处磋商,纳入了各区域的差异
《战略框架》的产出、成果和影响因潜在风险而被推迟	认真确定了计划重点领域,以纳入风险应对战略,并提高农业粮食体系的韧性

4. 在确定计划重点领域的过程中，对外部环境的主要风险以及内部制约因素进行了分析。

5. 对总体框架而言，最重要和最不确定的因素，即无法预测未来结果的负面事件或冲击见表4。

表4　影响《战略框架》的不确定因素

不确定性	减缓行动
意外的政治不确定性或冲突	已经确定了强有力的计划重点领域,供开展应急行动,并建设能应对冲击、韧性十足的农业粮食体系

续表

不确定性	减缓行动
重大健康冲击或流行病不确定性	确定了"同一个健康"举措的计划重点领域,以防止出现新的人畜共患病
气候冲击的不确定性	计划重点领域包括将指数型保险、传统保险和融资渠道相结合的农业保险创新
新的潜在不确定性会影响到农业部门以及粮食安全和营养	计划重点领域包括改善预警系统创新方式,提高事件预测能力

6. 目前,已将影响每个计划的风险和不确定性,以及相关的减缓行动纳入《2022～2025年中期计划》制定进程中。

灵活的组织

1. 建立适应环境和优先重点变化的灵活组织,是在长期不确定的情况下进行风险管理的核心。当前的疫情凸显了快速适应的必要性,所遇到的挑战为本组织提供了检验准备情况的机会,实际取得的结果可圈可点。

2. 本组织已在几个方面采取行动,为应对动荡环境下的多重挑战做好了准备。

3. 灵活精简的组织结构。根据《工作计划和预算的进一步调整》,实施模块化、扁平化的组织结构,有助于加强跨部门合作,并围绕新出现的需求和重点更灵活地组织资源,灵活应对新问题。按照该业务模式,组织职能跨越各部门和各地理层级以"同一个粮农组织"进行交付,从而及时运用专门知识,而不受地理空间的限制。

4. 强有力的《战略框架》。《战略框架》确立了明确的愿景和指导原则,是科学设计的产物,在不同的潜在情况下可保持基本不变。虽然本组织的工作方法、具体的优先重点和规模可能会发生变化,但目标和价值观仍将是稳定的基础,可据此开展灵活的业务。如果需要根据不断变化的要求进行计划调整和资源转移,可以按照过去两年度的做法,在得到领导机构批准的情况下,按照既定程序进行。

5. 积极监测。为了能够根据外部环境的变化做出迅速、适当的反应,重点致力于提高情报收集的质量和速度，并提供有关不断变化的形势、风险和机遇的信息。目前的模块结构打破了各自为政的局面，遏制了官僚主义风气，提高了透明度和反应速度，加快了内部信息流动，以指导决策。

6. 辅助性。制定框架时依据的原则是，要将资源和权力授予对实现成果负责和问责的层级，无论是国家、区域还是全球层级。为国家层面提供支持，无论是技术、业务还是行政方面的支持，都将是本组织各相关办事处的主要责任。作为变革管理进程的一部分，将在必要时对权力下放和业务程序进行审查。

7. 文化变革。要建立灵活的组织，首先要求职工和决策者（即本组织的管理层和成员国）灵活适应、愿意适应新形势。在开展组织结构变革的同时，通过加强各职能部门之间的合作，开展创新的沟通和具有包容性的规划活动，对整个组织进行文化变革。变革管理计划将有助于推动本组织的发展。

大事记

1945 年
1945 年 10 月 16 日　粮农组织诞生，并选举英国营养学家约翰·博伊德·奥尔为第一任总干事
1946 年
　　　　　　　　　第一次世界粮食调查
5 月　　　　　　　粮食紧急问题特别会议召开
12 月　　　　　　 联合国粮农组织正式成为联合国的一个专门机构
1947 年
　　　　　　　　　启动首个重大项目，在中国开展根除牛瘟运动
1948 年
4 月 14 日　　　　 诺里斯·E. 多德（美国）当选第二任总干事
1950 年
　　　　　　　　　开展第一次世界农业普查，首次收集了 81 个国家的统计资料
1951 年
　　　　　　　　　粮农组织总部迁至罗马
1952 年
　　　　　　　　　开展第二次世界粮食调查
1953 年
12 月 9 日　　　　 菲利普·V. 卡敦（美国）当选第三任总干事
1954 年

联合国粮食及农业组织

	制定《剩余产品处理指导方针及原则》
1956年 9月18日	比奈·兰詹·森（印度）当选第四任总干事
1957年	
	发起"世界种子运动"
1958年 10月14日	设立粮农组织特别基金
1960年	
	发起"免于饥饿运动"
1961年	
	开展"肥料计划"
	与联合国教科文组织联合绘制世界土壤图
12月	粮农组织和联大通过两项平行决议，成立世界粮食计划署
1963年	
	与世卫组织联合成立国际食品法典委员会
	开展第三次世界粮食调查
1967年 11月 总干事	阿德克·亨德里克·布尔马（荷兰人）当选第五任
1975年 11月	爱德华·萨乌马（黎巴嫩）当选第六任总干事
1977年	
	第四次世界粮食调查
	全球粮食和农业信息及预警系统设立并运行
1979年	
	召开世界土地改革和农村发展会议，通过了《农民宪章》
6月	粮农组织理事会审议通过了《世界粮食安全行动

大事记

计划》

1986年
　　　　　　建立农业统计数据库
1992年
　　　　　　与世卫组织联合召开首届"国际营养大会"
1993年
11月8日　　雅克·迪乌夫（塞内加尔）当选第七任总干事
1994年
　　　　　　实施"粮食安全特别计划"
　　　　　　建立跨界动植物病虫害紧急预防系统
1996年
11月13~17日　召开世界粮食首脑会议，通过了《世界粮食安全罗马宣言》和《世界粮食首脑会议行动计划》两个重要文件
　　　　　　发起电视粮食集资活动
1997年
11月13日　粮农组织宣布扩大"增加发展中地区城市粮食供应和分配"项目的实施范围
11月17日　实施"国际舌蝇管控"项目
1998年
5月29日　　与国际农业发展基金签署谅解备忘录，推动实施《联合国防治荒漠化公约》
6月26日　　与美洲开发银行签署谅解备忘录
7月16日　　宣布实施"以最少水源种更多作物"项目
9月7日　　开发一套利用和保存家畜品种的网上系统
2001年
11月13日　通过《粮食和农业植物遗传资源国际条约》
2004年
6月29日　　《粮食和农业植物遗传资源国际条约》正式生效

335

2005 年
11 月　　　　　　开展首次独立外部评定
2006 年
10 月 12 日　　　成立动物卫生危机管理中心
2007 年
10 月 19 日　　　国际植物基因库投入使用
2008 年
6 月 3~5 日　　　举办世界粮食安全高级别会议
2009 年
3 月 24 日　　　 中国与粮农组织签署提供 3000 万美元的信托资金协议
11 月 16 日　　　召开世界粮食安全峰会
2010 年
3 月 12 日　　　 与非洲虚拟大学签署在线学习合作协议
5 月 11 日　　　 发布"反饥饿"申请书
2011 年
6 月 26 日　　　 若泽·格拉齐亚诺·达席尔瓦（巴西）当选第八任粮农组织总干事
2012 年
5 月 11 日　　　 批准《国家粮食安全框架下土地、渔业及森林权属负责任治理自愿准则》
2013 年
2 月 11 日　　　 与国际农业发展基金签署合作协议，助力小农融资
2 月 28 日　　　 与国际农业研究中心联盟建立战略伙伴关系
9 月 17 日　　　 与格莱珉基金会签署谅解备忘录
9 月 20 日　　　 与荷兰合作银行基金会签署合作协议
2014 年
1 月 30 日　　　 启用植物基因库新标准
7 月 8 日　　　　与汤森路透基金会启动互联网粮食安全信息服务

大事记

2015 年
5 月 23 日　　　　　 与哈萨克斯坦签署伙伴关系协议并建立联络员办公室
5 月 26 日　　　　　在阿塞拜疆首都巴库建立联络员办公室
6 月 7 日　　　　　 与中国签署总额为 5000 万美元的南南合作协议
6 月 16 日　　　　　开启小农数字平台
6 月 24 日　　　　　与俄罗斯塔斯社签署合作协议
7 月 14 日　　　　　与欧洲投资银行签署新合作协议
9 月 2 日　　　　　 与万事达卡签署新的伙伴关系协议
10 月 14 日　　　　 与新华社签署战略合作备忘录
2016 年
9 月 14 日　　　　　发布"抗生素耐药性行动"计划
10 月 28 日　　　　 和世界动物卫生组织联合启动"根除小反刍兽疫全球运动"计划
12 月 13 日　　　　 在黎巴嫩开设新的次区域办公室
2018 年
5 月 14 日　　　　　与国际合作社联盟签署更新伙伴关系
2017 年
12 月 12 日　　　　 与法国更新可持续农业和气候改变伙伴关系
2019 年
5 月 29 日　　　　　与国际农业发展基金联合发起"联合国小农经济十年和全球行动计划"
6 月 23 日　　　　　屈冬玉当选第九任粮农组织总干事
6 月 19 日　　　　　与世界动物卫生组织和世界卫生组织共同构建了三边合作机制，启动了抗微生物药物耐药性多伙伴信托基金
12 月 4 日　　　　　启动一项为期三年的"全球秋粘虫抗击行动"
2020 年
7 月 14 日　　　　　发起新的"新冠疫情应对与恢复"计划

7月20日	与世界动物卫生组织发起了非洲猪瘟全球防控联合倡议
7月21日	启动"手拉手"地理空间数据平台
9月16日	与谷歌共同构建新大数据平台
9月18日	发起"绿色城市"倡议
11月5日	发起"粮食联盟"倡议
12月15日	发起联合国2021"果蔬国际年"计划
2021年	
6月21日	启动"绿色城市"行动计划
9月7日	启动"一国一品：特色农产品绿色发展全球行动"
10月20日	发布全球盐渍土壤分布图
10月22日	启动新版全球动物疫病信息系统
11月17日	与沙特阿拉伯王国萨勒曼国王人道主义援助赈灾中心（KSrelief）启动全新五年期战略合作协议
11月24日	与卡塔尔发展基金建立伙伴关系
12月2日	启动全新家庭农业技术平台
2022年	
1月12日	正式启动粮农组织-中国南南合作计划第三期工作
2月21日	与世界粮食计划署启动了改善学龄儿童膳食项目
3月16日	召开畜牧业分委员会首届会议

参考文献

一 中文文献

1. 著作（含报告）

李东燕编著《联合国》，社会科学文献出版社，2018。

联合国粮农组织：《粮农组织四十年1945~85》，罗马：粮农组织，1985。

联合国粮农组织：《粮农组织70年（1945~2015）》，李巧巧、康菲译，粮农组织，2015。

联合国粮农组织：《粮农组织情况简介》，粮农组织，1979。

联合国粮农组织：《联合国粮食及农业组织基本文件第Ⅰ编和第Ⅱ编》，联合国粮农组织，2017。

联合国粮农组织：《2020年粮食及农业相关可持续发展目标指标进展》，联合国粮农组织，2020。

联合国粮农组织：《粮农组织成立75周年：齐成长、同繁荣、共持续》，联合国粮农组织，2020。

张宁、杨正周、阳军：《上海合作组织农业合作与中国粮食安全》，社会科学文献出版社，2015。

朱丕荣：《环球农业与中国农业对外合作》，中国农业出版社，2009。

朱丕荣：《国际农业与中国农业对外交往》，中国农业出版社，1997。

朱荣、郑重、张林池、王连铮编著《当代中国的农业》，当代中国出版社、香港祖国出版社，2009。

2. **论文（含报刊）**

《联合国粮农组织和世界批发市场联合会联手抗击粮食损失和浪费》，《世界农业》2019 年第 11 期。

李留瑜：《联合国粮农组织在我国举办林业遥感技术训练班》，《林业科学》1980 年第 A1 期。

罗春华：《农民放心的新粮仓——记四川省安全储粮技术项目》，《人民日报》1998 年 7 月 16 日，第 2 版。

陆继霞、李小云：《中国援非农技专家角色分析——以中国援非农技组派遣项目为例》，《外交评论》2017 年第 4 期。

刘晴：《中国与联合国粮食及农业组织合作方式的转型》，《粮食科技与经济》2016 年第 6 期。

李慧：《中国获颁联合国粮农组织表彰证书》，《光明日报》2015 年 6 月 11 日，第 1 版。

闵庆文：《为世界农业文化遗产保护贡献"中国方案"》，《农民日报》2020 年 6 月 5 日，第 4 版。

宁启文、李海涛：《我国与联合国粮农组织签署关于信托基金总协定》，《农民日报》2009 年 3 月 25 日，第 1 版。

宁启文、白雪妍、吕珂昕：《中国－联合国粮农三机构南南合作圆桌会议在西安召开》，《农民日报》2016 年 6 月 6 日，第 1 版。

聂闯：《世界粮食安全与气候变化和生物能源高级别大会在罗马召开》，《世界农业》2008 年第 7 期。

《农业部与粮农组织启动农业展望合作项目》，《粮食与饲料工业》2011 年第 12 期。

《"四川农村鼠害控制项目"通过联合国粮农组织验收》，《四川农业科技》2002 年第 2 期。

习近平：《在第七十五届联合国大会一般性辩论上的讲话》，《人民日报》2020 年 9 月 23 日，第 3 版。

于浩淼：《中国－乌干达南南合作项目的成效、问题与对策》，《世界农业》2015 年第 10 期。

袁锦林、吴黎明、王波:《罗马世界粮食首脑会议敦请各国将承诺付诸行动——让 8 亿饥民不再挨饿》,《瞭望》2002 年第 25 期。

远海鹰:《联合国粮农组织的信托基金项目》,《世界林业研究》1997 年第 1 期。

朱丕荣:《联合国粮农组织与中国的合作项目》,《世界农业》2001 年第 11 期。

钟欣:《〈中国-联合国粮农组织国别规划框架(2016~2020)〉在京发布》,《农民日报》2017 年 6 月 7 日,第 4 版。

张帅:《"走出去"战略提出以来的中国农业外交——核心特征、机制创新与战略塑造》,《国际展望》2019 年第 5 期。

张帅、孙德刚:《论新时期中国特色的农业外交》,《宁夏社会科学》2019 年第 1 期。

邹德浩:《中国与联合国粮农组织签署协议》,《人民日报》2006 年 5 月 20 日,第 3 版。

张意轩:《中国将向联合国粮农组织捐赠巨资支持"南南合作"》,《人民日报》(海外版)2009 年 3 月 25 日,第 5 版。

《中国将向粮农组织捐赠 5000 万美元》,《新京报》2014 年 10 月 16 日,第 A06 版。

《中国-尼日利亚南南合作项目概述》,《世界农业》2013 年第 8 期。

《中国-尼日利亚南南合作项目 10 周年成果集锦》,《世界农业》2013 年第 8 期。

中国常驻联合国粮农机构代表处、农业农村部对外经济合作中心:《牛盾大使出席中国-斯里兰卡-FAO 南南合作项目签字仪式》,《世界农业》2019 年第 1 期。

二 英文文献

1. 英文著作(含报告)

African Union Commission, *Agenda 2063: The Africa We Want*,

April 2015.

High Level Panel of Experts on Food Security and Nutrition of the Committee on World Food Security, Food Security and Nutrition: Building A Global Narrative Towards 2030, Rome: FAO, 2020.

International Food Policy Research Institute, *Global Food Policy Report: Transforming Food Systems after COVID - 19*, Washington D. C.: IFPRI, 2021.

International Food Policy Research Institute, *Global Food Policy Report: Building Inclusive Food Systems*, Washington D. C.: IFPRI, 2020.

International Food Policy Research Institute, *Global Food Policy Report*, Washington D. C.: IFPRI, 2019.

International Food Policy Research Institute, *Global Food Policy Report*, Washington D. C.: IFPRI, 2018.

FAO and WFP, *FAO-WFP Early Warning Analysis of Acute Food Insecurity Hotspots*, July 2020.

FAO et al eds., *The State of Food Security and Nutrition in the World: Repurposing Food and Agricultural Policies to Make Healthy Diets More Affordable*, Rome: FAO, 2022.

FAO et al. eds. *The State of Food Security and Nutrition in the World: Transforming Food Systems for Affordable Healthy Diets*, Rome: FAO, 2020.

FAO, *The State of Food and Agriculture: Overcoming Water Challenges in Agriculture*, Rome: FAO, 2020.

FAO et al. eds. *The State of Food Security and Nutrition in the World: Safeguarding against Economic Slowdowns and Downturns*, Rome: FAO, 2019.

FAO, *Basic Texts of Food and Agriculture Organization of the United Nations*, Rome: FAO, 2017.

The United Nations, *Policy Brief: The Impact of COVID - 19 on Food Security and Nutrition*, June 2020.

FAO, "FAO + the United States of America: Enhancing food Security,

Protecting Global Stability, Promoting Trade," Rome: FAO, 2020.

FAO, *Statistical Yearbook: World Food and Agriculture 2020*, Rome: FAO, 2020.

FAO, "The Impact of Disasters and Crises on Agriculture and Food Security," Rome: FAO, 2021.

FAO, *FAO + Japan: A Report on Partnership 2016 - 2017*, Rome: FAO, 2018.

FAO, "FAO + Australia - Promoting Prosperity, Reducing Poverty, Enhancing Stability," Rome: FAO, 2019.

FAO, *FAO + European Union: Investing in a Sustainable and Food Secure Future*, Rome: FAO, 2021.

FAO et al. eds., *The State of Food Security and Nutrition in the World*, Rome: FAO, 2021.

FAO, *FAO + China: Partnering for Sustainable Food Security*, Rome: FAO, 2019.

FAO, *Africa: Regional Overview of Food Security and Nutrition*, Rome: FAO, 2017.

FAO, *Regional Gender Strategy and Action Plan 2017 - 2019 for Asia and the Pacific*, Bangkok: FAO, 2017.

FAO, WFP and IFAD, *The State of Food Insecurity in the World*, Rome: FAO, 2015.

Food Security Information Network, *Global Report on Food Crises*, Online Publishing, 2021.

Food Security Information Network, *Global Report on Food Crises*, Online Publishing, 2020.

Food Security Information Network, *Global Report on Food Crises*, Online Publishing, 2019.

OECD and FAO, *OECD-FAO Agricultural Outlook 2016 - 2025*, OECD/FAO, 2016.

OECD and FAO, *OECD-FAO Agricultural Outlook 2017 – 2026*, OECD/FAO, 2017.

OECD and FAO, *OECD-FAO Agricultural Outlook 2018 – 2027*, OECD/FAO, 2018.

OECD and FAO, *OECD-FAO Agricultural Outlook 2019 – 2028*, OECD/FAO, 2019.

OECD and FAO, *OECD-FAO Agricultural Outlook 2020 – 2029*, OECD/FAO, 2020.

OECD and FAO, *OECD – FAO Agricultural Outlook 2021 – 2030*, OECD/FAO, 2021.

OECD and FAO, *OECD – FAO Agricultural Outlook 2022 – 2031*, OECD/FAO, 2022.

UN Environment Programme, *Food Waste Index Report 2021*, UNEP, 2021.

索 引

F

非盟 133，175，196~198，203，204
非洲 14~16，44，46，48，52，67，76，77，93，99~102，109，115，117，118，120，121，123，124，126~128，131~134，137，147~149，154，157，163，165，167，168，175，178，179，181，185~187，190~198，202~204，207，210，213，225，230，232，234，246，249~251，260，262，274，290，300，301，325，336，338

G

国际农业发展基金 42~44，81，87，95，100~102，109，147，153~160，162，186，191，335~337
国际组织 2，4，5，12，17，20，21，26，29~31，33，41，47，53，70，73，89，99，109，112~114，124，132，147，153，167，172，175，183，184，191，202，203，207，210，211，221，222，280~283，291

L

联合国环境规划署 171，172
联合国粮农组织 1~3，5~7，17，23~27，30，31，33，39~42，46，47，51，63，64，67~69，71~76，80，81，84，85，90~92，101，105，109，111，112，114，117，123，124，131，148，149，153，154，165，166，169，171，182，188，196，206，207，209~211，214~217，219，223~234，236~239，248，250，253，255，259，297，333，339~341
粮农治理 61，80，86，103，109，145，153，162，175，198，207
粮农组织大会 1，6，8~10，12，13，17~25，27，29，30，32~34，38，39，43，45，48，50，52，54~61，

345

64, 67, 69, 74, 85, 91, 210
粮农组织理事会 8, 10, 13, 19, 21, 23, 27, 30, 38, 55, 61, 66, 74, 91, 131, 291, 334
粮食安全 15, 16, 33, 41~44, 61, 63, 68, 71~75, 78~83, 85~96, 98, 101~104, 106~109, 114~117, 119~122, 124~134, 136~138, 141~145, 147~151, 153~157, 159~162, 164~168, 171, 172, 175~179, 182~192, 196~198, 201, 203, 205~207, 211, 213, 217, 218, 223, 226, 228, 230~234, 236~239, 241, 242, 244, 246~250, 252, 253, 261~264, 266, 267, 269~276, 278~281, 283~295, 298, 299, 301, 303, 308, 310, 313, 315, 318, 322, 330, 334~336, 339, 340
粮食贸易 177, 294, 307
粮食危机 63, 64, 76, 81, 82, 86~88, 91, 106~108, 112, 114, 115, 148, 149, 161, 183, 186, 189, 190, 192, 197, 322, 323

M

美国 1, 2, 4~6, 13, 25, 34~38, 65, 82, 95, 100, 111~120, 132, 136, 137, 140, 177, 216, 257, 333

N

南南合作 16, 75, 119, 133, 140, 149, 150, 183, 224~226, 231~250, 252, 253, 271, 275, 337, 338, 340, 341
农业贷款 261
农业培训 197, 213, 238
农业外交 236, 237, 341
农业现代化 223
2030年可持续发展 80, 95, 104, 105, 109, 126, 158, 164, 165, 170, 173, 184, 229, 233, 297, 301, 302

O

欧盟 25, 82, 100, 102, 122, 124, 127, 131, 137, 149, 157, 177, 184~192, 198, 257

Q

千年发展目标 63, 80, 83, 95, 228, 231, 232, 250
区域组织 41, 98, 124, 153, 184, 211, 221, 222, 264, 303, 321

R

人道主义援助 113, 114, 116, 118, 120, 130, 132, 135, 142, 143~146, 149, 185, 189, 283, 338
日本 35~37, 113, 131~135, 166, 225, 257

索引

S

世界粮食计划署 14, 42～44, 57, 65, 66, 73, 74, 81, 87, 88, 95, 102, 109, 130, 140, 147, 153～162, 186, 190, 191, 196, 334, 338

世界粮食安全委员会 27, 30, 31, 40～42, 57, 72, 74, 83, 85～87, 92, 186, 188, 263

世界卫生组织 15, 65, 68, 97, 166～170, 216, 217, 337

世界银行 16, 74, 77, 100, 112, 137, 170, 171, 219, 221, 286

Z

中东 120, 163, 179, 185, 196, 210, 300

中国 4, 16, 25, 34～38, 90, 95, 100, 111, 131, 145, 149, 150, 158, 159, 169, 176, 177, 184, 209～214, 216～250, 252, 253, 258, 333, 336～338

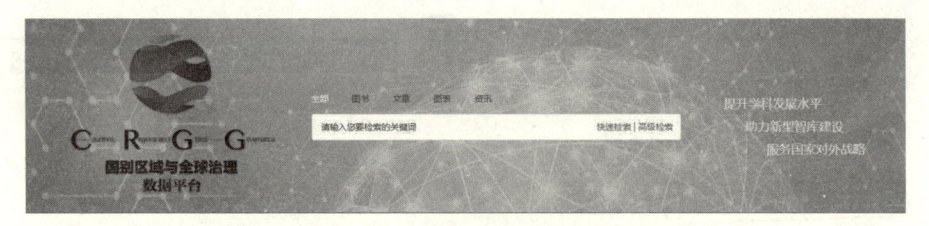

国别区域与全球治理数据平台

www.crggcn.com

"国别区域与全球治理数据平台"（Countries, Regions and Global Governance, CRGG）是社会科学文献出版社重点打造的学术型数字产品，对接国别区域这一重点新兴学科，围绕国别研究、区域研究、国际组织、全球智库等领域，全方位整合基础信息、一手资料、科研成果，文献量达30余万篇。该产品已建设成为国别区域与全球治理数据资源与研究成果整合发布平台，可提供包括资源获取、科研技术服务、成果发布与传播等在内的多层次、全方位的学术服务。

从国别区域和全球治理研究角度出发，"国别区域与全球治理数据平台"下设国别研究数据库、区域研究数据库、国际组织数据库、全球智库数据库、学术专题数据库和学术资讯数据库6大数据库。在资源类型方面，除专题图书、智库报告和学术论文外，平台还包括数据图表、档案文件和学术资讯。在文献检索方面，平台支持全文检索、高级检索，并可按照相关度和出版时间进行排序。

"国别区域与全球治理数据平台"应用广泛。针对高校及国别区域科研机构，平台可提供专业的知识服务，通过丰富的研究参考资料和学术服务推动国别区域研究的学科建设与发展，提升智库学术科研及政策建言能力；针对政府及外事机构，平台可提供资政参考，为相关国际事务决策提供理论依据与资讯支持，切实服务国家对外战略。

数据库体验卡服务指南

※100元数据库体验卡，可在"国别区域与全球治理数据平台"充值和使用

充值卡使用说明：
第1步 刮开附赠充值卡的涂层；
第2步 登录国别区域与全球治理数据平台（www.crggcn.com），注册账号；
第3步 登录并进入"会员中心"→"在线充值"→"充值卡充值"，充值成功后即可使用。

声明

最终解释权归社会科学文献出版社所有

客服QQ：671079496
客服邮箱：crgg@ssap.cn

欢迎登录社会科学文献出版社官网（www.ssap.com.cn）和国别区域与全球治理数据平台（www.crggcn.com）了解更多信息

卡号：0423977560988813

图书在版编目(CIP)数据

联合国粮食及农业组织/张帅著. --北京：社会科学文献出版社，2022.11
（国际组织志）
ISBN 978-7-5228-0410-1

Ⅰ.①联… Ⅱ.①张… Ⅲ.①联合国粮农组织-介绍 Ⅳ.①D813.7

中国版本图书馆 CIP 数据核字（2022）第 120117 号

·国际组织志·
联合国粮食及农业组织

著　　者 / 张　帅

出 版 人 / 王利民
组稿编辑 / 张晓莉
责任编辑 / 李明伟
文稿编辑 / 汝硕硕
责任印制 / 王京美

出　版 / 社会科学文献出版社·国别区域分社（010）59367078
　　　　　地址：北京市北三环中路甲29号院华龙大厦　邮编：100029
　　　　　网址：www.ssap.com.cn
发　行 / 社会科学文献出版社（010）59367028
印　装 / 三河市尚艺印装有限公司

规　格 / 开　本：787mm × 1092mm　1/16
　　　　　印　张：22.75　字　数：340千字
版　次 / 2022年11月第1版　2022年11月第1次印刷
书　号 / ISBN 978-7-5228-0410-1
定　价 / 128.00元

读者服务电话：4008918866

版权所有 翻印必究